全国三国文化遗存
调查报告
蜀汉故地卷

成都武侯祠博物馆
全国三国文化研究中心 编著

3
第三分册

广西师范大学出版社
GUANGXI NORMAL UNIVERSITY PRESS
·桂林·

三
國

YUNNAN

云南省

云南省概述

云南省位于我国西南部，地处金沙江流域，其地域北接西藏自治区、四川省，东邻贵州省、广西壮族自治区，南面与缅甸、老挝、越南三国接壤。截至2022年底，云南省下辖昆明市、曲靖市、玉溪市、保山市、昭通市、丽江市、普洱市、临沧市8个市；楚雄彝族自治州、红河哈尼族彝族自治州、文山壮族苗族自治州、西双版纳傣族自治州、大理白族自治州、德宏傣族景颇族自治州、怒江傈僳族自治州、迪庆藏族自治州8个民族自治州，共计129个县级行政区。

根据谭其骧先生《中国历史地图集》第三册"三国时期"的地图所示，以及相关历史文献的记载，在三国时期，云南省的大部分地区，位于蜀汉的益州南部，分别属于云南郡、建宁郡、永昌郡、朱提郡、兴古郡管辖。

蜀汉益州的南部，当时被称为"南中"，是丞相诸葛亮主持朝政之初，准备大举北伐曹魏之前，"五月渡泸"亲自率军南下，前往建立管理秩序稳定的战略大后方，并在这里留下了深远而广泛的正面影响。云南省在当时分属云南郡、建宁郡和朱提郡等，是南中的重要组成部分，所以在这里的三国文化遗存，很多都与蜀汉英雄人物，比如诸葛亮、关羽等相关。这里的三国文化遗存，也共同显示出众多民族和睦相处的突出特色。

昆明市

　　昆明市，位于云贵高原中部，北与四川省凉山彝族自治州相连，西南与玉溪市、东南与红河哈尼族彝族自治州毗邻，西与楚雄彝族自治州接壤，东与曲靖市交界。截至2022年底，下辖呈贡区、五华区、盘龙区、官渡区、西山区、东川区、晋宁区7个区，富民县、宜良县、嵩明县、石林彝族自治县、禄劝彝族苗族自治县、寻甸回族彝族自治县6个县，代管安宁市1个县级市。三国时期，在诸葛亮南征前，该区域主要为蜀汉益州之下益州郡的辖地；诸葛亮平定南中之后，改益州郡为建宁郡，该地域即为建宁郡的辖地。

昆明市
三国文化遗存点位
分布图

1　文明阁关圣殿
2　矣六关圣宫
3　达天阁关帝摩崖
4　关索庙
5　石林武庙
6　古盟台、武侯祠
7　嵩明哑泉
8　嵩明关索庙
9　寻甸关索岭
10　八街关圣宫
11　温水关圣宫
12　草铺关圣宫
13　兴街关圣宫

撰稿：尚春杰　陈　芳
摄影：彭　波　尚春杰　樊博琛
绘图：尚春杰

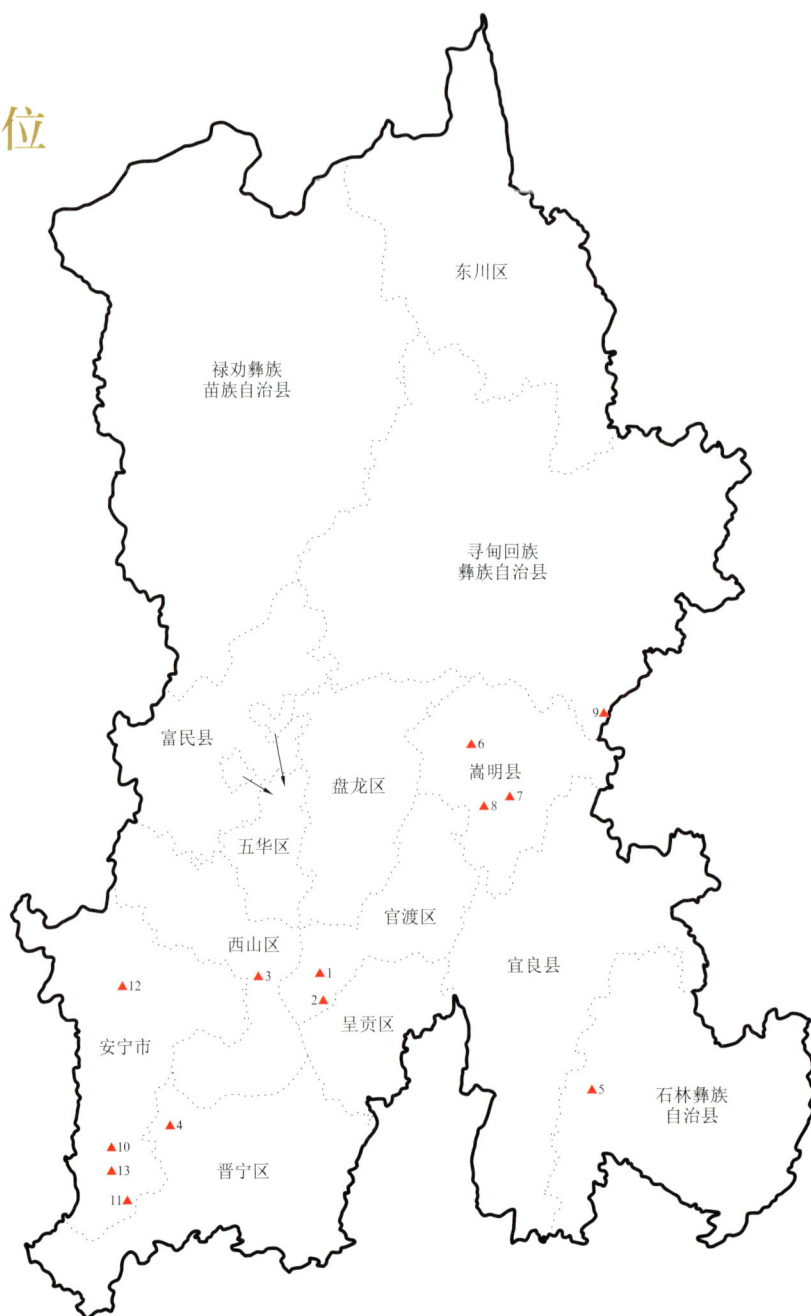

官渡区

文明阁关圣殿

【地理位置】

地理坐标：东经 102°45′16.82″，北纬 24°57′38.78″，海拔 1863 米。

行政属地：官渡区官渡街道。

地理环境：关圣殿位于文明阁景区内赐书堂南侧。

【保护级别】

2012 年，文明阁建筑群被云南省人民政府公布为省级文物保护单位。

【现状概述】

文明阁建筑群，坐北朝南，由孔子楼、棂星门、赐书堂、关圣殿组成。关圣殿由山门、厢房、大殿组成。山门门宽 2.1 米，高 2.5 米，山门院落内墙壁有"刮骨疗毒""单刀赴会""桃园结义"等新绘制的三国壁画题材。大殿面阔三间约 10.8 米，进深三间约 5.8 米，单檐歇山顶，匾额为"忠义神武"，中脊有纪年题记："时大清道光八年岁次戊子夹钟月上浣吉旦阖里士庶暨住持。"大殿前檐上部建有牌楼式门样，牌楼现悬"伽蓝殿"匾额。自唐宋起，关羽形象在佛教中也渐渐神化，成为护法神"伽蓝"。关圣殿内塑有关羽坐像，胁侍周仓和关平。关羽坐像，左手持《春秋》，

现悬"伽蓝殿"匾额的关圣殿正殿

关圣殿前廊

正殿内的关羽、周仓、关平塑像

关圣殿厢房

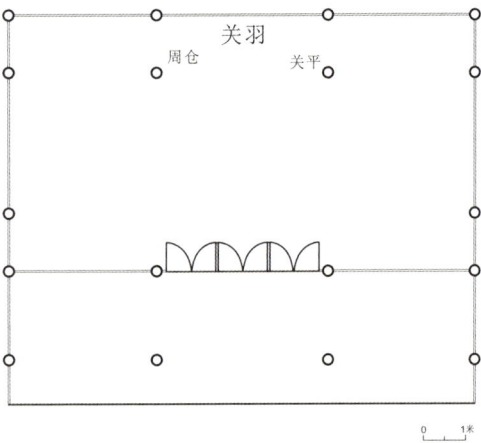

关羽

周仓　　　关平

昆明市官渡区文明阁关圣宫正殿示意图

文明阁关圣殿俯视

正殿内的祭祀空间

连接山门，绘有三国故事彩绘的关圣殿院墙

右手捻须，坐虎皮椅，高约2.7米。左侧为关平立像，双手捧印，高约2米；右侧为周仓立像，左手叉腰，右手持刀，高约2米。现为官渡少林寺库房。

【历史渊源】

文明阁建筑群，光绪《昆明县志》卷九记载："毗卢阁、玉皇阁、文明阁，并在官渡里妙湛寺中。"[1]可知文明阁属于妙湛寺的一部分。同书卷四亦载："妙湛规模宏敞，元所建也，县人李杰复建。毗卢阁于后，玉皇阁左，文明阁右。"[2]综上，文明阁始建于元代，但关圣殿始建年代不详。根据大殿梁上题记，推测现存关圣殿建筑为道光八年（1828）重建。据官渡文管所介绍，20世纪七八十年代关圣殿曾用作学校、粮仓。目前，一期、二期修复工程已完成，现为三期修复工程。2008年交由官渡少林寺管理至今。

文明阁建筑群后视鸟瞰

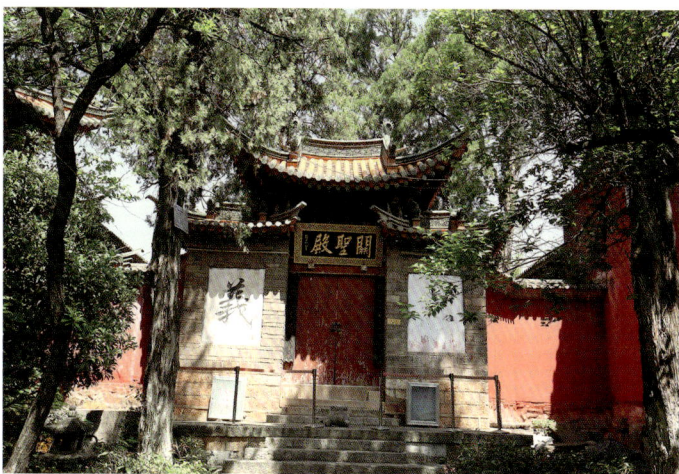

文明阁关圣殿山门

1（清）戴纲孙纂：《昆明县志》，成文出版社，1967，第152页。

2（清）戴纲孙纂：《昆明县志》，成文出版社，1967，第70页。

矣六关圣宫

地理坐标：东经102°45′39.98″，北纬24°54′43.47″，海拔1848米。

行政属地：官渡区矣六街道矣六社区1组。

地理环境：关圣宫正前为社区停车场，四周为民居。

矣六关圣宫前殿

【现状概述】

矣六关圣宫，坐西朝东，由前殿（马殿）、正殿组成，为一进一层四合院建筑。后殿为关圣殿，面阔三间约12.1米，进深三间约7.3米，单檐硬山顶。殿内塑有关羽坐像，左右分侍周仓和关平。关羽坐像，左手持《春秋》，卷书于左膝，右手捻须，高约2.8米。关羽左侧为周仓立像，左手叉腰，右手持刀，高约1.9米；右侧为关平立像，双手捧印，印已不存，高约1.9米。殿内除塑有关羽像外，另塑有武财神赵公明、文财神比干。据时年80岁的当地村民李培英讲述："农历每个月的初一、十五祭祀关圣老爷，并且烧元宝钱。农历五月十三磨大刀，吃斋饭。当地村民每天都会有人来祭拜。"

矣六关圣宫正殿

【历史渊源】

官渡区矣六关圣宫，根据院落内清嘉庆三年的《新建关圣宫碑记》记载："窃以创修始于一心，鼎建资乎群力，自昔皆然，于今不易。如兹，宫宇振兴于壬辰，告竣于戊午，其间之缔造经营，厥襄盛美。而一旦致神人，以妥庙貌常新者，原夫老少协恭，自是一乡岂

《新建关圣宫记》碑

矣六关圣宫山面鸟瞰

官渡区矣六关圣宫雕塑

矣六关圣宫中轴线鸟瞰

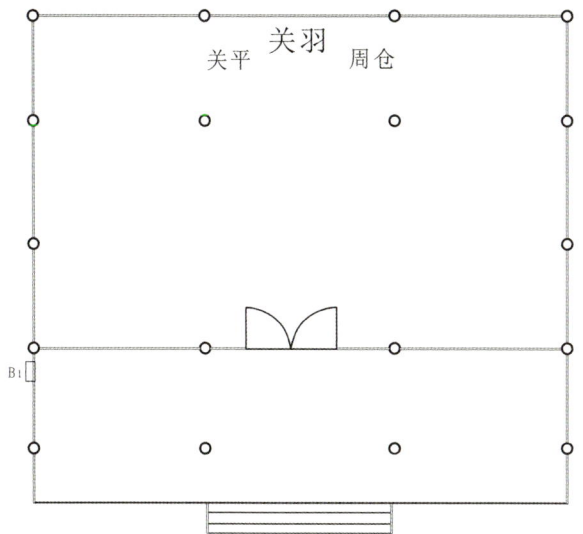

关平　关羽　周仓

B1：清嘉庆三年《新建关圣宫碑记》

官渡区矣六关圣宫正殿示意图

享，肇而大，有临以沐。"可知关圣宫由当地居民筹资，于壬辰年（乾隆三十七年，1772）开始兴修，建成于戊午（嘉庆三年，1798）。2004年上半年，矣六甲村1组村民筹资重新修建关圣殿。2004年下半年，重修后殿。2005年，关圣宫内新塑关圣帝君像、文武财神像。

西山区

达天阁关帝摩崖

【地理位置】

地理坐标：东经102°38′21.07″，北纬24°57′6.28″，海拔2182米。

行政属地：西山区西山风景区内达天阁。

地理环境：西山龙门石窟位于西山区滇池北岸的西山山脉主峰。

【保护级别】

1993年，西山龙门石窟被云南省人民政府公布为省级重点文物保护单位。

【现状概述】

西山龙门石窟，坐西朝东，北起三清阁，南至达天阁，面朝滇池，是一座分布在狭长悬崖峭壁上的石窟石刻和古建筑。西山龙门由石窟石刻、古建筑群两部分组成。石窟群包括别有洞天、凤凰岩石室、普陀南海石道、慈云洞、云华洞、达天阁以及连接石窟的三段栈洞通道和梁王避暑台石刻，关羽造像位于达天阁内。

达天阁部分亦称"龙门"，石窟宽4.2米，深2.35米，高2.3米。石窟正中有道光三十年（1850）全滇士庶立的"镜海临天"匾额。石窟内正壁神案上中为圆雕魁星，左为关圣帝君，右为文昌帝君，均高约1米。石窟背景为云山洞天八仙过海，两壁浮雕骏马和琴棋书画，天棚浮雕仙鹤蟠桃。魁星左手持墨斗，右手高悬执笔，右足踏鳌头，左足后蹬起斗。

西山龙门石窟航拍

从云华洞方向远望龙门达天阁

达天阁石窟正面

达天阁石窟主祀造像

关圣帝君摩崖造像

两侧帝君则正襟危坐，神态端详。其中关圣帝君左手抚膝，右手捻须，身披云龙纹绿袍。北壁刻《文昌帝君阴骘文》，南壁刻《关圣帝君觉世真经》。洞外有10多平方米的平台，石栏维护。达天阁洞外上层石壁上凿有南极仙翁，坐骑飞鹤，左侧石壁凿巨幅游龙金蟾，旁立石柱斗旗杆，右侧石壁凿"大海鱼跃"，旁立高2.83米、宽1.5米的石雕龙门碑坊。

【历史渊源】

元代梁王在西山罗汉山主峰与挂榜山之间修建避暑台，在原石上凿刻八思巴文，由此拉开了西山龙门道教建筑群兴起和石窟石刻开凿的序幕。至清道光庚子年（1840），昆明士绅杨汝兰出资从慈云洞向南开凿云华洞，"共历九载，始刻告成"。杨汝兰打通云华洞后，又组织70多名工匠在险峻的悬崖石洞里，完成达天阁工程，历时4年，直到清咸丰三年（1853）竣工。

晋宁区

关索庙

【地理位置】

地理坐标：东经102°28′00.49″，北纬24°42′40.30″，海拔1964米。

行政属地：晋宁区二街镇关索庙村。

地理环境：位于二街镇关索庙村内，周围是农舍和农田。

关索庙山门

【现状概述】

晋宁关索庙位于二街镇关索庙村内。关索庙村，1949年之前就存在。20世纪50年代，关索庙倒塌，村民在原址上重建。新庙于1998年农历冬月十六立梁，1999年农历冬月初八开光重建。重建后的关索庙，由山门、天井院落和大殿几部分组成。大殿内塑关索坐像，关索左侧墙上绘关羽坐像，左右两侧侍关平和周仓。按照关索庙村习俗，每年农历正月初一、十二月初八进行祭祀活动。2019年调查时，关索庙由一位名叫李云贵的大爷负责看管。

关索庙大殿祭祀空间

【历史渊源】

晋宁关索庙的始建年代不详，但其所在的关索庙村及二街镇流传有许多关索的传说故事。当地传说，诸葛亮南征，扎营于二街安居村。为了帮助当地人民提高生产水平，诸葛亮派关索从成都带来一批优良的种子，并把华佗所写的医书留给关索，关索便在此处定居下来，教人民种地养殖，还帮当地人民医治病

关索庙山面

关索塑像

牵马士兵

大殿墙上的关羽、周仓、关平彩绘

痛。为了缅怀关索，当地人便在安居村右侧500米处修建了一座庙宇，庙内塑关索像，名"关索庙"。

晋宁地区地方文献中没有关于关索庙的记载，但清康熙时有关帝庙2座[1]，康熙《晋宁州志》载："关帝庙有二，一在北关外，一在治城中，祝贺万寿，岁时瞻拜。"到道光年间修《晋宁州志》时，已经有关帝庙23座，数量之多，在南中地区乃至全国都非常少见。

---

1 （清）杜绍先纂修：《康熙晋宁州志》，《中国地方志集成·云南府县志辑⑥》，凤凰出版社，2009，第55页。

石林县

石林武庙

【地理位置】

地理坐标：东经103°15′48.02″，北纬24°45′38.31″，海拔1670米。

行政属地：石林县鹿阜街道环城东路40号附2号。

地理环境：石林县武庙位于石林县老城区内，周围为住宅区。

【保护级别】

1983年，被石林县人民政府公布为县级重点文物保护单位。

【现状概述】

石林县武庙，坐东朝西，建筑整体轴线分明，沿中轴线依次为山门、正殿、后殿。正殿东北侧为息养亭，亭内有碑刻，碑刻正面为《路南县贪官许良安遗臭碑》，背面为《一一·二三民主运动纪念碑》。正殿东南侧为清风亭，亭内有碑刻，碑刻正面为《路南州正堂陈公去思碑》，背面为《路南州府收费章程碑》。山门面阔三间，单开门门楼，门楼宽约4米，歇山顶。正殿现为关圣殿，面阔三间约13.7米，进深三间约8米，单檐歇山顶。后殿现为演武厅，面阔三间约11.8米，进深三间9.5米，单檐歇山顶。现用于县文化馆日常活动、艺术展览。

武庙山门

石林武庙建筑群轴线鸟瞰

息养亭内的"路南县贪官许良安遗臭碑"

【历史渊源】

石林县武庙，正殿（关圣殿）中脊有纪年题记，前端后半部题记已模糊，题记为："大清光绪拾冇（有）陆年岁次庚寅□春月。"后端为："皇图巩固，帝道遐昌。"可推测现武庙建筑始建于光绪十六年（1890）。据石林文管所介绍：中华人民共和国成立前，武庙为民众教育馆。中华人民共和国成立后至今，武庙为县文化馆使用，期间也曾作为图书馆、幼儿园使用。2014年，石林县对武庙进行了复建、维修。

石林武庙正殿

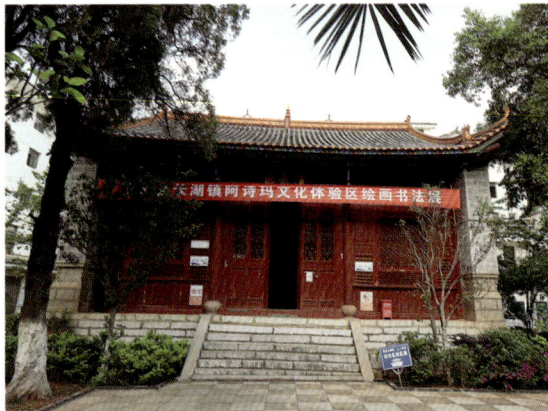

石林武庙后殿

清风亭

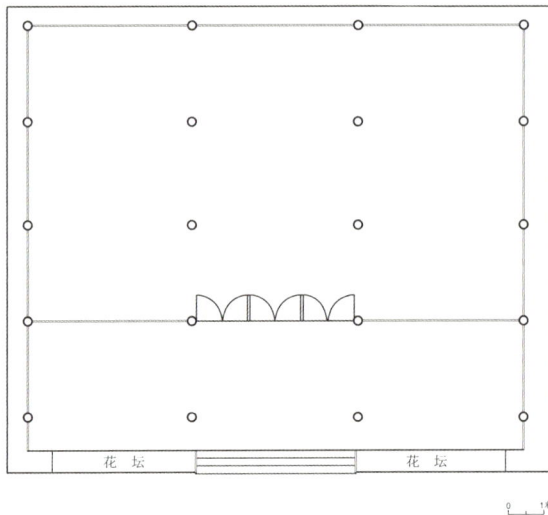

石林县武庙关圣宫正殿示意图

石林武庙建筑群俯视

嵩明县

古盟台、武侯祠

【地理位置】

地理坐标：东经103° 2′ 10.45″，北纬25° 20′ 9.34″，海拔1931米。

行政属地：嵩明县盟台路。

地理环境：嵩明县农机化技术学校内。

【保护级别】

1985年，古盟台、武侯祠被嵩明县人民政府公布为县级文物保护单位。

【现状概述】

嵩明县，又名"崧盟"。相传蜀汉诸葛亮南征，七擒孟获之后，与当地部族会盟于秀嵩山麓，故名。古盟台原名"盟蛮台"，是当时的会盟之处，曾经是一个圆形土台，今用石围砌，现存面积约150平方米，高2米。台上立有"古盟台"碑，坐南向北。"古盟台"碑1979年重建，高149厘米，宽66厘米，厚12厘米；座长222厘米，高46厘米，碑正面阳刻"古盟台"三字，上款为"诸葛武侯七纵孟获与诸蛮盟于此"。

嵩明武侯祠位于古盟台上，2015年11月2日—2016年3月15日，由嵩明县宣传部、县农林局、县文体广电旅游局、县规划局共同对其进行全面维修。[1]维修之后的武侯祠，坐北朝南，正殿（后殿）三楹，前殿三楹，东西两庑各两间。

1 据嵩明县文物管理所提供资料。

嵩明武侯祠正殿

建于古盟台上的武侯祠

嵩明"古盟台"碑

【历史渊源】

古盟台的来历有多种传说，"诸葛亮七擒孟获后结盟之地"这一说法流传最广。明万历辛亥年（1611）州守孙汝正刻"古盟台"碑。康熙《云南府志》载："蛮盟台，去州南里许，孔明南征至此与诸蛮盟筑，旁有武侯祠。"[1]光绪《续修嵩明州志》载："盟台，在州城南。……《旧志》指诸葛武侯七擒孟获，与诸蛮盟于此。……万历辛亥州守孙汝正以石镌'古盟台'三字立于其上。"[2]民国《嵩明县志》载："古盟台碑，城南里许有石碑，上镌古盟台三字。志载诸葛武侯七纵孟获，与蛮盟于此。明万历辛亥，州守吴（孙）汝正始立此碑，为风雨所剥蚀，字迹模糊，不便印摩。"[3]

嵩明武侯祠，明嘉靖初年州守瞿唐始建。明嘉靖辛亥年（1551），州同舒希旦重修。明举人杨钧《重修汉丞相诸葛武侯祠记》："嘉靖辛亥春，……经始于夏五月，落成于秋九月。……祠创于前太守瞿公。……今去瞿公卅余载。"[4]明万历四十年（1612），嵩明武侯祠重修。清康熙元年（1662），嵩明武侯祠重修，州同程盖《重修古盟台诸葛武侯祠碑记》："嵩城志南，有汉诸葛丞相祠，相传为七擒孟获，盟于此处，其详不可得而闻矣。独以兵火之

嵩明武侯祠院落

嵩明古盟台

1（清）张毓碧、谢俨纂修：《康熙云南府志》，《中国地方志集成·云南府县志辑①》，凤凰出版社，2009，第65页。

2（清）叶如桐等修，王沂渊等纂：《光绪续修嵩明州志》，《中国地方志集成·云南府县志辑⑮》，凤凰出版社，2009，第11页。

3 李景泰、陈诒孙修：《民国嵩明县志》，《中国地方志集成·云南府县志辑⑯》，凤凰出版社，2009，第166页。

4 李景泰、陈诒孙修：《民国嵩明县志》，《中国地方志集成·云南府县志辑⑯》，凤凰出版社，2009，第391—392页。

余，橡楹倾圮……因与正堂议，请重葺。"[1] 清康熙二十四年（1685）又重修，康熙《云南府志》载："武侯祠：在城南门外，明时建，本朝康熙二十四年知州周德荣、□正赵之璜重修。"[2] 康熙四十三年（1704），再次重修，知州雷御龙《重修武侯祠碑记》："乃集州绅士耆庶，谋所以修复者。……周砌石，置楼三间，曰震南，其后则武侯祠。楼之前，凿方池引他渠水注之，阅一年而工始竣。"[3] 清光绪五年（1825），又重修，民国《嵩明县志》载："武侯祠，城南廓古盟台。……岁久倾圮。清光绪五年重修。"[4] 嵩明武侯祠，每年春、秋进行祭祀，民国《嵩明县志》载："武侯祠，城南廓古盟台。仲春仲秋上戊日祭。"[5]

康熙元年《重修诸葛武侯祠碑记》碑

1 李景泰、陈诒孙修：《民国嵩明县志》，《中国地方志集成·云南府县志辑⑯》，凤凰出版社，2009，第549页。

2 （清）张毓碧、谢俨纂修：《康熙云南府志》，《中国地方志集成·云南府县志辑①》，凤凰出版社，2009年，第1版，第374页。

3 李景泰、陈诒孙修：《民国嵩明县志》，《中国地方志集成·云南府县志辑⑯》，凤凰出版社，2009，第569页。

4 李景泰、陈诒孙修：《民国嵩明县志》，《中国地方志集成·云南府县志辑⑯》，凤凰出版社，2009，第276页。

5 同上。

嵩明哑泉

【地理位置】

地理坐标：东经103°6′41.05″，北纬25°14′56.69″，海拔1954米。

行政属地：嵩明县牛栏江镇。

地理环境：大鼎山半山腰，毗邻海潮寺和孔明庙。

【现状概述】

嵩明哑泉位于嵩明县牛栏江镇大鼎山半山腰，山上有著名的海潮寺。如今哑泉泉水清澈明净，富含人体所需的多种矿物质，是优质的水源地。1998年，嵩明县政府在泉水旁立水源保护碑。1997年，当地人在哑泉东面的小坡上新建了一座孔明庙（东经103°6′41.78″，北纬25°14′56.78″，海拔1964米）。孔明庙坐东南朝西北，只有一个大殿，大殿屋顶有八卦图案。大殿中间塑诸葛亮像。诸葛亮手执羽扇，端坐于木轮车上，旁侍两位书童。诸葛亮像左侧分别塑赵云、关羽像。关羽身穿绿色战袍，手拿青龙偃月刀；赵云手执银枪。诸葛亮像右侧塑张飞像，张飞黑面黑衣，双目圆睁。

【历史渊源】

相传很久以前，大鼎山南麓有一潭清泉，孔雀常常栖息于泉水周围的树上，久而久之，泉水被孔雀粪便污染，慢慢有了毒性。当年诸葛亮南征，在嵩明药灵山七擒孟获之后，挥师来到大鼎山，兵士口渴，饮用此水，中毒倒地。诸葛亮挥剑在旁边的石头上刻下"此系毒泉，饮之伤身"8个字，自此，此水得名"哑泉"。据当地村民回忆，1957—1958年左右石碑还保存在大鼎山上，现已不存。1997年哑泉周围重新修缮。[1]

---

1 嵩明县四营乡人民政府、嵩明县史志办公室、嵩明县四营乡海潮办事处编：《开发中的海潮寺森林公园》，第16—17页。

嵩明哑泉

嵩明哑泉附近的孔明庙

嵩明孔明庙内的孔明塑像

嵩明关索庙

【 地理位置 】

地理坐标：东经103°3′45.82″，北纬25°13′52.34″，海拔1908米。

行政属地：嵩明县杨林镇马坊村委会马坊上村。

地理环境：位于马坊上村街上，东北是金杨冰库。

【 现状概述 】

关索庙，当地人称"关崧寺"，坐西朝东。1994年农历冬月至1996年春，由马坊上村村民及各界人士共同捐资迁建于此。庙内供奉的是关羽第三子关索，仅有大殿一间，中塑关索像，旁立拿刀侍从，关索北侧塑白马将军、火神、白马；南侧塑山神、土地、送子观音。

嵩明关索庙山门

嵩明关索庙山门前的石狮

《关崧庙碑记》碑

嵩明关索庙

关索庙内供奉的关索坐像

嵩明关索庙大殿塑像

　　庙内有石碑三通，其中包括《关崧庙碑记》。庙宇大门口立有一座石狮子，面朝南方，狮身经过水泥修补，推测是从他地移来。

【历史渊源】

　　杨林镇[1]在清代至民国时期曾建有七阁八庙，包括斗母阁、关索庙、诸葛庙、南岳庙、北岳庙等，现已不存。关崧寺，始建于清道光年间。民国《嵩明县志》记载："关索庙，杨林马坊。"[2]关崧寺老庙20世纪50年代被毁。

1　杨林镇，早在西汉已经有建置，三国蜀汉时叫昆泽县，诸葛亮南征之前隶属于益州郡，诸葛亮平定南中之后又隶属于建宁郡。

2　李景泰、陈诒孙修：《民国嵩明县志》，《中国地方志集成·云南府县志辑⑯》，凤凰出版社，2009，第281页。

寻甸县

寻甸关索岭

【地理位置】

地理坐标：东经103°17′20.38″，北纬25°22′53.94″，海拔2157米。

行政属地：寻甸县仁德镇易隆村。

地理环境：四周群山环绕，山上树木茂密。

【现状概述】

寻甸关索岭，当地人称"关岭"，又叫"杨磨山"，位于寻甸县易隆村与曲靖市马龙区梁家田村交界处（其在马龙区的位置在城西南约30千米），相传是武侯会盟处或屯兵处。诸葛亮南征时，曾在此设"本征部"，立"会盟碑"，安营扎寨，因关羽之子关索镇守而改称"关索岭"。

关索岭上现有三座烽火台遗址，东西走向，平面大致呈方形。其中，保存最完整的一个遗址，墙体边长10米，高2—3米，墙体宽1米左右，用黄褐色土夹杂砾石夯筑。其余两座烽火台遗址残存周长3米，高4米，由东向西，第一、二堆之间间距13米，第三、四堆之间间距60米。当地传说，这些烽火台是诸葛亮南征时所设。

关索岭上留存有一段古道，相传该古道秦时已经存在，属于五尺道的一段。古道现存于寻甸县境内的部分长500米，被称为"石门道遗址寻甸段"，东由马龙区入境，西入嵩明县境，汉、唐、清经过重修，清代重修时用宽1.5—2米的毛石铺筑，路面至今保留有数十个马蹄印。古道现存于马龙区境内的部分长2—

3千米，被称为"茶马古道（马龙段）"。大部分路面已经由马龙区政府重修。[1]

与关索岭相邻，有一座低矮山峰，名"量米堆山"（北纬25°22′57.23″，东经103°17′29.23″），相传是诸葛亮智擒孟获处。该山山顶较为平坦，村民在山上种植大量核桃、板栗等果树。

【历史渊源】

关索岭的记载多见诸明及之后的相关文献。《明史》卷四十六记载："马龙州……又西有杨磨山，名关索岭，上有关。"[2]景泰《云南图经志书》记载："杨磨山，俗呼曰关索岭，在州西七十里，险峻幽阻，盘延二十余里，官道经其下，间有寇凭之窃发，乃立哨堡守之。"[3]民国《续修马龙志》记载："杨磨山，即关索岭，县南七十里，俗传武侯会盟处，崖岭千寻，通道一线，俯瞰群山，横纵隐如龙蛇，其上有武侯祠。"[4]

关索岭上曾经有多处与诸葛亮、关索相关的遗址——会盟处、武侯祠、关索庙、八卦迷

---

1 此部分资料由昭通市文物管理所提供。

2 （清）张廷玉等撰：《明史》，中华书局，1974年第1版，第1174页。

3 （明）陈文修，李春龙、刘景毛校注：《景泰云南图经志书校注》，云南民族出版社，2002，第132页。

4 王懋昭纂修：《民国续修马龙县志》，《中国地方志集成·云南府县志辑㉕》，凤凰出版社，2009，第138页。

寻甸关索岭上

关索岭上茶马古道马龙段

石门道遗址寻甸段

向远处起伏蜿蜒的茶马古道马龙段

量米堆山

关索岭上的烽火台遗址

魂阵、回马渡、洗马塘等，现均不存。康熙《云南府志》记载："会盟处，在易隆驿关索岭上，有石标，汉诸葛武侯南征时会盟于此。"[1] 武侯祠曾有祠联一副："关子索侯显圣摆旌旗，七十二峰现在；岭自汉相会盟休干戈，三十六鼓犹存。"关索庙，古称"英烈侯庙"，传为行僧灵隐募立，明代云南佥事巴子国人赵炯嘉写题庙诗一首："汉慧如焚龙见瞧，乾坤重担着谁挑。关家父子威华夏，西蜀君臣编两朝。深入不毛忠与赤，奈损中土恨何消。"

关索的形象，最早出现在两宋时期。《三国演义》中，关索是关羽之子，尽管这个形象在正史中查无实据，却在民间广泛流传。

对于"关索"的解释，比较多元。明王士性认为，关索是当时高山间的索道，被讹传为神名。《广志绎》记："关索岭，贵州极高峻之山，上设重关，挂索以引行人，故名关索。俗人讹以为神名，祀之。"[2] 清王士禛与王士性的观点一致，《池北偶谈》引《月山丛谈》："盖前代凡遇高埠置关，官吏备索，以挽舁者，故以名耳。传讹之久，遂谓有是人，而实妄也。"[3] 徐霞客认为关索是关羽之子，《黔游日记五》："由阁南越一亭，又西上者二里，遂陟岭脊，是为关索岭。索为关公子，随蜀丞相诸葛南征，开辟蛮道至此。"[4] 康熙《云南通志》卷十九记载澄江府河阳县的关索庙时，说当时人认为关索是关兴[5]，因为关兴随诸葛亮南征，部下称其关帅，所以讹传为关索。清赵一清《三国志注补》[6]和周寿昌《三国志注证遗》[7]则认为，"关索"即"关爷"，关索就是关羽。还有认为关索是关妟的谐音（彝人呼"妟"为"索"），以及关索是指"关锁"，等等。

今天的学者，对"关索"有了更进一步的分析理解，认为关索岭所在之处均地势险峻，并形成天然隘口，需牵引索桥方能通过，故称之为"关索岭"。而古代以"关索"为绰号者颇多，且影响甚大，有"小关索""病关索""赛关索""张关索""严关索"等等，后世将关索形象与关羽挂钩进行附会，所以关索成为关羽的第三子。[8]

1（清）范承勋、王继文修，（清）吴自肃、丁炜纂：《康熙云南通志》卷十九《古迹》。

2（明）王士性著、周振鹤编校：《王士性地理书三种》，上海古籍出版社，1993，第399页。

3（清）王士禛、文益人校点：《池北偶谈》，齐鲁书社，2007，第466页。

4（明）徐弘祖：《徐霞客游记》，上海古籍出版社，2016，第333页。

5 咸丰《安顺府志》艺文篇收录了田雯所撰《关索岭记》，也认为关索就是关兴。

6《三国志注补》："西南夷谓'爷'为'索'，关索寨即为关爷寨，皆尊称也"。

7《三国志注证遗》："汉寿县，前汉属武陵郡，本名索，……后人因'关汉寿'之称，或谓'关索'。"

8 李雨桐、张轲风：《云贵地区"关索岭"地名之由来及其边疆意涵》，《中国西南文化研究：云南边疆治理研究论文》，云南人民出版社，2019。

安宁市

八街关圣宫

【地理位置】

地理坐标：东经 102°21′25.05″，北纬 24°40′12.33″，海拔 1903 米。

行政属地：安宁市八街街道办事处锦绣路西隅。

地理环境：八街关圣宫四周为旧民居。

【保护级别】

2003 年，被安宁市人民政府公布为县级文物保护单位。

【现状概述】

八街关圣宫，坐西朝东，占地面积约 1200 平方米，建筑布局紧凑，为一进二层四合院。临街建筑形制灵活，两层三开间，悬山顶前后檐做出歇山顶垂脊和戗脊，首层为山门，二层为前殿。左右廊庑为二层耳楼，悬山顶。正殿面阔三间约 11.7 米，进深三间约 7.2 米，单檐歇山顶。前殿与正殿均覆盖绿色琉璃瓦。

正殿塑有关羽夜读《春秋》坐像，胁侍周仓和关平。2021 年 4 月调查时，作为八街传统民用器物博物馆使用的八街关圣宫正在做维护施工。

八街关圣宫前殿

八街关圣宫山门连前殿

八街关圣宫大殿

大殿内的关羽、周仓、关平塑像

【历史渊源】

八街关圣宫始建于同治三年（1864），1926年重建。抗战时期，曾作为忠烈祠纪念抗日阵亡将领，其中有血战台儿庄的中将陈钟书和魏开泰等百余位英烈的牌位。1938—1949年，为中共义八地下党革命斗争据点。1949年后，曾用作学校、八街镇粮管所、安宁第二中学职工宿舍。2006年起进行复建、维修，2007年改为八街传统民用器物博物馆沿用至今。

八街关圣宫鸟瞰

大殿前廊卷棚

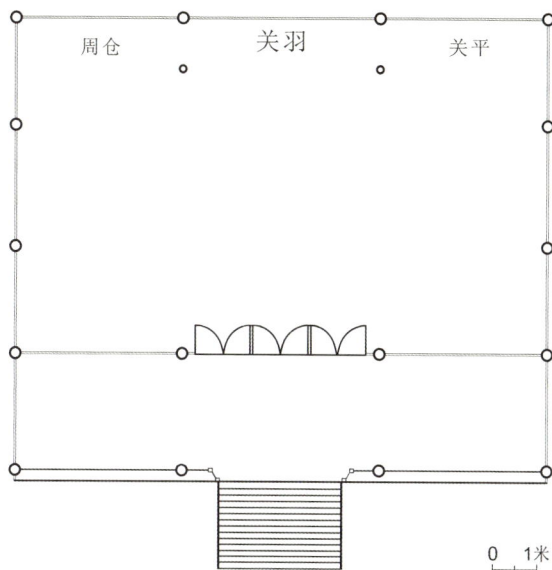

八街关圣宫正殿示意图

周仓　　关羽　　关平

0　1米

八街关圣宫俯视

温水关圣宫

地理坐标：东经102°23′29.95″，北纬24°34′45.02″，海拔1926米。

行政属地：安宁市八街镇八街街道办事处。

地理环境：温水关圣宫四周为民居。

【保护级别】

2003年，被安宁市人民政府公布为县级文物保护单位。

【现状概述】

温水关圣宫坐东朝西，占地面积约1200平方米，由山门、前殿、正殿、财神殿、观音殿、厢房、天井等建筑组成。

前殿供奉地母和土主。正殿现悬"关圣殿"匾额，面阔三间约10.6米，进深三间约7.2米，单檐歇山顶，中脊有纪年题记："大清光绪二十四年岁次戊戌，黄钟月阖村士庶人等暨木匠□文义重建。"关圣殿檐廊槅子门上方横披板上有三国题材彩画，北侧横披板壁画依次为"玄德荆州依刘表""青梅煮酒论英雄""曹操宛城战张绣""吕奉先射戟辕门""孙坚跨江击刘表"故事。中部横披板彩画由于匾额被挡，可识的题材有"袁绍磐河战公孙"和"勤王室马腾举义"。南侧横披板壁画依次为"馈金珠李肃说吕布""议温明董卓叱丁原""张翼德怒打督邮""破黄巾英雄首立功""祭天地弟兄桃园三结义"。殿内塑有关羽坐像，胁侍周仓和关平。关羽坐像，左手抚左膝，右手捻须，通高约3.5米。左侧关平立像，右手

温水关圣宫山门

温水关圣宫前殿

温水关圣宫前殿祭祀空间

温水关圣宫前殿二层天井院落

关圣殿檐下繁复的装饰性斗拱

温水关圣宫关圣殿

关圣殿前廊卷棚

温水关圣宫轴线鸟瞰

温水关圣宫关圣殿内梁架空间

温水关圣宫关羽、周仓、关平塑像

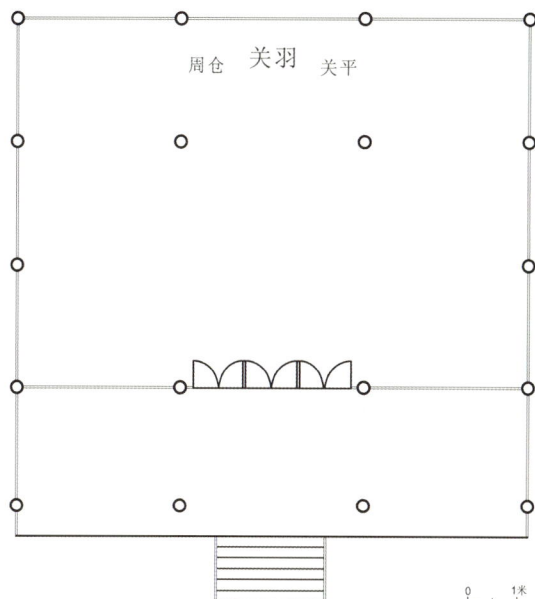

温水关圣宫正殿示意图

持印，通高约 2.4 米；右侧周仓立像，左手持青龙偃月刀，通高约 2.6 米。大殿内还供奉送子娘娘、催生娘娘、水草大王等。据 68 岁的王祝兰老人介绍，当地村民农历每月初一、十五会来关圣宫供斋、上香、烧元宝钱，农历五月十三在关圣宫内举办关刀会。

【历史渊源】

温水关圣宫，始建于清乾隆年间，光绪二十四年（1898）进行重修。温水关圣宫建筑于温水驿最繁荣的时期，当时由滇西通往玉溪和滇南的马帮物资等须经过八街过温水出三泊县境，交通便利给温水驿带来了繁荣和发展，在当地乡绅的倡议下，筹资兴建关圣宫。[1] 另外根据镶嵌在前殿南侧墙壁的 2008 年《温水营村关圣宫修缮碑记》可知，20 世纪 50 年代初至 20 世纪 70 年代末，政府在关圣宫内开办学堂，20 世纪 70 年代末期，政府将学校迁出庙院，庙宇随后闲置。2008 年，当地政府组织温水村委会及社会有识之士对温水关圣宫进行修缮并重新开放。

----

1 邬振宇：《找寻历史的足迹》，云南民族出版社，2020，第 82 页。

关圣殿北檐下的三国故事彩画

关圣殿南檐下的三国故事彩画

草铺关圣宫

地理坐标：东经102° 22′ 52.17″，北纬24° 56′ 5.55″，海拔1867米。

行政属地：安宁市草铺街道草铺镇草铺老街。

地理环境：关圣宫坐落于茶马古道，紧邻关家大院，正前为茶马古道驿站。

【保护级别】

2003年，被安宁市人民政府公布为县级文物保护单位。

【现状概述】

草铺关圣宫，坐东北朝西南，由山门、厢房、观音殿、财神殿、正殿等建筑组成。

正殿现悬"关公殿"匾额，面阔三间约11.5米，进深三间约7.6米，单檐歇山顶，中脊有新题记："大清光绪二十五年岁次□亥月建丁丑阖街士庶人等□□□□开甲吉日重建。"关圣宫檐廊槅子门上方横披板有三国题材彩画，三幅为原建筑遗存，其余均为新绘制，三幅遗存彩画题材依次为"匿玉玺孙坚背约""焚金阙董卓行凶""发矫诏诸镇应曹公"。新画题材有"草船借箭""空城计"等。殿内塑有关

草铺关圣宫山门

1123

紧邻关家大院（图左已残毁）的草铺关圣宫

草铺关圣宫关公殿及厢房

草铺关圣宫关公
殿前廊卷棚

草铺关圣宫前茶
马古道

羽坐像，胁侍周仓和关平。关羽坐像，左手持
《春秋》，右手捻须，高约3米。关羽左侧为关
平立像，双手捧印，高约3米；右侧为周仓立
像，左手叉腰，右手持刀，高约3米。目前，
关圣宫由草铺村街道文化和旅游中心管理。

【历史渊源】

草铺关圣宫，始建年代不详，光绪二十五
年（1899）重建。据守庙的本静法师介绍，草
铺关圣宫是隔壁关家大院的家庙，也叫"关家
祠堂"。关圣宫曾用作学校、粮仓。2005年，
关圣宫由草铺镇政府斥资维修，2006年完工。

草铺关圣宫山门后视鸟瞰

草铺关圣宫关公殿檐下三国题材彩绘遗存

草铺关圣宫关公殿

草铺关圣宫建筑群俯视

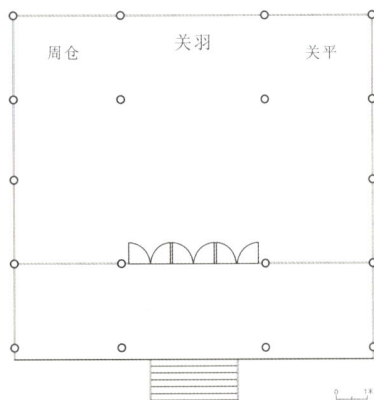

草铺关圣宫正殿示意图

兴街关圣宫

【地理位置】

地理坐标：东经102°21′39.53″，北纬24°37′51.42″，海拔1905米。

行政属地：安宁市八街镇兴街。

地理环境：关圣宫北侧有一个小广场，四周为民居。

【保护级别】

1995年，被安宁市人民政府公布为县级文物保护单位。

【现状概述】

兴街关圣宫，坐北朝南，占地面积约1200平方米，由连山门的前殿、正殿及南北耳房、厢房等建筑组成。院内有县级保护的茶花树一株。

前殿面阔三间，进深三间，单檐歇山顶，明间为入院通道。正殿现悬"关圣宫"匾额，面阔五间11.4米，进深三间6.6米，穿斗式木构架，单檐歇山顶。殿内塑有关羽坐像，胁侍周仓和关平。关羽坐像，左手持《春秋》，右手捻须。关羽左侧为关平立像，双手捧印；

村落中的兴街关圣宫

1127

兴街关圣宫山门

兴街关圣宫正殿

兴街关圣宫前殿后视

兴街关圣宫关羽、周仓、关平塑像

兴街关圣宫山面鸟瞰

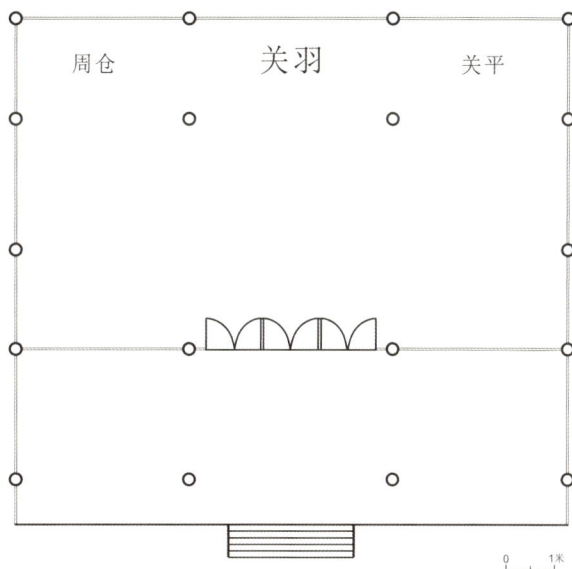

兴街关圣宫正殿示意图

右侧为周仓立像，左手叉腰，右手持刀。目前关圣宫由八街镇文化和旅游中心管理。

【历史渊源】

根据关圣宫前文物碑记可知，民国以前兴街是当地较大的集市，兴街关圣宫于嘉庆十三年（1808）由乡绅董绍邀各村集资创建，并开辟市场，取名"兴街"。关圣宫经常举办庙会、唱大戏和赶集，后毁于战乱。同治三年（1864）唐奇功集众重修大殿并维修前殿和厢房。2000—2001年4月安宁市人民政府拨款进行维修。

曲靖市

　　曲靖市位于云南省东部，云贵高原中部，东经102°41′—104°49′，北纬24°22′—27°04′，总面积2.89万平方千米，东面与贵州省接壤，东南与广西壮族自治区相连，西南距昆明市区120千米，北靠昭通市和贵州省毕节市，素有"滇黔锁钥""云南咽喉"之称。截至2022年底，下辖麒麟、沾益、马龙3个区，富源、陆良、师宗、罗平、会泽5个县，代管宣威1个县级市。蜀汉时期，曲靖一带名"味县"，初隶属于益州郡。诸葛亮平定南中叛乱后，改益州郡为"建宁郡"，味县成为建宁郡治和庲降都督的驻地。

曲靖市
三国文化遗存点位
分布图

1　曲靖八塔

2　石堡山

3　毒水石刻

4　马龙诸葛山

5　会泽武侯祠

6　会泽武庙

7　会泽张飞庙

8　会泽陕西会馆

9　可渡关驿道

10　可渡诸葛大营遗址

撰稿：陈　芳　谢　乾　尚春杰
摄影：罗开玉　彭　波　尚春杰　樊博琛
绘图：尚春杰

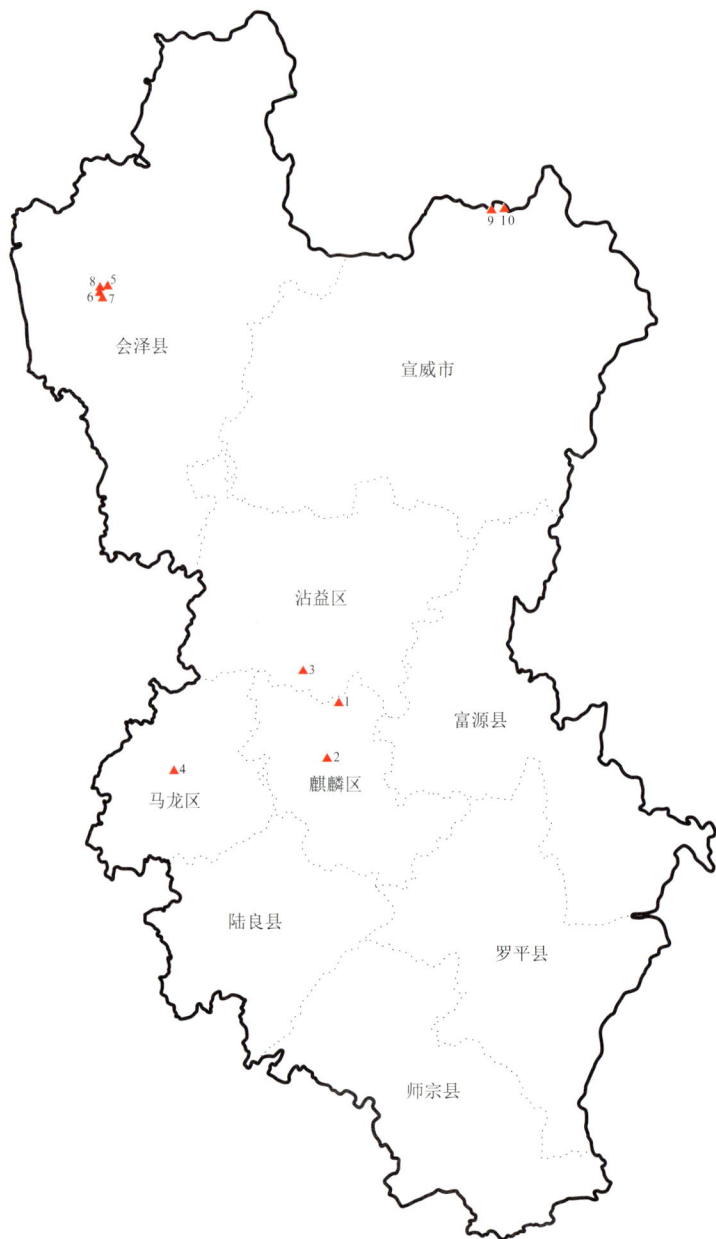

麒麟区

曲靖八塔

【地理位置】

地理坐标：东经103°53′50.89″，北纬25°31′48.69″，海拔1880米。

行政属地：麒麟区珠街乡三元村委会董家村。

地理环境：毗邻八塔人文景观园，周围树木繁盛。

【保护级别】

2006年，八塔台墓群被国务院公布为全国重点文物保护单位。

【现状概述】

八塔位于曲靖市麒麟区珠街乡三元村委会董家村东面东山山脚的缓坡地带，是8个大小不等的相依相傍的人工土堆，平面呈圆形或椭圆形，总面积约5000平方米。民间传说，诸葛亮南征时在曲靖南盘江一带七擒孟获，为镇地脉，在此建台，所以当地人称"八塔"或"八塔台"。

【历史渊源】

八塔的传说由来已久，乾隆《沾益州志》记载："八塔，州东南三十里五台山下，每塔高数尺，其砖石皆有古符篆字。"[1] 咸丰《南宁县志》记载："八塔，在城东，《府志》汉诸葛武侯建以镇地脉。"[2]

1977年秋，董家村村民在八塔台的一个土堆取土时，发现青铜器数十件。云南省文物工作队在曲靖地区文化馆的配合之下，迅速对8个土堆进行编号。从1977年11月开始，到1982年，历时6年，云南省文物工作队对八塔进行了7次考古发掘。1号堆清理出竖穴土坑墓5座，2号堆清理出竖穴土坑墓348座（包括16座封土堆的竖穴土坑墓），年代从春秋早期延续至西汉后期。2号堆清理出火葬墓304座，年代为宋、元、明代。通过考古发

1 （清）王秉韬、唐时勋等纂：《乾隆沾益州志》，《中国地方志集成·云南府县志辑⑰》，凤凰出版社，2009，第69页。

2 （清）毛玉成修，（清）张翊辰、喻怀信纂：《咸丰南宁县志》，《中国地方志集成·云南府县志辑⑪》，凤凰出版社，2009，第93页。

曲靖八塔的土丘

掘，八塔被证实是一个大型的古代墓葬群。[1]

2015年8月，云南省文物考古研究所对八塔2号堆进行考古发掘，发现墓葬22座（包括封土堆的竖穴土坑墓），墓葬年代大致在西汉时期。

截至2018年，八塔共发掘墓葬657座，其中云南青铜时代的竖穴土坑墓353座。考古工作者通过出土器物特别是青铜器上的纹饰、图案，结合曲靖的地理位置以及司马迁《史记》中的相关记载，认为这些云南青铜时代墓葬的主人就是当时的劳浸、靡莫等族群。《史记·西南夷列传》载："（滇国）其旁东北，有劳浸、靡莫，皆同姓相扶。"[2]

1 云南省文物考古研究所：《曲靖八塔台与横大路》，科学出版社，2003。

2 （汉）司马迁撰，（南朝宋）裴骃集解：《史记》，中华书局，1999，第2285页。

石堡山

【地理位置】

地理坐标：东经103° 51′ 0.64″，北纬25° 23′ 1.57″，海拔高度1875米。

行政属地：麒麟区三宝街道温泉社区。

地理环境：位于麒麟区南郊三宝坝子上，西临水石公路。

【现状概述】

石堡山，又名石宝山，因山形如元宝凸起于平坝而得名，孤峰卓立，高约百米。山顶有玉峰寺，四周为农田所包围。

【历史渊源】

清代顾祖禹《读史方舆纪要》记载，"石堡山，在府东南二十余里，一名分秦山。相传诸葛武侯南征时，与诸酋会盟处"[1]。据曲靖市文管所及当地村民介绍，传说石堡山的由来与罗隐秀才（罗音秀才）息息相关，是他用扁担担来石堡及簸箕二山。罗隐秀才是传说中半人半神的人物，可出语成谶，其故事及信仰广泛传播于江南、西南及华南地区。惜今日当地已不存诸葛亮相关传说。

耸立在三宝坝子上的石堡山

1（清）顾祖禹撰，贺次君、施和金点校：《读史方舆纪要》卷114，中华书局，2005年，第5079页。

建在石堡山顶的玉峰禅寺

传说担来石堡山的罗隐秀才

沾益区

毒水石刻

　　地理坐标：东经103°48′28.02″，北纬25°35′34.40″，海拔1918米。

　　行政属地：沾益区西平街道彩云社区。

　　地理环境：林场深处，五尺道（九龙山段）从石刻旁通过。

【保护级别】

　　2002年12月31日，五尺道九龙山段（含毒水石刻）被曲靖市人民政府公布为市级文物保护单位。

【现状概述】

　　五尺道始建于秦，从四川宜宾到云南曲靖，全长1000余千米，是古代川滇交通要道。五尺道九龙山段长约2千米，路宽2—2.5米，尚有青石路基镶砌于路面。明清时期，此道是通京官道，直至1949年之前，此道仍是沾益的交通要道。

　　毒水石刻位于五尺道九龙山段旁的山崖上，在突出于山崖的一块巨石上凿刻而成。巨石为石灰石质，高1米，宽0.7米，"毒水"2字为楷体阴刻，坐东朝西。据沾益区文物管理所所长王文介绍，推测毒水石刻为近代沾益地方人氏附会诸葛亮南征传说而刻。

曲靖市沾益区九龙山密林中的五尺道

五尺道九龙山段上
的毒水石刻

五尺道九龙山段
的青石路基遗存

【历史渊源】

　　曲靖市区一带，是三国时期的味县，原隶属于益州郡。诸葛亮平定南中叛乱后，设置建宁郡，味县为建宁郡治所，并且成为庲降都督的驻地，屯驻时间最长。《华阳国志·南中志》载："建宁郡治（味县），故庲降都督屯也，南人谓之'屯下'。"[1]曲靖地区是三国蜀汉政权控制并影响较深的地区，这一带一直留存有关于诸葛亮南征的各类遗存和相关传说。关于毒水，当地传说诸葛亮南征后率军返回，经过此地时，有军士饮用泉水中毒。诸葛亮便挥剑在石头上刻下"毒水"二字，以提醒路人。

1（晋）常璩撰，刘琳校注：《华阳国志》，成都时代出版社，2007，第209页。

马龙区

马龙诸葛山

【 地理位置 】

地理坐标：东经103°29′5″，北纬25°22′19.81″，海拔2370米。

行政属地：马龙区旧县街道袜度社区四旗田村与白塔社区红军哨村之间。

地理环境：诸葛山现建成诸葛山南区景区，风光秀丽，山上有许多风力发电机，有蓝莓采摘地。

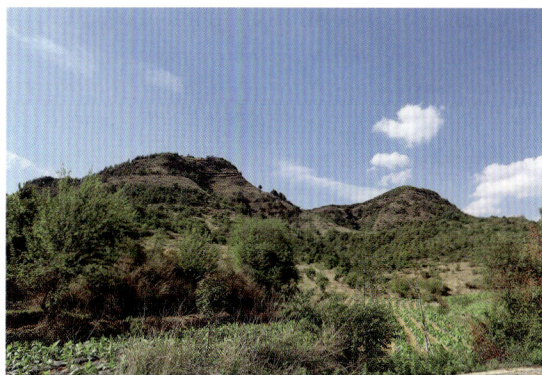

马龙诸葛山

【 现状概述 】

马龙诸葛山位于曲靖市马龙区（原马龙县）旧县街道袜度社区四旗田村与白塔社区红军哨村之间，面积约8平方千米，最高海拔2370多米。相传诸葛亮南征时，率领军队驻扎于此，因而得名。

诸葛山东南面山势陡峭，山腰风大；西北面山势稍缓，有溪流分布，当地人称"诸葛沟"（亦称"诸葛龙潭"），西侧树木茂密的山谷，当地人称"诸葛箐"。2012年调查时，据带路的向导施老师介绍，当地传说诸葛山是诸葛亮驻扎军队的营地，蜀军每日在箐中取水饮用、做饭，故得名。诸葛山顶避风且平坦，面积约2000平方米，是附近区域的制高点。相传诸葛亮在山上驻军，山下屯田。至今近山顶处有一条壕沟，传为诸葛亮军队所挖的战壕；山顶保存的几块大石，有传是当年诸葛亮哨所遗留，亦有传是诸葛亮放置军用地图的"看图石"。诸葛亮在诸葛山下屯田的时候，在村

马龙诸葛山上的诸葛沟

从山下平坝远眺马龙诸葛山

四旗田村

马龙诸葛山上远眺诸葛箐

马龙诸葛山山腰平坝

马龙诸葛山山顶远眺马龙城区

马龙诸葛山山顶

庄东、南、西、北四方田里插上旗子，当有敌军来袭，便放倒旗子，作为军情信号之用，由此诸葛山下的村庄得名"四旗田村"。

【历史渊源】

关于马龙诸葛山的历史文献资料较少，民国《续修马龙志》记载："诸葛山，县南二十五里。山顶平旷，有小石城，疑亦彝寨也。俗传武侯屯兵其上。"[1]

1 王懋昭纂修：《民国续修马龙县志》，《中国地方志集成·云南府县志辑㉕》，凤凰出版社，2009，第139页。

会泽县

会泽武侯祠

【 地理位置 】

地理坐标：东经103° 18′ 12.29″，北纬 26° 24′ 51.29″，海拔2147米。

行政属地：会泽县钟屏路167号。

地理环境：遗址属于临街坡下地块，城市道路将武侯祠遗址与同属江南会馆遗存的白衣阁、吕祖阁隔开。

【 保护级别 】

2006年，会泽会馆（江南会馆）被国务院公布为全国重点文物保护单位。

【 现状概述 】

会泽武侯祠位于全国重点文物保护单位会泽会馆（江南会馆）内。江南会馆整体建筑坐南向北，现存吕祖阁、白衣阁、江南会馆大殿。据史料记载，原建筑建有斗姆阁、武侯祠、六角亭等，属寺庙园林建筑，1950—1960年代被拆毁。

武侯祠坐南朝北，2018年调查时，原建筑尚残存一段后墙、三棵柏树。后墙残长10余米，厚1米左右，高2—3米，红泥夯筑而成，顶端铺设青瓦。2021年调查时，残墙已经坍塌，遗址上恢复新建了江南会馆仿古建筑。

2021年在武侯祠遗址上恢复的仿古建筑

江南会馆建筑群鸟瞰

江南会馆建筑群俯视

2018年会泽武侯祠残存的后墙

2018年会泽武侯祠遗址上的柏树

【历史渊源】

会泽县古属堂琅，因产铜闻名，全国多地出土带有"堂琅"铭文的汉代铜洗。明清时期，由于铜的开采迅速发展，各地会馆聚集此地，留下许多富有地方特色的会馆建筑。

江南会馆始建于清雍正年间，乾隆、道光、光绪年间曾作扩建，建成后由江南籍同乡会管理使用至1949年，后由会泽县鑫莹石材有限公司管理使用。会泽武侯祠修建于江南会馆内，是江南会馆的一个重要组成部分。20世纪50年代，会泽武侯祠已经不存。1986年，江南会馆被公布为县级第一批文物保护单位。2002年，江南会馆被公布为昭通市第一批文物保护单位。2006年5月，江南会馆被公布为全国第六批重点文物保护单位。[1]

1 据会泽县文物管理所提供资料。

1141

会泽武庙

【地理位置】

地理坐标：东经103°17′37.72″，北纬26°24′58.82″，海拔2142米。

行政属地：会泽县古城街道126号。

地理环境：位于会泽县粮食局内。

【保护级别】

2023年，会泽武庙被曲靖市人民政府公布为市级文物保护单位。

【现状概述】

会泽武庙位于会泽县古城街126号，坐南朝北，占地面积407.93平方米，为歇山顶抬梁式结构，两面山墙为"金包银"，前檐墙面置砖斗拱。[1] 武庙原建筑仅存大殿，面阔5间，宽23.58米，进深17.3米，前（北面）有廊道，廊道东侧墙上镶嵌有一块清康熙年间的石碑。

会泽武庙于2016年5月开始进行原貌修复，大殿瓦屋面进行揭顶修复，梁架结构歪闪的进行校正，后墙4根木柱进行更换，室内铺青砖。

会泽武庙大殿

1 据会泽县文物管理所提供的文物三普资料。

会泽武庙飞翘的檐角

五开间的会泽武庙大殿

会泽武庙开阔的前廊

【历史渊源】

会泽武庙始建于清雍正年间，供奉关羽，每年农历五月和春、秋二季进行祭祀。乾隆《东川府志》记载："关帝庙，在西门内，雍正三年，诏封三代公爵，每年除五月致祭外，仍于春秋二仲月致祭。"[1] 清代东川府知府方桂还著有《新建关帝庙碑记》一文。20世纪80年代，会泽武庙大殿曾被用作粮食局招待所。

1（清）方桂：《乾隆东川府志》，《中国地方志集成·云南府县志辑⑩》，凤凰出版社，2009，第63页。

会泽张飞庙

地理坐标：东经103°17′58.89″，北纬26°24′43.58″，海拔2153米。

行政属地：会泽县古城街道灵璧路51号。

地理环境：位于中国南方电网滇北电力实业公司院内。

【保护级别】

1999年，被会泽县人民政府公布为县级文物保护单位。

【现状概述】

张飞庙又名"张圣宫"，整体建筑坐南朝北，占地面积1256.97平方米，属硬山顶穿斗与抬梁式混合结构，二进院落建筑布局，由过厅、东西耳房、东西厢房、正殿组成。过厅面阔2间，宽6.6米，进深7.05米。东西耳房面阔3间，宽10.6米，进深6.33米。东西厢房面阔3间，宽11.2米，进深7.4米。正殿面阔3间，宽13.62米，进深10.9米。目前，张飞庙山门、前殿被毁，保存状况较差。[1]

【历史渊源】

张飞庙，始建于清代中叶，曾进行过多次修葺。1960年开始，由滇北电力实业公司使用。

会泽张飞庙

会泽张飞庙

---

1 据会泽县文物管理所提供的文物三普资料。

会泽陕西会馆

【地理位置】

地理坐标：东经103°17′36.924″，北纬26°25′2.73″，海拔2122米。

行政属地：会泽县西直街186号。

地理环境：陕西会馆位于金钟镇西直街下段东侧约50米处，周边为传统的文化商业街区。

【保护级别】

2006年，会泽会馆（陕西会馆）被国务院公布为全国重点文物保护单位。

【现状概述】

会泽陕西会馆，坐南朝北，建筑面积约870平方米，占地面积约4000平方米，砖木结构建筑，由山门、戏楼、中殿、后殿建筑组成，现仅存中殿。

中殿部分由戏亭和中殿组成。戏亭为卷棚歇山顶，位于建筑主体中部位置。中殿面阔10.2米，进深5.4米，通高5.6米，硬山顶，砖木结构建筑。中殿两侧墙壁各留存三处清碑，西侧墙壁的三处清碑分别为乾隆五十年（1785）《新建照壁功德碑记》、嘉庆十年（1805）《新置义地碑记》、乾隆十七年（1752）《新建关帝

中殿北向鸟瞰

1145

会泽陕西会馆中殿

连接戏亭的中殿

空置的中殿

庙碑记》。东侧墙壁的三处清碑分别为清乾隆十九年（1754）碑、嘉庆十年《关中布行义捐常住碑记》、乾隆五十年《马王庙常住碑记》。南侧墙壁有民国八年（1919）残碑。

1986年，陕西会馆被公布为县级文物保护单位。2002年，陕西会馆被公布为市级文物保护单位。2006年5月，陕西会馆被公布为全国第六批重点文物保护单位。2013年5月22日，会泽县被列为国家历史文化名城。

【历史渊源】

陕西会馆因会馆主供关羽神位，亦名"关帝庙"。会泽陕西会馆始建于清乾隆十九年（1754），系陕西、山西籍商民所建，据乾隆五十年（1785）《新建照壁功德碑记》的记载，可知时人称陕西会馆为"关圣宫"。嘉庆十年（1805）《关中布行义捐常住碑记》亦载：关圣行宫系秦晋会馆。会馆西侧建筑后壁存有道光四年（1824）的碑刻，碑刻记载了陕西人合伙贸易，修建黄酒房，将黄酒房的收入捐资给关帝庙使用的事情。会泽陕西会馆建成后由陕西同乡管理使用至1949年，现由会泽海泓百货有限责任公司管理使用。

1147

中殿戏亭天花上的彩画残存

中殿南向鸟瞰

会泽陕西会馆文保碑

会泽陕西会馆俯视

宣威市

可渡关驿道[1]

【地理位置】

地理坐标：东经104°16′14.99″，北纬26°37′3.19″，海拔1608米。

行政属地：宣威市杨柳镇可渡村。

地理环境：驿道穿过可渡村，可以在此渡河，故而得名。

【保护级别】

2013年，被国务院公布为全国重点文物保护单位。

【现状概述】

可渡关驿道位于宣威市杨柳镇可渡河畔，全长5千米，宽约2米，全部由青石板铺筑。当地传说诸葛亮南征时经过此处，并在宣威屯兵（宣威诸葛营）。驿道上设有关隘"可渡关"，现保存有南关门、北关门。南关门包括城墙、门楼。城墙东西长32米，高3米，厚1.2米，设有垛口，留有门洞。门洞高2.2米，纵深6米，原有关门，现留存有关门痕迹。门洞上有门楼，歇山顶小青瓦屋面。杨柳镇文化站在南关门附近修建了一个碑廊，碑廊内保存并展示有得胜碑、功垂万世碑、恩同日月碑、继续前人碑、贞烈碑等石碑，反映出可渡村一带明清时期的历史和文化状况。1986年11月21日，可渡关关址被公布为宣威县第一批文

可渡关驿道

可渡关南关门

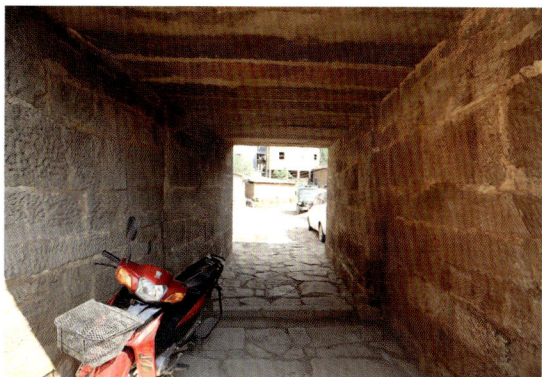
可渡关南关门门洞

---

1 宣威市文物管理所和杨柳乡文化站协助并提供重要资料。

物保护单位。1993年11月16日，可渡关驿道被公布为云南省重点文物保护单位。2013年3月5日，可渡关驿道被公布为全国重点文物保护单位。

可渡河现仍留存有渡口。渡口地理坐标北纬26° 37′ 35.41″，东经104° 16′ 28.38″，海拔高程1562米。近渡口处有一座小桥，当地人称“孔明桥”或“诸葛桥”，传说是当年诸葛亮南征时始建。渡口河段北岸的翠屏崖150米处，有一组摩崖石刻“山高水长、水流云在”八个阴刻大字，传说是明代杨慎所书。翠屏崖山脚下，有“飞虹伫鹤”摩崖石刻。“飞虹伫鹤”石刻刻于一块面积为10平方米、倾斜角度约45°的砂岩上，文字为印章式排列，楷体，阴刻，每个字1.3平方米，深度约0.05米，无落款和日期，当地传说是诸葛亮南征时所题。

可渡关南关门后视

孔明桥

【历史渊源】

可渡关驿道始建于秦代，王莽时期加宽，明代朱元璋时期扩修铺筑石板。该驿道北经贵州省威宁到云南省昭通和四川省，南经宣威到曲靖抵昆明，是古代云南与外界交往的主要道路，被称为“通京大道”。明洪武初年，朱元璋以傅友德为征南将军，蓝玉、沐英为副将军，率兵30万征云南，扩修可渡驿道，设置可渡关，修建南、北关门和炮台。道光《宣威州志》记载：“可渡关，在城北一百三十里可渡河南，明洪武十五年初建，有小城环山，距河为入滇之门户，河北即旧城。”“炮台，在可渡河南岸，离城一百三十里，颍川侯建之以败乌蛮者，现存。”[1]因为驿道和关隘的始建年代分别是秦代和明代，所以又有“秦道明关”之说。

“山高水长、水流云在”石刻

“飞虹伫鹤”石刻

1（清）刘沛霖、朱光鼎等纂：《道光宣威州志》，《中国地方志集成·云南府县志辑⑫》，凤凰出版社，2009，第29、75页。

可渡河渡口鸟瞰

可渡河渡口

可渡河曾经水流汹涌，非舟楫不可渡，是贵州和云南之间天然的屏障。道光《宣威州志》记载："可渡河，在城北一百三十里，水势汹涌，非舟楫不可渡，滇黔之限也。河北有堡，军二十名，地名旧城，后坡顶即威宁州界。"[1]

宣威地区流传，诸葛亮南征时曾从此地经过并屯兵，道光《宣威州志》记载："诸葛营，在东山下，离城五里，一名古城，昔武侯征南，每兵斗土筑城屯营于中。"[2]但民国《宣威县志》则认为这些是后人敬慕诸葛亮的附会之说。民国《宣威县志》论裁："武侯征南曾否过此，姑不具论，惟城甚小，断难容征南之众。后人敬慕武侯，从而传会耳。于以见武侯之德入人深矣。"[3]

1 （清）刘沛霖、朱光鼎等纂：《道光宣威州志》《中国地方志集成·云南府县志辑⑫》，凤凰出版社，2009，第20页。

2 （清）刘沛霖、朱光鼎等纂：《道光宣威州志》《中国地方志集成·云南府县志辑⑫》，凤凰出版社，2009，第74页。

3 王钧图、陈其栋、缪果章纂修：《民国宣威县志》《中国地方志集成·云南府县志辑⑬》，凤凰出版社，2009，第427页。

可渡诸葛大营遗址

【地理位置】

地理坐标：东经104°16′39″，北纬26°37′18.58″，海拔高度1682米。

行政属地：宣威市杨柳镇可渡村。

地理环境：位于可渡村北，东南侧为山歌广场，可渡河位于西北侧。

【保护级别】

2013年，被宣威市人民政府公布为市级文物保护单位。

【现状概述】

可渡诸葛大营遗址位于小山丘顶部，高约20米。山头地势较为平坦，近似椭圆形，长

可渡诸葛大营遗址

可渡诸葛大营
遗址

诸葛大营遗址
前为山歌广场

约80米，宽约40米，其间植被茂密，周边有村民开垦小块农田。

【历史渊源】

据杨柳镇文化站负责人顾茨怀介绍，山头旧时四周有夯土墙，最后一段毁于20世纪80年代，现在并不见任何遗存。传说李恢率部南征曾途径此地，诸葛大营或为其部所建。而当地又有传说诸葛亮南征返回成都时曾于此渡河，有打油诗"诸葛南征扎兵营，班师回朝探水情。水流湍急船可渡，因此留下可渡名"即言及此事。

玉溪市

    玉溪市，位于云南省中部，北接昆明市，西南连普洱市，东南邻红河哈尼族彝族自治州，西北靠楚雄彝族自治州，总面积15285平方千米。截至2022年底，下辖红塔区、江川区2个区，通海县、华宁县、易门县、峨山彝族自治县、新平彝族傣族自治县、元江哈尼族彝族傣族自治县6个县，代管澄江市。诸葛亮南征之前，该地区主要隶属于益州郡。诸葛亮南征之后，该地区分属于建宁郡和兴古郡，其中，江川区、易门县、澄江市等属建宁郡，通海县、峨山县、华宁县等属兴古郡。

玉溪市三国文化遗存点位分布图

1 玉溪关索庙
2 秀山武侯祠
3 杨广镇三圣宫
4 古城关圣宫
5 黄龙关圣宫
6 李家营关圣宫
7 碧溪关圣宫
8 螺髻关圣宫

9 曲陀关关圣宫
10 官营关圣宫
11 解家营关圣宫
12 石山嘴关圣宫
13 甸高村关圣宫

14 海东村关圣宫
15 汉邑村三义殿
16 李恢祠
17 关三小姐墓
18 澄江武庙

19 右所镇关圣宫
20 洋潦关圣宫
21 先锋营

撰稿：谢 乾 陈 芳
摄影：罗开玉 彭 波 尚春杰
　　　苏碧群 樊博琛
绘图：尚春杰

红塔区

玉溪关索庙

地理坐标：东经102° 34′ 3.55″，北纬24° 20′ 2.06″，海拔1670米。

行政属地：红塔区凤凰路街道。

地理环境：位于红塔集团所在地的半山腰，山上植被丰茂、树木成荫。

【现状概述】

关索庙（寺），现名观松寺（取"关索"谐音），位于玉溪市红塔区凤凰路街道。关索庙依山而建，环山小道取名"关索庙路"，寺庙由大雄宝殿、地藏殿、关圣殿、灵霄宝殿、观松寺等几个部分组成，共十个大殿。

关圣殿主要供奉、祭祀关羽，殿内神龛中央塑关羽坐像，关羽身穿绿色蟒袍，身后塑周仓像和关平像：周仓执青龙偃月刀，关平捧印。神龛外有一副对联："星稀照映，万物循环理当先；明月当空，牵动花好月更圆。"关圣殿中除了关羽，神龛上还有其他神仙的塑像，如财神像、月老像等。

关圣殿大殿两侧有两庑，分别塑有周仓牵马和关平牵马的塑像，壁间还绘有关羽过五关斩六将的壁画。

玉溪关索庙香火非常鼎盛，每年农历正月初二或正月初五，都要举行祭祀关索的大型活动，唱戏三天，十分热闹。

玉溪关索庙中的关圣殿

关圣殿中的关羽坐像

【历史渊源】

玉溪关索庙所在的位置是今天红塔集团所在地的半山腰，当地人称"下关索"。玉溪原来有两座关索庙，乾隆《新兴州志》记载："关索庙，一在州东南三里，一在州北二十七里。"[1] 玉溪关索庙即州东南三里的关索庙，为祭祀关索而建，始建年代不详，当时仅有三间土房。20世纪六七十年代被毁，仅存柏树。20世纪90年代，玉溪市瓦窑村村民自发集资，在玉溪卷烟厂的支持之下，恢复重建关索庙，于1993年12月完工。恢复重建之后取谐音，改名"观松寺"，寺内建关圣殿，但不再塑关索像。"州北二十七里"的关索庙位于关索岭上，澄江、玉溪、江川等地方志都有记载，是当时的游览胜地，人称"上关索"，现已不存。

调查发现，取"关索"谐音命名关索庙的情况较为特别，现在云南发现两处，一是嵩明杨林镇的关崧寺，另外就是玉溪红塔区的这座观松寺了。

关圣殿中的关平牵马塑像

关圣殿中的周仓牵马塑像

玉溪关索庙功德碑

---

1 （清）任中宜纂修：《乾隆新兴州志》，《中国地方志集成·云南府县志辑㉖》，凤凰出版社，2009，第230页。

通海县

秀山武侯祠

地理坐标：东经102°45′14.06″，北纬24°6′21.16″，海拔1920米。

行政属地：通海县城南隅秀山公园。

地理环境：位于秀山上，山上植被茂盛、树木成荫，有著名的秀山古建筑群（秀山公园），武侯祠属于古建筑的一部分。

【保护级别】

2006年，秀山古建筑群被国务院公布为全国重点文物保护单位。

【现状概述】

秀山武侯祠位于清凉台东侧，属于秀山古建筑群的一个重要组成部分。武侯祠现存建筑为二层三开间楼房，挂有诸葛亮画像以及"风流天下闻""千秋出师表；五月渡泸人"的草书匾额以及对联。

【历史渊源】

武侯祠地处秀山古建筑群的中部，此地名为"清凉台"。清凉台又名"清凉寺"，由鲁班殿、观音殿、药师殿、武侯祠等部分组成，康熙《通海县志》记载："清凉寺……元僧铁牛建。康熙十二年，僧清淡重修。"[1]武侯祠坐

通海武侯祠、清凉台等建筑群俯视

修缮后的通海武侯祠

通海武侯祠

1（清）魏荩臣修：《康熙通海县志》，《中国地方志集成·云南府县志辑㉗》，凤凰出版社，2009年，第38页。

通海武侯祠、清凉台等建筑群鸟瞰

通海武侯祠内曾悬挂的诸葛亮画像

南朝北，祠内原塑有诸葛亮的塑像，康熙《通海县志》记载："武侯祠，在秀山神祠下，岁仲秋廿二日祭。"[1] 至晚到光绪年间，通海武侯祠废弛，道光《续修通海县志》记载："武侯祠久废。""武侯祠，在秀山神祠下，今废。"[2]

1（清）魏荩臣修：《康熙通海县志》，《中国地方志集成·云南府县志辑㉗》，凤凰出版社，2009年，第39页。

2（清）赵自中修：《道光续修通海县志》，《中国地方志集成·云南府县志辑㉗》，凤凰出版社，2009年，第469、474页。

杨广镇三圣宫

【地理位置】

地理坐标：东经102°48′11.07″，北纬24°6′49.69″，海拔1824米。

行政属地：通海县杨广镇小新村。

地理环境：距通海县城约5千米，周边多为菜田。

【保护级别】

1992年，被云南省人民政府公布为省级文物保护单位。

【现状概述】

杨广镇三圣宫坐东朝西，由照壁、戏台、中殿、正殿及前两厢、后两厢、六个躲间组成两进两院式布局，占地面积6670平方米。戏台即前殿，为三开间单檐歇山顶楼房，有勾栏。中殿为三开间单檐歇山顶建筑，祭祀空间高敞古朴，出柱斗拱为丁头拱，中殿主祀文昌帝君，南、北侧分别陪祀关羽及灵官。关羽为坐像，关平、周仓立像胁侍两侧，均

为新塑像。正殿为三开间单檐歇山顶建筑，前檐设三踩雕花斗拱，廊间吊平顶并彩绘，明间设一樘（六扇）木雕槅门，木雕槅门是清末民初通海民间雕刻艺人高应美的代表作品。正殿主祀孔子、如来、老子三圣，其中高应美所刻格扇门上有"三顾茅庐""刘备过江娶亲""长坂坡退敌""温酒斩华雄""过五关斩六将""张任劝刘璋""金雁桥擒张任""文星楼"等三国题材故事，另有"八仙过海""三打祝家庄"等题材故事及竹叶诗四句，雕刻精美，栩栩如生。

【历史渊源】

据三圣宫内清乾隆五十七年（1792）《三圣宫常住碑记》记载，明洪武初年，此建筑就已存在于小新村。后历经清康熙十一年（1672）、雍正四年（1726）等多次重建修缮，因清光绪二十八年（1902）修建后殿供奉儒释道三圣，遂称"三圣宫"。又有当地民间传说，三圣宫或始建于明洪武年间，传说为明朝大将沐英麾下兵户所建，因塑关羽像，故又称"关帝庙""关圣宫"。刻制后殿格扇门的匠人高应美（1859—1932），通海人，其祖、父均为民间艺人，自幼耳濡目染，多才多艺，后专攻木雕艺术，据说高氏雕刻三圣宫6扇格扇门

杨广镇三圣宫正殿

杨广镇三圣宫俯视

耗时长达17年之久。门上有由竹叶巧妙组成的四句诗："水绕楼船起圣宫，双龙发脉势丰隆。春山拥翠千年秀，不赖丹青点染工。"描绘了小新村地势及景色，也道出了三圣宫之来源，传说小新村曾为海边港口，后海水干涸，一艘大船搁浅于此，久而久之，这块土地也就变成了船形，所以三圣宫围墙也呈船形，墙外有两条小溪环绕而过。民国时期，村公所设在三圣宫内，中华人民共和国成立后，亦曾为队部使用。20世纪六七十年代，古城小学在此办学，20世纪80年代三圣宫恢复塑像，2000年修缮，高应美所刻格扇门被置于后殿明间保护起来。1992年被云南省人民政府公布为省级文物保护单位。

【文献资料】

清乾隆五十七年（1792）《三圣宫常住碑记》：

　　盖闻鬼神留正直之气，而人心有畏敬之忱，此天人相与之机，即神人交感之理也。小新村自明洪武初旧有神宇，草创之初，有台殿风雨之忧，无黝垩丹漆之费。想昔年人少物艰多古朴，规模狭隘，今不复见矣。数年来，堂殿门庑焕然一新，香烟花木氤氲掩映，休哉！何力不劳而财不匮，若是之易也哉。维时父老告以创守之故，谓自康熙四十一年，黎老朱佳禄、杨

现位于中殿南侧的杨广镇三圣宫山门

杨广镇三圣宫中殿

中殿南侧神龛供奉关羽坐像

中殿前廊

戏台局部

中殿南端檐下的斗拱

中殿高敞的祭祀空间

呈船型布局的杨广镇三圣宫建筑群

有纹样勾片的戏台

正殿明间通海匠人高应美所刻格扇门

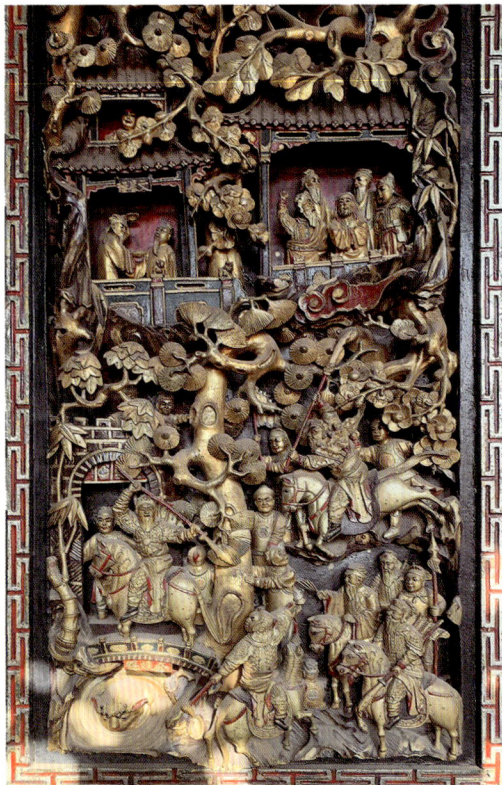

高应美所刻"金雁桥擒张任"（下）及文星楼"三顾茅庐"格扇门木雕（左上）

后殿高应美所刻"竹叶诗"格扇门木雕

高应美所刻"金雁桥擒张任"格扇门木雕

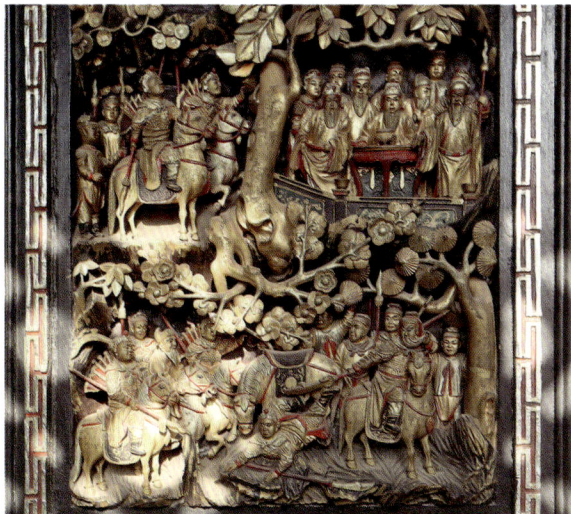

高应美所刻"长坂坡退敌"格扇门木雕

冕等重修后殿，扩大规模，至雍正四年朱佳捷、孔应道、岳熠、丁镇南、黄金榜、包士昌等步其后武，修建前楼，需土需木之外，所遗无几。二十年间襄事诸人谨小慎微，惜土如金，积得银二百两，共议放银收租，而晨昏香火，秋冬报赛，均有资而赖焉。既虑侵蚀之端，又防耗费之渐，勒铭于石以垂永久。嗟乎，以物事神，诚不易也。以心事神，维物何必多哉？因语同人：慎勿以物多而奢侈，亦勿以物少而厌薄，能以守先待后之心，尽事天缮帝之道，则得之矣。夫人之一心，敬则守约，畏则思善，以此事神，何神不佑？以此守业，何业不守哉！父老曰是也。时乾隆十二年四月朔六日，邑人林净撰。襄事杨维、丁士俊、朱兆鹏，生员黄河清敬刊。

"事必有创，亦必有因。"古无其事，今始为之者，创也；古有其行，今则守之者，因也。创与因何非一本诚敬之心哉。

小新村三圣行宫多历季所，古人之经营备至，勿庸再赘，越至于今四十余年，因乡中地瘠民贫，夫役重累，爰遵奉政大夫陈公示谕，设立夫马公田一事。彼时筹办甚难，乡人咸议除捐资不敷外，拨庙中前所积银八十两以入公田内，数年来铢积寸累，修理装颜，体创制之维艰，思传守于弗替，运筹掌握，复积银一百八十五两三钱，合前计之共银三百零五两三钱，成田大小十丘，约六十工。其垫银科租为之薄记而弗勒琐珉者，盖取诸规之义，凡此皆乡中张发元、张映奎、朱照、丁铠、包琨、朱标等赞襄，乃事之力也。复天下事莫为之前，虽美弗彰；莫为之后，虽盛弗传。前人创之，后人因之，而且春秋社腊，均以之其有赢余，则岁积之以俟后举，惟期后之视今，亦犹今之视昔也夫。乾隆五十七年岁次壬子四月望五日巳时。

古城关圣宫

地理坐标：东经102°47′4.71″，北纬24°7′22.14″，海拔1812米。

行政属地：通海县杨广镇古城村5组。

地理环境：周边多为民宅及菜田，前为健身活动场所。

【现状概述】

古城关圣宫坐南朝北，由前殿、中殿、正殿、前两厢、后两厢及六个躲间组成，为二进院落。前殿为三开间二层楼房，二层为戏台，一层山门门洞深7.2米。前、中殿间为阔13.6米、深11.8米的院落。中、正殿间院落深10.5米，两旁为二层厢房。正殿面阔三间12米，进深8.2米，脊高7米，明间阔4.4米。有前廊宽2米，殿台基高1.4米，木制格扇门。殿内正中塑有关羽坐像，为透明玻璃罩封起，关羽着绿色蟒袍，左手持春秋，右手捻须，像高2.5米，宽2米。左右胁侍关平、周仓立像，像高2.5米，其中关平左手托印，右手按剑，周仓右手持青龙偃月刀。另有文昌帝君、赵公明塑像位于两侧。

正殿檐廊格扇门上方横披板有蜀汉五虎将彩绘画像，廊檐外挂有"忠义千秋""威震华夏""古城聚义"等匾额，又有楹联："清夜读书禀春秋大义；赤诚报国使吴魏惊心。"以及翁广居题解州关帝庙春秋楼楹联："圣德服中外，大节共山河不变；英名震古今，精忠同日月常明。"廊柱础四面有花、鸟、兽等精美石刻，其中前殿戏台、中殿、厢房等后期

古城关圣宫山面鸟瞰

古城关圣宫前殿

前殿后视

正殿花鸟石雕柱础

古城关圣宫中殿

古城关圣宫正殿

古城关圣宫俯视

正殿东厢房

古城关圣宫轴线鸟瞰

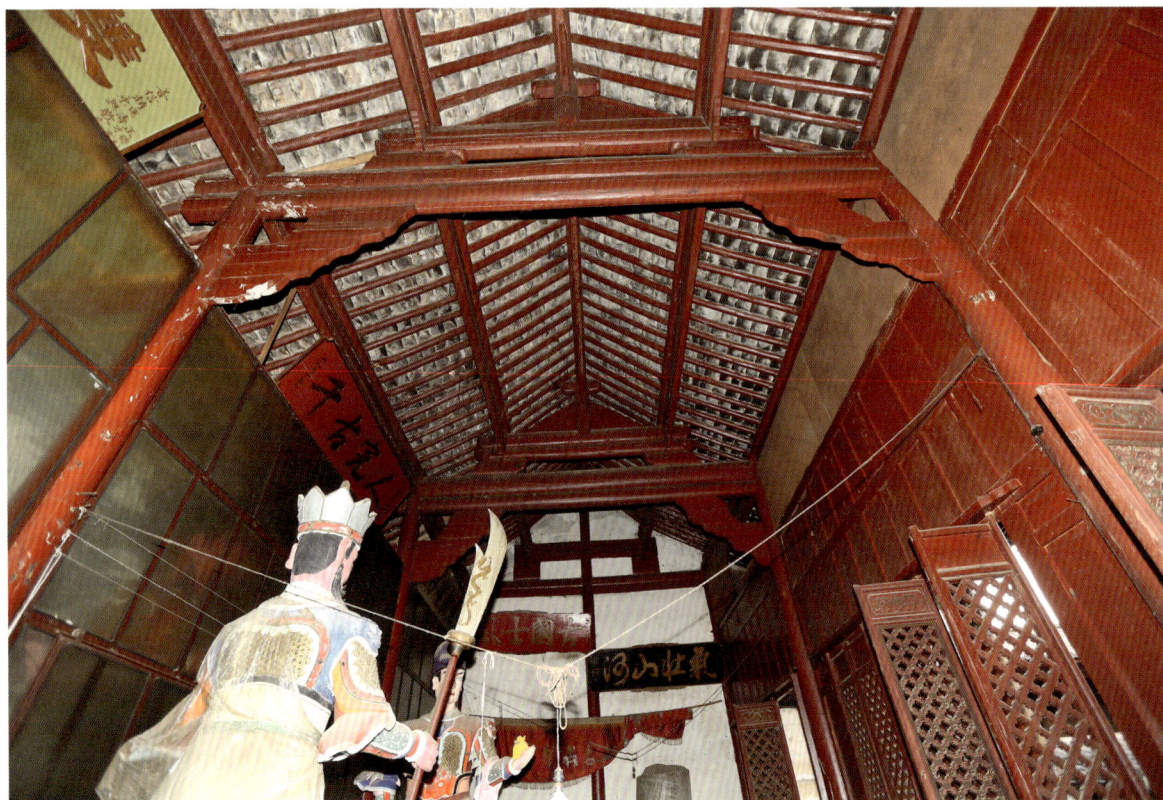
正殿剖面梁架空间

正殿横披板所见蜀汉五虎将彩绘

正殿内所塑关羽、周仓、关平塑像

正殿西躲间

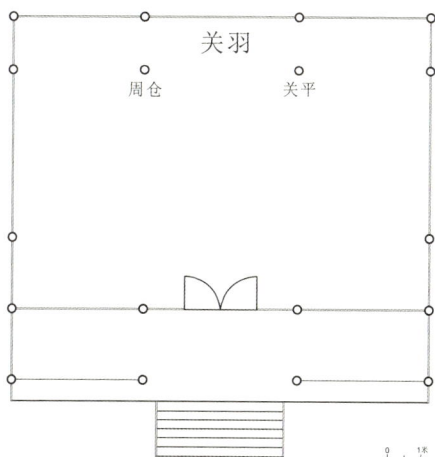

通海县古城关圣宫正殿示意图

改造明显，改建为办公、居住及仓储场所。

【历史渊源】

古城关圣宫始建于清乾隆年间，厢房墙壁内侧砌有清乾隆四十一年（1776）古城村置义田碑，后历经清代两次重修。中华人民共和国成立后，关圣宫作为办公场所使用，直至20世纪80年代后恢复宗教场所功能，并于殿内塑像。现为古城村5组及老年协会办公场所。

黄龙关圣宫

【 地理位置 】

地理坐标：东经102°46′7.96″，北纬24°7′35.80″，海拔1798米。

行政属地：通海县秀山街道黄龙社区5组。

地理环境：前为黄龙5组健身互动广场，周边多为三层民居。

黄龙关圣宫山门

【 现状概述 】

黄龙关圣宫坐南朝北，是由山门、前殿、正殿、后殿及前两厢房、后两厢房、六个躲间组成的三进院落建筑。山门为砖木结构，飞檐斗拱装饰繁复，山门与前殿间距7.4米，前殿为二层单檐歇山顶带后披檐，门框内有寿字、草、兽等形象精美木刻，一层改建为开放式结构，用作村民娱乐休闲场所。前殿与中殿间距9.8米，西侧二层厢房用作办公室，东侧二层厢房堆放有木料等杂物。正殿面阔三间12米，进深7.3米，脊高7.3米，明间4.2米，前廊深2.3米，离地台基高1.2米。殿内供奉关羽坐像，左手持《春秋》，右手捻须，着云纹绿袍，右腿屈坐，像高2.5米，宽1.6米，左右胁侍关平、周仓立像，关平双手捧印，周仓右手持青龙偃月刀，头戴兜鍪，二像均高1.9米，宽0.6米。三像均由透明玻璃罩整体保护。殿左右两侧有金甲菩萨、魁星坐像。

黄龙关圣宫前殿

正殿后院落进深10.8米，两侧厢房用作办公及居住用房。后殿面阔三间，殿内堆放有桌椅板凳、锅具等物品。

黄龙关圣宫后殿

正殿斗拱

前殿空间现为村民的公共活动区域

黄龙关圣宫正殿

正殿内主祀关羽，陪祀周仓、关平

黄龙关圣宫山面鸟瞰

黄龙关圣宫俯视

黄龙关圣宫轴线鸟瞰

后殿前廊局部

后殿柱础

【历史渊源】

俗称"大寺",根据后殿脊檩题记记载,黄龙关圣宫建于清道光二十五年（1845）,为黄龙村民集资所建。负责打理关圣宫事务的黄龙村5组村民郭金蓉（时年72岁）介绍,20世纪80年代,关圣宫作为公房划拨5组村民组,作为办公场所使用,改革开放后村民筹资恢复寺庙功能,重塑神像。根据正殿前廊侧壁的功德碑记载,1994年、1997年、2001年村民集资对关圣宫予以修建,2003年、2005年,村民先后集资修建净室、重塑菩萨神像,2010年、2011年、2017年,村民又筹资对正殿、格子门、窗等进行修缮。其中,1994年《修建关圣宫碑记》及2001年《修理关圣宫碑记》指出捐资所为乃"公益事业",捐资村民可以在关圣宫"办理红、白喜事"。

李家营关圣宫

【地理位置】

地理坐标：东经102°45′41.56″，北纬24°7′27.73″，海拔1773米。

行政属地：通海县秀山街道黄龙社区2组。

地理环境：位于村内，四邻为民宅。

【现状概述】

李家营关圣宫坐南向北，占地约1215平方米，由山门、前殿、正殿及两侧厢房、四个躲间组成的二进院落建筑。山门为砖木结构，装饰性斗拱较为精美，进门5.2米为前殿，前殿为单檐歇山顶，面阔三间12.5米，进深7.1米，脊高8.2米，两侧耳房（静室）。距前殿10.3米为正殿，单檐歇山顶，面阔三间10.8米，进深7.2米，脊高8.4米，有前廊进深2米，前廊外沿宽0.4米，台地高1.1米，7阶梯步，两侧耳房（静室）。正殿内供奉关羽坐像，左手扶膝，右手捻须，着云纹绿袍金甲，像高4米，宽2.3米，由木、玻璃制神龛整体保护，上有匾额"盖天古佛"，两侧楹联为："忠阔四海，一腔正气千古流芳；义重五岳，浑身武艺万代传颂。"左右胁侍关平、周仓立像，高3米，宽1.1米，关平着绿袍甲，左手持剑，右手托官印，周仓左手持青龙偃月刀，右手叉腰。格子门上匾额"忠义千秋"，楹联："过五关斩六将，确显英雄气概；垂万世流百芳，永激华夏传人。"两侧耳房（静室）塑有武财神、观音、土地公、太白金星、斗公斗母、田公地母等神像。

李家营关圣宫山门

李家营关圣宫正殿

李家营关圣宫轴线鸟瞰

李家营关圣宫俯视

躲间供奉的神像

正殿内主祀关羽，陪祀周仓、关平

【历史渊源】

李家营关圣宫始建于清代，现保存有清道光十八年（1838）、光绪三十二年（1906）重修功德碑记，文字漫漶不可识。村民俗称"新寺"（一说因此处为重新修建的明代崇祯时期寺庙而得名）。中华人民共和国成立后曾有和尚短暂主持寺务，1966年经火灾焚毁，原址上简单修建作村仓库使用。1995年整体坍塌后，本村企业家出资重建，1999年落成为李家营文化中心，同时作为李家营老年协会场地使用。

碧溪关圣宫

地理坐标：东经 102° 41′ 33.86″，北纬 24° 6′ 52.55″，海拔 1780 米。

行政属地：通海县九龙街道碧溪社区 2 组。

地理环境：四周为民宅。

【现状概述】

碧溪关圣宫坐南朝北，由门楼、前殿、正殿、东西厢房、四个躲间组成二进院落建筑。其中山门与前殿、正殿不在同一中轴线上，门楼为二层悬山顶楼房，前有深长的披檐，一层中间为通道，进门后是安装有健身器材的水泥地面院落。前殿为三开间二层悬山顶建筑，有前后披檐，面阔 12.3 米，进深 8.1 米，中开一门，门两侧砖墙上刻有"太和村""关圣宫"六字，前殿两侧躲间现为村集体活动厨房。正殿距前殿 10.9 米，院落两旁为二层厢房。正殿为悬山顶，面阔三间 11.2 米，明间 4.4 米，进深 10.3 米，脊高 7.3 米，前廊深 2.8 米，前廊外沿宽 0.7 米，台地高 1 米，4 阶梯步。正殿内供奉关羽屈膝坐像，左手扶膝，右手捻须，着绿袍金甲，头戴巾帻，像高 3.2 米，宽 2 米。左右胁侍关平、周仓立像，高 1.85 米，宽 0.6 米，关平双手托官印，周仓双手持青龙偃月刀。左右有文财神、文昌帝君坐像，左右侧山墙又有武财神、日月二神等众神像，塑像均较为粗糙。殿内中央匾额"五伦模楷"，两柱联："白马斩颜良，河北英雄皆丧胆；单刀会鲁肃，东吴将士尽寒心。"两侧房内塑有儒释道三圣、观音、八仙、雷公电母等神像。

【历史渊源】

又名"太和村关圣宫"。始建于清代，前殿两侧有民国十年（1921）关圣宫所置产业碑记，备载清光绪五年至十六年（1879—1890）村民购置田产及其产值折价。正殿台前有民国二十七年（1938）捐资功德碑，记载村民重修事宜。20 世纪 80 年代重塑神像，2017 年村民捐资修建厨房。目前作为碧溪村 2 组老年协会、村民纳凉休憩及健身场所使用。2021 年 4 月调查时，据关圣宫负责人穆桂芬（86 岁）介绍，每年农历五月十三日在关圣宫内举办关公磨大刀节，村民捐钱办斋饭，另有三月十五日财神会、正月平安会等节会。

碧溪关圣宫正殿

碧溪关圣宫门楼

碧溪关圣宫前殿

前殿后视

民国十年（1921）关圣宫所置产业碑记

　　谨将本村关圣宫所置产业勒石为记

　　光绪五年闰三月初三日，杜买得王得财田三坵，坐落沟头一坵……河嘴吴姓田，北至本村老君会田又一坵，东至本家田，南至关……升价银六十五两，后加银十六两。

　　光绪二十年十二月初六日，杜买得吕曹氏田一坵，坐落本寺后路上……升价银五十五两，二十九年加银十一两。

　　光绪二十五年新正月十八日，杜买得王解氏田一连大小七坵，坐落湾沟……文二姓田，北至西头相连下四坵，东头本家合蔡牟二姓田，又下……北至小沟七坵，坐落四至分明，代纳通海牟官田粮四斗四升五合价……

碧溪关圣宫轴线鸟瞰

碧溪关圣宫俯视

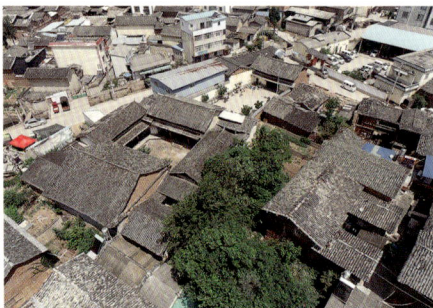

碧溪关圣宫后视山面鸟瞰

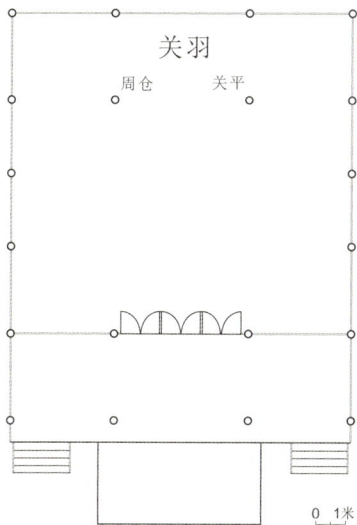

关羽

周仓　关平

0　1米

通海碧溪关圣宫正殿示意图

正殿内所塑关羽坐像

厢房二层梁架

正殿山面梁架

正殿东侧躲间

西厢房

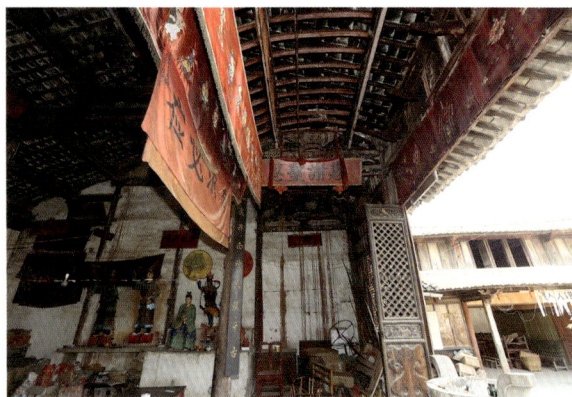
正殿前廊卷棚

正殿局部

光绪二十七年二月初二日，杜买得牟刚、牟汝清、牟汝吉、牟汝平、牟汝安、牟富……二姓田，南至银主田，西至王姓田，北至相连下二坵，东至牟王二姓田，南……明代牟官田粮二斗二升，价银一百一十六两，后加银十六两。

光绪二十九年冬月初四日，杜买得吕士贤、吕士才弟兄田一坵，坐落本寺后……代河西秋粮三升，价银四十五两，后加银四两五。

光绪三年冬月初十日，圣谕会杜买得文牟氏田一坵，坐落伏水田，东至……代河西秋粮一升，价银二十九两，后加银一两。

光绪十六年十月卅日，买得文朝章田三坵，坐落湾沟上一坵，东至港口，南至……南至与上一坵相连，西至关斋会，与王姓田三坵四至分……

民国十年，岁次辛酉，关圣宫。

螺髻关圣宫

地理坐标：东经102°39′19.83″，北纬24°7′55.46″，海拔1781米。

行政属地：通海县九龙街道螺髻社区2组。

地理环境：面临公路，两侧为民宅，后为农田。

【现状概述】

坐西南朝东北，现存门楼、前殿、正殿、两侧厢房及四个躲间，为二进院落建筑。门楼为砖木结构，改建装修痕迹较明显，面阔11.2米，进深6.4米，脊高6.4米，二层楼板已不存，现山门空间高敞，左右两侧有武士牵白马、胭脂马塑像，二层有后走廊。前殿为悬山顶木结构，面阔三间10.4米，进深7.2米，门已改建为玻璃门，殿内中祀弥勒佛，背后韦陀像，两侧有四大天王塑像，后方为开放式。门楼两侧耳房（静室）为厨房及杂物间。前殿与正殿之间为长12.6米、宽11.5米的院落，两旁二层厢房储藏桌椅等物品。正殿门同样改建为玻璃门，且为采光便利，前壁已改建为下部砖石、上部玻璃的结构。正殿面阔三间11.6米，进深9.8米，脊高6.6米，其中明间4.2米。殿内中祀关羽坐像，着金甲绿袍，头戴巾帻，左手持《春秋》，右手捻须，像高3米，宽1.9米。前方左右胁侍关平、周仓立像，高2.4米，宽1.1米，其中关平左手叉腰，右手托官印，周仓左手叉腰，右手持青龙偃月刀。关羽坐像左右侧分别为张飞、赵云坐像，两侧山墙又有孔子、财神、药王、侍者等塑像。正殿两侧耳房（静室）塑有观音、普贤、文殊三菩萨，

局部改建后的螺髻关圣宫正殿

螺髻关圣宫俯视

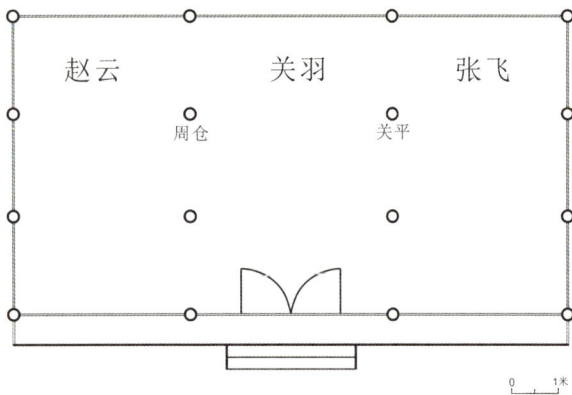

螺髻关圣宫正殿示意图

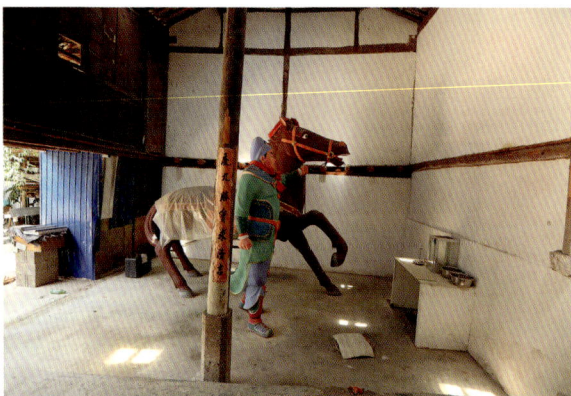

山门内的武士牵胭脂马塑像

山门内的武士牵白马塑像

正殿山面梁架空间

正殿内主祀关羽，塑关羽读《春秋》坐像

1180

山门后视

螺髻关圣宫轴线鸟瞰

正殿院落鸟瞰

送子观音、十八罗汉、太白金星、地藏王及十殿阎罗等神像。

【历史渊源】

根据前殿及正殿脊檩题记"同治十三年重修",可知螺髻关圣宫的修建时间应早于清同治十三年（1874）。2021年4月调查时,据负责日常管理的原螺髻村2组分支部书记许丽仙（68岁）介绍,关圣宫曾先后作为铁厂、学校使用,2000年学校搬离后作为集体公共空间使用。正殿内有《修复关圣庙功德碑》记载每年正月初九全村会祭祀关公做大斋,2013年修缮,2015年重新塑像。

曲陀关关圣宫

【地理位置】

地理坐标：东经102°34′6.74″，北纬24°13′31.15″，海拔1954米。

行政属地：通海县河西镇曲陀关村委会关上村。

地理环境：邻近普庵寺及丁氏宗祠，南距河西镇7千米。

【现状概述】

曲陀关关圣宫坐北向南，由山门、大殿、东西两厢、两个躲间组成。山门外新砌院墙围合成院落，山门为三开间砖木结构，门柱突出，明间宽3.8米，飞檐高挑，山门两端带楼梯巷，与厢房二层连接。东西两厢为三开间悬山顶楼房，二层有披檐。大殿为单檐歇山顶建筑，面阔三间10.7米，进深7.6米，脊高8.2米，前檐施三跳七踩斗拱，横拱施四层花牙子。前廊深2.4米，台基高0.8米，4阶梯步。前廊设卷棚瓦顶，卷棚瓦件绘有暗八仙、佛八宝、花鸟鱼虫及诗词等。殿内神台上主祀关羽屈膝坐像，着金甲绿袍，脚踏虎皮，左手持《春秋》，右手捻须，像高3.1米，宽1.8米，神台高1.2米。左右胁侍周仓、关平立像，高2.1米，宽0.8米，其中周仓居左，着金甲，左手叉腰，右手持青龙偃月刀，关平着金甲红袍，右手托挂印于胸前。关羽脚下另有2尊小泥塑像，高约0.3米，右侧为关羽塑像，屈膝坐，右手捻须，左手扶膝。

殿内右侧另有三乘木制神轿，通高1.65米，宽0.7米，轿厢高1.05米。神轿下部为底座和四脚矮桌形状，上部为仿阁楼形状，面阔一间，歇山顶，斗拱叠架，门两侧有石狮托柱，较为精美。其中一乘神轿门上有匾额"河东夫子"，楹联出自重庆巫山关帝庙，联为："山势西来犹护蜀；江声东下欲吞吴。"是抬放曲陀关关圣宫中关羽塑像的"神轿"。

【历史沿革】

《通海县志》记载："元至元二十年（1283），置临安、广西、元江等处宣慰司都元帅府于河西县北境之曲陀关。"[1] 曲陀关的创建缘于军事需要，但民间还流传着马刨井的传说：忽必烈大军征战大理国至此，人困马乏，饥渴难耐，此时忽必烈坐骑用前蹄刨出水来，愈渗愈多，大军渴中得水，军心大振，所向披靡，后于此地驻扎，置宣慰司都元帅府，成为滇南军事中心。

曲陀关关圣宫的修建可以追溯至元末，据嘉庆十一年（1806）《敕授宣慰司总管始祖公讳阿喇帖木耳蒙古右旃墓志》记载："吾家籍原蒙古，随大元入中国，官于陕西西安府长安县。于至正（原碑误，应为至元）二十年（1283），始祖公讳阿喇帖木耳蒙古右旃奉命平滇，任宣慰司总管。因临安路诸彝叛服不常，特授元帅府都元帅，领山东、江、冀、晋、关陕番汉军一十五翼，镇守曲陀关。凡四境之

---

1 云南省通海县史志工作委员会编，《通海县志》，云南人民出版社，1992，第6页。

曲陀关关圣宫山门

曲陀关关圣宫山门后视

山门三间带楼梯巷

曲陀关关圣宫鸟瞰

曲陀关关圣宫大殿

千户、百户及万户府皆属焉。"[1]蒙古将领阿喇帖木耳蒙古右旃于曲陀关设元帅府，顺帝至正二年（1342），其子旃檀荫任元帅府都元帅职，以旃为姓，"嗜文学，当时大儒若虞集、揭傒斯，皆以文词相款纳"，并于"曲陀建卧龙祠、武安王庙"。元朝火亡后，其后人"惟读惟耕，自元迄今，相传十数世矣"。清代河西县令江宏道有诗云："四百年来成往迹，诸旃犹守曲陀关。"

根据大殿脊梁题记推断，现曲陀关关圣宫主体建筑重建于清光绪五年（1879），中华人民共和国成立后曾作为生产队仓库使用，2000年恢复祭祀关羽等节日传统，大殿内《曲陀关重修天王庙功德碑》记载村民曾于2005年捐资修缮，2015年重塑神像。2012年被通海县人民政府公布为不可移动文物。

2021年4月调查时，据日常管理人关上村村民丁开映（27岁）介绍，自2000年恢复祭祀后，分别有农历正月初一烧香、二月初二祭龙头、三月迎神节、四月请雨、五月十三关公大刀会、六月十三至十五朝斗会等在关圣宫举办。其中较为隆重的是三月迎神节，一说与本地崇尚忠义有关，一说与旧时聚拢抗拒土匪抢粮有关。届时曲陀关"上五营"（官营村、甸苴坝村、杜家营村、河头村、关上村，加上曲陀关东岳庙合称"上六营"）及汉邑村"下四营"（水磨村、汉邑村、小村、大村）九村一庙会将各村（庙）主祀的13尊圣贤神像（东岳大帝、东岳娘娘、托塔天王、玄天上帝、二郎将军、行雨龙王、温公元帅、大黑天王、昭烈皇帝、桓侯大帝、关圣帝君、五谷太子、文昌帝君）在官营村集合，肩扛神轿，敲锣打鼓，挑起鲜花香火，依村巡游，"请圣、迎圣、

送圣"，每村2天，直至三月底至东岳庙结束。其中三月下旬巡至关上村，在曲陀关关圣宫内祭拜，关上村主祀有4尊神像，其中即有被村民尊称为"河东夫子"的关羽（另外3尊为东岳大帝、东岳娘娘、托塔天王）。旧时使用背篓负神像游街，且神像多为泥塑，大殿内关羽泥塑小像即为原来所用，如今则用神轿，且神像几乎全改为木雕。

另有村民家婴儿满百日时，会到关圣宫祈福，杀鸡，并拔下左右翅膀及尾部鸡毛各3根，共9根插在大殿前廊外沿上，依据男女性别不同，分别插在左右两侧。同时会献上二盘（对鱼、猪肉、鸡蛋三牲，蒸糕）一碗（米饭）一盅（酒）作为祭品，食毕的鸡骨则剔出整齐摆放在前廊外台地供祭。

【文献资料】

嘉庆十一年（1806）《敕授宣慰司总管始祖公讳阿喇帖木耳蒙古右旃墓志》：

> 吾家籍原蒙古，随大元入中国，官于陕西西安府长安县，于至元二十年，始祖公讳阿喇帖木耳蒙古右旃奉命平滇，任宣慰司总管，因临安路诸彝叛服不常，特授元帅府都元帅，领山东、江、冀、晋、关陕番汉军一十五翼，镇守曲陀关，凡四境之千户、百户及万户府皆属焉。爰以东厄（扼）郊趾，西制新嶍，柔以文德，畏以武威，侏离蠻貊之徒，尽革面洗心，喁喁向化，列为编氓。皇庆延祐间，人物繁盛，市肆辏辐。泰定乙丑（1325）建学立师于古城山，开河邑人文之始。行省中书公讳泰，序建学碑文，谓：公乃边将，披坚执锐，驰骋游猎，分内事也，而能崇尚斯文，非有高世之志、绝伦之才，其孰能之？

1 通海县人民政府编，《通海历代碑刻集》，云南美术出版社，2014，第153页。

曲陀关关圣宫鸟瞰

曲陀关关圣宫俯瞰

此始祖之大略也。公卒后，二世祖以旆为姓，讳檀，字南谷。生而警敏，长精骑射，嗜文学，当时大儒若虞集、揭傒斯，皆以文词相款纳。顺帝至正二年（1342）荫任元帅府都元帅职，于曲陀关建卧龙祠、武安王庙，时而横槊赋诗，时而投戈讲道，镇抚二十一余年，交南无侵叛之患，新嶍泯扰攘之声。谓非公之能继述先业而克成厥也哉。乃于讲学习射之暇，种桃千株，植松数围，以帅府桃林为景。后入骚人墨客览其间，又谓公能忧民之忧，而后能乐民之乐，县令朱公讳光正，因有"贤宰后相继美，河西即是古河阳"之句。缘大明肇兴，元祚以终，公尽节，谥忠勇。有四子，遂侨寓焉。厥后邑人慕吾始祖功德，举人名宦第一，悦吾二世祖志节，举入忠孝祠第一，春秋祀典，恩沐圣朝光荣亿禩也。既而三世祖昆仲芬芳，长讳官福，次讳史喇卜花，三讳哈喇卜花，四讳官忠，忠厚代传，孝友绳武，治家道克勤克俭，教子孙惟读惟耕，自元迄今，相传十数世矣。县令江公讳宏卫，怀古句云："四百年来成往迹，诸旆犹守曲陀关。"想吾祖宗茂绩，载在县府通志，难以备述。数年来伟科时荐，良有以也。今而后凡我族姓，宜时思木本水源，常念祖德宗功，矢志凛凛而继述前勋，小心翼翼而缵成往绪。支派虽有远近，源流实系一脉，必亲敬以相恤也。苟稍存薄念，非以薄今人，实以薄祖宗耳，可不慎欤！大清嘉庆十一年一月十三日合族众孙同立。

山门厢房与正殿围合成院落

前廊卷棚

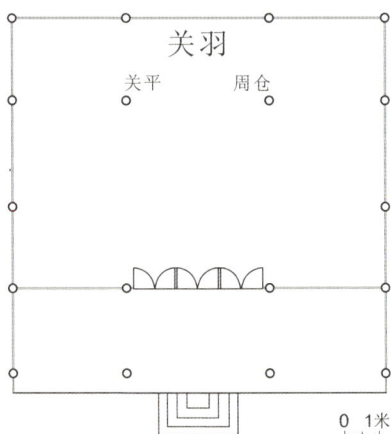

曲陀关关圣宫正殿示意图

大殿主祀关羽，陪祀周仓、关平

迎神节所用关羽神像

迎神节时抬关羽塑像的神轿

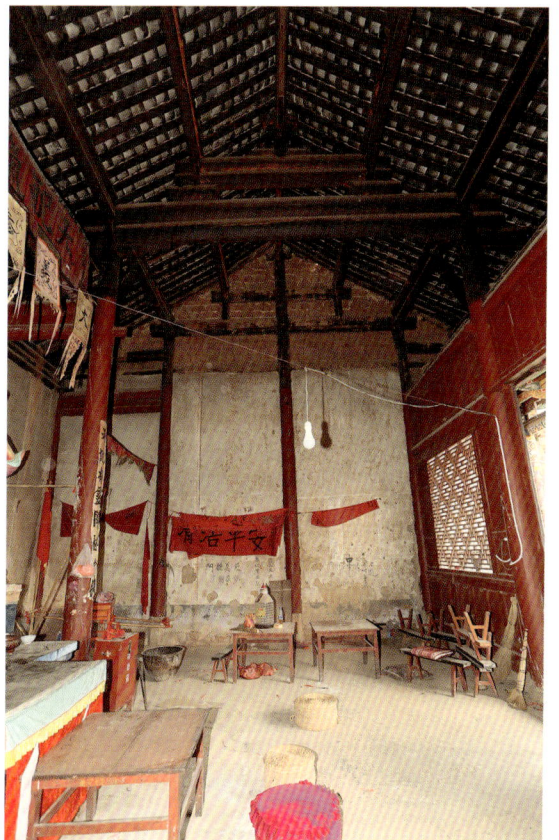
正殿山面梁架

官营关圣宫

地埋坐标：东经102°34′27.92″，北纬24°12′55.32″，海拔1904米。

行政属地：通海县河西镇曲陀关村委会官营村6组60号。

地理环境：位于官营村内，村道环绕三面，一侧紧靠民宅。

【保护级别】

2009年，被通海县人民政府公布为县级文物保护单位。

【现状概述】

官营关圣宫坐西北朝东南，由照壁、山门、前殿、大殿、厢房、四个躲间组成二进院落，占地面积1086平方米。前殿山门与照壁间距宽11.2米，与厢房围合成矩形院落，西南向厢房又开外门。前殿为三开间单檐歇山顶二层楼房，单开间山门和三开间前殿建为一体，前殿为主体，山门作抱厦。山门宽2.8米，高2.3米，4阶梯步高0.8米。石质八字门柱突出，上承斗拱，出檐深远，翼角飞挑灵动。前殿为单檐歇山顶二层楼房，正面为封闭实墙，仅在二楼有小圆窗；背面向内院开敞。首层室内明间设屏门，三开六扇，两楹张贴春联。

院落中的两棵桂花树，枝叶繁茂，撑满院中天井。大殿为单檐歇山顶，面阔三间10.4米，进深7.1米，脊高7.8米，前廊深2.4米，台基高1.2米，8阶梯步。前廊施卷棚瓦顶，瓦面上绘有人物、诗词等彩图，殿内悬有"金榜题名""保财保丁""清吉平安"等祈求神灵护佑的红色横幅。厢房为二层悬山顶楼房，带披檐，厢房及躲间现主要用于厨房及堆放坐椅杂物等使用。

殿内神台上主祀关羽屈左膝坐像，着甲袍，左手握玉带，右手捻须，像高3.3米，宽1.6米，神台高1.1米，宽1.7米。左右胁侍周仓、关平立像，高2.2米，宽0.8米，其中关平居左，双手托印，周仓右手叉腰，左手持青龙偃月刀。

【历史渊源】

依据脊梁题记，现在的官营关圣宫大殿修建于清光绪七年（1881），前殿修建于光绪四年（1878），大殿前廊右侧光绪三十年（1904）《功德碑记》记载村民集资修复壁画及神像。

调查时，据管理官营关圣宫长达二十余年的曲陀关村小退休教师张珍强（72岁）介绍，关圣宫曾作为曲陀关村小办学场所，殿内神像塑于1993年，2000年又重修大殿及其工艺雕

官营关圣宫门楼

官营关圣宫山面鸟瞰

官营关圣宫鸟瞰

官营关圣宫俯瞰

官营关圣宫大殿

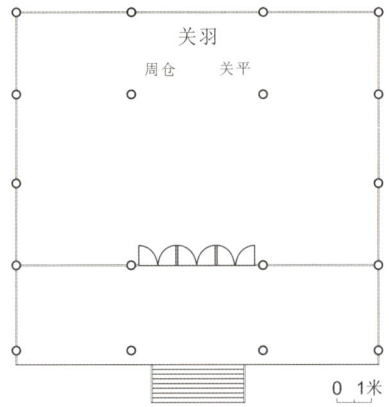

官营关圣宫正殿示意图

关羽

周仓　关平

0　1米

官营关圣宫厢房

官营关圣宫前殿后视

大殿内主祀关羽

刻等，现为老年协会活动场所。2009年被通海县人民政府公布为县级文物保护单位。

农历三月迎神节期间，曲陀关"上五营"及汉邑村"下四营"九村一庙会将各村（庙）主祀的13尊圣贤神像在官营村集合，然后巡游各村。官营村参加巡游的神像是东岳大帝、东岳娘娘。

官营关圣宫大殿卷棚彩瓦顶

【文献资料】

光绪三十年（1904）《功德碑记》：

今将阖村老幼公议关圣庙塑画神像，可奈公项稀罕，勿可择处，仍然照户捐银，不拘多寡，随心捐挂，两途原归一致一事，塑画之资勿减而勿增，二开出非短而并非长，两抵得清。于是乎天理无虚，足征万世之何朽；而神功默佑，具见百代之流芳。以此为德行之首，故勒石作永垂不朽。（姓名略）光绪三十年十一月十一日阖村老幼仝立。

官营关圣宫大殿山面梁架空间

大殿前廊卷棚瓦面彩绘

解家营关圣宫

地理坐标：东经102°39′28.34″，北纬24°9′44.52″，海拔1769米。

行政属地：通海县河西镇解家营3组。

地理环境：前院西南侧为村卫生室，后倚凤山西麓。

【现状概述】

解家营关圣宫坐东南朝西北，由前殿、大殿及两厢组成一进院落。另有照壁、山门，均为砖瓦结构，居中有五角星石刻。进山门后，由水泥地面院落拾23级阶梯而上为前殿，三开间单檐歇山顶，带前后披檐，面阔13.8米，进深11.5米，一层高3.1米，向内院开敞，二层高4米，前殿左侧墙壁有清光绪十九年（1893）《解家营寺庙所置产业碑序》，右侧墙壁有光绪二年（1876）修建关圣宫功德碑一通。前殿与大殿间院落深9.1米，两侧为二层厢房。大殿为三开间单檐歇山顶，面阔11.8米，进深7.1米，脊高7.4米，前廊卷棚瓦顶，廊深2.4米，外沿0.9米，13级梯步，廊左侧壁上嵌有2004年塑像捐款功德碑及2005年制作格子门、香炉捐款功德碑，右侧壁上有2013年立石狮捐款功德碑。

大殿内主祀关羽坐像，左手抚膝，右手捻须，着绿甲袍，头戴绿巾帻，高3.7米，宽2.2米，厚1.1米，为透明玻璃罩所包围，神台高1.1米。面前左右胁侍关平、周仓立像，面向而立，高2.7米，宽1米，厚0.5米，底座高0.8米，长宽均为1米。其中关平双手托官印，着粉袍金甲，腰悬宝剑，周仓左手持青龙偃月

解家营关圣宫山门

掩映在民宅后的解家营关圣宫前殿

解家营关圣宫照壁

刀，右手叉腰，腰悬宝刀。大殿左右两侧神台分别塑有文昌帝君、太上老君及财神、孔子等塑像。

解家营关圣宫大殿

解家营关圣宫俯瞰

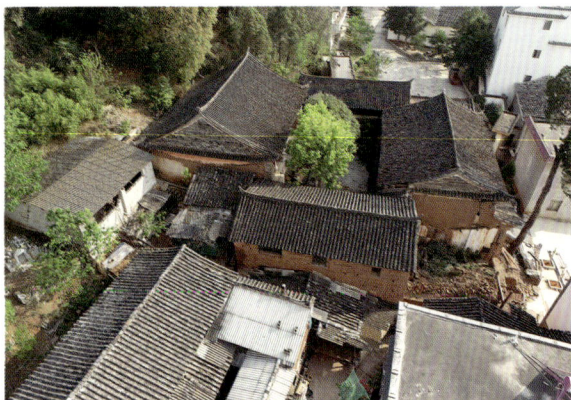
解家营关圣宫山面鸟瞰

解家营关圣宫大殿主祀关羽

解家营关圣宫大殿山面梁架空间

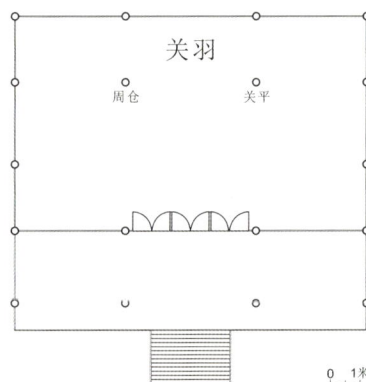
解家营关圣宫正殿示意图

解家营关圣宫大殿前廊

解家营关圣宫轴线鸟瞰

【历史渊源】

解家营关圣宫始建于清代，大殿脊梁题记为清同治十一年（1869）修建，前殿功德碑记载为光绪二年（1876）重建，前殿另有清光绪十九年（1893）《解家营寺庙所置产业碑序》记述因兵燹而重修事宜。2021年调查时，据负责日常管理的解家营村3组村民张桂芬（78岁）介绍，20世纪七八十年代，关圣宫曾作为小学校舍使用，厢房用以堆放谷物。改革开放后作为宗教场所使用，殿内神像由村民集资塑于2004年，格子门、香炉于次年捐资完成。2012年被通海县人民政府公布为不可移动文物。

石山嘴关圣宫

地理坐标：东经102°40′13.71″，北纬24°9′57.88″，海拔1775米。

行政属地：通海县河西镇石山嘴村委会10组营头上。

地理环境：周围民宅，前有小广场。

石山嘴关圣宫前殿

【现状概述】

石山嘴关圣宫坐南朝北，由前殿、两厢、大殿及躲间组成，四合式院落布局，占地面积453.6平方米。由8阶石梯而上，为石砌小院落，院中一松一柏参天繁茂，正中即为前殿。前殿为三开间单檐歇山顶二层楼房，带前后披檐，一层明间为山门，山门两侧楹柱有联："作《春秋》看《春秋》先后一圣；悬日月贯日月上下同天。"四合院落纵深8.6米，现为水泥铺地，东西两厢为三开间悬山顶，向内院开敞，分别供奉太上老君、送子观音神像。

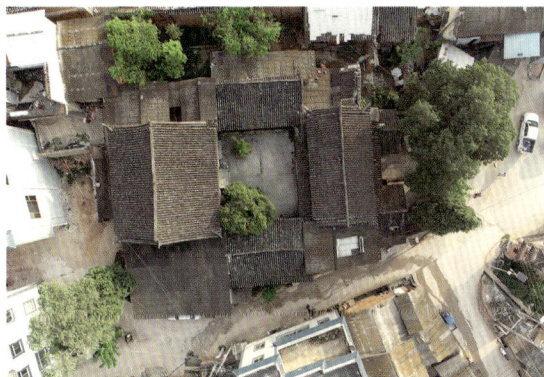

石山嘴关圣宫俯视

大殿为单檐歇山顶，施二跳五踩斗拱，面阔三间10.4米，进深8米，脊高7.5米，前廊深2.5米，外沿0.2米，台高0.8米，4阶梯步。殿内主祀关羽坐像，左手抚膝，右手捻须，着绿甲袍，头戴绿巾帻，高2.8米，宽1.3米。左右胁侍周仓、关平立像，高1.8米，宽0.3米，其中关平双手捧官印，着红甲袍，周仓右手持青龙偃月刀，左手叉腰，着绿甲袍。神龛均以玻璃罩密封于内，左右侧又有文武财神塑像。关羽神台前有一民国十五年（1926）石制供桌，正面桌腿刻有蛟龙吞柱，桌足下踏石狮，桌体阳刻"丁兰刻木""扬名显亲""历

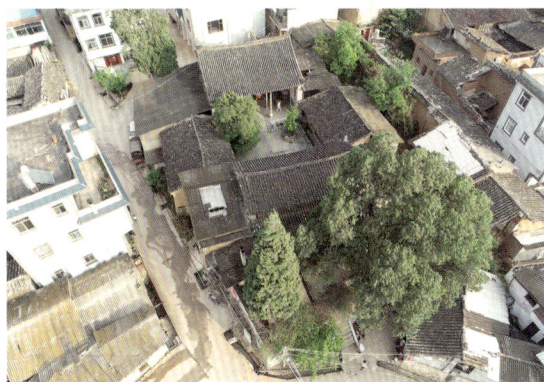

石山嘴关圣宫鸟瞰

山访贤""鹿鹤""郭巨埋儿""黄香扇枕""二龙戏珠"等故事题材。龛两侧立柱有联："义重桃园，弃寿亭侯爵，西归途中力斩六将，匹马降蔡阳，探刘兄何在；志尚《春秋》，振汉室基业，北伐阵上水淹七军，单刀会子敬，惟关弟能为。"匾额"浩气凌霄"。

大殿左侧躲间塑有文昌帝君神像，雨棚搭一角及大殿右侧雨棚用以存放桌椅等祭祀活动用具。

据通海县文管所介绍，石山嘴关圣宫始建年代不详，现存建筑为清光绪四年（1878）重建。另据大殿内1987年、1991年功德碑记，关圣宫始建于光绪年间，中华人民共和国成立后曾先后作为营头上村生产队及办公场所使用，改革开放后恢复为宗教活动场所，遂予以修缮。后又在2009年、2012年先后捐资重修。2021年调查时，据石山嘴关圣宫日常管理人吕中明（55岁）介绍，殿内神像塑于1987年，关圣宫现作为老年协会活动场所。2012年被通海县人民政府公布为不可移动文物。

石山嘴关圣宫大殿主祀关羽

前殿后视

民国时期石雕供桌

石山嘴关圣宫大殿

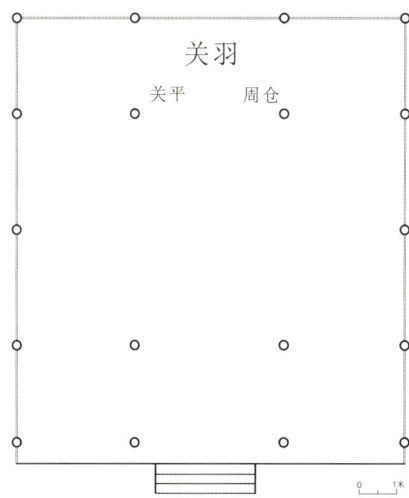

关羽

关平　　周仓

石山嘴关圣宫正殿示意图

甸高村关圣宫

【地理位置】

地理坐标：东经102°40′38.82″，北纬24°10′22.22″，海拔1770米。

行政属地：通海县河西镇石山嘴村委会甸高村。

地理环境：背倚和尚山，前为水泥村道及小广场，左右为民宅。

【保护级别】

2009年，被通海县人民政府公布为县级文物保护单位。

【现状概述】

甸高村关圣宫坐北朝南，由前殿、右厢房、大殿及躲间组成，占地面积429.29平方米。前殿为三开间单檐歇山顶楼房，带前后披檐，面阔10.6米，山门与前殿连为一体，山门作抱厦，两侧为石墙，有前廊，柱础依稀可辨花草等雕刻纹饰。前殿一层明间设屏门，向内院开敞。前殿与大殿间为纵深7米的院落，现为水泥铺地，西侧厢房为单檐悬山顶二层楼房，有前披檐，一层向内院开敞。大殿为三开间歇山顶，面阔10.4米，进深5.6米，脊高4.8米，前廊深2米，外廊沿宽0.3米，台高1.3米，9阶梯步。

大殿内主祀关羽坐像，左手呈握持状，右手抚膝，着红色甲袍，头戴绿巾帻，高1.8米，宽1米。左右胁侍关平、周仓立像，高1.4米，宽0.5米，其中关平双手捧官印，着绿袍金甲，周仓右手青龙偃月刀拄地，左手叉腰，着褐袍金甲。神台高1米。左侧有太白星君塑像，右侧有地母、太子、田公塑像。殿内堆有桌椅等物品。大殿左右耳房（静室）塑有药王先师、痧痘婆婆、痧痘国公、送子娘娘、车神、路神、山神、土地、桥神等塑像。前殿东侧躲间及厢房位置正在修缮，为新铺就水泥地面。前殿及大殿新修痕迹也较为明显。

【历史沿革】

甸高村关圣宫始建于清康熙年间，旧称"忠义殿""关帝庙""关圣庙"。位于大殿前廊西侧的清康熙四十年（1701）《新建忠义殿碑志》记载："河西县辖甸高村，为东路之大道，陆行往来之必经于斯。"交通位置显要，故"追桃园之义举"，"举阖村善姓"修建。旁有清嘉庆十四年（1809）河西县知事告示碑记，言甸高村"系前明沐氏勋庄，祖辈变价缴银充饷，世业建立庙宇"，提及关圣庙香火地界，背面为嘉庆十三年（1808）河西县知事断案申详，亦提及关帝庙。2021年调查时，据看护关圣宫的甸高村老年协会负责人刘兴旺（71岁）介绍，关羽等塑像多塑于20世纪70年代，村民在农历五月十三日会举办磨刀节。2009年被通海县人民政府公布为县级文物保护单位。2019年，甸高村关圣宫启动修缮工作。

甸高村关圣宫山门与前殿连为一体

大殿神台所塑关羽坐像及众神像

清康熙四十年《新建忠义殿碑志》碑

甸高村关圣宫大殿

甸高村关圣宫俯视

甸高村关圣宫鸟瞰

甸高村关圣宫西厢房

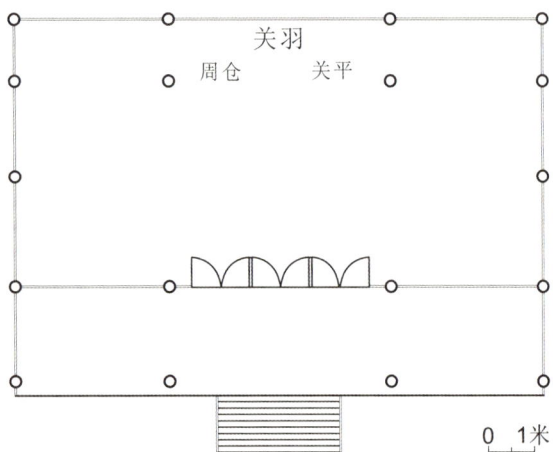

甸高村关圣宫正殿示意图

清康熙四十年（1701）《新建忠义殿碑志》:

闻之，圣之帝者曰尧，圣之王者曰禹，圣之师者曰夫子。"夫子"之称惟我孔子，孔子志在《春秋》，尝取鲁史而笔削之，始于隐公，终于获麟，凛凛于兴王明圣之义。汉寿亭侯非儒者也，乃进侯而王，进王而帝，千百世以"夫子"称，岂非志在《春秋》使大义常明于千古？先圣后圣，其揆一也乎？夫《春秋》大义如日月之经天，愚夫愚妇咸所共见，故自畿甸要荒以迄，山陬海澨，莫不祀帝者，非徒颂帝之德，歌帝之功，盖以帝之大义有以深入乎人心，弥久而弥芳，弥远而弥光也。河西县辖甸高村，为东路之大道，陆行往来之必经于斯，其山无茂林修竹，其地多断堑荒墟，若无足取，然前横杞水，右拥石山，烂漫桃花参差而掩映，淡黄杨柳列植以交阴，可想之胜。概追桃园之义举，举阖村善姓鼎建忠义殿，遇岁时伏腊，少长咸集，焚香顶祝，又延庠彦许子达阳教诸子弟于其间，每于诵读之余讲论纲常大义，使知弟友臣恭，晓于"春王正月"之时，以绍尼山一脉，则《春秋》之在鲁在汉者，又何不可在斯地斯人耶？第勿田则日久寝废，何以祀帝而安僧？有僧圆正募化，善士钱鹏等施田若干，计粮若干，勒于碑阴。丐余为序，以垂永久。余未暇颂帝之德，歌帝之功，第阐明帝之大义，俾人人咸知忠孝，以共笃尊亲之载云。康熙四十年岁次辛巳孟春月谷旦。

海东村关圣宫

【地理位置】

地理坐标：东经102°46′40.22″，北纬24°11′19.03″，海拔1763米。

行政属地：通海县四街镇海东村1组。

地理环境：位于村庄中心，周边民宅、菜田密布，道路狭窄，大殿后为村健身活动小广场。

【现状概述】

海东村关圣宫坐北朝南，稍偏东，为四合院式布局，由前殿、两厢及大殿、躲间组成。海东村当地有海东类型遗存，年代距今约4000年。发现12座墓葬、3座灰坑及部分柱洞。典型代表器物有喇叭口圜底罐、长颈圈足罐、尖底瓶等。该阶段陶片多为绳纹或磨光陶片，发现有磨制骨器、石箭镞、石环及玛瑙石等小件，而同一类型的贝丘遗址泥土中发现有大量螺蛳壳堆积。关圣宫建筑夯土就地取材，现外墙夯土上仍能看到嵌露的螺蛳壳。关圣宫前殿为三开间单檐歇山顶楼房，带前后披檐，面阔10.6米，进深9.6米，山门与前殿连为一体，山门作抱厦，山门宽3.7米，两侧为砖石墙体，柱础为一对石狮，雕刻较为精美且保存较好，具有滇南雕刻特色。前殿后方为开放式结构，无墙壁，向内院开敞，左侧并列7块功德碑，时间跨度由清至今，殿内堆放桌椅杂物若干，门后侧有铁梯通往二楼。前殿与两厢、大殿间为水泥铺就院落，纵深9.3米，阔10.2米。两厢为三开间单檐悬山顶二层楼房，带前披檐，现已分隔成四个房间使用。

大殿为三开间单檐歇山顶，面阔10.8米，进深6.6米，脊高7.2米，前廊深2.2米，外廊檐宽1米，台高1.5米，5阶梯步。大殿内主祀关羽坐像，左手抚膝，右手捻须，着绿袍金甲，头戴紫色巾帻，右腿屈膝坐，像高2.8米，宽1.7米。左右胁侍文官、武将立像，高1.5米，宽0.4米，文官着紫袍，左手臂夹书册，右手执笔，武将着红色甲袍，左手叉腰，右手持锤。三像所在神台长4米，高1.1米，木制神龛高3.4米，宽2.2米。关平、周仓立像在前侧，相向而立，高2米，宽0.5米，左侧关平双手捧官印，着红袍金甲，周仓左手青龙偃月刀拄地，右手叉腰，着紫袍金甲。殿内挂有多幅红色横幔，为村中信徒悬挂，有"祈求平安""祈求清吉""谢佛了愿""求财必得""神灵有感"等字样。

【历史沿革】

位于关圣宫大殿前廊左侧的清乾隆五十三年（1788）《功德碑记》提及村民捐资修建关圣宫前殿一事，而前廊右侧的嘉庆八年（1803）《功德碑记》记载"关圣前殿于乾隆戊申年（1788）已建起"，"（乾隆）己酉年（1789）地震倾圮，片瓦不存"，因关圣宫乃"风水所关"，村民捐资于"嘉庆甲子年（1804）建立土主前殿，又复作关圣前殿"。前殿左侧又有同治六年（1867）《重建关圣宫碑记》说"今海东屯于道光三年（1823）重建关圣庙宇"，关圣宫又经历道光、同治两次重建。2021年调

海东村关圣宫大殿

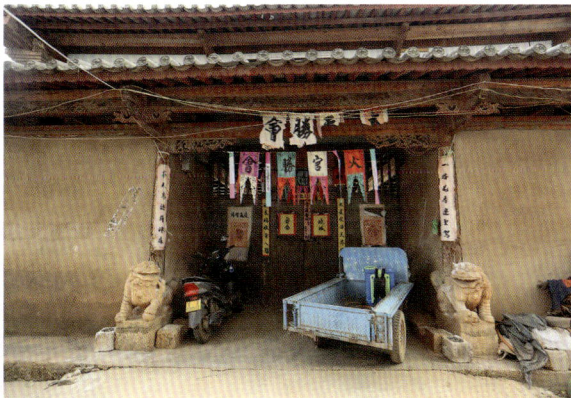

海东村关圣宫山门

海东村关圣宫大殿山面梁架空间

海东村关圣宫山门连前殿侧视

海东村关圣宫西厢房

海东村关圣宫俯视

海东村关圣宫山面鸟瞰

查时据负责日常管理的海东村民可永明（69岁）介绍，关圣宫后于1994年、2012年再次修葺，目前关圣宫除承担宗教场所功能，如举办关斋节、火官胜会等活动，还作为海东村老年协会活动场地使用。

大殿内胁侍关羽左右的文官武将一说乃王甫、赵累，在《三国演义》中王甫为关羽随军司马，赵累为关羽麾下督粮官，在败走麦城后，王甫死节，赵累战死，后人敬其忠义，遂塑像纪念。而在正史《三国志》中，王甫曾任绵竹县令、荆州议曹从事等职，战亡于夷陵之战，赵累任关羽军中都督，在败走麦城后随关羽一同为吴军擒获。这就是后来《三国演义》的史料依据。

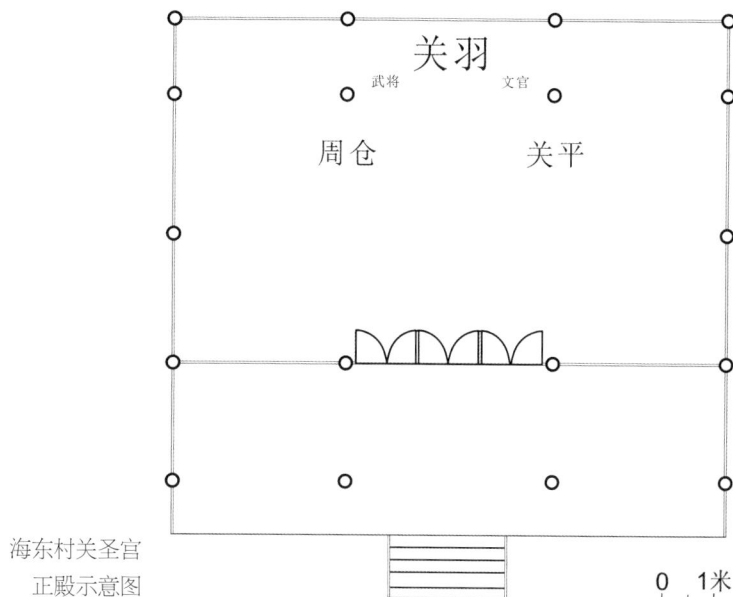

海东村关圣宫
正殿示意图

0 1米

【文献资料】

清乾隆五十三年（1788）功德碑记：

碑名功德，所以举其人、纪其数而扬其善也，盖人有是善心而后有是善事，斯功德于是著焉。然所谓功德者，不论其银之多寡，多者固功德，少者亦何莫非功德？今吾村中特修关圣宫前殿、土主庙后殿，必需数百余金而后可以成功，奈何常住所积不过数十，难以修理，是不得不于阖村而挂银钱，但村中有余者恒少，不足者常多，有余者……不足者常憾其力之不逮，于是随其心之所愿，顺其力之所致，或多或寡，各相捐资，可以积少成多，虽不能以足用，未始不可以稍补。斯时也……之资助善士催收，同心协办，庶可以略述其大概，以待后来之成功，因是以举其人而勒于石。（姓名略）乾隆五十三年大吕月初十日立。

清道光六年《重建关圣宫碑记》：

自古大启庙宇以归肇祀绥神灵者，即以迓福祉也。特莫为之前，虽美弗彰，莫为之后，虽盛弗传。盖有前人之创造，不赖后人之重修，则而后人之新辉不践，前人之旧迹亦诞而不经。今海东村于道光三年重建关圣庙宇，地急（瘠）民贫，是诚其难其慎也，第以独立则视为于仝众若属其易焉。其邑虽小，数姓处心，一唱百和，协力捐金，曲（屈）指数之共有银三十余两，甚至公田公地，历年以来，积银百有余两。东启关圣后殿，西肇土主中层，关圣殿内分得公银五十两，合之捐金三十余两，不几难事而易为乎？创于古而修于今，前作之而后述之者，盖率由旧章范围而莫过耳，歆以光前裕后于勿替，因勒石以志不朽云。大清道光六年岁次丙戌二月初二日谷旦，合村老幼仝立。

海东村关圣宫厢房夯筑外墙可见海贝

山门西侧石狮柱础

山门东侧石狮柱础

汉邑村三义殿

【地理位置】

地理坐标：东经102°36′10.52″，北纬24°11′10.69″，海拔1804米。

行政属地：通海县河西镇汉邑村。

地理环境：位于玉龙山脚下，邻近民宅。

【现状概述】

汉邑村三义殿坐西朝东，由山门、前殿、大殿、两厢、两躲间组成四合院落，占地面积1391.3平方米。拾8阶石梯而上为山门，山门三间，面阔11.6米，进深4.2米，明间开门，中央一间正面屋顶高起作卷棚歇山顶，施三跳七踩雕花斗拱，两翼伸出，左右两侧及背面仍为单檐悬山顶，两侧石基雕刻有花草纹饰，山门内现有牛王、马王、猪王菩萨像，柱础雕刻为石鼓状。

经山门为一长方形小院落，经5阶石梯而上可至前殿，前殿为单檐歇山顶二层楼房，带前后披檐，主祀观音菩萨。前殿与大殿间的院落，阔20.5米，深14.7米，南北两侧为厢房，厢房为悬山顶二层楼房，带前披檐，木雕较为精美。

大殿为三开间单檐歇山顶，施三跳七踩斗拱，横拱施四层花牙子，面阔14.8米，明间5.3米，脊高10.3米，前廊被木板封起，合计进深14.4米，前廊外檐0.2米，8阶梯步。殿内主祀刘备、关羽、张飞三英坐像，像高3米，宽1.7米，像下神台高1.4米。刘备像居中，着红袍，头戴金冠，双手抚膝，面前红纸条幅印"后汉先主昭烈皇帝"，脚下又有二缩小版刘备坐

汉邑村三义殿山门

汉邑村三义殿大殿明间挂有"义重桃园"横幅

汉邑村三义殿大殿

像，一施彩，一金色，高0.55米，宽0.32米，厚0.16米；左关羽像，着绿袍金甲，头戴绿巾帻，左手置于膝，右手捻须；右张飞像，着皂袍金甲，左手叉腰，右手作握持状。神台前侧塑有关平、周仓及张苞、马齐立像，相向而立，像高2.1米，宽0.6米，台高1米。左侧关平双手托官印，周仓右手持青龙偃月刀，右侧张苞右手持丈八蛇矛，马齐双手捧丹券，俱着金甲袍。殿两侧又塑有太上老君、太白金星坐像。右侧一角放有三月迎神节巡游神轿，全长5.6米，宽0.48米。

【历史渊源】

汉邑村三义殿始建于清代，据大殿右侧墙壁所嵌清光绪七年（1881）《功德碑记》记载，村民捐资"塑画三义帝君神像"，厢房一侧壁

汉邑村三义殿南厢楼

汉邑村三义殿内主祀刘备、关羽、张飞

汉邑村三义殿大殿山面梁架空间

张飞 刘备 关羽

0 1米

汉邑村三义殿正殿示意图

迎神节所用刘备坐像

汉邑村三义殿大殿外立面局部

迎神节所用神轿

汉邑村三义殿俯瞰

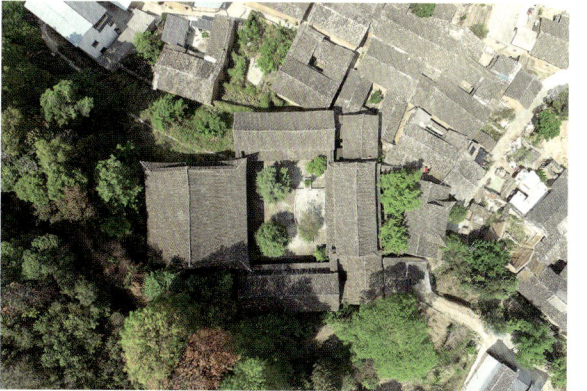

汉邑村三义殿轴线鸟瞰

上所嵌民国二十九年（1940）《河西第五区立玉龙高级小学校创设记》曾"假汉邑村三义庙为校址"。2021年调查时，据汉邑村村委会主任马光昌（47岁）介绍，20世纪五六十年代三义殿曾作为粮仓使用，1970年代作村小校舍使用，1986年重塑神像，1998年、2006年村民先后捐资修建，现为汉邑村老年人文化活动中心。汉邑村同曲陀关村、官营村一道参加三月迎神节巡游活动，汉邑村参加巡游的主神即汉昭烈帝刘备。2012年被通海县人民政府公布为不可移动文物。

澄江市[1]

李恢祠

【地理位置】

地理坐标：东经102° 56′ 17.72″，北纬24° 39′ 09.10″，海拔1769米。

行政属地：澄江市旧城村委会3组。

地理环境：位于澄江市金莲山半山腰上的凤凰台，西邻玄天阁。

【现状概述】

李恢是诸葛亮南征时的大将，也是澄江旧城村人。为了纪念这位澄江历史上的名人，澄江旧城村民在金莲山玄天阁旁修建了一座李恢祠。李恢祠，从2012年8月修建，到2013年完工，坐东朝西，只有一个正殿。正殿名"凤凰台"，二层，第一层内供奉有三个牌位，中位是汉兴亭侯李恢之灵位，南侧是李恢子李蔚（遗）之灵位，北侧是李蔚（遗）之妻关银屏之灵位。正殿南侧依山削壁作为耳房，耳房中立有李恢生平石碑，并绘有壁画，内容包括李恢射蟒救人、李恢投靠刘备、李恢说服马超等。正殿前塑有玄奘法师的站像，为近年新塑。

李恢祠是李恢的家庙，澄江人每年都要在此地以戏剧等形式纪念李恢。

在澄江市东北角约4千米的八哥岩山脚下，过去有一块高丈余、宽六七尺的巨岩，岩上有一道宛若用剑劈过的痕迹，这就是澄江妇孺皆知的"李恢试剑石"。2018年12月调查时，征

澄江李恢祠正殿

李恢灵位

修复李恢祠记事功德碑

1 澄江市文物管理所配合澄江调查并提供相关资料。

澄江李恢祠

李恢祠山门

耳房内壁画《三河湾会师》

耳房内壁画《李恢射蟒救人》

耳房内壁画《李恢说服马超》　　　耳房内壁画《李恢投靠刘备》　　　耳房内壁画《李恢破石救火》

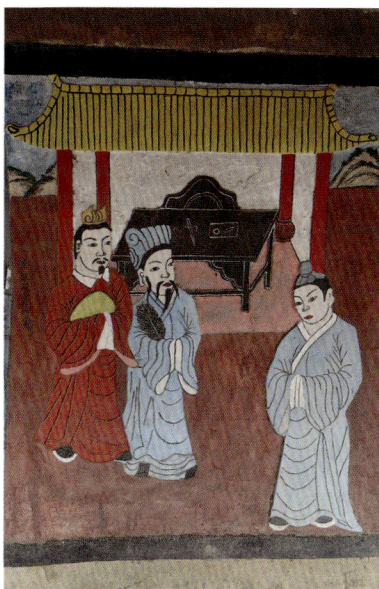

集而来的"李恢试剑石"被保存于李恢祠旁。

【历史渊源】

李恢，建宁郡俞元县人，即今云南省澄江市人，是诸葛亮南中平叛之大将，亦是蜀汉政权的第二任庲降都督，在南中影响力极大，为蜀汉政权治理南中立下汗马功劳。《三国志·蜀书·李恢传》记载："南土平定，恢军功居多，封汉兴亭侯，加安汉将军。后军还，南夷复叛，杀害守将。恢身往扑讨，锄尽恶类，徙其豪帅于成都，赋出叟、濮耕牛战马金银犀革，充继军资，于时费用不乏。"[1]

蜀汉建兴九年（231），李恢卒于汉中。但据地方志记载，李恢墓在澄江市。道光《澄江府志》记载："汉兴亭侯李恢墓，在城西五里，山石碑尚存。"[2]

---

1 （晋）陈寿撰，（宋）裴松之注：《三国志·吕凯传》，中华书局，2011，第1046页。

2 （清）李熙龄等纂修：《道光澄江府志》，《中国地方志集成·云南府县志辑㉖》，凤凰出版社，2009，第233页。

关三小姐墓

【地理位置】

地理坐标：东经102°56′18.42″，北纬24°39′03.39″，海拔1768米。

行政属地：澄江市旧城村委会3组。

地理环境：位于澄江市金莲山南麓半山腰，此处为一片墓地。

【保护级别】

2001年4月30日，被玉溪市人民政府公布为市级文物保护单位。

【现状概述】

关三小姐墓，位于澄江金莲山南麓半山腰，坐北朝南，相传为李恢之子李蔚与关羽之女关银屏的合葬墓。墓地面积720平方米，长方形墓穴，长8.5米，宽6.2米。墓碑高1.22米，宽0.56米，清宣统二年（1910）三月立，墓碑正文"汉忠臣兴亭侯子李公讳蔚、汉寿亭侯女关氏三姐之墓"，落款"阖邑士庶敬立"。墓碑两侧镌刻一副墓联："墓近圣人宫，父女相睽只数武；神游荆襄界，魂魄长恨于千秋。"1989年8月，澄江市政府对关三小姐墓进行了重修。[1]

1992年2月，关三小姐墓被公布为澄江市县级文物保护单位。2001年4月30日，又被公布为玉溪市第一批文物保护单位。

关三小姐墓正南方300米处，有一座"老营庙"，供奉有刘备、关羽、张飞塑像。

澄江关三小姐墓墓碑

1 政协澄江委员会编：《澄江市文史资料第二十七辑文物专辑》，2017。

澄江关三小姐墓

【历史渊源】

关三小姐与李蔚二人的爱情传说,在澄江市广为流传。相传关三小姐关银屏是一员女将,随李恢父子南征后定居俞元(澄江)。后来与李恢之子李蔚结成伉俪,把先进的农耕、纺织等技术带到了澄江,深受百姓爱戴。于是,澄江人民亲切地称她为"关三小姐"。

关三小姐在俞元日夜思念自己的故乡,但又舍不得离开爱她的俞元人民,便经常登上金莲山,一边梳妆,一边遥望故乡。此地后被称为"梳妆台",延续至今。关三小姐去世后,人们披麻戴孝,把她安葬在梳妆台附近。

关三小姐墓地过去还有一副墓联:"有骨人间藏,万古香馨金莲土;随君天上去,一家同住斗牛宫。"

澄江武庙

【地理位置】

地理坐标：东经102° 56′ 18.42″，北纬24° 39′ 03.39″，海拔1768米。

行政属地：澄江市文庙街南段。

地理环境：邻近澄江文庙和澄江市文物管理所。

【保护级别】

2006年5月31日，被澄江市人民政府公布为县级文物保护单位。

【现状概述】

澄江武庙位于澄江市文庙街南段，邻近澄江文庙和澄江市文物管理所。澄江武庙始建于清嘉庆、道光年间（1796—1850），占地面积约500平方米，坐南朝北。现存前殿、大殿。大殿面阔12米，进深10.3米，抬梁式木结构，单檐硬山顶，中塑关羽坐像，红脸绿战袍，关羽左侧关平抱印，右侧周仓立刀。因为一些历史因素，曾被划为居民区。2018年12月调查小组进行考察之时，澄江市政府已经将其收回，并将文、武庙周围的民居统一拆迁，

澄江武庙内主祀关羽

1216

澄江武庙大殿

下一步将进行街区打造。所以，拍摄照片时，澄江武庙处于保护性打围状态。

【历史渊源】

澄江的关圣宫数量比较多，但多建于清代晚期。道光《澄江府志》记载澄江市只有一座关圣宫，说"关圣宫，在西街南"[1]，推测可能就是澄江武庙。后来兴建的关圣宫有小西关圣宫，建于清光绪二十二年（1896）。

1（清）李熙龄等纂修：《道光澄江府志》，《中国地方志集成·云南府县志辑㉖》，凤凰出版社，2009，第72页。

右所镇关圣宫

地理坐标：东经102°56′14.18″，北纬24°38′46.69″，海拔1741米。

行政属地：澄江市右所镇右所街124号。

地理环境：邻近澄江市第六中学。

【现状概述】

右所镇关圣宫，建于2012年，坐西朝东，有山门和正殿。正殿内塑关羽坐像，关羽右侧为周仓，手执青龙偃月刀；左侧为关平，抱印。

右所镇关圣宫大殿

右所镇关圣宫山门

右所镇关圣宫大殿内主祀关羽

洋漯关圣宫

【地理位置】

地理坐标：东经102°55′07.68″，北纬24°38′22.42″，海拔1739米。

行政属地：澄江市右所镇吉花村委会洋漯营下组。

地理环境：周围是民居和乡村小道。

【现状概述】

洋漯关圣宫占地面积约600平方米，坐南朝北，由前殿、正殿及东西配殿组成院落。前殿为二层楼房，与山门连为一体，向内院开敞，二层有栏杆。正殿面阔12.2米，进深12米，抬梁式木结构，单檐硬山顶。

如今，东厢房部分已经倒塌，部分改为厨房。正殿面阔三间、进深四间，内供奉关羽像，关羽左右两侧为关平抱印和周仓立刀塑像。正殿内塑像均为1996年修缮时重塑。大殿旁有一间偏殿，内奉观音菩萨和玉皇大帝。调查时，洋漯关圣宫由已经82岁高龄的李文琴老人看管。

【历史渊源】

洋漯关圣宫建于清光绪二十五年（1899），1996年当地村民李文琴集资修缮正殿。

洋漯关圣宫山门连前殿

洋潦关圣宫大门

洋潦关圣宫正殿

洋潦关圣宫前殿后视

洋潦关圣宫正殿内主祀关羽

正殿的梁架

洋潦关圣宫东厢房

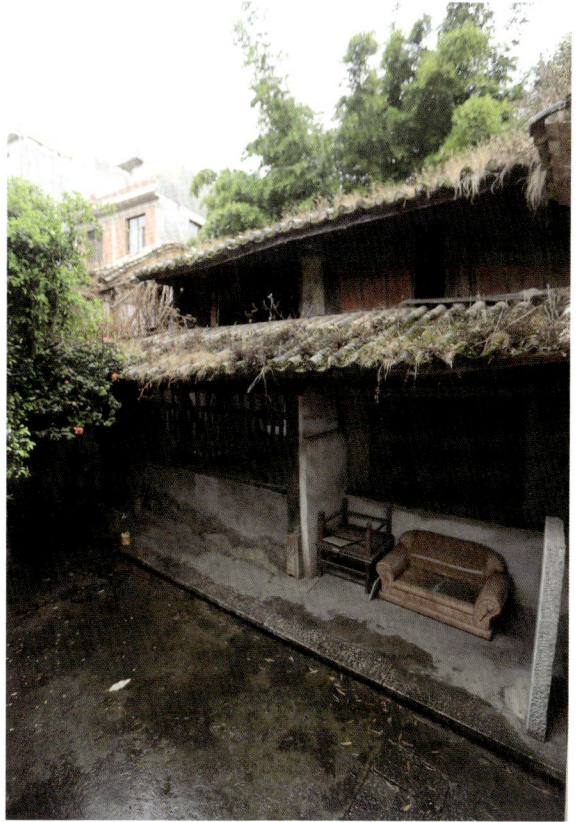
洋潦关圣宫西厢房

先锋营

【地理位置】

地理坐标：东经102°58′36.19″，北纬24°47′55.61″，海拔1862米。

行政属地：澄江市阳宗镇小屯村。

地理环境：地势较为平坦，分布有大量的农舍和农田。

【现状概述】

先锋营，位于澄江市阳宗镇小屯村。相传诸葛亮南征派关索做先锋，驻兵小屯，由此得名。小屯村目前是关索戏的保存地，关索戏属于古傩戏的一种，是专以关索事迹为中心、三国蜀汉故事为剧目内容的特殊剧种，歌颂三国时期蜀汉的英雄人物，包括关索、刘备、关羽、张飞、孔明、赵云、周仓、鲍三娘等。表演时不设舞台、不化妆，不受时间和地点的限制。演出时演员头戴面具，面具包括生、旦、净3类20多种。开演时要举行祭祀，边唱边舞，通常只在农历正月演出。2011年5月23日，小屯村"关索戏"被列入第三批国家级非物质文化遗产名录。

小屯村有一座灵峰寺，自古以来就是关索戏演出、祭祀及道具存放的场所。灵峰寺坐东朝西，由前殿、厢房和正殿三部分组成，面积436平方米，建于清康熙二十七年（1688），清道光七年（1827）重修。

【历史渊源】

关索戏起源较早，清康熙以前就已经盛行。澄江小屯村流传有关索戏起源的不少传说，其中之一说澄江小屯村一带，本来风调雨顺，人们生活幸福。后来清水变浑，河水淹没农田，牲畜生病，村民无缘无故死亡。正在大家一筹莫展之际，村里请来了一个道士，道士说村子被饿虎所困，必须有大神和五位打虎大将来，才能镇住。道士又说，大神就在你们村子里，他就是关索，当年在此扎营，打虎大将就是五虎上将，必需要供奉在神龛上祭祀以后才能显灵。于是村民们把关索当成"药王（大神）"，玩起了关索戏，所以关索戏又叫"玩关索"。戏的内容就以关索和蜀汉五虎上将（关羽、张飞、赵云、马超、黄忠）的故事为主，戏前、戏后都要祭祀关索和五虎上将，请他们来压邪镇灾。[1]

先锋营的由来应该是当地百姓的一种附会，但反映出三国文化对后世的深远影响。关索戏作为一个稀有剧种，是三国文化转化为非物质文化的典型代表。

---

1 政协澄江委员会编：《澄江市文史资料第二十七辑文物专辑》，2017，第186页。

灵峰寺

澄江关索戏面具

小屯村关索戏兵器

保山市

保山市，位于云南省西部，面积19637平方千米，外与缅甸山水相连，内与大理、临沧、怒江、德宏四州市毗邻。截至2022年底，下辖隆阳区，施甸、龙陵、昌宁3个县，代管腾冲1个县级市。蜀汉时期，该区域主要属永昌郡地。今保山市区东北一带应为永昌郡郡治不韦县所在。

保山市三国文化遗存点位分布图

1　兰津古渡、霁虹桥
2　汉庄城址（保山诸葛营）
3　保山蜀汉墓
4　太保山武侯祠

5　保山诸葛堰
6　吕凯故里
7　盘蛇谷
8　腾阳会馆

撰稿：陈　芳　谢　乾
摄影：彭　波　苏碧群　廖承志
绘图：尚春杰

隆阳区

兰津古渡、霁虹桥

【 地理位置 】

地理坐标：东经99° 21′ 5″，北纬25° 17′ 29.3″，海拔1140米。

行政属地：隆阳区水寨乡平坡村。在村北约2千米处。

地理环境：澜沧江上，下临澜沧江，毗邻霁虹桥摩崖石刻及博南古道。

山崖上复刻的兰津古渡霁虹桥摩崖石刻

【 保护级别 】

1983年，被云南省人民政府公布为省级文物保护单位。

【 现状概述 】

兰津古渡，位于保山市水寨乡平坡村和永平县杉阳镇岩洞村之间的澜沧江上，是云南省现存最早的渡口。相传诸葛亮南征时，曾在此处架木桥过澜沧江，此桥即为后来霁虹桥的前身。1981年，霁虹桥被永平县公布为县级重点文物保护单位。1983年1月，又被公布为云南省重点文物保护单位（含摩崖石刻及古道）。

霁虹桥建造于兰津古渡之上，横跨于永平县杉阳镇岩洞村和保山市水寨乡平坡村之间的澜沧江上。霁虹桥是我国最早建造的铁索吊桥，在我国的桥梁建筑史上具有极其重要

现代霁虹桥

的地位。[1]1986年山体滑坡之前留存的霁虹桥桥身总长115米，净跨56.2米，宽3.8米，由18根铁索组成：底链16根，以2、4、4、4、2排列，上横覆以4米长木板，用铁丝绑扎在铁链上，各板之间用木条和抓钉扣牢；扶链2根，每边用30根高约1.5米的铁条将扶链与底链相连接，形成栏杆状。铁索两头铆死在澜沧江两岸桥台上，以条石倚崖筑成半圆形桥墩，长25米。桥两端建有一亭和两座关楼。

隆阳区水寨乡平坡村北2千米澜沧江西岸，留存有许多摩崖石刻，被称为"兰津古渡霁虹桥摩崖石刻"（地理位置：北纬25°16′53″，东经99°22′24″，海拔1182米）。石刻一共40幅，其中可辨认字迹的30幅。可辨石刻中，年代最早的在明代嘉靖年间，年代最晚的在民国十年（1921）。石刻大多为直书阴刻，字径大小0.1—1米，多楷书，少部分隶书和篆书，内容包括题名、题赞、诗词、对联等几大类。石刻中最重要的有明代云南督学使吴鹏的"西南第一桥"、永昌诗人张含的《兰津渡》诗、清代永顺总兵腾龙的"天南锁钥"、云南总督富纲的"悬崖奇渡"等。

1986年10月12日，霁虹桥上游400米处的燕子窝由于连降暴雨，造成大面积山体滑坡，巨大的泥石流涌入澜沧江中，导致霁虹桥桥链、桥板及两岸亭阁等全部被冲毁，桥墩上部亦被洪水卷走，仅存部分桥墩和西岸的"兰津古渡霁虹桥摩崖石刻"。

2007年，云南华能澜沧江开发有限公司投资在霁虹桥原址上复建了一座现代化桥梁，还是命名为"霁虹桥"。

因云南小湾水电站的建设，文物保护单位"霁虹桥"位于电站水库正常蓄水位（1242米）

霁虹桥老照片

下约60米，经勘测、研讨、审批，确定对其进行异地迁移复原重建。西岸现址位于原址下游约290米斜上方，高于原址约200米，占地1447.65平方米，迁移复原重建了桥台、驳岸、桥廊、关楼、关亭、砖石券门、石券隧洞、观音庙、卡房及江边路堤。东岸现址位于原址下游约650米处的斜上方，高于原址约270米，占地2679.85平方米，迁移复原重建了桥台、驳岸、桥廊、关楼、关亭及江边路堤等。由于"兰津古渡霁虹桥摩崖石刻"（1182米）亦位于正常蓄水位之下，为更好地保护文物，2014年7—11月，在摩崖石刻原址上方垂直距离约190米的岩壁上，选取部分重要石刻进行复制。[2]

【历史渊源】

兰津古渡，作为博南古道的要冲，很早就有历史记载，《华阳国志·南中志》载："孝武时，通博南山，渡澜沧水……行人歌之曰：'汉德广，开不宾。渡博南，越兰津。渡澜沧，为他人。'"[3]到东汉明帝时期，因仅靠"舟筏通渡"无法满足日渐增多的商旅通渡需求，兰津古渡的澜沧江之上开始架篾绳。相传至三

1 邱宣充、张瑛华：《云南文物古迹大全》，云南人民出版社，1992，第522页

2 全国第三次可移动文物普查资料，由保山市博物馆提供。

3 （晋）常璩撰、刘琳校注：《华阳国志》，成都时代出版社，2007，第223页。

国时期，诸葛亮南征，开始在兰津古渡的澜沧江之上架设木桥渡江。清倪蜕《滇南杂志》卷七《霁虹桥》记载："在永昌府城北八十里，跨澜沧江，古以舟渡，狭隘湍急，行者忧之，后以篾绳为桥，攀援而渡。武侯征南，架木桥以济师。"[1] 光绪《永昌府志》记载："霁虹桥，在城北八十里，古以舟渡，行者忧之。后以篾绳为桥，攀援而渡。武侯南征，架木桥以济师。"又云："今澜沧盖博南兰津渡……世传武乡侯南征，支木渡军而桥始鼎建。"[2]

唐代，兰津古渡所在的澜沧江上架的是竹木板桥，相传两岸留存的穿绳索石孔，亦为诸葛亮所凿。唐樊绰《蛮书》卷二记载："龙尾城西第七驿有桥，即永昌也。两崖高险，水迅激。横亘大竹索为梁，上布篾，篾上实板，仍通以竹屋盖桥。其穿索石孔，孔明所凿也。昔诸葛征永昌，于此筑城。今江西山上有废城遗迹及古碑犹存，亦有神祠庙存焉。"[3]

至元代，兰津古渡之上的桥用巨木铺设，改名"霁虹桥"。

明清两代，霁虹桥亦屡毁屡建。

民国时期，霁虹桥亦有过几次毁坏和重修。民国《重修保山澜沧江桥碑序》记载："庚午十二月二日，天将明时，有大帮驮牛争先过桥，不服制止，致使牛拥挤桥上，压力过重，当即铁链踩断两根。三日正午，又有驮货马驮数十头，相继强行达桥，未及过半，铁索又断十根，仅余两根，桥板已坠水面，完全不能通过。"[4]

1949年，云南边纵七支队西进保山，为阻止保安团追击，将18根铁索斩断。1952年重修。

1986年，暴雨导致霁虹桥上游150米处燕子岩大面积山体滑坡，洪水高出桥面达7米，霁虹桥的15根铁链被冲断，桥亭等被冲毁。

澜沧江

兰津古渡码头

附近村民悬挂的霁虹桥老照片

1　曹春林编：《滇南杂志》(1—2)，华文书局，第275页。

2　(清)刘毓珂纂修：《光绪永昌府志》，《中国地方志集成·云南府县志辑㊳》，凤凰出版社，2009，第1版，第64页。

3　(唐)樊绰撰、向达原校、木芹补注：《云南志补校》，云南人民出版社，1955，第26页。

4　保山市文化志编纂委员会编、倪开阯主笔修纂：《保山市文化志》，国际文化出版公司，1991，第179页。

汉庄城址（保山诸葛营）

【 地理位置 】

地理坐标：东经99°9′44.56″，北纬25°5′4.73″，海拔1682米。

行政属地：隆阳区兰城街道汉营村委会汉营村。

地理环境：周围是农舍和农田。

【 保护级别 】

2001年，被国务院公布为全国重点文物保护单位。

【 现状概述 】

保山诸葛营，原名"汉营"，现改称"汉庄城址"，位于保山市隆阳区兰城汉营村（过去的行政属地为汉庄乡诸葛营村），地处保山坝子西南部，近山傍水，地势平坦。相传诸葛亮南征时曾在此地扎营，南征胜利后，诸葛亮领军返回成都之际，留下部分汉人聚居于此，逐渐形成一个汉人聚居区。1984年12月，该遗址被公布为保山市（今隆阳区）重点文物保护单位，时称"汉营古建筑遗址"；1987年12月，被公布为云南省重点文物保护单位，

保山诸葛营遗址文保碑

保山诸葛营遗址

汉营村民居角落

时称"诸葛营遗址";2001年,被公布为全国第五批重点文物保护单位,改称"汉庄城址"。

保山诸葛营遗址,坐西朝东,以城墙为标志,略呈长方形,东西长370米、南北宽310米,总面积约11.6万平方米。现存有大部分城墙,城墙系红黏土掺沙石逐层夯筑而成,每层厚约15厘米,最高处大约共夯筑有40余层。墙体基部宽14.5米,顶部宽8—9米,残高2—5米。城墙现存东西长370米,南北宽315米,原有门阙,现已改建,但仍能在城池的东西中轴线两端见到砖石砌筑的城门痕迹。已发现的两道城门位于东、西城墙中段,夹杂许多石块、叠砖、炭块和灰烬。城墙夯土层间及城门遗迹中夹杂有许多汉代砖、瓦,个别地方堆积厚度达到0.5—1米。瓦为青灰色,有筒瓦、板瓦和瓦当。筒瓦内布(布纹)外素(素

面),长0.4米,直径0.15米。板瓦内布外细绳纹,长0.47米,宽0.37米,厚2.5厘米。出土的瓦当饰卷云纹。砖大多亦为青灰色,少数红色,长0.34米,宽0.22米,厚7.5厘米,饰方格纹、菱形纹、卷云纹、五铢钱纹、摇钱树纹、太阳芒纹、车马纹等。调查过程中,调查小组不仅在城墙夯土内采集到汉代的夹砂陶片,还发现许多村民利用这些砖、瓦修建房屋、动物圈舍等。

诸葛营遗址内,原留存有一些被当地人俗称为"旗台"或"中墩"的土墩,相传是诸葛武侯竖旗之所。土墩均夯筑而成,原来有7个,高2米,周长10多米,间隔2—3米,又有"马将墩""武将墩""张将墩""车将墩"等之分。[1]

---

1 由保山博物馆王黎锐、李枝彩等老师协助调查并提供资料。

【历史渊源】

关于诸葛营遗址的历史，过去主要依靠文献记载和村民的口口相传。明宣德六年（1431），孔初撰写的《诸葛忠武侯祠记》（此武侯祠坐落于诸葛营中）记载："民相谓曰，若等诸葛公遗民也，相率安营屯兵，以生以长，遂名之曰诸葛营。复于营中构诸葛祠。""建兴三年，武侯恭承后主之命，亲将三军，秉麾仗钺，五月渡泸，乃深入不毛以致讨。及与获遇，即七纵而七擒之，民称为神，遂不复叛。于是，移师南向，直抵永昌。永昌，即金齿军民指挥使司也。司城南八里西山之下，侯常屯兵其间，以怀以柔。迨其师还，民相谓曰：'若等诸葛公遗民也。相率安营屯兵，以生以长，遂名诸葛营。'复于营中构诸葛祠。"光绪《永昌府志》记载："诸葛营，在城南十里，昔武侯屯兵之所，及还，汉人有遗于此者聚族而居，至今呼为旧汉人。"[1]

诸葛营中曾留存有众多与诸葛亮南征相关的遗存，如旗台、武侯祠、汉营走马、右军书台等。光绪《永昌府志》记载："武侯祠……一在城南诸葛营，辛酉毁于兵，今未修。""旗台，在诸葛营前小海子内，相传武侯竖旗之所，周匝三十余丈，随水高下，虽巨潦亦不能浸。""右军书台，在诸葛营东，旧传有王羲之手书碑刻，一说即武侯南征时右军屯兵之地乃右军台也，或讹写书台耳。""汉营走马，在诸葛营，旧有观骑楼，暮春二十七日为走马会。"[2]

20世纪，随着一些相关遗迹、遗物的发现，人们对诸葛营的历史及性质逐渐有了科学的认识和理解。20世纪50年代末，村民在诸葛营外廓中上部的"旗台"取土时，在土墩底部挖出大量人类骨骸，这些骨骸堆放杂乱无章，有专家推测是当年筑城的刑徒墓坑[3]（这些土墩后来经过考古调查分析，推测可能为军事哨所之用）。20世纪70年代，在诸葛营尾部挖排水沟时，在西城墙内侧挖出多处夯筑平实的房屋台基和用卵石铺筑的路面等遗迹，同时掘出较多的砖、瓦及成批的铜钱（其中包括大量五铢钱）等。20世纪80年代，考古人员对距离诸葛营约500米的小汉庄至汪官营村一带的2座蜀汉纪年墓进行了清理，出土"延熙十六年七月十日亡"纪年砖，其墓砖纹饰有菱形纹、方格纹、比轮钱纹、"回"字形纹、五铢钱纹、鹤纹、马纹等，与诸葛营发现的长方纹饰砖极为相似。20世纪90年代城门附近发现带有西晋"元康四年造作"铭文的城砖。诸葛营城址及附近，还出土过"建安四年造砖""□□二年造"纪年砖。

西汉武帝开西南夷，在保山地区设立巂唐（今云龙县漕涧一带）、不韦（今保山市）二县。东汉明帝永平十二年（69），设永昌郡，郡治在不韦县（今保山市）。西晋元康末，永昌郡治南移至永寿。保山诸葛营内发现的遗迹、遗物的年代大致在东汉至西晋元康末迁郡治永寿前这段时间，正是永昌郡治设在不韦县的时期，该遗址又是迄今发现的永昌郡治内规模最大、保存最完整的汉晋古城址。因此，有学者推测保山诸葛营遗址可能是东汉至西晋时期永昌郡的郡治所在地[4]，蜀汉时期，该城址仍在使用。[5]

1 （清）刘毓珂纂修：《光绪永昌府志》，《中国地方志集成·云南府县志辑㊳》，凤凰出版社，2009，第108、320、324页。

2 同上。

3 李枝彩：《保山诸葛营古城》，《四川文物》，1996，第5期。

4 云津：《东汉永昌郡治城之位置》，《思想战线》，1982，第2期；肖正伟：《保山诸葛营的历史文化之谜》，保山市隆阳区文联。

5 耿德铭：《云南保山发现的蜀汉遗存》，《东南文化》，1992，第2期。

诸葛营遗址城墙残存

"延熙十六年七月十日亡"
铭文汉砖拓片

"延熙十六年七月十日
亡"铭文汉砖（成都
武侯祠博物馆藏）

保山蜀汉墓

【地理位置】

地理坐标：东经99°10′48.36″，北纬25°4′25.90″，海拔1658米。

行政属地：隆阳区汉庄镇小汉庄村、汪官营村。

地理环境：周围是农舍和农田。

【现状概述】

保山市，特别是保山坝子先后发现蜀汉墓6座，其中1座有明确记载但已毁，另5座位于保山汉庄西面的小汉庄至汪官营村一带，北距诸葛营遗址500多米。5座墓葬大致呈横向交错排列，墓间距50—100米。20世纪80年代，考古人员对其中两座进行了清理、发掘。

1982年2月，汪官营小学校（原为普陀寺）基建施工时，发现一座砖室墓，编号BHM1。该墓坐西朝东稍偏南，双室券顶墓，全长8.55米，全墓面积16平方米，由墓道、前室、甬道和后室组成。墓坑用带有"官吏建"铭文的几何纹饰长方砖砌筑，砖长34厘米，宽15.5厘米，厚5.5厘米。甬道、墓道均长1.55米，宽1.3米，残高1.3米。前室长2.6米，宽2.45米，残高1.85米，南北两壁用双层砖砌筑，四壁各镶一块"延熙十六年七月十日亡"纪年砖，砖长34.5厘米，宽16.5厘米，厚5.5厘米。后室长方形，长3米，宽1.6米，残高1.5米，单层砖砌筑。墓底砖铺成"人"字形，墓室两侧均设有排水沟。墓门用两层砖墙封堵，墓门外横铺两排砖呈一横道。墓砖纹饰有五铢钱纹、方格纹、菱形纹等。后室内发现炭屑、铁钉、铜泡以及人齿7颗、人颌骨1件、人腿骨2根、动物臼齿3颗，推测为单人木棺葬。随葬器物置于前室东侧和墓道，包括陶鸭4件、陶牛2件、陶鸡2件、陶狗1件以及陶罐、钵、盆、缸、尊、仓、摇钱树座、扑满、铜刀等。

1987年12月中旬，小汉庄村村委会主任苏金福在村西侧稻田中取土时，发现1座砖室墓，编号BHM2。1988年1月，考古人员对该墓进行了清理。该墓坐北朝南稍偏东，单室券顶砖室墓，总占地面积11平方米，由墓室和墓道两部分组成，均以单层砖垒砌。墓室长方形，长3.4米，宽2.2米，残高0.9米，墓顶、葬具、人体骨骸等已遭破坏不存。出土物均为陶器，包括俑、罐、盆、牛、狗、鸡、堰、仓楼等。墓葬清理过程中发现模印篆书阳文"延熙十六年七月十日亡"纪年砖和"官吏制"铭文砖。

保山蜀汉墓出土的陶鸡、陶鸭

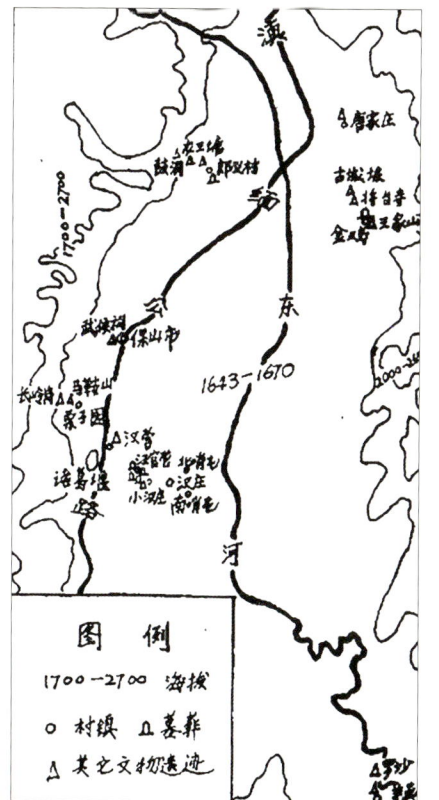

保山蜀汉墓出土的陶狗

保山蜀汉墓出土的陶牛

保山蜀汉墓出土的陶鸭

保山蜀汉墓分布图
（摘自《保山坝蜀汉墓的考古发现与研究》）

BHM1和BHM2两墓随葬器物非常相似，墓砖质地、纹饰、规格、铭文也几乎一样，纹饰都有菱形纹、方格纹、比轮钱纹、"回"形纹、五铢钱纹、鹤纹、马纹等（唯BHM2多摇钱树纹），此与诸葛营发现的长方纹饰砖极为相似。由此，可以较为准确地判断BHM1和BHM2是蜀汉时期汉文化体系墓葬。由于两墓中出土的鹤、马纹墓砖不见于保山坝有确切纪年的东汉建筑遗址，却见于有确切纪年的西晋建筑遗址，更加确认两墓处于东汉至西晋之间的蜀汉时期。[1]

1999年，在诸葛营遗址东侧50米处，发现汉晋时期砖室墓一座、砖瓦室墓两座。此外考古人员还在诸葛营遗址附近的撒马地、佘家坝、杨家坟、董家坟、窑房田、沙田、武家墩子等地点，发现和采集到一批汉晋时代特点的墓砖和陶片。[2]

【历史渊源】

汉庄镇自古以来就是保山坝子最繁华的集镇之一，相传是蜀汉驻军屯田的重地，故名。汉庄镇，下设南北两哨护庄，现名"南哨屯村"和"北哨屯村"。汉庄苏姓屯户因嫌田远路长，迁住到西面，繁衍形成小汉庄，汪官营位于小汉庄西北面。已经清理的BHM1和BHM2都属于"梁堆"墓，封土早已被夷平。BHM2中出土的女俑发式为椎髻，有学者认为其族属是越人；男俑面貌特征为深目高鼻的胡人形象。[3]

蜀汉统治下的南中，特别是诸葛亮南征之后，采用以当地"豪族""大姓"为基干的政治结构，史称"即其渠率而用之"。蜀汉政权鼓励大姓扩张"夷汉部曲"为蜀汉政权效力。BHM1和BHM2墓中所出的陶器等不仅反映出蜀汉南中地区的豪族大姓的庄园经济，BHM2中所出之陶俑还反映了蜀汉时期"夷汉部曲"的形象。

1 耿德铭：《保山坝蜀汉墓的考古发现与研究》，《东南文化》，1993年第3期。

2 张文芹主编：《隆阳区文物志》，德宏民族出版社，2014。

3 耿德铭：《保山坝蜀汉墓的考古发现与研究》，《东南文化》，1993年第3期。

太保山武侯祠

【 地理位置 】

地理坐标：东经99°9′4.24″，北纬25°7′22.36″，海拔1878米。

行政属地：保山市西太保山顶。

地理环境：太保山顶上，毗邻太保山公园和保山历史名人堂。

2012年太保山武侯祠山门

【 保护级别 】

2012年，被保山市人民政府公布为市级文物保护单位。

【 现状概述 】

太保山武侯祠位于保山市太保山顶，是为纪念诸葛亮南征平叛而修建的纪念性建筑，据祠内所存清嘉庆二十年（1815）《重建太保山石坊南庑碑记》记载："山顶平敞，祠祀武侯，报征南武功也。"

太保山武侯祠主祀诸葛亮

太保山武侯祠占地4700多平方米，由分布于东西轴线的前殿、中殿（过厅）、正殿三进两院和南北侧两花园组成。三殿坐西朝东分布于一条东西向的中轴线上，均为减柱穿斗式屋架、单檐歇山顶，上覆盖黄色琉璃瓦，脊饰宝顶、走兽、鸱吻，飞檐翘角。三殿均为台基式建筑，都面阔三间、进深四间，立柱排列为"五、四、四、五"，垂柱斗拱、梁架、屋面、屋顶均施彩绘。

2012 年太保山武侯祠正殿

太保山武侯祠正殿吕凯塑像

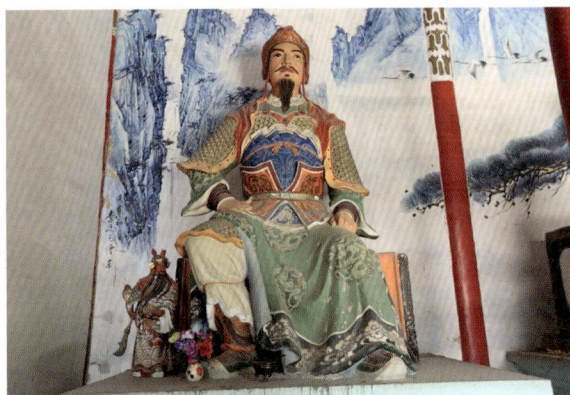

太保山武侯祠正殿王伉塑像

前殿屋架来自保山城区关帝庙 [始建于明嘉靖二十四年（1545）] 的建筑构件，台基高 0.8 米，面阔 13.5 米，长 10.4 米，建筑面积 172 平方米。

中殿台基面积 160 平方米，长 10.6 米，宽 12 米，面积为 161 平方米，原本是太保山武侯祠的前殿。

正殿又叫"诸葛亮殿"，屋架来自保山城内财神庙（清末建）的正殿。正殿台基由条石砌筑，面阔 12.1 米，长 10.2 米，高 1.2 米，面积 162 平方米，做成须弥座式。殿内正中塑诸葛亮坐像，像高 3.5 米，羽扇纶巾，诸葛亮前方立有两位小书童，一个掌剑，一个抱琴。诸葛亮像右侧塑王伉坐像（武将装扮），左侧

2006 年太保山武侯祠正殿

塑吕凯坐像（文臣装扮），二坐像各高3米。[1]

1988年8月，太保山武侯祠被公布为保山市（今隆阳区）重点文物保护单位。2012年6月29日，又被公布为保山市重点文物保护单位。

【历史渊源】

太保山武侯祠始建于明代，是嘉靖十四年（1535）金腾兵备副使任维贤修建。清康熙二十六年（1687），总兵偏图重修，大学士阿桂题额"人臣师表"。清咸丰十一年（1861）毁于兵燹。光绪《永昌府志》载："武侯祠，一在太保山顶，旧废。康熙二十六年重建。

一在城北沧江桥，唐时建，总兵周化凤捐修。嘉庆十九年总督伯麟重修。一在城南诸葛营，辛酉毁于兵，今未修。"[2]清光绪五年（1879），保山知县刘云章再建，之后年久倾圮。民国初立"松山元祠"石坊在山门之前。1984年，保山市人民政府重修并扩建，迁城内关帝庙、财神庙于武侯祠前后，原殿改作过厅。在后殿内重塑武侯和吕凯、王伉二臣神像。祠南北两侧扩修为花园，又将原清代腾阳会馆大门和戏台移建祠外。[3]2019年初太保山武侯祠的山门进行重修，2019年5月恢复开放。

1 保山市文化志编委会编：《保山市文化志》，国际文化出版公司，1991，第145页；耿德铭：《云南保山发现蜀汉遗存》，《东南文化》，1992年第2期。

2 （清）刘毓珂纂修：《光绪永昌府志》，《中国地方志集成·云南府县志辑38》，凤凰出版社，2009，第108页。

3 邱宣充、张瑛华：《云南文物古迹大全》，云南人民出版社，1992，第602页。

保山诸葛堰

地理坐标：东经 99°8′57.97″，北纬 25°4′52.7″，海拔 1697 米。

行政属地：隆阳区汉庄镇彭海村。

地理环境：所在位置地势平坦，临滇缅公路，周围是农田和民居。

【保护级别】

2012 年，被保山市人民政府公布为市级文物保护单位。

【现状概述】

保山诸葛堰位于保山市隆阳区汉庄镇彭海村，大体位置是法宝山东麓、诸葛营村西，西枕山坡，北东南三面筑堤（长约 150 丈），砖石砌筑，是保山地区古代唯一的人工农田水利设施。

诸葛堰分为上、中、下堰三个部分，堤高 6 米，堤厚 6 米。诸葛堰的范围，南至汉庄镇彭林村，西至上海子村脚，周长 3 千米。时至今日，诸葛堰仍造福一方，冬春蓄水养鱼，夏秋种植水稻，蓄水量达 208 万立方米，水深达到 3 米，是隆阳区最大、最古老的蓄水工程，灌溉汉庄农田 7000 亩。[1]

【历史渊源】

诸葛堰，相传是蜀汉南征时期诸葛亮屯军所筑。关于诸葛堰的传说有两个不同的版本：一说是诸葛亮南征时，原计划在此建城，因为修建过程中发现此地"里方外圆"，不利于战时防御，便废弃建城计划，改为蓄水，这便成就了云南水利史上为人称道的"诸葛堰"大海子；另一种版本是说诸葛亮南征，驻军永昌，深感大沙河夏秋两季河水泛滥，冬春两季河水干涸，于是凿池蓄水以防洪旱，军士们也在此洗马屯田，俗称"洗马塘"。[2] 光绪《永昌府志》记载："诸葛堰，有三，武侯所筑，俱在城南十里法宝山下，曰大堰，甃石为堤，厚一丈二尺，高一丈，周九百八十余丈。"[3]《重修大海子碑记》记载："汉武侯驻师永昌郡，即其垒西南，浚为堰，周遭八百九十余丈，引沙河水以注之，灌万余亩，厥功伟哉！"[4]

诸葛堰修建后，初名"饮马池"，诸葛亮驻军离开后，当地人民为感怀其兴修水利之恩，改称为"诸葛堰"，又称"大海子"。

关于诸葛堰的始建历史，景泰《云南图经志书》则认为是洪武年间指挥使胡渊所修："诸葛堰，有三，俱在城南诸葛营之上下。其南又有甸尾、官市二堰，卧狮窝有三坝。俱洪武年间指挥使胡渊所筑，溉田数万亩，民赖其利。"[5]

历史上，诸葛堰经过多次修筑，规模较大的有明成化年间巡按御史朱皚征发军工民夫

1 张文芹主编：《隆阳区文物志》，德宏民族出版社，2014。

2 耿德铭：《云南保山发现蜀汉遗存》，《东南文化》，1992 年第 2 期。

3 （清）刘毓珂纂修：《光绪永昌府志》，《中国地方志集成·云南府县志辑㊳》，凤凰出版社，2009，第 320 页。

4 （清）刘毓珂纂修：《光绪永昌府志》，《中国地方志集成·云南府县志辑㊳》，凤凰出版社，2009，第 385 页。

5 （明）陈文修，李春龙、刘景毛校注：《景泰云南图经志书校注》，云南民族出版社，2002，第 327 页。

保山诸葛堰

保山诸葛堰远眺

保山诸葛堰全景（李枝彩提供）

的修筑，将堰堤扩筑至980丈，高1.2丈，厚1丈，并加筑分水口三处，当时称之为"御史堤"。光绪《永昌府志》记载："（诸葛堰）流于沙河之南，本武侯所浚，久淤塞。明成化间，御史朱皑加筑分水口为三，灌田数千亩。其东曰中堰，源出九龙池三十六号水，堰沙河水蓄积为堰，周三百三十七丈，分水口为三，灌田数千亩。又东曰下堰，周二百八十丈，分水口为二，灌田千余亩。""明成化三年巡按御史朱皑浚伐石积缶筑堤，因名御史堤。"[1]《重修大海子碑记》记载："明成化三年，巡按朱公皑增修，以石缶触浪卫土堤，四百年赖之。"到清代，乾隆十年（1745）十月二十七日，诸葛堰东北溃堤，永昌府组织进行重修。

《重修大海子碑记》记载："始于十月二十九日，至十二月望五日落成。……百姓请于余曰：'愚民无以报，愿立一石以表之。'"民国时期，诸葛堰范围进一步扩大，民国《保山县志》记载："诸葛堰东至大路，南至杨乃桥，西至海边水沟，北濒沙河。堤高六公尺，堤厚六公尺，水深（指东堤水深处）五公尺，上抵上海子村脚，周围三千米。"[2]

中华人民共和国成立之后，分别于1958年和1978年对诸葛堰进行整修、扩筑、加固，新设闸门，建立专职管理机构。经过扩建，诸葛堰的蓄水量由原来的30万立方米增加至208万立方米，可以灌溉汉庄农田7000亩。

1 （清）刘毓珂纂修：《光绪永昌府志》，《中国地方志集成·云南府县志辑㊳》，凤凰出版社，2009，第320页。

2 保山市文化志编委会编：《保山市文化志》，国际文化出版公司，1991，第131页。

吕凯故里

【地理位置】

地理坐标：东经99°15′20.23″，北纬25°9′19.36″，海拔1676米。

行政属地：隆阳区金鸡乡一带。

地理环境：金鸡乡东北高、西南低，最高峰是宝鼎山。

【现状概述】

陈寿《三国志》记载的蜀汉名臣吕凯，其故里位于保山坝东北凤溪山西麓金鸡乡一带。乡土面积呈蹲鹰形，东西长12千米，南北宽9千米，总面积约58平方千米，人口以汉族为主。金鸡乡地形东北高、西南低，最高点为宝鼎山，海拔2667.5米，最低点位中东方村，海拔1649米。乡境内有钛、铜、锡、煤等矿产资源。

金鸡乡内有金鸡村，因村后山中有一巨石，常有凤凰栖于石山，"土人不识，呼为金鸡"，因而得名。

1998年，金鸡乡被保山地区行署认定为地区级历史文化名乡；

1999年，被评为省级革命老区。

金鸡乡古戏台

将台寺

将台寺东厢房诸葛亮殿

金鸡乡留存有许多与吕凯相关的遗存：吕凯墓、点将台、吕公祠、吕凯插戟石、吕凯故里石表等。《三国志》载，吕凯表字季平，为纪念吕凯，村内邻近古戏台的街道还被命名为"季平街"。

吕凯墓，位于金鸡乡金鸡村西南2千米小板桥田坝中。民国时期，由云南省府谕保山县长宋嘉晋转令凤仪镇长张佩珂进行了发掘。该墓为砖室墓，掘进2米，因墓中涌出大水，发掘工作中断。此次发掘仅得汉砖三块、象牙一枚，上交县府。1958年当地修水库时，该墓被埋入大坝之下，至今尚未找到。

点将台，位于金鸡乡政府西北约1千米处的红土丘陵末端，地理坐标北纬25°9′30.44″，东经99°14′56.75″，海拔高度1673米，是一个高出地面10余米的土台，面积约300平方米，台下为一平整的冲击沙地。相传为吕凯所筑，用于操练军队、点将之用。台前有两株古树（当地俗称"神树"），一棵为黄连树（已死），一棵为大叶榕。当地传说，黄连树是吕凯拴马所用，也是诸葛亮的手杖。金鸡村古时建有将台寺，当时寺内供奉刘备、关羽、张飞、诸葛亮和吕凯等蜀汉英雄。如今，点将台旁恢复重建了将台寺。将台寺坐北朝南，由前殿、东西厢房、后殿等几部分组成。前殿名"圆通宝殿"，2019年5月27日，南征调查小组考察时，还在建设中。东厢房名"诸葛亮殿"，中间塑诸葛亮坐像，左右两旁塑王伉、吕凯坐像。西厢房为观音殿。后殿是大雄宝殿。重建之后，点将台属于将台寺的一部分。

吕公祠，在金鸡村西缘路口一侧，始建于明代中期，祭祀吕凯，年久溃圮。原祠占地1000余平方米，内供奉吕凯灵位，并有建祠碑记。清末廖鹤先生题有对联："插戟点将，一片丹心照日月；止戈宁民，千秋遗迹

"汉阳迁亭侯云南太守吕季平先生故里"路碑

诸葛亮殿神台上的诸葛亮、吕凯、王伉等塑像

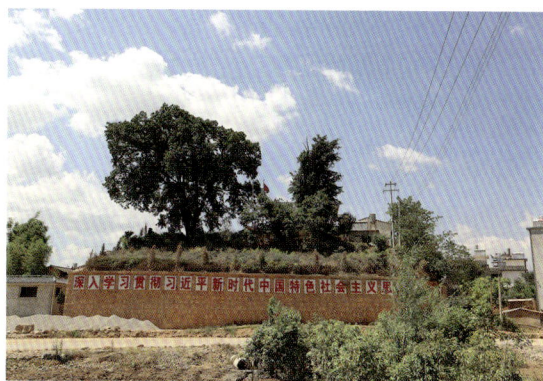

点将台

壮山河。"横批"南天一柱"。并在大门题赞："沧怒无双巨佛，桑梓第一伟人。"民国十年（1921），乡人孟葆初进奉吕凯《答雍闿书》木刻一方。

吕凯插戟石，传为吕凯立旗守土所用，现仅存插孔一半。

吕凯故里石表，位于金鸡乡金鸡村委会黄沙河桥头，地理坐标北纬25°9′26.2″，东经99°14′54.1″，海拔高度1659米。石表青石石质，残高3.08米，宽0.24米，厚0.21米，由辛亥光复时乡人倡刻，正面阴刻隶书"汉阳迁亭侯云南太守吕季平先生故里"，落款"民国元年四月李根源录刊，大中华民国纪元壬子元旦金鸡村众庶公立"。保存状况较好。

【历史渊源】

吕凯，字季平，蜀汉益州永昌郡不韦县人，原任蜀汉政权永昌郡五官掾功曹。《三国志·吕凯传》记载，南中雍闿反叛，孙吴"遥署闿为永昌太守"，"凯与府丞蜀郡王伉，帅厉吏民，闭境拒闿"[1]。吕凯与王伉在永昌地区长达十多年的坚守，使得蜀汉政权在永昌郡始终保持其正统地位。南中叛乱平定之后，吕凯被蜀汉政权委任为云南郡太守，封阳迁亭侯；王伉被封为亭侯，任永昌郡太守。

不韦县，西汉武帝时设置，他将吕不韦的后裔迁于此地建县，赐名"不韦"。《华阳国志·南中志》记载："孝武时，通博南山，渡澜沧水、耆溪，置巂唐、不韦二县。徙南越相吕嘉子孙宗族实之，因名不韦，以彰其先人之恶。"[2]吕凯是吕不韦的后裔，他在云南太守任上被叛夷所害，相传其后人将其迁回故土永昌郡安葬。

金鸡乡，特别是金鸡村一带是不韦县的县址所在地和吕凯故里。[3]万历《云南通志》记载："不韦县，传在凤溪山下。""凤溪在永昌府东北。""汉吕凯墓在保山金鸡村，芜秽弗治，土人岁时拜之。"[4]光绪《永昌府志》记载："吕凯墓，在金鸡乡。""将台，在金鸡村北，世传为吕凯所筑，凯即本村人，台高丈余，广倍之，今废。""将台寺，在城东北三十里金鸡村外。""立舒石，在金鸡村内，高五尺，周三丈许，中断处深尺余，相传吕凯树戟于此。"[5]

1（晋）陈寿撰，（南朝宋）裴松之注：《三国志·吕凯传》，北京：中华书局，2011，第1047页。

2（晋）常璩撰、刘琳校注：《华阳国志》，成都时代出版社，2007，第223页。

3 保山地区文物管理所、金鸡乡老年协会：《汉晋不韦县故地——金鸡》，撰稿李枝彩、杨德光、张人刚，由保山市博物馆李枝彩老师提供。

4（晋）常璩著、任乃强校注：《华阳国志校补图注》，上海古籍出版社，2009，第285页。

5（清）刘毓珂纂修：《光绪永昌府志》，《中国地方志集成·云南府县志辑㊳》，凤凰出版社，2009，第320页。

盘蛇谷

【地理位置】

地理坐标：东经98°56′20.1″，北纬25°0′52.6″，海拔1302米。

行政属地：隆阳区蒲缥镇马街村打板箐自然村。

地理环境：距村西1千米，一条狭长的山谷，山谷两侧悬崖峭壁，山谷中有盘蛇谷古道。

盘蛇谷上段河道

【保护级别】

2003年，茶马古道—盘蛇谷古道石板路被国务院公布为全国重点文物保护单位。

【现状概述】

盘蛇谷，位于保山市隆阳区蒲缥镇马街村和潞江镇道街村境内，是一条狭长的山谷。山谷两侧山崖险峻，因谷中多蛇，并且山谷地形如长蛇而得名。相传盘蛇谷是诸葛亮火烧藤甲兵的地方。因为地势险要，谷内无人居住，现遗留有多处三国相关遗存，包括盘蛇谷古道、哑泉、泡石灶。

泡石灶

盘蛇谷古道：地理坐标为东经98°56′20.1″，北纬25°0′52.6″，海拔1302米。古道长6千米，东接蒲缥镇，西通潞江镇，中上段部分路段被滚石填埋，部分路段坍塌。路面以石板铺筑，宽2—3米，是历史上云南通缅甸的重要道路之一，全国第三次不可移动文物普查时，将其开筑年代定为三国时期。[1]元代以后，因为潞江坝的开发，此道载客量大幅增加。明代对古道进行修缮，在原道上铺筑石板，成为

"此为哑泉，不可饮也"石碑

---

1 该资料由保山市博物馆提供。

石板路。石板路上至今留存有许多当年商队留下的马蹄印。1952年，保山至腾冲的公路通车之后，此道被废弃，杂草丛生。

哑泉：位于保山市隆阳区蒲缥镇马街村打板箐自然村西1.5千米盘蛇谷上端古道旁，地理坐标为东经98°56′14.6″，北纬25°0′42.5″，海拔1247米。该眼古泉，泉水呈青黑色，附近草虫不生。相传诸葛亮南征，率军经过此地，军士饮泉水致哑。清嘉庆年间，腾越厅同知伊里布曾在泉边立碑，称"此为哑泉"以警示世人。光绪年间，永昌乡贤李实仁（字景山）利用泉边悬石镌刻警示语"此为哑泉，不可饮也"。中华人民共和国建立之后，泉水经现代技术检测，证实含有大量重金属，不适合人畜饮用。1952年因修筑保腾公路，哑泉被截断，泉水干涸，伊里布刻碑不存，仅李实仁石刻尚存崖间。石刻做仿屋檐建筑盖顶，宽0.45米，高0.63米，直书阴刻楷书"此为哑泉，不可饮也"8字，落款为"光绪乙巳冬立，景山奉告"10字。

泡石灶：位于保山隆阳区潞江镇道村街马料铺东约4千米盘蛇谷下段古道旁，地理坐标为东经98°55′27.3″，北纬25°0′15″，海拔1056米。泡石灶是盘蛇谷密林中一块天然的大石，石质疏松，黑色，坐落于长15米，宽10米，面积约150平方米的长方形台地上。石头被人工凿出一个近圆形凹槽，形似烧火做饭的土灶，石下亦有一个人工制作的平台。相传此灶乃诸葛亮南征途经此处，利用自然条件开凿的军灶，目前遗迹尚存。

保山哑泉遗址

盘蛇谷下段古道

盘蛇谷上段

【历史渊源】

火烧藤甲兵的战争场景史书中并没有记载，《三国演义》等演义小说中却有生动的文学性描绘。《三国演义》第九十回写道："山险岭峻之处，车不能行，孔明弃车步行。忽到一山，望见一谷，形如长蛇，皆光峭石壁，并无树木，中间一条大路。孔明问土人曰：此谷何名？土人答曰：此处名为盘蛇谷……满谷中火光乱舞，但逢藤甲，无有不着，将兀突骨并三万藤甲军烧得互相拥抱，死于盘蛇谷中……"[1]保山当地方志的撰写者采纳了这一精彩情节，记录到方志之中。光绪《永昌府志》记载："盘蛇谷，在蒲缥打榔箐下，两山壁立，只容一人一骑，相传武侯征南时，火烧藤甲于此。今尚草木不生，沿山色赤。""哑泉水，在盘蛇谷旁，即武侯征南时之哑泉也，饮者多哑，其旁有一碑，系同知伊里布立。"[2]民国《龙陵县志》记载："哑泉碑，去潞江惠人桥二十里许，柳湾道中泉旁，石上刻字，云此水有毒不可饮，相传系伊里布所镌。""盘蛇谷，去潞江惠人桥约十五里许柳湾中，两山壁立，怪石嵯峨，鸟路中分，仅通一线。相传武侯烧藤甲兵即在此谷。今道旁犹有石堆，云系当年安营之处。""哑泉，距厅治一百三十里，邦迈营头山下，属潞江地，曩兀河上一里许，有泉，清冽不甚深，旁立石碣，云此水不可饮，昔武侯征蛮渡泸后遇一泉水，军士误饮之，一时皆哑，疑即此泉。今其毒更甚，如有人饮此三日，即发哑瘴而毙，是不可不

保山哑泉远眺

盘蛇谷下段河道

慎也。"[3]

保山一带的土著族群确有利用藤条的习俗。明王士性《广志绎》卷四："永昌即金齿卫。金齿者，土夷漆其齿也。诸葛孔明征孟获，破藤甲军，今其夷人漆藤缠身，尚有藤甲之遗。"[4]

1（明）罗贯中著：《三国演义》，陕西新华出版传媒集团、三秦出版社，2016，第652页。

2（清）刘毓珂纂修：《光绪永昌府志》，《中国地方志集成·云南府县志辑㊳》，凤凰出版社，2009，第325页。

3（清）刘毓珂纂修：《光绪永昌府志》，《中国地方志集成·云南府县志辑㊳》，凤凰出版社，2009，第616、708页。

4（明）王士性著、周振鹤编校：《王士性地理书三种》，上海古籍出版社，1993，第388页。

腾阳会馆

地理坐标：东经99°9′7.88″，北纬25°6′43.99″，海拔1785米。

行政属地：隆阳区兰城街道龙泉社区。

地理环境：位于隆阳区西南隅，龙泉路与锦溪路交叉口，原有正门方向为居民小区，距易罗池200米，距太保山武侯祠2.4千米。

【保护级别】

2019年，被云南省人民政府公布为省级文物保护单位。

【现状概述】

腾阳会馆由财神殿、关圣殿、观音阁三进建筑组成，整体建筑坐西北朝东南，占地面积约5亩，建筑面积4000余平方米。关圣殿为第二重建筑，前距财神殿16.2米，后距观音阁7米。单檐歇山顶，面阔三间13.7米，进深6.3米，脊高9米，明间4.7米，前后廊进深均为3米，台基高1.7米。殿内空置无物，脊梁有题记"大清光绪六年仲冬月吉旦，腾阳阖厅士庶商贾重建"，前廊南北侧墙壁上嵌有光绪二十年（1894）二碑，分别为《会馆历年入出银两明细》和《重建腾阳会馆碑记》。财神殿后廊

腾阳会馆关圣殿

腾阳会馆山门

腾阳会馆关圣殿内梁架

腾阳会馆关圣殿前廊卷棚

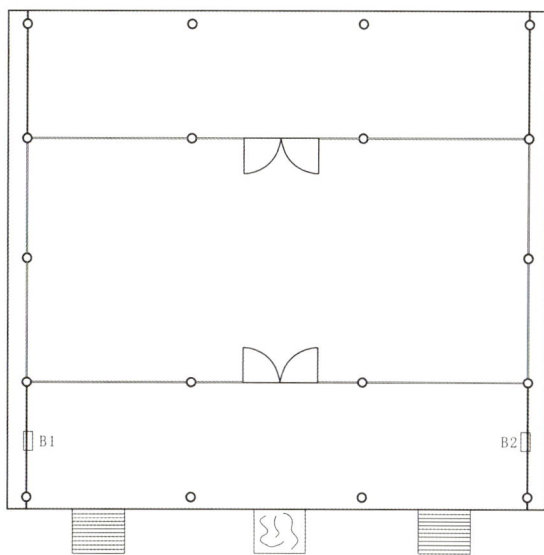

B1　光　二十年《重修腾阳会馆碑记》
B2　光　二十年《会馆历年出入银两明细》

0　1米

保山腾阳会馆正殿示意图

南北侧墙壁上嵌有嘉庆十八年（1813）二碑，分别为《会馆田产碑记》和《新置腾阳会馆碑记》。建筑周绕围墙，财神殿及关圣殿西侧可见厢房墙基及柱础遗存，目前由保山市文旅局主导，对两殿一阁进行修缮，正门业已复建完成，外为一居民区。会馆暂未对外开放。

【历史渊源】

会馆始建于清嘉庆元年（1796），咸丰年间被毁。光绪六年（1880）重修，竣工于光绪二十年（1894）。据光绪二十年《重建腾阳会馆碑记》记载，腾阳会馆由客居保山的腾冲籍人士集资修建，旨在"联桑梓之情"，有"关圣殿三楹，廊庑六楹"，另有观音阁、财神殿、演剧楼等，腾冲籍人士于此"岁时享祀会饮"。从光绪二十年《会馆历年入出银两明细》碑文中可以看出，会馆与茶马古道息息相关，其中有"抽收各锅头马头功德银"的记载。

腾阳会馆关圣殿后廊卷棚

腾阳会馆财神殿

1252

腾阳会馆建筑群山面远视

腾阳会馆财神殿山面

　　1940—1942年，腾阳会馆被国立第一华侨中学借用为校舍。中华人民共和国成立后，会馆建筑长期作为部队营房和军用仓库使用。2005年被保山市人民政府公布为市级文物保护单位。2014年起，保山市文旅局开始对会馆进行修复。2019年被云南省人民政府公布为省级文物保护单位。

昭通市

昭通市，位于云南省东北部，金沙江下游右岸，地处云、贵、川三省接合部，素有"咽喉西蜀、锁钥南滇""云南北大门"之称。昭通地势南高北低，最低海拔267米，最高海拔4040米，面积23021平方千米。截至2022年底，下辖昭阳区，永善、大关、鲁甸、盐津、绥江、彝良、威信、巧家、镇雄9个县，代管水富市1个市。昭通，古称朱提，西汉置县，是云南最早建制的地区。建安十九年（214），刘备占领益州后，将犍为属国改为朱提郡，从此昭通一带隶属于朱提郡，昭通市区一带是朱提郡治。

昭通市
三国文化遗存点位
分布图

1　湾子粮堆
2　昭通诸葛营城址（朱提故城遗址）
3　杨柳古渡
4　堂狼山毒泉
5　石门关（豆沙关）
6　石门关僰人悬棺
7　藏银洞
8　渡船坝
9　城墙沟

撰稿：陈　芳　彭　波
摄影：樊博琛　廖承志　彭　波　尚春杰
绘图：尚春杰

昭阳区

湾子粮堆

【 地理位置 】

地理坐标：东经103°44′27.12″，北纬27°18′0.36″，海拔1956米。

行政属地：昭阳区守望乡甘河村。

地理环境：位于一座小山上，周围有当地回族墓地、农田。

【 现状概述 】

粮堆，又叫"梁堆""梁王堆""假粮堆""漾米多""聚米山"或"狼堆"等，相传是诸葛亮南征时为稳定军心和迷惑敌人堆筑的假粮堆。2018年12月26日，调查小组在昭通市博物馆、昭阳区文物管理所工作人员的陪同下实地调查了位于昭通市昭阳区守望乡甘河村的湾子粮堆。该处粮堆一共两座，相距约20米，长满杂草。粮堆外观呈覆斗形，高3.5—4米，土色黄褐色，土质紧密，夯筑，顶端发现有多处盗洞，大小不一。

【 历史渊源 】

类似的粮堆在云南、贵州都有发现。康

湾子粮堆

熙《云南府志》禄丰县记载："聚米山：在法泥白彝村，相传诸葛南渡，兵众乏粮，蛮王追之敦山突处，撒米为堆，以给蛮人。"[1] 乾隆《贵州通志》记载："诸葛粮堆：在威宁州广化里。"[2] 光绪《永昌府志》记载："粮堆：在府东南山中，墩阜甚多，相传武侯于此复粮以示彝人者。"[3] 民国《宣威县志稿》记载："假粮堆：俗名大谷堆。近城一带凡数处。世传武侯乏粮，堆土覆米于上，以示有余。"[4] 昭通地区曾分布有200余座粮堆，主要集中在昭阳区太平办事处一带。民国《昭通县志稿》卷二《冢墓》记载："梁王堆，昭城四乡皆有，似冢而大，传闻古时有夷名马湖子据此，择高阜处凿岁以掩死者，每至清明日，其壻（婿）轮流垒土以为尽礼，接年如是，遂积成堆。后其种人为禄氏所逐，远遁蜀疆。近世常有掘得铜罐、铜锅、石棺、银镯或古剑、五铢钱等物。遂

卜其为古冢。或曰始于梁时，故名梁王堆。又有名为猺（瑶）人所居，故一切动用具备，未知孰是。"[5]

中华人民共和国成立之后，考古工作者对昭通地区所存的粮堆（考古学界通常称之为"梁堆"）开展了一系列调查和发掘工作。1954年集中清理了10座。[6] 1960年3月，对昭阳区桂家院子粮堆进行发掘。[7] 1964年3月，对昭阳区白泥井訾家湾粮堆进行考古调查。[8] 1963年3月，对昭通后海子粮堆进行考古清理。[9] 1981年，对溪洛渡水库淹没区永善县务基乡青龙村粮堆进行考古清理。[10] 1982年，对昭阳区白泥井村鸡窝院子粮堆进行考古清理。[11] 2010年12月，对鲁甸县牛头寨清真寺粮堆进行考古清理。[12] 2014年11月—2015年2月，云南省考古所联合嵩明县文体广电旅游局对位于云南省嵩明县嵩阳镇上矣铎村的两座粮

1 （清）张毓碧、谢俨纂修：《康熙云南府志》，《中国地方志集成·云南府县志辑①》，凤凰出版社，2009，第65页。

2 （清）鄂尔泰等修、（清）靖道谟、杜诠纂：《乾隆贵州通志》，《中国地方志集成·贵州府县志辑④》，巴蜀书社，2006，第131页。

3 （清）刘毓珂等纂修：《光绪永昌府志》，《中国地方志集成·云南府县志辑㊳》，凤凰出版社，2009，第65页。

4 （清）范承勋、王继文修，（清）吴自肃、丁炜纂：《康熙云南通志》卷十九《古迹》。

5 （民国）卢金锡、杨履乾、包鸣泉：《民国昭通县志稿》，《中国地方志集成·云南府县志辑④》，凤凰出版社，2009，第141页。

6 孙太初：《两年来云南古遗址及墓葬的发现与清理》，《文物参考资料》，1955年第6期。

7 云南省文物工作队：《云南昭通桂家院子东汉墓发掘》，《考古》，1962年第8期。

8 曹吟葵：《云南昭通县白泥井发现东汉墓》，《考古》，1965年第2期。

9 云南省文物工作队：《云南昭通后海子东晋壁画墓清理简报》，《文物》，1963年第12期。

10 云南省文物考古研究所、昭通市文物管理所、永善县文化馆：《永善县务基乡青龙村汉墓发掘报告》，《云南考古报告集（之二）》，云南科技出版社，2006。

11 游有山、谢崇崑：《云南昭通市鸡窝院子汉墓》，《考古》，1986年第11期。

12 丁长芬执笔、昭通市文物管理所编：《昭通田野考古之一》，云南人民出版社，第128—129页。

粮堆上的盗洞

堆进行考古发掘。[1]

经过大量的考古发掘工作和深入研究，这些传说中诸葛亮南征途中堆筑于各地的粮堆实际上是古代的墓葬，这类墓葬被考古学界泛称为"梁堆墓"。梁堆墓，年代以汉晋之际居多，其最显著的特征是具有高大的封土，墓葬形制有砖室、砖石混合和石室三种，与中原地区同时期墓葬相似，通常是在地表挖出墓坑，然后用砖或石砌筑墓室，最后堆筑高大的封土堆。出土器物亦与同时代中原地区的墓葬相似，是较为纯粹的汉文化墓葬。随着孟孝琚碑[2]、孟腾之印[3]、孟琴之印[4]以及东晋霍承嗣墓[5]等重要文物遗存的发现和出土，考古学界进一步认识到梁堆墓的墓主不仅是汉人，更主要的是南中大姓及其亲属，或者是由当时中央政府委任的外来官吏。东晋霍承嗣就是蜀汉政权最后一任庲降都督霍弋[6]的家族后裔，霍家是三国蜀汉时兴起的南中大姓之一。

1 资料来自云南省文物考古研究院官网。

2 清光绪二十七年（1901）昭通东乡白泥井附近杨家冲子马姓舍旁梁堆墓前出土。碑文记述汉代"南中大姓"之一的孟氏家族，武阳令之子孟旋（字孝琚），朱提人，少时随父在川受韩诗，兼通《孝经》，并与蜀郡何氏通婚，夭亡后归葬朱提，墓碑年代为东汉永寿三年（157）。《孟孝琚碑》2006年5月被公布为全国重点文物保护单位，现保存于昭通市实验小学内。

3 1954年和1972年在昭通二坪寨两座相邻的梁堆墓中出土。孙太初：《两年来云南古遗址及墓葬的发现与清理》，《文物参考资料》，1955年第6期。

4 云南省昭通县文化馆：《云南昭通发现东汉"孟琴"铜印》，《文物》，1975年第5期。

5 墓主是霍峻的后裔，霍峻是三国蜀汉最后一任庲降都督霍弋之父，而霍家是从三国蜀汉霍弋时兴起的南中大姓之一。参见云南省文物工作队：《云南省昭通后海子东晋壁画墓清理简报》，《文物》，1963年第12期。

6 （晋）陈寿撰、（宋）裴松之注：《三国志·蜀书·霍峻传》，中华书局，1982，第1007—1008页。

昭通诸葛营城址（朱提故城遗址）

地理坐标：东经103°45′0.19″，北纬27°19′52.08″，海拔1931米。

行政属地：昭阳区太平办事处永乐社区。

地理环境：地处平坝上，四周为农田、耕地。

【保护级别】

2019年10月，被国务院公布为全国重点文物保护单位。

【现状概述】

诸葛营，又称"诸葛营城址"，位于昭通市昭阳区太平办事处永乐村社区，距离昭阳城区4千米，相传诸葛亮南征在此驻扎军队而修筑。2018年10月，被公布为云南省省级重点文物保护单位。2019年10月，被公布为全国重点文物保护单位，更名为"朱提故城遗址"。

诸葛营城址分为上诸葛营、下诸葛营，经过考古勘探，总面积约50万平方米，西北以秀水河为界，东南以后河为界。城址由城墙、城壕、城内遗址等构成。城墙平面形状近四方形，分东、西城墙；城壕围绕城墙，其东、南、西三面保存较好；城内遗址南北宽约200米，东西长约170米，面积约32800平方米。

诸葛营城址所在地现大部分是耕地，东、北面为现代村庄。残存部分城墙墙基，系夯筑而成，土色黄褐色，夹杂红烧土粒和少量炭屑，城墙的夯土层内还夹杂有大量汉代夹砂陶片以及各种动物骨骼。遗址内地势高处发现有大量砖、瓦残片。瓦片有板瓦、筒瓦和瓦当几种，颜色有青色、橙红色几种，板瓦规格有四五种，长的约0.3米，厚0.1—0.18米。

城址周围稍高的坡地上分布有数量较多的梁堆墓群，城址南面的象鼻岭山丘上分布有上百座崖墓和数十座梁堆墓。[1]

1 丁长芬、罗红芬：《昭通汉墓初步研究》，《南方丝绸之路上的民族与文化》，四川民族出版社，2016。

【历史渊源】

宣统《恩安县志》和民国《昭通县志稿》等文献中都记载过昭通诸葛营，宣统《恩安县志》记载："诸葛营，在城东太平寨后。世传武侯征南驻兵于此，今壕垒犹存。"[1] 中华人民共和国成立后，村民在耕地及烧砖时发现了铜洗、瓦当、陶片、石柱础、鸟头器物、石磨盘等文物，其中两件铜洗铸有铭文，铭文分别为"永建五年（130）朱提造"和"永元元年（89）朱提堂狼"。有村民在建房时还发现城墙及护城河[2]，地面上还发现有汉代绳纹筒瓦、板瓦等。除此之外，村民在耕种、建房等活动时，发现了大量的陶、瓦片。据当地村民回忆，20世纪70年代，因陶、瓦片数量太多，已经影响到村民耕种，村民经常需要用板车等把陶、瓦片拉出村外。

昭通市文物管理所曾多次对昭通诸葛营城址实地踏勘。该城址文化层厚达1米以上，表面散布有大量炼铜炉渣，曾出土铜洗、铜鼓、摇钱树残片、瓦当、几何纹砖。结合古代昭通地区的地理位置、矿产资源、历史沿革和遗址内的出土物等，推测昭通诸葛营城址是始建于西汉的汉晋城址。有学者根据遗址周围及南面象鼻岭山上分布的数量较多的梁堆墓和崖墓，以及遗址周围早年出土的孟孝琚碑、孟腾之印、孟琴之印、永建五年堂狼造铜洗等重要文物，推测该城址可能是汉晋时代朱提郡的郡治故城遗址。[3]

昭通诸葛营城址局部

昭通诸葛营城址局部

诸葛营城址上采集的陶片

嵌有陶片的城墙

1 （清）汪炳谦纂修：《宣统恩安县志》，《中国地方志集成·云南府县志辑⑤》，凤凰出版社，2009，第169页。

2 昭通市文物管理所编：《昭通田野考古之一》，云南人民出版社，第202页。

3 丁长芬、罗红芬：《昭通汉墓初步研究》，《南方丝绸之路上的民族与文化》，四川民族出版社，2016。

巧家县

杨柳古渡

【 地理位置 】

地理坐标：东经102° 55′ 55.8″，北纬26° 52′ 13″，海拔666米。

行政属地：巧家县白鹤滩镇裤着办事处1村。

地理环境：金沙江畔，地势平坦。

【 保护级别 】

2006年，被巧家县人民政府公布为县级文物保护单位。

【 现状概述 】

杨柳古渡位于巧家县城西南5千米的裤着办事处，对岸是四川省会东县大崇乡。裤着办事处的金沙江边，地势平坦，杨柳古渡是川滇间著名的古渡，金沙江自南向北而流，昔日渡口两岸种满柳树，因名"杨柳渡"，当地人又习称为"老渡口"。相传，杨柳古渡是诸葛亮南征时"五月渡泸，深入不毛"的"泸津"。2013年，白鹤滩水电站主体工程正式开工，完工后，巧家县金沙江两岸海拔720米以下的区域被淹没，杨柳古渡淹没于水下。

杨柳古渡原址

杨柳古渡原址远眺

杨柳古渡老照片
（巧家文物管理
所提供）

【历史渊源】

　　杨柳古渡，存在的历史很长，曾是巧家八景之一，民国《巧家县志稿》记载："杨柳古渡，为南城外重要江渡，距城约十余里，乃滇蜀交通要口。昔日杨柳依依，夹荫两岸，因名杨柳渡，有'柳边人歇待船归'之概。"[1]民国时期，因为洪水泛滥，渡口坍塌，柳树倒掉，又被称为"老渡口"，但渡口仍然商旅繁忙。民国《巧家县志稿》记载："厥后洪水泛滥，岸坍树倒，今已名存实亡，人咸称为老渡口。然商旅往来，扁舟横渡，自朝至暮，络绎不绝。今昔情况当亦同然。"[2]

1　陆崇仁撰：《民国巧家县志稿》，《中国地方志集成·云南府县志辑⑧》，凤凰出版社，2009，第524页。

2　陆崇仁撰：《民国巧家县志稿》，《中国地方志集成·云南府县志辑⑧》，凤凰出版社，2009，第524页。

堂狼山毒泉

地理坐标：东经103°1′50.2″，北纬26°39′45.6″，海拔783米。

行政属地：巧家县新华镇蒙姑乡茶棚子村。

地理环境：邻近巧蒙公路，在茶棚子村的豆腐沟中。

【现状概述】

堂狼山毒泉，又叫"哑泉"，被列为云南"四大毒泉"之首。堂狼山毒泉位于巧家县新华镇南40千米蒙古乡北部的茶棚子村南，巧蒙公路东侧的山沟内，俗称"豆腐沟"。当地人传说，诸葛亮南征时，路过巧家，在泉水附近安营扎寨、训练兵士。兵士口渴，饮用泉水中毒变哑，因名"哑泉""毒泉"。泉水出沟后，由南向北流，所流经的沟渠宽0.47米，深0.35米，长5千米。由于城市建设的需要，堂狼山毒泉被截断，现已不存。堂狼山毒泉一带，因传说诸葛亮驻兵，还留下了扎营地、点将台、旗子岩等地名。[1]

【历史渊源】

堂狼山毒泉，当地人很早就认识到其有毒，不能饮用。民国《巧家县志稿》记载："其水由本沟以内发源。多蛇蝎、蜈蚣顺流而踞，或有误食中毒，生死莫卜。往来行人咸戒不饮。"[2]为了警示世人，当时泉水旁边立有《毒

泉碑》，民国《巧家县志稿》记载："毒泉碑，属一区小河茶棚子，距城八十里。有一溪水发源于上，含硝矾磺质，具毒性。昔为土人筑堤培堰，引以灌溉田亩，流经大路侧。堰塘芦苇蒿草繁茂蓊蔽，多毒蛇、蜈蚣游泳其间，即濡然成毒，曾有行人饮之，立毙。自昔树碑以示警告，至今往来行人虽渴燥咽干，未敢涓滴入口。"[3]为了解决此路段的饮水问题，1949年之前，此泉水下游不远的村中设茶亭、施茶水以解路人之渴，该村因此得名"茶棚子"。

1986年，巧家县科技局和巧家县疾控中心曾提取泉水样本进行化验。化验结果表明，堂狼山毒泉水的硬度为916 mg/L，远远超过国家规定饮用水标准（不超过450）。2013年，中国地质科学院邱小平教授通过实地考察和化验，得出结论，毒泉的地质是沉积岩，又叫碳酸盐岩，是由碳酸镁和碳酸钙混合形成的，其中的碳酸盐会使人急性强碱中毒，而高浓度的碳酸镁会使人声带和食道脱水，暂时失声。所以，毒泉是严重过硬的硬水，不能饮用。[4]

1 该点位的数据资料由巧家县文管所提供。

2 （民国）陆崇仁撰：《民国巧家县志稿》，《中国地方志集成·云南府县志辑⑧》，凤凰出版社，2009，第488页。

3 （民国）陆崇仁撰：《民国巧家县志稿》，《中国地方志集成·云南府县志辑⑧》，凤凰出版社，2009，第517—518页。

4 朱汉：《巧家毒泉是否真的能够使人致哑？》，《昭通日报》，2017年5月10日。

堂狼山毒泉（巧家县文物管理所提供）

盐津县

石门关（豆沙关）

【地理位置】

地理坐标：东经104°6′49.25″，北纬28°2′25.02″，海拔583米。

行政属地：盐津县豆沙镇。

地理环境：北倚悬崖峭壁，南临关河，关门跨五尺道，紧邻213国道。

【保护级别】

2018年12月，五尺道昭通段被云南省人民政府公布为省级重点文物保护单位。

【现状概述】

石门关，亦称"豆沙关"，位于盐津县西南22千米豆沙关景区内，因山壁直上万仞，被关河（现统称横江[1]，古称朱提江）一分为二，犹如两扇巨大的石门，锁住古代川滇要道，因此得名。石门关，地理位置十分特殊和重要，位于四川盆地向云贵高原过渡的起伏地带，乌蒙山脉横江深谷中段，东北与四川宜宾（古称"僰道"，僰道有两种指称，一指秦国所修成都至宜宾的道路，一指僰道县即今天的宜宾）接壤，处于五尺道[2]的咽喉位置，是中国

石门关关楼

石门关的摩崖石刻

---

1 横江，古称朱提江，全长306千米，发源于五莲峰南段，金沙江支流。鲁甸县境内段称龙树河，昭通市区境内称晒鱼河，大关、盐津至水富市两碗乡一段称关河，两碗乡以下称横江。

2 五尺道，又称滇僰古道，起于僰道（今四川宜宾），终于云南曲靖，全长两千余里，因道宽五尺而得名，是连接云南与内地最古老的官道和最重要的商道。

古代由川入滇的第一道险关，人称"滇南第一关"。石门关两壁的山岩高约600米，最窄处相距约100米，西侧岩壁上至今留存有"关津枢纽""滇南第一关""勤政爱民""佑我生民"等摩崖石刻。石门关山高关险，有"一夫当关，万夫莫开"之势，是历代兵家必争之地。相传诸葛亮南征时，其中一路大军由此关进军云南。

石门关建有关楼，古关楼毁于20世纪50年代。1982年，仿原关楼重新修建，坐西北朝东南，高15米，宽5米，分两层，由条石砌筑，屋顶系木建构，楼额上题刻"石门关"，由云南书法家楚图南书写。关门雄跨于五尺道上，高约3米，宽2.04米。2006年7月22日，盐津县遭遇地震。地震之后，石门关关楼进行重修。如今的石门关，被保护在豆沙关风景区内，该景区于2008年开放，是云南省省级风景名胜区，风景区内留存有五尺道、袁滋题记摩崖石刻、僰人悬棺等古代遗存。

五尺道石门关段（又称"豆沙关段"）贯通石门关关楼、关门，现存路段长约337米，道路多在崖壁间开凿，宽1.15—2.9米，依山而凿，由宽0.34—1.15米的青石条铺筑，是现今保留长度最长、路面最完整、马蹄印最多（243个）的五尺道遗迹。该段五尺道遗址东端地理坐标：东经104°6′50″，北纬28°2′23″，海拔约1917米；西段地理坐标：北纬28°2′29″，东经104°6′43″，海拔约420米。[1] 2004年6月，五尺道石门关段（豆沙关段）被公布为昭通市第一批文物保护单位。

【历史渊源】

石门关一带留存的五尺道，是在公元前3世纪秦国所开僰道基础之上拓建的。秦孝文

五尺道石门关段古驿道和山下的关河

袁滋题记

---

1 该数据由昭通市文物管理所提供。

王元年（前250），蜀郡太守李冰招募劳工开山采石，修筑巴蜀通往滇地的道路，由于工程艰巨，最后修通从宜宾经石门关至昭通的一段，历史上称之为"僰道"。秦统一中国后，派将军常頞率军筑路，常頞在僰道的基础之上，对路面进行拓宽续建，将路一直修到了曲靖，全长两千余里，因道宽五尺，故名"五尺道"。《史记·西南夷列传》记载："秦时常頞略通五尺道，诸此国颇置吏焉。"[1]《华阳国志·南中志》记载："秦并蜀，通五尺道，置吏主之。"[2]西汉武帝时，派唐蒙通南夷，又在秦五尺道的基础上将路面拓宽延伸，修筑从僰道县（宜宾）至牂牁江的道路，称"南夷道"。《汉书·武帝纪第六》记载："夏，发巴、蜀治南夷道。"[3]《史记·西南夷列传》记载："乃拜蒙为郎中将，将千人……发巴、蜀卒治道，自僰道指牂牁江。"[4]《华阳国志·蜀志》记载："武帝初，欲开南中，令蜀通僰、青衣道。"[5]三国西晋时期，此道一直是巴蜀入滇的最重要通道。

诸葛亮南征胜利后返程，自滇池（今昆明市晋宁区）经味县（今曲靖市）至汉阳（今威宁县）回到成都。从当时道路的分布情况分析，极有可能是途经石门关一带的道路。诸葛亮《与孟达书》："往年南征，岁末（末）及还，适与李鸿会于汉阳，承知消息。"[6]方国瑜先生《诸葛亮南征的路线考说》一文中有论："诸葛亮

五尺道石门关段上的马蹄印

归程，自滇池经味县至汉阳。……诸葛亮至汉阳以后之经历，不见记录，惟经过石门（石门关一带）、僰道（今宜宾）在犍为城有所布置，循岷江而上，回至成都，则为有可能也。"[7]

西晋太康七年（286），因为朱提（今昭通）一带发生大地震，南夷道多段被毁并中断，逐渐被废弃。《晋书·武帝纪》记载："（太康七年）秋七月，朱提山崩，犍为地震。"[8]至隋唐，巴蜀通滇道路恢复畅通，该古道易名"石门道"，并且在今盐津西南22千米处修建关口，取名"石门关"，关口宽约3米，高约5米。唐樊绰《云南志》卷一《云南界内途程》记载："石门东崖石壁，直上万仞，下临朱提江流，又下入地中数百尺，惟闻水声，人不可到。西崖亦是石壁，傍崖亦有阁路，横阔一步，斜亘三十里，半壁架空，依危虚险，其安梁石孔，即隋朝所凿也。"[9]

1 （汉）司马迁撰、（宋）裴骃集解：《史记》，中华书局，1999，第2282页。

2 （晋）常璩撰、刘琳校注：《华阳国志》，成都时代出版社，2007，第173页。

3 （汉）班固撰、（唐）颜师古注：《汉书》，中华书局，1962，第164页。

4 （汉）司马迁撰：《史记》，中华书局，1999，第2283页。

5 （晋）常璩撰、刘琳校注：《华阳国志》，成都时代出版社，2007，第139页。

6 （晋）陈寿撰、（宋）裴松之注：《三国志·蜀书·费祎传》，中华书局，1982，第1016页。

7 方国瑜：《诸葛亮南征的路线图说》，《滇史论丛》（第一辑），上海人民出版社，1982，第83页。

8 （唐）房玄龄等撰：《晋书》，中华书局，1974，第76页。

9 （唐）樊绰撰，向达原校，木芹补注：《云南志补校》，云南人民出版社，1955，第1页。

石门关僰人悬棺

地理坐标：东经104°6′50.51″，北纬28°2′23.35″，海拔568.5米。

行政属地：盐津县豆沙镇。

地理环境：北临关河，与石门关关楼隔河相望。

【保护级别】

2004年6月，被昭通市人民政府公布为市级文物保护单位。

【现状概述】

僰人悬棺，位于关河（现统称"横江"）南岸绝壁的天然崖洞中，隔关河与石门关关楼相望。崖洞高10米，宽4米多，距地面60多米，现存棺木10具。棺木有人为扰动的痕迹，有的棺盖被移动过，有的棺盖被完全揭开，丢弃一旁。棺身由整木制成，长约2.2米，木质坚硬；棺盖呈三角锥形，用铆钉连接。棺内留存有人骨，已被扰乱，陪葬有少量木制品和麻织品残片。

"僰人悬棺"，传说是三国时期当地族群白人子祖先的棺木。相传三国时期，石门关（豆沙关）一带生活有一种族群——白人子，他们肤色雪白，耳聪目明，会飞，但性情古怪，经常骚扰当地百姓。诸葛亮率军南征时通过此处，白人子挡住了大军的去路。诸葛亮与之几经交战，但都战败。于是，诸葛亮心生一计，假意传令部下：只要将祖先的棺木放置于悬崖绝壁之上，就可战无不胜、名垂千古。

石门关僰人悬棺

石门关僰人悬棺远眺

白人子在诸葛亮营帐外偷听之后，立即出动大批人马，将祖先的棺木放置到悬崖之上。诸葛亮趁此机会，挥军反攻，大败了白人子。

【历史渊源】

僰人悬棺，《大关县志》说民国十二年（1923）共有三四十具："教员徐家祥、李兴恒度之，长约五尺五寸，高约尺五，头宽一尺三寸……系剖整木四分之一掏空中部，酷似人家猪槽，木纹尤显。"[1]《民国大关县志稿（校点本）》："僰人棺，在豆沙关对面岩洼中，木质，中有骨骼，上古物业。"[2]熊廷权《瘗旅文》："距昭通县三百四十里豆沙关，河流迅急，峭壁铁立，上高天而下深渊岩疆也。岩隙有棺累累，路人且睨且指，传为僰人古迹。予以宦蜀，屡经其地……乙丑冬，赈既竣，善后经始，姜思敏招饮于省立第二中学校。因参观陈列品，遂及古棺。中贮残骸，零星不全，三头颅颇壮大，手足骨亦粗长。棺刳木而空其中，长六尺有奇，宽尺有二寸，相其纹理，为杉木四分之一，不漆不糅，其制朴古。以意揣之，当系数千年前物。姜云，甲子夏，陈载光副使属土人蒋天明觅人缘壁取为展览会品。未逾年，而两人均不得其死，岂枯骨尚有灵乎？余曰：文王泽及枯骨，古人遗骸何当玩弄？请以体瘗之。棺，古物也，恶置校中，以备考究，何如？姜君然之，遂瘗于圆宝山侧岭。"[3]

2003年春，美国《悬棺》（Hanging Coffins）制片组前往盐津、威信等地拍片，欲实地调查僰人悬棺，因大雨受阻，调查组用50倍望远镜观察僰人悬棺。观察所得，放置悬棺的洞内地面南高北低，用木杠垫平，棺分5排，第一、二排各有2棺并列；第三排存2棺和1棺盖；第四排3棺并列；第五排仅存1棺；洞口有1掀开的棺木。参加此次调查的四川大学林向先生撰文认为，僰人悬棺实际并非僰人

墓葬，而是僚人墓葬。[4]2015年6月，由昭通市文物管理所组织，昭通市文物管理所、云南省文物考古研究所、云南大学地理研究所等几家单位组成的联合考察组对石门关（豆沙关）悬棺进行实地考察。考察发现，放置悬棺的崖洞呈不规则形，高10米，宽4米，距离地面100余米。留存棺木10具，有人为扰动过的痕迹。棺身由整木中间掏空制成，长约2.2米。棺盖呈三角锥形，用铆钉连接。棺内人骨亦被人为扰动，十分凌乱，但都有一个共同特征：缺少门牙，随葬有少量木制品和麻织品。通过木质标本的碳14年代测定，石门关（豆沙关）悬棺的年代大致距今600年，也就是明代。结合史料，考察队推测，石门关（豆沙关）悬棺的墓主是明代生活于四川一带的族群——都掌蛮。都掌蛮生性豪迈、勇猛，按照习俗族人10岁时就要敲掉门牙（凿齿），明太祖、成祖、英宗、代宗、世宗、穆宗时期，都掌蛮都与中央政府发生过冲突。[5]都掌蛮是僚人的一个分支，与林向先生的考证相吻合。2020年中国科学院昆明动物研究所古DNA实验室、云南省文物考古研究所、昭通市文物保护考古研究所与泰国艺术大学的研究人员合作，利用古DNA分析技术，对包括昭通盐津在内的悬棺葬开展了线粒体DNA全序列分析。研究结果显示，昭通悬棺葬民族为古代百越族群的后裔侗傣语系民族支系的先民，该成果发表于Science2020年4月5日上。

1 林向：《云南盐津"僰人悬棺"考察记——兼辨川滇间"僰人悬棺"的族属》，《四川文物》，2010年第1期。

2 刘仁健主编、云南省大关县地方志编纂委员会整编：《民国大关县志稿·校点本》，2003，第49页。

3 卢金锡、杨履乾、包鸣泉：《民国昭通县志稿》，《中国地方志集成·云南府县志辑④》，凤凰出版社，2009，第672—673页。

4 林向：《云南盐津"僰人悬棺"考察记——兼辨川滇间"僰人悬棺"的族属》，《四川文物》，2010年第1期。

5 资料来自"昭通在线"www.0870.ccoo.cn，2017年8月10日发布。

镇雄县

藏银洞

【 地理位置 】

地理坐标：东经104°31′5.92″，北纬27°29′28.66″，海拔1443.9米。

行政属地：镇雄县牛场镇和平村关口1组。

地理环境：藏银洞北侧、西侧紧邻牛花山公路，前为深沟，背靠马家岩，四面高山耸立。

藏银洞俯视

【 现状概述 】

藏银洞为马家岩东麓凸起石壁，因修建牛花山公路，藏银洞与马家岩分离，如今藏银洞东、南、北侧为山涧深沟，距离地面十余米。

【 历史渊源 】

藏银洞，当地称为"银洞"。传说为诸葛亮南征孟获途经此处，为了藏放银子开凿出来的洞，撤军成都时，因走得匆忙未将银子带走。后有人企图进洞盗银，突然从广德关南天门飞来一块大石将洞口堵住。[1]20世纪五六十年代，当地少年沿洞口边上的石缝爬进洞里，发现洞内有床、扫帚等生活用具。[2]

距离藏银洞不远为广德关，是镇雄到彝良、昭通的交通要道。光绪《镇雄州志》载："广德关，在城西一百八十五里。为昭通、威宁、彝良门户，四面巉岩，中通一线。雍正

---

1 镇雄县和平村关口社刘尚全口述资料整理。刘尚全，采访时年64岁，关口社社长。

2 镇雄县和平村关口社刘尚全口述资料整理。

藏银洞远眺

十五年，知州李至始设关防守隘。"[1] 1936年，贺龙率军奇袭广德关，距离藏银洞约300米处的校场坝，是红军当年练兵处。[2]

镇雄县三国时属朱提郡。朱提自汉代以来便以产银、铜而著称。《汉书·食货志》载："朱提银，重八两为一流。"[3] 又《诸葛亮集·汉嘉金书》："汉嘉金，朱提银，采之不足以自食。"[4] 藏银洞传说的由来大概与朱提郡产银相关。

1 （清）吴光汉、宋成基等修：《镇雄州志》卷一《疆域·关哨》，清光绪十三年刻本。

2 镇雄县和平村关口社刘尚全口述。刘尚全，64岁，关口社社长。

3 （汉）班固撰：《汉书》，中华书局，1964，第1178页。

4 张连科校注：《诸葛亮集校注》，天津古籍出版社，2008，第156页。

渡船坝

地理坐标：东经104°43′14.54″，北纬27°34′29.90″，海拔1007.7米；

行政属地：镇雄县五德镇渡船坝社区杨柳湾组。

地理环境：地处五德河西岸台地上，东南与城墙沟隔河相望，四周为农田、住宅。

【现状概述】

遗迹已不存，现已改建成住宅、操场。2013年修路时，曾在此处发现釜、壶、盘、洗四件汉晋青铜器。

【历史渊源】

渡船坝，相传诸葛亮南征时曾从此处过河而得名，但无文献记载。据乡民口述，20世纪60年代左右此处已没有渡口了。[1]

渡船坝鸟瞰

---

1 五德镇渡船坝社区杨柳湾组王尹富口述资料整理。王尹富，采访时年40岁，杨柳湾组组长，世居五德镇。

渡船坝出土器物青铜锺

渡船坝出土器物青铜釜

渡船坝出土器物青铜洗

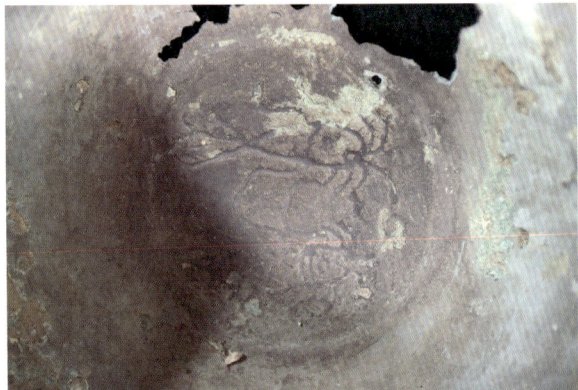
青铜洗底部图案

城墙沟

【地理位置】

地理坐标：东经104°43′1.29″，北纬27°34′3.73″，海拔1026.1米。

行政属地：镇雄县五德镇大营村下沟组。

地理环境：地处猴子岩东麓山腰处，北侧有一堰沟，注入五德河，下临五新公路，西北隔五德河与渡船坝相望，四周植被茂密，人迹罕至。

城墙沟遗址山脚处

【现状概述】

城墙沟，由条石、石块等砌筑而成。由于村民修建水渠、房屋等，大部分被拆除，退耕还林后，山上植被得以恢复，如今人迹难至。

城墙沟远眺

【历史渊源】

城墙沟，又名"城门沟"。其由来及始建年代，文献均无记载。当地传说，诸葛亮南征时曾率兵从渡船坝过河至此，有地方军队在山上驻守抵抗，蜀军久攻不下。诸葛亮用计谋瓦解对方，得以顺利通过。

20世纪五六十年代，五德镇组织村民修建堰沟时就地取材，城墙沟大部分被破坏。此后，村民修建住房也不时取材于此。全国第三次不可移动文物普查时，城墙沟一带仍发现有条石砌筑的墙体。

城墙沟遗址上的墙体残存（镇雄文管所提供）

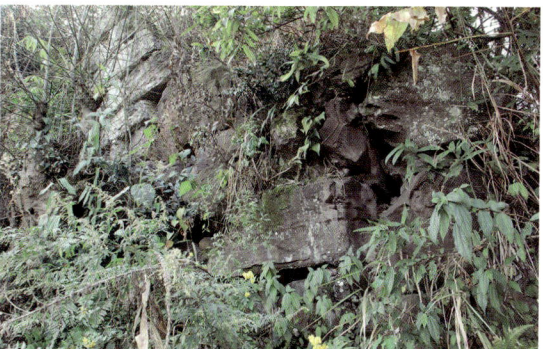
城墙沟遗址上的筑墙石块（镇雄文物管理所提供）

丽江市

　　丽江市，位于云南省西北部，滇、川、藏三省交界处，北连迪庆藏族自治州，南接大理白族自治州，西邻怒江傈僳族自治州，东与四川凉山彝族自治州和攀枝花市接壤，总面积2.06万平方千米，截至2022年底，下辖古城区1个区，玉龙纳西族自治县、永胜县、华坪县和宁蒗彝族自治县4个县，是古代南方丝绸之路和茶马古道的重要通道。两汉时期，该区域属于越嶲郡，蜀汉时期又属云南郡。遂久县，在今宁蒗县一带，西汉置，属越嶲郡，东汉因之，蜀汉改属云南郡。丽江一带，两汉、三国时期尚未开发，为西晋新开。

丽江市
三国文化遗存点位
分布图

1　丽江武庙
2　石鼓
3　石鼓点将台
4　巨甸武侯村
4　武侯村武侯祠
5　古渡关帝庙
6　祭锋台
7　猫猫山

撰稿：谢　乾　陈　芳
摄影：彭　波　尚春杰
绘图：尚春杰

古城区

丽江武庙

【地理位置】

地理坐标：东经100°14′25.94″，北纬26°52′42.26″，海拔2387米。

行政属地：古城区大研街道金虹路北门街社区。

地理环境：古城西北端。

【保护级别】

1988年，被丽江县人民政府公布为县级文物保护单位。

【现状概述】

武庙为四合院建筑，坐北朝南。现存正殿、东西两殿及山门连戏台，占地面积1438平方米。其中正殿为单檐歇山顶，面阔五间16.37米，进深五间12.25米，门楼过厅面阔三间12.6米，进深三间7.3米。东、西两殿分别为面阔五间19.1米、19.36米，进深三间6.2米、4.6米。正殿前侧有一株古松。目前，整体建筑正在修缮中，未对外开放。

【历史渊源】

乾隆《丽江府志略》记载，"关帝庙，在城南门外，通判樊经、教授杨邠俊建"[1]，由该志提到的两位官员任职时间可判断此处武庙始建于清康熙中后期（1706—1710）。原址位

2021年修缮中的武庙大殿

2021年修缮中的丽江武庙建筑群鸟瞰

---

1 丽江县志编委会办公室：《乾隆丽江府志略》，1991，第199页。

2021 年修缮中的丽江武庙建筑群俯视

于武庙南侧的文明村，后历经康熙五十二年（1713）、乾隆七年（1742）、嘉庆十七年（1812）多次增修，道光十五年（1835）移建城内，与文庙形成不常见的"武左文右"的特殊布局。同治四年（1865）毁于杜文秀兵燹，十年（1871）重修，光绪二年（1876）、宣统二年（1910）又加以修葺。

据陈登宇《丽江古城文物考》[1] 及古城区文管所负责人介绍，民国时期，武庙戏台上还经常上演滇戏、川剧，当时的正殿内塑有关羽像，旁侍关平、周仓，东西配殿塑文臣武将。抗日战争时期，曾作为部队驻扎地，后又于此开设法院。中华人民共和国成立后，武庙作为粮仓使用。1988 年被丽江县人民政府公布为县级文物保护单位。2018 年，丽江市古城区政府及古城保护管理局对武庙进行修缮。

1 陈登宇：《丽江古城文物考》，云南人民出版社，2018，第 86—88 页。

玉龙县

石鼓

【地理位置】

地理坐标：东经 99°57′25″，北纬 26°52′15″，海拔 1786 米。

行政属地：玉龙县石鼓镇。

地理环境：石鼓镇上，石鼓景区内。

【现状概述】

石鼓位于丽江市石鼓镇石鼓景区内，因圆而厚，形状似鼓，故名"石鼓"。石鼓径长 1.65 米，厚 0.5 米，石鼓下有石质基座，基座长 1.3 米，宽 0.78 米，高 0.8 米。相传三国时期诸葛亮南征取得胜利，统一了滇西北大片土地，看到此处是地脉极心之处，便在石鼓镇凤凰山凤冠处立此鼓状石碑，又在凤凰饮水处埋下金柱，作镇境神器。

石鼓被放置于景区内五角亭中，石鼓一面有明嘉靖二十七年（1548）所刻《太平歌》《破虏歌》，另一面有明嘉靖四十年（1561）所刻《大功大胜克捷记》，此面方向 310°。题刻内容保存较好。

【历史渊源】

丽江石鼓为诸葛亮所作的说法，在当地流传很广，丽江方志中也有记载，并且还有石鼓铜钉的传说。乾隆《丽江府志略》载："石鼓，在城西七十里金沙江边，相传武侯征南，立以镇吐蕃，鼓面原无字。""石鼓铜钉，石鼓之山，峭拔耸秀，又有长江迎面朝来。昔

石鼓景区大门

石鼓景区旁的古驿道

有人谓此为牛眠吉地，欲移防汛。衙门于其处方平基锄地，下有石棺，启石棺□，挖有方铜钉一茎，宽五寸余。挖深至五六尺，此钉不可动摇，遂惊为神异，覆上□之，传为孔明断地脉，镇吐蕃云。"[1]

从石鼓鼓面所刻《太平歌》《破虏歌》《大功大胜克捷记》的内容，可以了解到关于明代丽江两任土司木公、木高的相关历史。《太平歌》和《破虏歌》是第十四代土司木公所作。《大功大胜克捷记》讲述的是明代嘉靖二十七年至二十八年（1548—1549），丽江遭遇康、藏地区军队进攻，木公派遣长子木高（第十五代木氏土司）等率军战胜康、藏地区军队的事件，"戊申年，因蕃贼出掠……令长子木高率领勇兵殄贼……"所以，丽江石鼓实际上是一座纪功碑，记录的是明代丽江木氏土司的功绩，也记录了当时丽江与康、藏地区之间的关系。

石鼓置放于鼓亭中

石鼓鼓面刻《太平歌》《破虏歌》

---

1 （清）管学宣、万咸燕纂修：《乾隆丽江府志略》，《中国地方志集成·云南府县志辑㊶》，凤凰出版社，2009，第126页。

石鼓点将台

【地理位置】

地理坐标：东经99°57′1.98″，北纬26°54′42.12″，海拔2004米。

行政属地：玉龙县石鼓镇大同村。

地理环境：金沙江西畔，353国道旁山坡上。

【现状概述】

山岭高耸，靠近江畔山脊上有小片缓坡，视线开阔。

【历史渊源】

据红军长征过丽江纪念馆工作人员和子钰介绍，传说诸葛亮南征途经此地，从石鼓镇沿江而上，参考地势及军事，每隔约2.5千米即设点将台，"五里有一坡，坡坡天然台"，与武侯村点将台类似，作瞭望、点将用。

石鼓点将台山下江岸

石鼓点将台山顶

石鼓点将台往北向鸟瞰

石鼓点将台鸟瞰

巨甸武侯村

【地理位置】

地理坐标：东经99°41′36.42″，北纬27°15′56.40″，海拔1870米。

行政属地：玉龙县巨甸镇武侯村。

地理环境：金沙江西畔，与迪庆州香格里拉市金江镇新建村隔江相望，距巨甸镇政府5.3千米，由353国道通往丽江市。

巨甸镇武侯坡路标

【现状概述】

武侯村位于巨甸镇南，北邻古渡村、巨甸村，西接后箐村，南为黎明乡中兴村，面积为34.23平方千米，辖13个村民组，人口3260人，有汉、纳西、傈僳、藏、白、普米、苗等民族。因地处金沙江畔，气候宜人，土壤肥沃，以江滩田坝为主，其"金沙田园"风光被誉为"丽江小江南"，主要经济作物为烟叶。

武侯村内有许多传说类三国文化遗存地：

武侯坡（地理坐标：东经99°57′1.70″，北纬26°54′42.61″，海拔2038米）位于金沙江及353国道西侧，一岭高耸，插入金沙江，山脊上有缓坡一片，又称"点将台"或"将台坡"。

箭到落

雾路顶位于武侯村红顶片区，紧邻金沙江，353国道从山脚下通过，横亘南北，远望如同山水相连，浑如一体。

箭到落（地理坐标：东经99°43′5.0″，北纬27°14′28.13″，海拔1870米）位于武侯村红花村民组，目前为较为平坦的青稞田。

诸葛岭、洗米崖均位于黎明乡境内，353国道西侧，为南北向高大山岭，植被覆盖，有水泥村道通往山下。

雾路顶

【历史渊源】

据巨甸镇文化站站长元晓斌及武侯村文化志愿者和剑猛介绍，相传诸葛亮去世后，当地民众在其曾驻军之地修建了武侯祠，其地遂被称为"武侯坡"（武侯坡所在村子，纳西语称"汲多国"，即分水岭；武侯坡至后箐村一带，纳西语称"拉左落"，即卧虎藏龙之地）。其后随着朝代更迭，民族迁移，此地尚存武侯坡之地名，而诸葛亮南征此地的传说也口口相传下来。中华人民共和国成立后，武侯生产大队办公地点即设于武侯坡，后来成立武侯村至今。

武侯村金沙江河谷鸟瞰

传说诸葛亮南征途经此地，从玉龙县石鼓镇溯江而上，参考地势及军事，每约2.5千米即设点将台，"五里有一坡，坡坡天然台"。行至黎明乡中兴河附近的河流分岔口一带，因地图有误，大军被敌军逼上山顶，被困数日，面临缺水难题。诸葛亮遂命将士牵白马至山顶，用白米洗马，山下远望如水瀑倾泻，众将士则赤膊甩米，作戏水状。敌军不识白米，误以为诸葛亮有通天之能，引水上山，遂降，此地后称"洗米崖"，而此山称"诸葛岭"。诸葛亮大军脱困后至山下河坝区，只见水草丰美，植被茂盛，有一水池圆如明月，池水清澈，诸葛亮掬水洗面，心情畅快，对参军杨仪说："得此水一带，蜀必将百分强也。"后遂称此地为"百分强"，并演化为"白粉墙"，水池则变为良田，称为"月亮田"。

远眺诸葛岭山峰

大军继续前行，发现山泉从石壁泻下，军士饮之甘甜清冽，于是此地得名"滴水崖"。大军行至山脊平缓处休整，是南征沿江上游最后设置的一个点将台，视野开阔，后人唤作"将台坡"。军士牵马至山下沿江滩涂喂养，水草茂盛，如同一路上喂养过战马的许多江滩一样，被称为"马场"。

将台坡鸟瞰

武侯村武侯祠

【地理位置】

地理坐标：东经99°41′54.84″，北纬27°15′13.38″，海拔1847米。

行政属地：玉龙县巨甸镇武侯村桥边4组。

地理环境：金沙江西畔，武侯坡山脚。

【现状概述】

仅存一座三开间悬山顶殿宇，坐东南朝西北，梁柱结构保存完整，面阔三间10.2米，进深7.8米，脊高5.3米，正面无门窗，向院内开敞，现殿内堆放桌椅、炊具等物品，无神像。殿中明间挂有民国三十七年（1948）"普济群黎"匾额。当地新修一座厢房，建设围墙、山门，围合成院落，作为公共文化空间使用。山门上悬挂"武侯村桥边4组股份经济合作社""中国共产党玉龙纳西族自治县巨甸镇桥边第二支部委员会"等牌匾。

【历史渊源】

据巨甸镇武侯村文化志愿者和剑猛介绍，传说当地民众为纪念诸葛亮，便择诸葛亮曾驻扎之地建了一座邻水、望江、依山的武侯祠。整体建筑融园林、书画、雕刻、彩绘于一体，并糅合了当地少数民族建筑特色。武侯祠建筑群始建时间已不可考，当地老人们在儿时听长辈描绘，曾经的武侯祠，所建祠堂大拜殿就有三层楼之高，内有诸葛亮像，有耳房关张殿，有琴楼，还有古柏8株，象八卦之形。

武侯村武侯祠现存三开间殿宇

武侯祠现存殿宇梁架所用木料厚重庄严

民国三十七年（1948）"普济群黎"匾额

武侯村武侯祠鸟瞰

武侯村武侯祠俯视

武侯村武侯祠短梁上的彩绘与雕花保存较好

武侯村武侯祠现存殿宇山面梁架空间

古渡关帝庙

【地理位置】

地理坐标：东经99°37′0.34″，北纬27°16′32.30″，海拔1931米。

行政属地：玉龙县巨甸镇古渡村。

地理环境：金沙江西畔。

古渡关帝庙原址现为古渡春赛希望小学校园

【现状概述】

关帝庙旧址位于巨甸镇古渡村，今已新建古渡春赛希望小学，旧关帝庙仅存照壁，大殿及厢房位置已建起操场和校门。照壁与旧址一路之隔，四周为农田所包围。

【历史渊源】

据巨甸镇文化站站长元晓斌介绍，古渡关帝庙在20世纪60年代曾先后作为村委会办公场所、村小学校舍使用。2007年新建希望小学时，拆除大殿等，照壁也进行了修缮。希望小学校长王太华介绍，当地村民称照壁为"红墙"，旧时关帝庙内有关羽、侍从及白马、赤兔马塑像，现已不存。传说二马经常会跑到对面田里吃庄稼，人们为了遮挡马的视线，便修建了照壁，从此二马就不再吃田里庄稼了，而红墙照壁也一直保留了下来，映着丰饶的草甸田野。

古渡关帝庙山门前的照壁和草甸

古渡春赛希望小学内课间玩耍的学生

永胜县

祭锋台

【地理位置】

地理坐标：东经100°36′11.65″，北纬26°17′37.12″，海拔1402米。

行政属地：永胜县期纳镇谷宇村。

地理环境：北为大永高速，紧邻村庄一侧。

祭锋台鸟瞰

【现状概述】

祭锋台四周较为平坦，台下西、南两侧有民宅。四周较为陡峭，杂草遍布，台顶较为平坦，有乱石零散分布。台上有村民放牧。永胜县内另有诸葛寨位于祭锋台北、程海西南、凤凰山北，为一天然平台。另有诸葛遗弓、金江古渡等地名留存，因山形似一张弓得名；三刀山，三峰林立，宛如刀划，因此得名。金江古渡因修鲁地拉水电站而被淹没。

【历史渊源】

西汉元鼎六年（前111）设遂久县，属越嶲郡，辖今永胜地。蜀汉时划归云南郡。其后历经多次变化，1933年改名"永胜"，沿用至今。据清人冯甦《滇考》记载，诸葛亮四擒孟获于浪渠："浪渠，即今澜沧卫（明弘治九年置，即今永胜县），有山虎形，常出没为祟。丞相祭祷，令众断其山为三，已而进兵……于渠内祭斩虎之锋曰祭锋台。"[1]

永胜境内过去有三个渡口可渡金沙江：上江渡位于大安乡，渡江后即丽江市古城区；中江渡位于顺州镇；下江渡位于涛源镇，渡江后均为大理州鹤庆县辖境。当地传说，下江渡即古代蜀身毒道所经之处，诸葛亮南征大军于此经金江古渡，并在今永胜县境内二擒孟获。

1（清）王崧纂:《云南备征志》,《中国方志丛书》, 成文出版社, 1967, 第776页。

祭锋台与猫猫山遥遥相对

祭锋台山顶

猫猫山

【 地理位置 】

行政属地：永胜县期纳镇谷宇村。

地理环境：位于县城南侧，距县城10千米。

【 现状概述 】

猫猫山横亘于永胜县南，为南北走向山脉，中间山岭上有一缺口，形似卧虎，虎首与身分离。山脚有山神庙一座。

站在祭锋台山顶遥望猫猫山

【 历史渊源 】

据永胜县地方文史专家简良丌老人(77岁)介绍，猫猫山又名"谷宇山""老虎山"，其山"层峦叠嶂拥山君，负嵎舞爪势莫群"[1]，"形如虎"[2]，有恶虎作祟，诸葛亮遂派员斩去虎首，至此不再作恶，一方得以平安。清代进士赵淳《诸葛祭锋台》一诗"拂拭恭陈太乙坛，电光闪处山为折。从此楼头大患除，辟土开疆心拱北"[3]，所说"楼头"即楼头赕，大理国后期置，元至正年间改为永宁州（今宁蒗县境内），该诗直言诸葛亮南征取得胜利，疆域得以安宁。

远眺猫猫山

1 永胜县地方志编纂委员会编：《永北直隶厅志》，云南大学出版社，1999，第397页。

2 云南地方志编纂委员会办公室编：《云南历代方志集成（省卷第一辑）》，第1568页。

3 云南地方志编纂委员会办公室编：《云南历代方志集成（省卷第一辑）》，第415页。

临沧市

临沧市，位于云南省西南部，北连大理白族自治州，东、南接普洱市，西接保山市，西南与缅甸相邻，总面积2.4万平方米。截至2022年底，临沧市下辖临翔区1区，云县、凤庆、永德、镇康、耿马、沧源、双江7县。三国时期，该区域主要为蜀汉益州永昌郡辖地。

临沧市三国文化遗存点位分布图

1 鲁史镇

2 凤庆哑泉

撰稿：谢　乾

摄影：彭　波　尚春杰

绘图：尚春杰

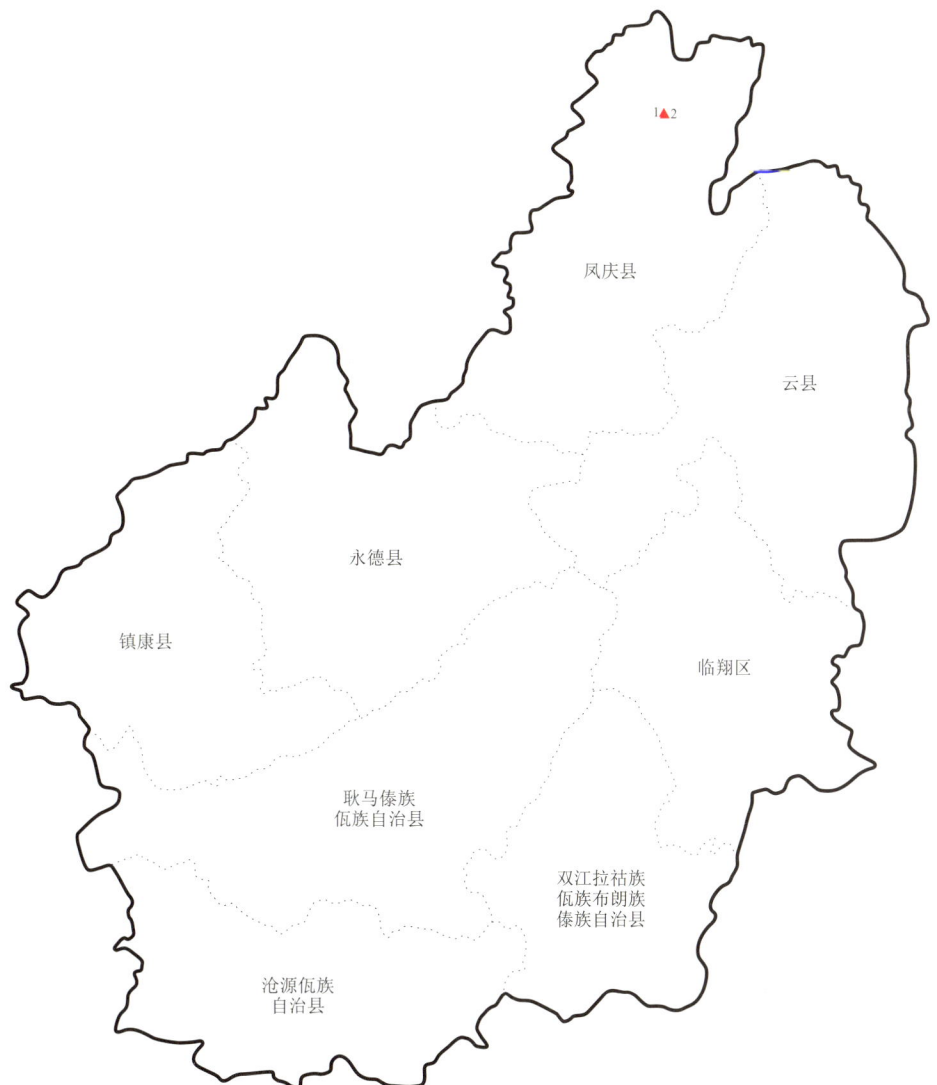

凤庆县

鲁史镇

【地理位置】

地理坐标：东经 99°59′45.20″，北纬 24°50′41.01″，海拔 1831 米。

行政属地：凤庆县鲁史镇鲁史村。

地理环境：东北距凤庆县城 80 千米，地处澜沧江及其支流黑惠江两江间之狭谷，多为高、中山峡谷地形。

远眺鲁史镇群山

【现状概述】

鲁史古镇境内有国家级文物保护单位茶马古道鲁史段古遗址，市级文物保护单位鲁史戏楼、兴隆寺、文魁阁、阿鲁司官衙旧址、楼梯街段，县级文物保护单位鲁史古井、张家大院等。

茶马古道鲁史段

【历史渊源】

凤庆，旧称"顺宁""庆甸"。据《徐霞客游记》记载，顺宁"土官猛姓，即孟获之后"，明万历四十年（1612）改设流官。崇祯十二年（1639）八月十四日，徐霞客从凤庆出发，于次日到达"有百家倚冈而居"的阿禄司，其后经新牛街渡黑惠江，取道蒙化（今巍山县南诏镇）。

鲁史得名于明万历二十六年（1598）设置的"阿鲁司巡检"，"阿鲁"为彝语，即"小城镇"，后简称"阿鲁（禄）司"，又逐渐转化为

鲁史镇东岳庙

1290

鲁史镇东岳庙内供奉猛神牌位

鲁史镇鸟瞰

"鲁史"。鲁史镇的兴衰与茶马古道息息相关，产自滇南的茶叶先在白莺歌渡口用竹筏渡过澜沧江，经鲁史，再以竹筏在犀牛渡口渡过黑惠江，然后经蒙化抵大理下关，转运于丽江茶马市场，最终销往康藏，往南可至缅甸。清乾隆二十六年（1761），顺宁知府刘靖在澜沧江上修建青龙桥，临沧与大理天堑变通途，由凤庆出发的驮茶马队直接跨过青龙桥，上骡马菱坡后即可到达鲁史，马帮商队日益增多。鲁史逐渐成为茶马古道上的重要驿站，号称"滇西茶马古道第一镇"。

据鲁史镇文史专家曹现舟老人（81岁）介绍，相传诸葛亮六纵孟获后，孟获即来到鲁史一带，其后人猛廷瑞因建城镇有功，所以当地人民建猛神庙，至今依然流传着"大猛神"的传说及信仰。现鲁史镇东岳庙中供奉有"猛神之位""猛神之灵位"2个石牌灵位，供奉的就是猛廷瑞，村民亦不时前往祭祀。

另有一说，"勐"乃古代政区单位，由若干村寨组成，后成为领主世袭领地，"寨神、勐神崇拜是一种祖先神灵崇拜。这个祖先是傣族农耕定居时代的创建者，他也是一片地域的开拓者，当他死后，就成为保护这片土地的神"[1]，临沧市耿马县、沧源县等地均流传有勐神信仰，鲁史镇的猛神崇拜或源于此，又与孟获传说有所融合。2007年鲁史镇被列为云南省历史文化名镇，2013年茶马古道鲁史段被国务院公布为国家级历史文物保护单位。

---

1 陶琳：《西双版纳傣族社会结构与寨神、勐神信仰的关系研究》，《大理大学学报》，2017年第11期，第1—5页。

凤庆哑泉

【地理位置】

行政属地：原碑位于凤庆县鲁史镇鲁史村。

地理环境：东北距凤庆县城80千米，地处澜沧江及其支流黑惠江两江间之狭谷，多为高、中山峡谷地形。

【现状概述】

碑文阴刻"告白来往之人不可饮，此水哑毒"，落款为"乾隆甲□□□□书"，其书法及刻字较为粗糙。

【历史渊源】

清乾隆年间，有民间人士认为诸葛亮南征大军曾经过鲁史镇，并误饮哑泉于此，于是置哑毒碑。鲁史镇茶马古道旁的哑泉今已为水库所淹没，立于哑泉旁的哑毒碑现藏于凤庆县文管所。

现藏于凤庆县文管所的哑泉碑

楚雄彝族自治州

楚雄彝族自治州，位于云南省中部偏北，属云贵高原西部，自古为"省垣屏障""滇中走廊""川滇通道"。它东靠昆明市，西接大理白族自治州，南接普洱市和玉溪市，北邻四川省攀枝花市和凉山彝族自治州，西北隔金沙江与丽江市相望，有"迤西咽喉"之称。截至2022年底，下辖楚雄市、禄丰市2市，双柏、牟定、南华、姚安、大姚、永仁、元谋、武定8县。诸葛亮南征之前，楚雄州分别隶属于越巂、益州二郡。诸葛亮南征之后，楚雄州分属于建宁郡、越巂郡和云南郡，姚安县一带是云南郡郡治所在。

楚雄彝族自治州
三国文化遗存点位
分布图

1 牟定武侯祠
2 姚安武侯祠
3 方山诸葛营遗址
4 姜驿古道

撰稿：陈　芳
摄影：彭　波　廖承志
　　　樊博琛　尚春杰
　　　申　雷
绘图：尚春杰

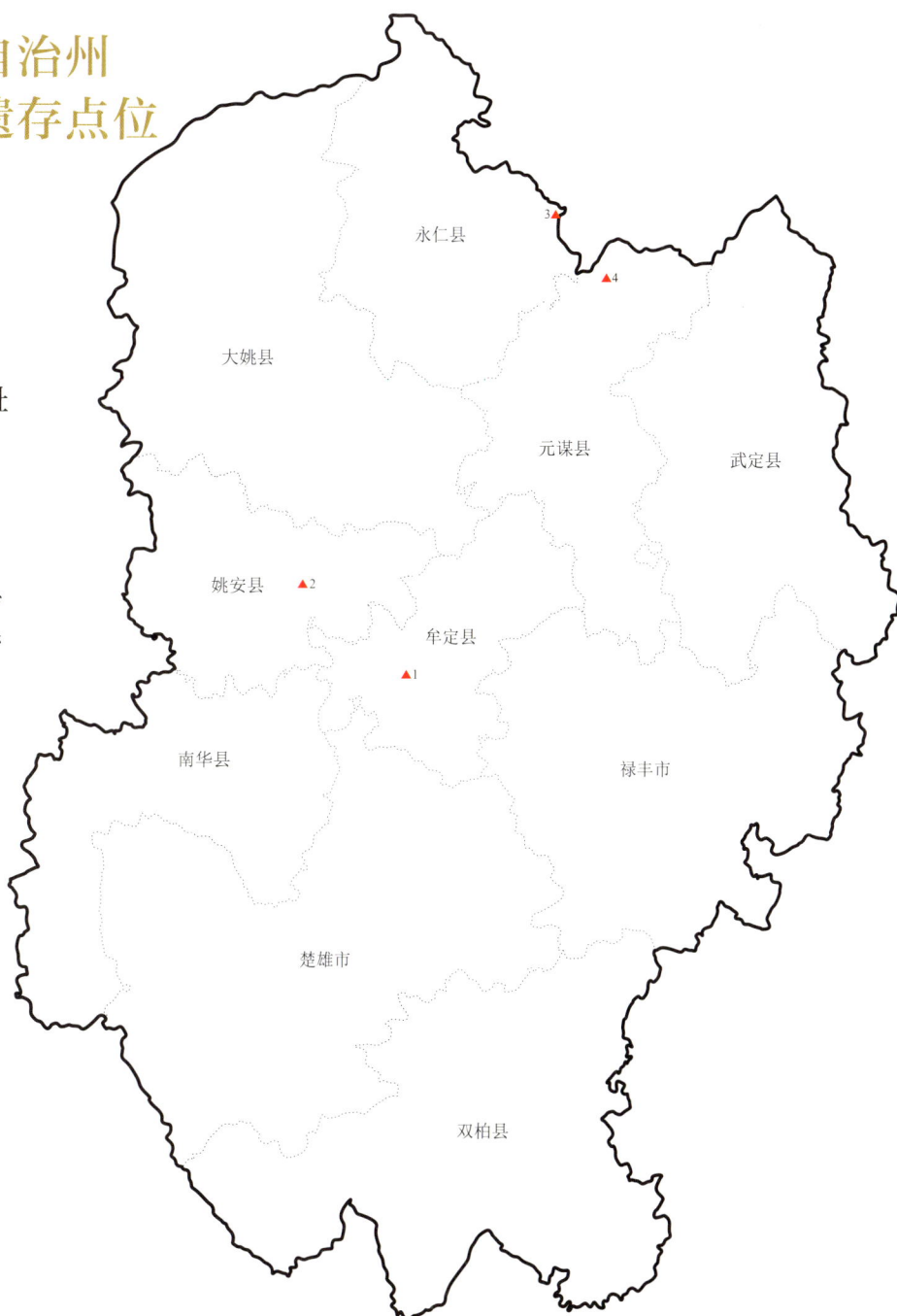

牟定县

牟定武侯祠

【地理位置】

地理坐标：东经101° 29′ 58.39″，北纬25° 20′ 35.03″，海拔1799米。

行政属地：牟定县共和镇光法寺村。

地理环境：001乡道旁的光法寺内。

【现状概述】

牟定武侯祠，当地人称"诸葛祠"，其所在的村庄叫"光法寺村"，小地名"军屯坝子"，自古就是军屯之地。相传当年诸葛亮南征，过泸水后，便把大军驻扎在此。

牟定武侯祠保存状况较差，仅剩一间大殿和左侧的一间耳房。建筑为三合土墙，顶盖青瓦，大殿周围筑三合土围墙。因无人管理，部分围墙已经垮塌或崩裂，院内杂草丛生。

武侯祠大殿开间4间，进深1间，长18米，宽5米。中间有诸葛亮彩绘画像，诸葛亮端坐，手执羽扇，胸挂八卦镜，脚穿云头靴。诸葛亮像两侧还绘有三尊神像。这些画像是2005年农历二月二十一日重新绘制完成的。至今，画像两侧仍然悬挂着当地百姓祭拜诸葛亮和三尊神像时撰写的求平安、求财、消灾等美好愿望的红布。

调查过程中，在武侯祠院内发现筒瓦数件、石龟座（可能为碑座或柱础）1件。石龟座长径110厘米，短径90厘米，石龟座中央有一凹槽，长40厘米，宽25厘米，深15厘米，形象可爱。

牟定武侯祠山门

牟定武侯祠内院

牟定武侯祠外墙

【历史渊源】

相传光法寺村为诸葛亮南征时的驻军处，此地很早就建有光法寺，村庄由此得名。康熙《楚雄府志》记载："废光法寺，武侯南征驻师处，今废。其石马、石羊、石鼓与断碑碣尚存。屯民相传其地无蚯蚓、虿虫。为武侯遗迹云。"[1]康熙《定远县志》记载："废光法寺，武侯南征驻师处。今石马、石羊、石鼓与断碣尚存。村民相传，其地无蚯蚓、虾蚊，为武侯遗迹云。""诸葛营有三：一在磨盘山，一在羊牟尼，一在光法寺。"[2]

牟定武侯祠大殿

后来，人们为了纪念诸葛亮，便在光法寺武侯驻师处修建武侯祠。清康熙四十二年（1703），知县张彦绅募资重修。重建之后，武侯祠由大门、大殿、左右厢房等部分组成，共九间。道光《定远县志》记载："武侯祠，邑北五里。诸葛武侯南征驻师处，后人立祠祀之。康熙四十二年，知县张公彦绅重建。"[3]《新建光法寺武侯祠碑记》记载："癸未冬，余捐资重建新祠三间，左右厢房六间、大门一间，命王子天锡董其事。祠成，住持庆华，夜闻祠内有人马鼓吹声。"[4]

牟定武侯祠

武侯祠大殿内原本塑有诸葛亮像，现已不存。左右厢房内供奉着18尊木刻人像，面目异于中原人士，衣服饰品与滇中土著一样，据说是当地的18位酋长，南征时被诸葛亮收

牟定武侯祠大殿后视

1（清）张嘉颖修：《康熙楚雄府志》，《中国地方志集成·云南府县志辑⑤⑧》，凤凰出版社，2009年，第351页。

2（清）张彦绅纂修、卜其明校注：《康熙定远县志》，楚雄州图书馆藏，楚雄网（www.djcx.com），楚雄彝族自治州旧方志全书（牟定卷），第12—13页。

3（清）李德生纂修、卜其明校注：《道光定远县志》，楚雄州图书馆藏，楚雄网（www.djcx.com），楚雄彝族自治州旧方志全书（牟定卷），第185页。

4（清）张彦绅纂修、卜其明校注：《康熙定远县志》，楚雄州图书馆藏，楚雄网（www.djcx.com），楚雄彝族自治州旧方志全书（牟定卷），第87页。

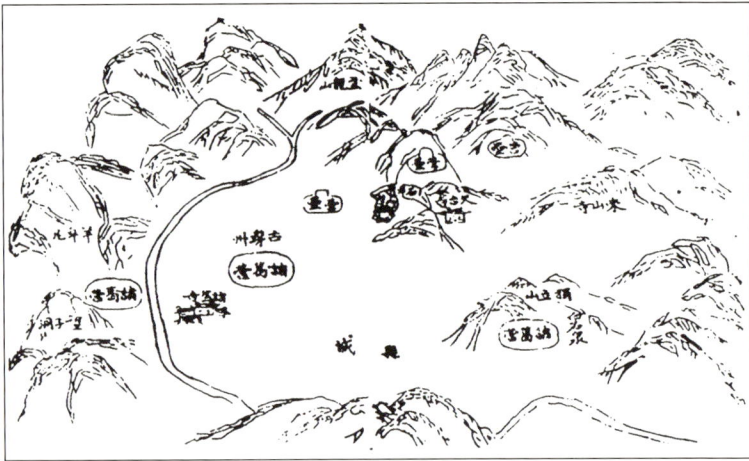
诸葛营图（摘自道光《定远县志》）

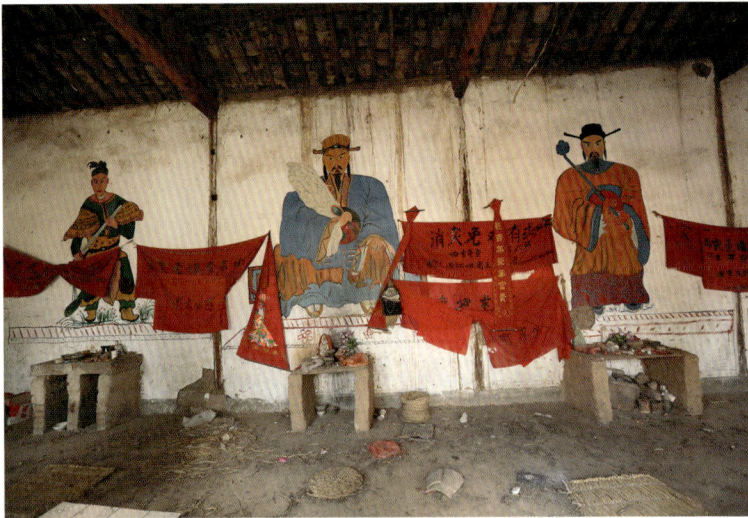
牟定武侯祠大殿主祀诸葛亮画像

服。每年农历七月二十三日，武侯祠内都要举行庙会，并有盛大的庆祝仪式。

武侯祠前曾有一条小溪，小溪上有一座小桥，名"武侯桥"，当地人认为是诸葛亮南征遗迹。清道光二年（1822），邑人习位号召乡众重修。《重修光法寺武侯桥碑记》记载："邑城西北十余里，名曰光法寺，为武侯驻师处。前里余又溪焉。昔人桥之曰武侯桥，南征迹也。"[1]

武侯祠两厢内曾经供奉的18尊木刻人像，根据其面容和衣饰，结合楚雄地区的民族风俗可以推测，至少在一段时间内，武侯祠同时亦是一座土主庙。土主信仰主要存在于中国西南地区，特别在云南省彝族和白族地区尤为突出。牟定县的少数民族人口中，彝族人口最多。土主，即村寨的保护神，目前学界基本认为土主庙在南诏时期就已经出现。[2]明李浩《三迤随笔》之《南人崇诸葛武侯》记载："段氏敬仰武侯，而于土主侧塑武侯、黄阿婆（诸葛亮夫人）像。"[3]土主庙有丰富的文化内涵，包含着祖先崇拜、图腾崇拜、生殖崇拜、异神崇拜等众多内容。

1 （清）李德生纂修、卜其明校注：《道光定远县志》，楚雄州图书馆藏，楚雄网（www.djcx.com），楚雄彝族自治州旧方志全书（牟定卷），第283页。

2 （明）杨慎《南诏野史》记载："开元元年，唐授逻皮为特进，封台登郡王。……开元二年，由蒙舍迁都大理，立省城土主庙。"

3 大理州文联编：《大理古佚书钞》，云南人民出版社，2002，第158页。

姚安县

姚安武侯祠

【地理位置】

地理坐标：东经101°17′33.49″，北纬25°29′40.57″，海拔2235米。

行政属地：姚安县黄莲箐村。

地理环境：烟萝山麓的黄莲箐后山上，山上植被丰富，邻近黄莲箐村。

【现状概述】

姚安武侯祠，位于姚安县烟萝山麓黄莲箐后山上。2008年，由姚安有识之士倡议重建。

2009年1月19日，姚安县在武侯祠遗址举行了恢复重建的奠基仪式。2010年，又重新进行了规划和建设。2018年9月，正式建成开放。

姚安武侯祠依山势而建，建筑面积达1400多平方米，由一个大殿、四个厢房和两重院落组成。第一重院落分布有两个厢房，内设姚安武侯祠历史沿革图片展；第二重院落分布有一个大殿和两个厢房，大殿坐西北朝东南，两个厢房分布于大殿两侧。大殿正中铸诸葛亮铜像，高3.6米，铜像由当地人士捐资铸造。

姚安武侯祠

【历史渊源】

烟萝山，古称"饱烟萝山"，俗传诸葛亮南征驻军于此山，因此又被称为"诸葛山"，当地人便在此山上修建祠宇祭祀诸葛亮。明刘玺《画壁记略》载："在昔，诸葛武侯辅翼汉昭烈，虑汉贼不两立，王业不偏安，故五月渡泸，深入南中，曾驻师于此山之阿，其营垒兀然，故后人名之曰诸葛山焉。"[1]明姚安知府吴嘉祥《武侯祠碑记》载："武侯为汉宗臣，五月渡泸，深入南地，收乃擒纵之功，驻师于此。……姚之人，老老幼幼，指其山曰诸葛山也，入其寺与祠曰诸葛祠寺也。"[2]民国《姚安县志》载："饱烟萝山，一名东山，在府城东一十里。高出群山，林木苍翠，其西有武侯塔，相传汉诸葛亮南征驻兵之所，后人建塔于上，其南有张虔陀所筑古城。"[3]光绪《姚州志》载："饱烟萝山，《云南通志》即东山，在州东十里。其西武侯尝驻兵，后人建塔识焉；其南即张虔陀所筑城址。"[4]民国《姚安县志》载："饱烟萝山，在城东十五里，上有诸葛遗垒、张虔陀古城及唐建护国慈应寺遗址，后人建有武侯祠。"[5]

姚安武侯祠的始建年代不确定，明代已经存在并有明确记载。当时，姚安武侯祠位于烟萝山半山的平旷之处，祠旁有一座寺，由僧人管理，当地百姓便将祠旁寺庙俗称为"诸葛祠

从姚安武侯祠往南远眺张虔陀所筑古城和姚安县城

姚安武侯祠大殿内的诸葛亮塑像

姚安武侯祠俯视

武侯祠旁的诸葛寺堰塘

---

1 (清)甘雨纂修：《光绪姚州志》，《中国地方志集成·云南府县志辑⑥③》，凤凰出版社，2009，第223页。

2 (清)甘雨纂修：《光绪姚州志》，《中国地方志集成·云南府县志辑⑥③》，凤凰出版社，2009，第209页。

3 霍士廉等修、由云龙等纂：《民国姚安县志》，《中国地方志集成·云南府县志辑⑥⑤》，凤凰出版社，2009，第66页。

4 (清)甘雨纂修：《光绪姚州志》，《中国地方志集成·云南府县志辑⑥③》，凤凰出版社，2009，第30页。

5 霍士廉等修、由云龙等纂：《民国姚安县志》，《中国地方志集成·云南府县志辑⑥⑤》，凤凰出版社，2009，第66页。

姚安武侯祠山面鸟瞰

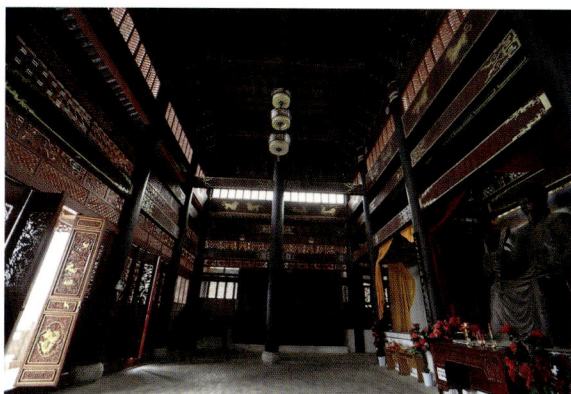
姚安武侯祠大殿内部祭祀空间

寺"。吴嘉祥《武侯祠碑记》载:"姚之东行十余里,连抱而高耸者,东山。山之半,旷且平,汉武侯诸葛氏南征驻卒之所也。后人因祠侯而祀之,于祠左创寺[1],居僧以主香火。年久,祠宇倾圮。"[2]明嘉靖二十六年(1547),举人杨一麟《武侯祠义田记》载:"诸葛山,峙郡之东,有峰。右旋北折而南,盖姚之胜境也。汉丞相诸葛公南征时,帅师驻此,因以名山,建祠而祀焉。左营萧寺,右竖元阁,羽翼祠也。"[3]

明正统辛酉年(1441),郡人张黻与张黼捐资重修了武侯祠。刘玺《画壁记略》载:"姚安千兵李君之弟黻与黼,慕武侯之忠,乐林泉之趣,捐赀彩绘妙音梵像,武侯模范,一笔庄严。"[4]

明嘉靖十五年(1536),在姚安知府吴嘉祥提倡之下,郡人赵文明、僧人悟海主持了武侯祠的维修,主要维修了祠、寺,扩建了祠前规模,并在祠右侧新建小阁(亭),用于观景。吴嘉祥《武侯祠碑记》记载:"余丙申春来守是郡,往谒,增慨。姚人赵文明同僧悟海白于余,愿领修葺之役。余可之。遂兴祠与寺。朽者坚,颓者固,焕乎完矣。复于祠右择地,高而平,可舒眺望者,建小阁数楹,萦流纳翠,豁目舒襟,真胜慨也。余复措材鸠工,增厂于祠前,以展拜谒。"[5]杨一麟《武侯祠义田记》记载:"寺久倾圮,郡人赵文明尝鸠赀葺之,焕乎美矣。"[6]维修之后,吴嘉祥撰《武侯祠碑记》,立石为碑,以记此事。此碑原保存在武侯祠中,后毁。《民国姚安县志》卷五十六《金石志·碑碣》记载:"武侯祠碑,(采访)在城东十五里武侯祠。明嘉靖十六年知府吴嘉祥撰,已毁。"[7]

---

1 通过梳理历代材料,可知烟萝山武侯祠旁寺庙,于唐代始建,名"护国慈应寺"。明永乐年间,寺庙重新修建,《民国姚安县志》卷五十一《礼俗志·祠祀》记载:"(参李通志《云南通志》)慈应寺,在府治东十里东山畔,旧名护国寺。唐刺史张虔陀建。(王志)武侯祠,画壁记,东山武侯祠,其左有寺曰慈应,今废。"刘玺《画壁记略》记载:"其祠之左,有寺曰慈应,建于永乐初年,迄今三十余载。"

2 (清)甘雨纂修:《光绪姚州志》,《中国地方志集成·云南府县志辑㉓》,凤凰出版社,2009,第208页。

3 (清)甘雨纂修:《光绪姚州志》,《中国地方志集成·云南府县志辑㉓》,凤凰出版社,2009,第223页。

4 (清)甘雨纂修:《光绪姚州志》,《中国地方志集成·云南府县志辑㉓》,凤凰出版社,2009,第223页。

5 (清)甘雨纂修:《光绪姚州志》,《中国地方志集成·云南府县志辑㉓》,凤凰出版社,2009,第208页。

6 (清)甘雨纂修:《光绪姚州志》,《中国地方志集成·云南府县志辑㉓》,凤凰出版社,2009,第223页。

7 霍士廉等修、由云龙等纂:《民国姚安县志》,《中国地方志集成·云南府县志辑㉕》,凤凰出版社,2009年,第297页。

姚安武侯祠大殿内《诸葛亮与孟获》铜浮雕

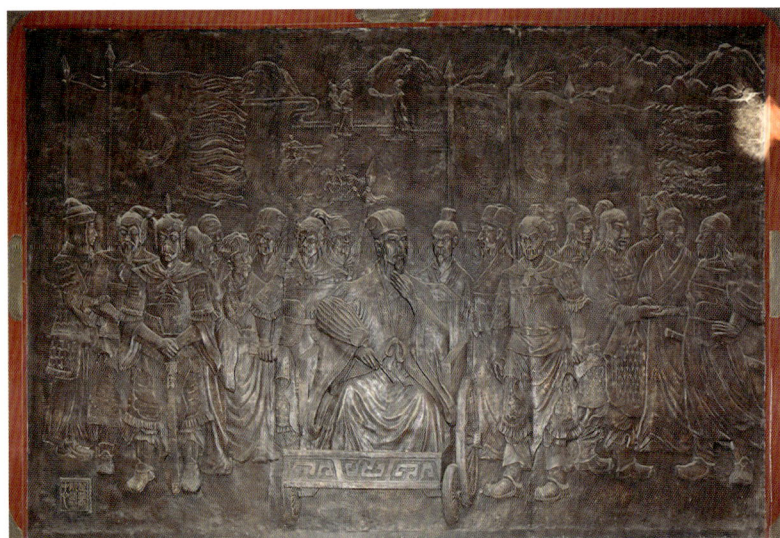

姚安武侯祠大殿内《孔明南征》铜浮雕

明嘉靖丁巳年（1557），揭阳人杨氏主持重修了姚安武侯祠。新建土台、阶梯、牌坊和水池，并在祠壁上镌刻诗章。张金《武侯祠记》记载："姚城东南岭，有武侯祠，乃滇姚胜概也。建立塑像，始于高氏。柳滨吴公，虽增厥前亭，尤草创而止。嘉靖丁巳（1557），揭阳杨公莅兹土，乘舆登谒，心慕人龙之忠义，谓祠宇荒圮，非所以妥英雄之灵也。遂锐意修治，更旧制而一新之。崇土为台，斩草为阶，树坊凿池，引清流于其内，刻诗章于其壁。"[1]

清光绪年间，姚安武侯祠进行重修，具体情况不明。民国《姚安县志》记载："武侯祠……乱后圮。光绪间，邑人周之凤、任挨道、苏景春、侯国典等重建。"20世纪六七十年代姚安武侯祠被损毁，仅剩遗址。

姚安武侯祠，进行春秋祭祀，民国《姚安县志》记载："武侯祠，在府治东十五里，岁春秋二仲月上庚日祭。"[2]

1 （清）甘雨纂修：《光绪姚州志》，《中国地方志集成·云南府县志辑㉒》，凤凰出版社，2009，第222页。

2 霍士廉等修、由云龙等纂：《民国姚安县志》，《中国地方志集成·云南府县志辑㉕》，凤凰出版社，2009年，第206页。

永仁县

方山诸葛营遗址

【 地理位置 】

地理坐标：东经101° 48′ 42.18″，北纬26° 9′ 26.57″，海拔2300米。

行政属地：永仁县永定镇方山诸葛营村。

地理环境：位于永仁方山诸葛营景区内。

【 保护级别 】

2005年，被公布为楚雄州文物保护单位。

夯土筑就的诸葛营遗址城墙

【 现状概述 】

方山诸葛营遗址位于永仁县永定镇方山东麓，东接望江岭绝壁，西接四川省平地镇，现存有部分墙体和烽火台遗址。主体墙长356米，最高处3米，厚2.4米。附属墙分两段：西北向一段长126米，连接炮楼；东南向一段长144米，连接另一座炮楼。留存有2.5米宽的城门通道，残存壕沟和烽火台遗址。1987年9月，方山诸葛营遗址被公布为永仁县第一批文物保护单位。2005年9月26日，又被公布为楚雄州文物保护单位。

诸葛营村入口

方山诸葛营遗址所在的村叫"诸葛营村"，相传村中留存有许多与诸葛亮南征相关的遗迹，有诸葛亮操练军队的大营盘、汉军舂米石兑窝、孔明洞、烽火台、诸葛营古战壕、诸葛营埂等。

烽火台位于诸葛营村南最高处的小山梁上，旧城台四周断石横卧，有长500米、宽约2.4米的基石。孔明洞位于诸葛营村东南半山腰，洞深不可测，主洞中有清水塘、石台、石雕以及石灯台。诸葛营古战壕和营埂位于诸葛营村东南的棋盘山上，方向为东南—西北向，长2000余米，宽约3米，隐藏于密林中，恰好将通往永仁、会理的古驿道截断，位置非常重要，相传是诸葛亮南征时一支蜀汉驻守军队修建。

【历史渊源】

方山东麓之山过去叫"马鞍山"，诸葛营遗址就在马鞍山上，因为当地传说诸葛亮南征从鱼鲊"五月渡泸"之后，到了对岸的拉鲊，然后在方山马鞍山上安营扎寨，所以留存了许多与诸葛亮南征相关的文化遗存。道光《大姚县志》记载："诸葛营，在方山麓马鞍山，有土城基，旧指为武侯营垒，又苴䟆江坡头亦有废垒，指为诸葛营，又江崖绝陡有石壁，上下俱数十丈，中间不能到处有嵌碑形，传为武侯阵图。""马鞍山，在城东北八十里苴䟆江上，壁立千仞。自巅至麓曲折而下十五里，高处望西蜀诸山，历历可指数，岩石峭削，其左壁尤斩绝，猿猱莫能攀援。相传其绝陡处有武侯碑，又曰其定有阵图。"[1]

现存的诸葛营遗址墙基是清乾隆三十一年（1766）阿桂将军驻军方山时留下的。道光《大姚县志》记载："乾隆三十一年，阿文成公桂为将军，由金川移师征缅甸，驻此，令军士掘废垒基，得铜鼓二，又于营侧饮马池内掘出铁柱。嘉庆间，土人复于营基掘得铜鼓，形如瓦缶，周围有蛙蛤之形，击之不甚鸣，

掩没在荒草中的城墙残存

诸葛亮练兵的大营盘局部

诸葛营遗址城墙残存纵深视角

1 （清）黎恂修，刘荣黼纂：《道光大姚县志》，《中国地方志集成·云南府县志辑64》，凤凰出版社，2009，第222页。

诸葛营村

诸葛营遗址城门

诸葛亮舂米石头兑窝

诸葛营村的壁画

诸葛营遗址城墙残存石块

惟置之流泉之中，水激其心则声甚厉。"[1]

　　诸葛营村，原名"王家村"。当地传说，三国时期大将王平随诸葛亮南征，领兵在方山镇守。此后，守军在方山安定下来，与当地百姓共同劳作、生活，逐渐形成自然村落。明朝中后期，方山上又迁来一批移民在此定居，较大规模的村寨才逐渐形成。1983年王家村改名"诸葛营村"。

1（清）黎恂修，刘荣黼纂：《道光大姚县志》，《中国地方志集成·云南府县志辑⑥》，凤凰出版社，2009，第222页。

元谋县

姜驿古道

【地理位置】

地理坐标：东经101°53′52″，北纬26°2′15″，海拔1560米。

行政属地：元谋县姜驿乡。

地理环境：火焰山脚下，毗邻观音显灵寺。

显灵寺

【现状概述】

姜驿古道位于元谋县姜驿乡火焰山脚下。火焰山因烟雾缭绕而山顶北面的土色呈紫红色酷似火焰而得名，主峰高1983米。相传，诸葛亮南征时经过此地，并在此擒纵孟获。姜驿古道现存约90米，由不规则的石板铺筑，长1—2米，应为就地取材，石板下夯垫当地红土。因修筑新路，姜驿古道下段已被截断、破坏。

姜驿古道附近有一座观音显灵寺，始建于明洪武二十四年（1391），20世纪60年代被毁。21世纪初由乡民捐资重修。

火焰山

【历史渊源】

姜驿乡位于金沙江北岸，蜀汉时期属越巂郡的三绛（缝）县，古代又叫"河子镇"。姜驿乡古道是当时渡过金沙江由川入滇的主要通道。

浅草丛中若隐若现的姜驿古道

草甸上的姜驿古道

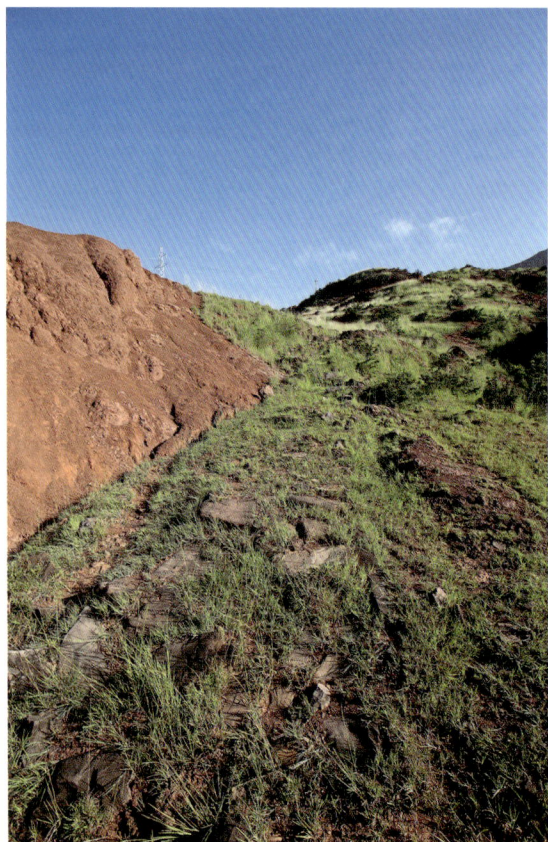

石板下夯垫红土的姜驿古道

姜驿乡和江边乡隔金沙江相望，有一个古渡口"龙街渡"。龙街渡是古代从成都出发经云南通达印度的蜀身毒道的古渡口，唐樊绰《云南志》记载："从目集馆至河子镇七十里，泸江乘皮船渡泸水。"[1]龙街渡一直是史学界争论的诸葛亮南征渡泸的四大渡口之一，当地传说诸葛亮就是从龙街渡"五月渡泸"，渡过金沙江到达的云南。

1（唐）樊绰撰，向达原校，木芹补注:《云南志补校》，云南人民出版社，1955，第9页。

红河哈尼族彝族自治州

　　红河哈尼族彝族自治州，位于云南省南部，北连昆明，东接文山，西邻玉溪，南与越南接壤，面积32931平方千米。截至2022年底，下辖绿春、建水、石屏、泸西、元阳、红河、金平苗族瑶族傣族自治县、河口瑶族自治县、屏边苗族自治县9个县，代管蒙自、个旧、开远、弥勒4个市。两汉时期至诸葛亮南征之前，元阳、红河、绿春、金平、河口等县属牂牁郡，古称西随县和进乘县；蒙自、个旧、建水、石屏、开远等县（市）属益州郡管辖，古称贲古县。诸葛亮平定南中以后，该区域主要属兴古郡地，部分区域属于建宁郡和永昌郡。

红河哈尼族彝族自治州
三国文化遗存点位分布图

1　蒙自龙门洞石窟关羽摩崖
2　建水诸葛庙
3　建水诸葛井

撰稿：陈　芳　尚春杰
摄影：彭　波
绘图：尚春杰

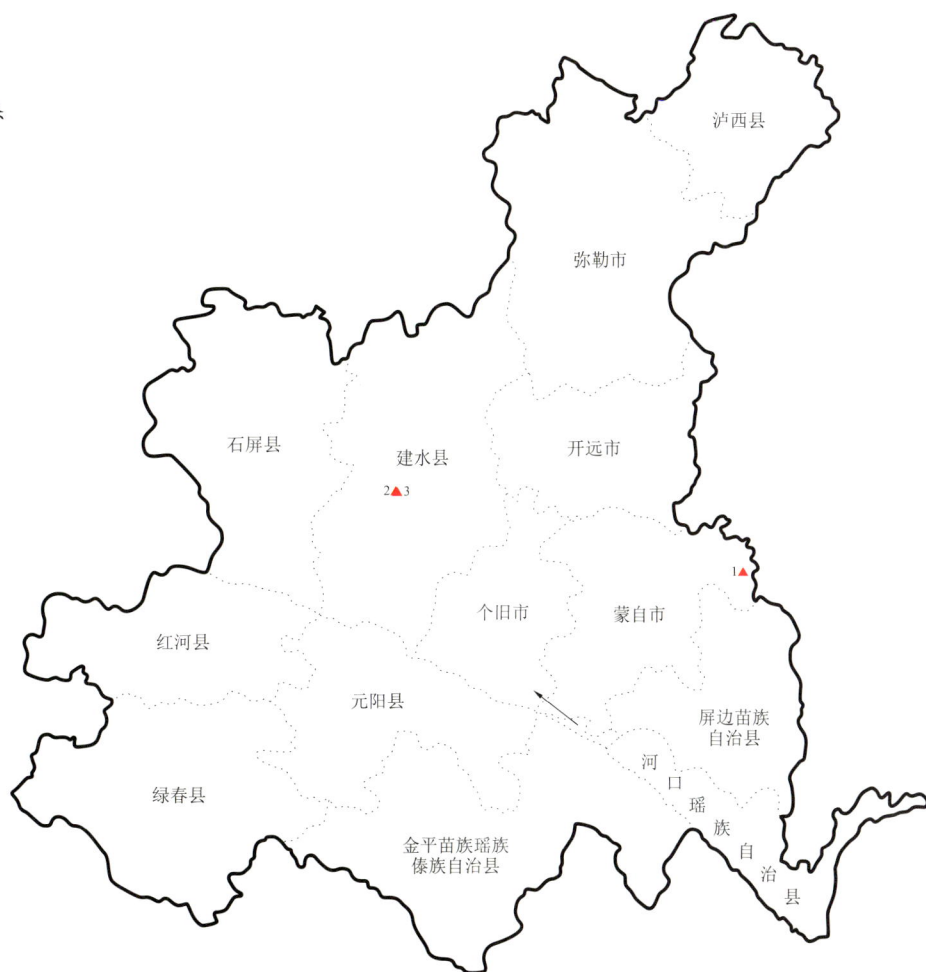

蒙自市

蒙自龙门洞石窟关羽摩崖

【地理位置】

地理坐标：东经103°46′37″，北纬23°25′14.44″，海拔1333米。

行政属地：老寨乡老营盘村连云山。

地理环境：龙门洞石窟位于老营盘村连云山麓，周围植被茂盛，交通不便。

蒙自龙门洞石窟洞口

【保护级别】

1983年，蒙自龙门洞石窟被蒙自市人民政府公布为县级重点文物保护单位。

【现状概述】

蒙自老寨乡龙门洞石窟，当地人称"观音洞"。洞高约10米，洞口宽约14米，洞内高敞明亮，石钟乳林立。洞内有5尊道教人物造像，面对洞口正中位置处雕塑关圣帝君坐像，胁侍周仓和关平，保存状况较差。关圣帝君坐像，通高约2.6米，宽约1.8米，戴盔披甲，腰间束带，体态魁梧，面部受水渍影响，已模糊，双手均残缺，右膝以下部分残缺。左侧为周仓立像，像已倒落一旁，面部朝下，残高约1.5米，宽约0.9米。右侧为关平立像，通高约1.9米，宽约0.7米，面部风化严重，身着甲袍，双手残损，官印被当地村民放置于其左肘处。关圣帝君造像西侧约5米处的石壁为

蒙自龙门洞石窟内的关平像正视

蒙自龙门洞石窟内的关羽摩崖正视

蒙自龙门洞石窟内的关平摩崖造像侧视

倾倒的周仓像

蒙自龙门洞石窟内的福星塑像

蒙自龙门洞石窟外部山道

关羽摩崖造像局部细节

关羽摩崖西两侧的关平像和倾倒的周仓像遥遥相对

关羽摩崖造像膝部细节

蒙自龙门洞石窟摩崖洞内开阔

蒙自龙门洞中有一处神似关羽坐像的钟乳石

蒙自龙门洞石窟内 2.6 米高的关羽摩崖造像

蒙自龙门洞石窟内的赵公明骑虎坐像

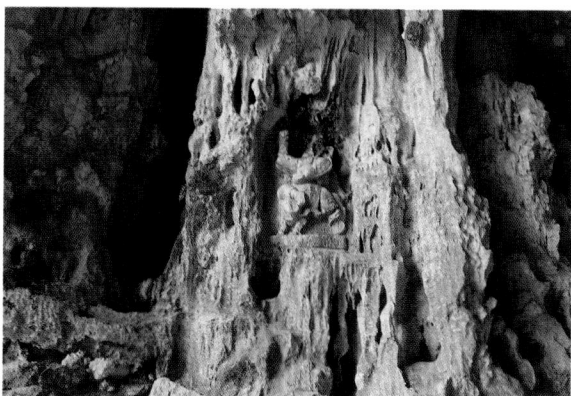

蒙自龙门洞石窟内的赵公明骑虎摩崖

赵公明骑虎坐像，像高约1.1米，宽约0.8米，头部残损，手持武器已不在。关圣帝君造像东侧约3.6米处的石壁有一造像，推测为福星，通高约2.6米，宽约1.2米，头戴幞头，面目清秀，身着长袍，腰系玉带，左手持如意，右手抚膝。洞内深处有当地人供奉的送子观音塑像，每年农历九月十九日当地人会在送子观音前祭拜。

【历史渊源】

龙门洞石窟于1982年文物普查时发现，1984年云南省、地、县文物部门组成联合调查组对其进行实地考察。《云南文山县志资料》记载："塑关夫子像，英风节亮，乃前明土司沙定洲[1]建。"关于沙氏土司，清乾隆《蒙自县志》亦载："更称老寨诸邑中沙氏最强。"[2]《云南省志》卷六十二《文物志》对造像年代进行了考证："龙门洞石窟造像，内容均为道教题材，雕刻手法有剑川石宝山石窟之遗风，然雕刻技艺却更加娴熟，衣服纹饰刻线简练，疏密有致，衣褶自然，表现出人体的微妙动态，形象逼真，生动传神，从艺术风格、雕刻内容、手法等方面比较判断，造像应为明代晚期作品。"[3]

---

1 沙定洲（？—1648），明末清初人，滇南大土司之一，官至宣抚使，王弄土司沙源之子。隆武元年，与妻阿迷土知州万氏以土兵击黔国公沐天波，入据昆明，拟代天波世镇云南。永历元年，大西军孙可望等四将军进兵云南，遂退据阿迷佴革龙坚守，后为李定国逮至昆明处死。

2 （清）李焜撰：《蒙自县志》，成文出版社，1967，第120页。

3 云南省地方志编纂委员会：《云南省志》，云南人民出版社，2004，第509页。

建水县

建水诸葛庙

地理坐标：东经102°49′26″，北纬23°37′3″，海拔1313米。

行政属地：建水县临安镇北正街。

地理环境：诸葛庙所在的春秋商业区街区是建水县打造的文化街区，诸葛庙毗邻金临安茶苑。

【保护级别】

2012年，被云南省人民政府公布为省级文物保护单位。

【现状概述】

建水诸葛庙，又称"武侯祠"。祠庙建筑坐北朝南，现存前殿、正殿（诸葛殿）、后殿（白衣楼）、左右配殿等，占地面积4000平方米。

正殿为单檐歇山顶抬梁式木结构，三开间，保留有丹墀和石质围栏，栏杆石柱头雕刻有狮子等动物。

现前殿与正殿之间围合，在保留原有古建筑梁架空间的基础上，作为茶楼空间对外经营。

后殿又叫"白衣楼"，为三重檐歇山顶，三开间，面阔17.5米，进深19米，高约20米。楼高三层，曾是建水古城内的第二高楼。白衣楼内供奉白衣菩萨塑像，还摆放随诸葛亮征战

建水诸葛庙正殿后视

建水诸葛庙正殿踏道遗存

1312

建水诸葛庙白衣楼

白衣楼前廊的彩绘吊顶

《新建双忠庙序》碑

建水诸葛庙正殿与前殿围合院落改设茶楼经营

建水诸葛庙白衣楼华美的彩绘斗拱

建水诸葛庙正殿前廊卷棚

建水诸葛庙正殿山面梁架空间

阵亡的战士灵牌，因名。[1]民国时期，白衣楼被基督教会使用，对建筑进行了欧式风格的改造，使其成为建水地区中西合璧建筑的代表之一。现白衣楼为建水老年人活动中心。

【历史渊源】

建水县临安镇北正街63号诸葛井所在的位置，曾经建有一座诸葛庙，始建于明代后期，毁于南明永历元年（清顺治四年丁亥，1647）兵变。康熙《云南通志》（康熙三十年刻本）记载："武侯祠，在儒学北。"[2]雍正《建水州志》记载："诸葛井，在城北门内武侯祠旧址。"[3]

清嘉庆年间，在今建水县临安镇北正街金临安茶苑的位置重建了诸葛庙。嘉庆《临安府志》记载："武侯祠，在府城北门内，两厢供战亡军士灵牌，武官以七月二十三日祭飨之。"[4]

清同治年间，诸葛庙与白衣楼合并，白衣楼改建为三层。民国《续修建水县志》记载："诸葛庙，即武侯祠，在赤帝宫右。同治间，梁镇士美于诸葛殿两廊供阵亡将士灵牌（后移归昭忠祠），并于白衣菩萨殿，改建三层高楼。"[5]

清光绪二年（1876），诸葛庙前新建"双忠庙"，祭祀张巡和许远，刻石立《新建双忠庙序》碑。现今，《新建双忠庙序》碑刊于诸葛庙内的墙上。《新建双忠庙序》记载："卜地于诸葛武侯庙之前，期年而庙成。盖以武侯为汉之忠臣，张、许为唐之忠臣，皆足以捍社稷而利人民者也。"

清光绪二十九年（1903），诸葛庙和双忠祠的部分建筑被改建为考棚，祭祀的神像均移入白衣楼。民国《续修建水县志》记载："光绪初，瘟疫流行，游击党万青倡议祀张睢阳以禳之，邑绅乃就大门改建殿宇，祀唐张巡、许远，南霁云，名双忠庙。光绪癸卯，因改建考棚，遂将各神像移入白衣殿。"[6]

1 基础数据资料据建水诸葛庙内简介说明牌整理。

2（清）范承勋、王继文修，（清）吴自肃、丁炜纂：《康熙云南通志》卷十八《祠祀》。

3（清）祝宏修，赵节等纂：《雍正建水州志（一）》，《中国地方志集成·云南府县志辑54》，凤凰出版社，2009，第99页。

4（清）江濬源修、罗惠恩等纂：《嘉庆临安府志》，《中国地方志集成·云南府县志辑47》，凤凰出版社，2009，第99页。

5 梁家荣纂：《民国续修建水县志稿（二）》，《中国地方志集成·云南府县志辑(57)》，凤凰出版社，2009，第22页。

6 梁家荣纂：《民国续修建水县志稿（二）》，《中国地方志集成·云南府县志辑(57)》，凤凰出版社，2009，第22页。

建水诸葛井

【地理位置】

地理坐标：东经102°49′16″，北纬23°37′10″，海拔1320米。

行政属地：建水县临安镇北正街63号文庙社区。

地理环境：文庙社区内，毗邻民居。

【保护级别】

2012年，被建水县人民政府公布为县级文物保护单位。

【现状概述】

建水诸葛井为建水六大古井之一，是一口双眼井，相连的两个圆形井栏径长50厘米，由整石雕成，高约32厘米，井栏四周遍布被井绳磨出的凹槽。井栏上方架铁质井架，井架高138厘米，宽140厘米，中间是一个卷筒，井绳缠绕于卷筒之上，手柄与卷筒相连。打水时，摇动手柄，利用机械力取水，原理与绞车相似。

诸葛井南侧有一个石质香炉，是清嘉庆十一年（1806）当地人士敬立，两耳上分别刻有香炉敬立的时间和人名：西侧炉耳上刻"……各行人等敬立"；东侧炉耳上刻"嘉庆丙寅年林钟月"。

诸葛井西侧立有《修复诸葛古井纪念碑》，该碑立于2005年2月23日，记录了2005年初文庙社区第一组出资修复诸葛井的单位和个人名单。

建水诸葛井

建水诸葛井文保标识

建水诸葛井的双眼井口

诸葛井旁石香炉

诸葛井旁石香炉上的"嘉庆丙寅年林钟月"刻字

诸葛井旁石香炉西侧炉耳

诸葛井是甜水井，井水甘甜清冽，至今仍是周围居民的重要生活用水来源。

【历史渊源】

建水诸葛井，当地人称始建于清代初年，因为靠近建水诸葛庙（此庙毁于清顺治四年丁亥兵变，详见上文）而得名。雍正《建水州志》、嘉庆《临安府志》均记载其"在城北门内武侯祠旧址"。民国《续修建水县志》还记："诸葛井，在永贞门内。考武侯南征由姚州至顺宁、永昌、麓川，穷山极箐，独未及迤南，乃郡则有井，石屏有占，宁州有城，通海有驻军山，车里有塔，有营垒，有寄箭处。天威震于殊俗，忠信孚于蛮貊，殆有未可以等夷思议及也。"[1]

---

1 梁家荣纂：《民国续修建水县志稿（二）》，《中国地方志集成·云南府县志辑㊄》，凤凰出版社，2009，第4页。

文山壮族苗族自治州

　　文山壮族苗族自治州，位于云南省东南部，东与广西壮族自治区百色市接壤，南与越南接界，西与红河哈尼族彝族自治州毗邻，北与曲靖市相连，面积31456平方千米。截至2022年底，代管文山市1个市，辖砚山、西畴、麻栗坡、马关、丘北、广南、富宁7个县。两汉时期至诸葛亮南征之前，文山州一带属牂牁郡，诸葛亮平定南中以后，该区域属兴古郡。

文山壮族苗族自治州
三国文化遗存点位分布图

1　文山诸葛山
2　砚山诸葛庙

撰稿：陈　芳
摄影：彭　波
绘图：尚春杰

砚山县

文山诸葛山

【地理位置】

地理坐标：东经104°18′40″，北纬23°35′01″，海拔1579米（测点在诸葛山庄）。

行政属地：砚山县江那镇路德村委会脚侧竜村。

地理环境：山势陡峭，树木茂密。

砚山诸葛山

【现状概述】

诸葛山位于砚山县江那镇路德村委会脚侧竜村，山势陡峭，树木茂密。传说诸葛亮南中平叛时，军队曾到过江那镇，并且把中原地区先进的农耕技术教授给当地少数民族。为了感怀诸葛亮的恩德，当地人将此山命名为"诸葛山"。诸葛山山腰现建有一座诸葛山庄，庄内塑有一尊诸葛亮的站像。

诸葛山庄内的诸葛亮塑像

【历史渊源】

诸葛山原名竜猛山，"竜猛"，壮语，意为"我们的森林神山"。当地传说，诸葛亮南征大军经过此地后，因此改名"诸葛山"。《开化府志点注》记载："诸葛山，自郡城凤凰山发脉，迤逦五十余里至脚泽竜后。孤峰插天，群山拱卫，周围十余里。上有武侯驻兵处，城栅壕堑俱存。"

砚山诸葛庙

地理坐标：东经104°18′42″，北纬23°34′49″，海拔1645米。

行政属地：砚山县江那镇路德村龙树脚。

地理环境：依山势而建，各殿高低错落分布。

砚山诸葛庙

【现状概述】

诸葛庙位于诸葛山山顶，行政属地为江那镇路德村龙树脚，由大殿、观音殿和大雄宝殿三部分组成。大殿即诸葛亮殿，中间供奉诸葛亮，诸葛亮左侧供奉关平、玉皇大帝、王母等；诸葛亮像右侧供奉关羽、周仓、五路财神、送子娘娘、龙王、文昌帝君、药王等。此庙是当地村民20世纪80年代复建，复建该庙的两位老人在此守庙30余年。诸葛庙香火鼎盛。

砚山诸葛庙内供奉的众神像

【历史渊源】

诸葛山上原本有一座小庙。1871年，当地壮族人民为祈求风调雨顺、国泰民安，将竜猛山上的小庙改建为大庙，在庙中供奉诸葛亮像，当地人称此庙为"诸葛庙"。20世纪60年代诸葛庙被毁，直至20世纪80年代才由当地村民复建。

诸葛庙神台上主祀诸葛亮塑像

西双版纳傣族自治州

    西双版纳傣族自治州，位于云南省南端，面积19124.5平方千米，与老挝、缅甸山水相连，与泰国、越南邻近。截至2022年底，下辖景洪市、勐海县、勐腊县1市2县和11个国营农场。蜀汉时期，该区域属永昌郡，古称南涪县。

西双版纳傣族自治州三国文化遗存点位分布图

1　勐腊孔明山

撰稿：陈　芳
摄影：罗开玉
绘图：尚春杰

勐腊县

勐腊孔明山

【地理位置】

地理坐标：东经101°20′17.50″，北纬21°27′55.01″，海拔1788.2米。

行政属地：勐腊县象明乡。

地理环境：周围众山环绕，山势陡峭。

【现状概述】

孔明山坐落于勐腊县象明乡境内，革登古茶山附近，是著名的普洱茶六大古茶山[1]的最高峰，距离景洪64千米，方圆10平方千米，相传这里是诸葛亮南征的寄箭处。

孔明山悬崖峭壁，奇石众多，竹木成林，其南坡接观音庙盆地，半山腰有观音古庙。孔明山山顶较平，远望似一个巨大的平台，俗称"祭风台"。

孔明山上现存有多株古茶树，其中最大的一株称为"茶王树"，高达9米，相传是诸葛孔明南征时士兵们撒籽种植。

孔明山的旅游开发被纳入《西双版纳在澜沧江—湄公河次区域旅游合作的发展战略》中，是西双版纳文化产业发展重点项目，也是西双版纳"十一五"重点开发的旅游项目，现已开发为孔明山旅游区，以户外旅游、探险活动为主。

【历史渊源】

孔明山的得名有两种传说。一说与山形有关，因为孔明山山势险峻，奇石众多，树木成林，远远看去，山脉的外观就像诸葛孔明所戴的帽子，因而得名"孔明山"。道光《普洱府志》："孔明山，《旧志》在思茅厅南四百八十里，在六茶山中，相传孔明寄箭处，上有祭风台旧址。"[2]另一说与茶有关，古时西双版纳本来没有茶叶，诸葛亮与孟获作战时途经此地，士兵们因水土不服患上眼疾。诸葛亮将拐杖挂在地上，拐杖变成了茶树，长出了翠绿的茶叶。于是，诸葛亮命人摘叶煮水饮用，士兵们的眼疾全部痊愈。自此西双版纳有了茶，人们遂将此山称为"孔明山"，称茶树为"孔明树"，尊孔明为"茶祖"。道光《普洱府志》记载："革登有茶王树，较它山独大，相传为武侯遗种，今夷民犹祀之。"《滇海虞衡志》记载："茶山有茶王树，较他茶山独大，

---

1 普洱茶六大古茶山，是云南最古老的茶山，也是中国最古老的茶区之一，均位于西双版纳傣族自治州内。根据清光绪年间绘制的《思茅厅界图》记载，普洱茶六大古茶山均分布于澜沧江沿岸，包括攸乐（基诺）、革登、倚邦、莽枝、蛮砖、曼撒（易武），除攸乐现属景洪市，其余五大茶山均在勐腊县境内。其中，曼撒位于易武乡，革登、莽枝、蛮砖、倚邦都在象明乡。相传，六大古茶山的命名与诸葛亮有关。清道光《普洱府志》记载："六茶山遗器俱在城南境，旧传武侯遍历六山，留铜锣于攸乐，置铜鉧于莽枝，埋铁砖于蛮砖，遗木梆于倚邦，埋马蹬于革蹬，置撒袋于曼撒。"

2 邓启华主编：《清点普洱府志选注》，云南大学出版社，2007，第44页。

勐腊孔明山轮廓形似诸葛孔明的帽子

本武侯遗种，至今夷民祀之。"[1]

祭风台的由来，有一个优美的传说。相传诸葛亮南征，七擒孟获、平定四郡之后，心情舒畅，于是带上亲信游览。某天，诸葛亮听说小黑江东岸有座风光秀美的小山，便乘竹筏渡河攀登。正当诸葛亮爬到高处举目远眺时，山风骤起，无法睁眼。诸葛亮便命亲信将士寻石当桌椅，设坛祭风，山风遂平。从此，人们便把此处称为"祭风台"。道光《普洱府志》记载："祭风台，在府城南六茶山中，相传诸葛亮于此祭风。"《新纂云南通志》记载："祭风台，在城南六茶山中，其上可俯视诸山，俗传武侯于此祭风，又呼孔明山。"

孔明山被认为是基诺族的发祥地，过去称为"司杰卓米"。基诺族非常尊奉诸葛亮，亲切地称呼他为"孔明老爹"。相传基诺族的祖先是诸葛亮当年南征部队留下的一部分，因途中贪睡而被"丢落"（"丢落"谐音"攸乐"，传说"攸乐"由此命名）。基诺族所盖的房屋屋顶如帽形，被称为"孔明帽"；他们所穿的对襟小褂，背上都绣有形如日、月、火、鸟、兽的图案，被称为"孔明印"；基诺族所种的茶树、棉花等也被说成与"孔明老爹"有关。甚至在祭祀时，基诺族也会大声呼喊"孔明先生"。

1（清）檀萃辑，宋文熙、李东平校注：《滇海虞衡志校注》，云南人民出版社，1990，第269页。

大理白族自治州

大理白族自治州位于云南省中部偏西，东邻楚雄州，南靠普洱市、临沧市，西与保山市、怒江州相连，北接丽江市，面积29459平方千米。截至2022年底，大理市1市，鹤庆县、祥云县、宾川县、弥渡县、永平县、云龙县、洱源县、剑川县、漾濞彝族自治县、南涧彝族自治县、巍山彝族回族自治县11县。大理一带，古称叶榆，汉武帝时置县，隶属于益州郡，东汉隶属于永昌郡。诸葛亮南征之后，主要区域隶属于云南郡，部分区域隶属于永昌郡。

大理白族自治州三国文化遗存点位分布图

1　大理古城区武庙
2　天生桥
3　天威径
4　州城武庙
5　宾川孟获洞
6　南诏铁柱
7　公郎石箭
8　武侯台
9　南涧武庙
10　系马庄石碑
11　巍宝山文昌宫
12　巍山明志书院
13　巍宝山长春洞

撰稿：陈　芳　尚春杰
摄影：彭　波　王　昊　吴娲
绘图：尚春杰

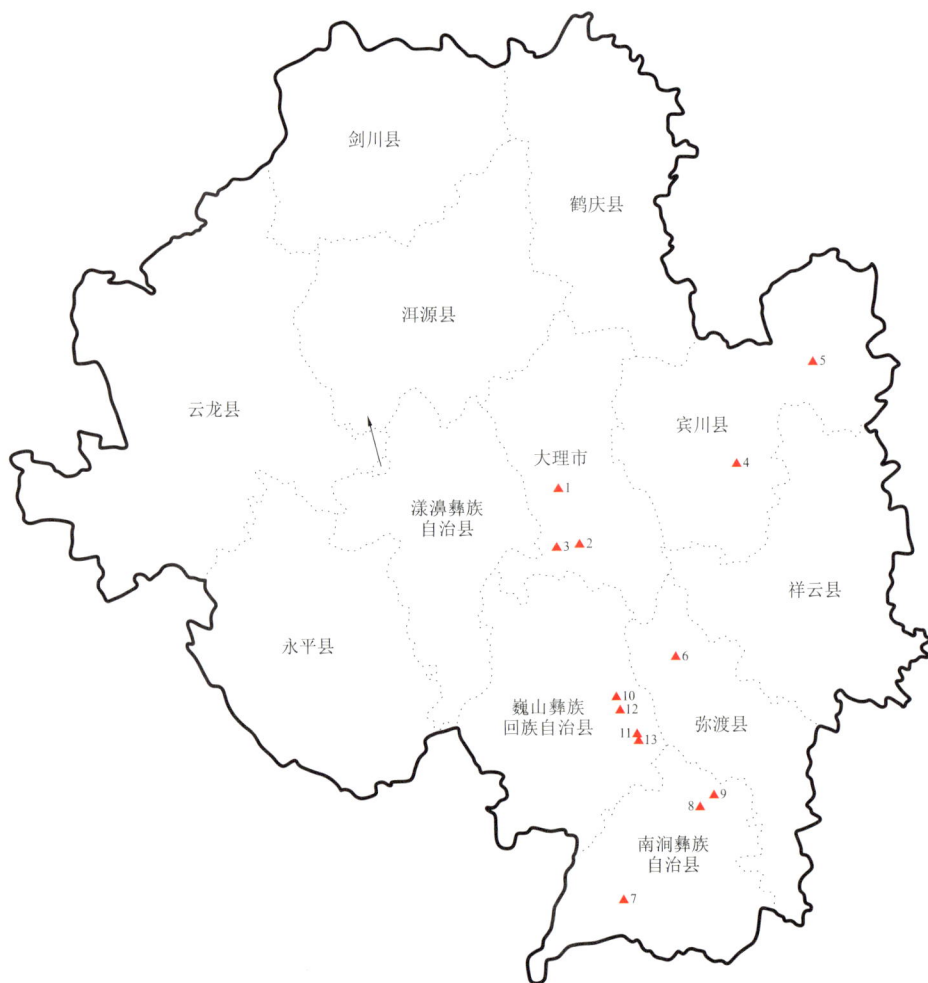

大理市

大理古城区武庙

地理坐标：东经100°9′7.21″，北纬25°41′37.34″，海拔2036米。

行政属地：古城区博爱路53号。

地理环境：武庙西南侧为红龙井酒店，周边为传统的文化商业街区。

【保护级别】

1985年，武庙照壁（含二碑）被大理市人民政府公布为县级文物保护单位。

【现状概述】

大理古城区武庙，坐东北朝西南，现仅存武庙照壁和二碑，其余建筑均为新修。武庙照壁为白族常见的"三叠水"式照壁，通高8米，长15.4米，厚1.64米，照壁檐下有石制斗拱和瑞兽头形装饰。二碑现存于武庙旧址内，《关圣帝庙碑记》碑座为椭圆形，浮雕龟板纹，高2.25米，宽1.12米，云南提督桑格（李世荣）撰，康熙二十五年（1686）碑刻，碑文讲述了关羽的生平以及朝廷对关羽的尊崇。后期由于武庙破败，李世荣及当地人对武庙进行重

复建的大理武庙牌楼式山门

1325

修，并在碑文上记录捐赠金额。《重修关庙碑记》碑座为方形石座，半圆形碑额，高2.5米，宽1.13米，云贵总督范承勋撰书，康熙三十年（1691）碑刻，碑文主要讲述当地认为武庙一直庇护大理城，所以重修时，人们将武庙建筑修建得规模格外宏大，以示尊崇。

大理古城区武庙始建于明洪武十七年（1385），清咸丰六年（1856）被毁，光绪元年（1875）、光绪三十二年（1906）分别进行重修，1950年代用作粮食仓库，内设粮食局，主体建筑后被拆除，仅存照壁。《大理县志稿》记载："即旧武庙，在城西南，建于明洪武甲子，

复建的大理武庙

大理古城区武庙照壁遗存

大理古城区武庙照壁浮雕纹样

大理古城区武庙《重修关庙碑记》碑

大理古城区武庙《关圣帝庙碑记》碑

大理武庙大殿内的关羽、周仓、关平像

指挥郑某、满清提督李世荣、诺穆图修。殿庑、门池，俱极壮丽。咸丰丙辰，毁于乱。事平，巡抚岑毓英、提督杨玉科议提耿马捐款、蒙化永北叛产变价修理，不果。岁乙亥，玉科履提督任始，捐资修成之。殿之旁为两庑，其前为武成门，外为两厢，为棂星门，池坊栅门咸备焉。有洱源赵时俊庶常碑记，后渐朽坏。光绪丙午，总兵苏抡元、邑人赵文奎等倡捐重修之。"[1]

---

1 （民国）张培爵修，（民国）周宗麟纂：《大理县志稿》，成文出版社，1974，第532页。

天生桥

【地理位置】

地理坐标：东经100°12′7.23″，北纬25°34′42.12″，海拔1972米。

行政属地：下关镇。

地理环境：在镇西南2千米，西洱河出水口。下临西洱河，两侧是国道320线和杭瑞高速公路。

江风寺

【现状概述】

天生桥，位于西洱河的出水口处，亦是入风口，由山岩天然生成，故名。该桥形似单孔石拱桥，西北—东南走向，桥面长8.5米，距西洱河水面高8—9米，现建有水泥桥面，民间传说诸葛亮南征时在此擒住孟获。过去桥畔有一通石碑，刻"汉诸葛武侯擒孟获处"，后风化。清光绪三十二年（1906），赵州牧熊宸畅重新立碑，这通碑保存于洱海公园内。

天生桥下的西洱河水势奔腾湍急，因修建西洱河水电站，河水经拦河闸口后，流至天生桥下，失去过去的奔腾之势，变得平缓。天生桥两端分别有国道320线和杭瑞高速公路，沿西洱河并行于两岸。

天生桥北面的山上，有一座江风寺（又叫"江峰寺"），始建年代很早，清光绪年间马膏溥重修，现寺中复刻有一块"汉诸葛武侯擒孟获处"碑（仿清光绪赵州牧熊宸畅所立石碑），立于寺庙大门内。

"汉诸葛武侯擒孟获处"碑原碑旧照

【历史渊源】

天生桥，又名"天桥"，曾是西洱河上最

江风寺复制的"汉诸葛武侯擒孟获处"碑

重要的桥梁。景泰《云南图经志书》记载："天桥，又名石马桥。在龙尾关之右，有石长丈余，横跨于水，状如桥形，酾水之洞仅七尺余，洱海之水过于其下，两旁巨石扼塞，人莫敢行。"[1]嘉靖《大理府志》记载："天桥，在城南三十五里。观音大士凿洞山骨，使洱河水下趋处也。初未凿时，苍洱之间水据十之七，凿后水存十之三矣。古人谓之石河。下断上连，绝壑深堑，石梁跨之，凭虚凌空，可度一人，故名天桥。桥边激水溅珠，宛如梅树，人呼曰'不谢梅'，亦奇观也。桥之北有沓嶂，又名一线天，水故道也。可吹洞箫。"[2]乾隆《大理府志》记载："天桥，城南三十里，洱河下趋处，俗传为大士所凿，以泄洱水。绝壑深堑，石梁跨之，凭虚凌空，可度一人，故名天桥。桥西……水激浪飞，珠如梅绽，因呼为

不谢梅。桥北有沓嶂，又名一线天，水故道也。石林古色，可吹洞箫。"[3]民国《大理县志》记载："天生桥，在城南三十里，洱河西流处。绝壑深堑，石梁跨之，形如人字，凭虚凌空，可度一人，故曰天生桥。桥西……水激浪飞，珠如梅绽，因呼为不谢梅。桥北有裂嶂，又名一线天，即水故道也。"[4]

天生桥周围石崖绝壁，地理位置特殊，是博南古道[5]的重要组成部分，控扼大理西南，清代提学方沆有诗："昔年曾割据，形胜控榆城。"博南古道的路径大致是从大理下关往西，

---

1 （明）陈文修，李春龙、刘景毛校注：《景泰云南图经志书校注》，云南民族出版社，2002，第270页。

2 （明）李元阳纂：《云南大理文史资料选辑地方志之一·嘉靖大理府志》，1983年4月大理白族自治州文化局翻印，第85页。

3 （清）李斯佺等修、黄元治等纂：《乾隆大理府志》，《中国地方志集成·云南府县志辑㉑》，凤凰出版社，2009，第508页。

4 张培爵等修、周宗麟等纂、周宗洛校订：《民国大理县志稿》，《中国地方志集成·云南府县志辑㉕》，凤凰出版社，2009，第486页。

5 博南古道是"西南丝绸之路"中最重要的一段，因博南山（海拔2704米）得名。"西南丝绸之路"是中国最早与外国往来的古道之一，又称"蜀身毒道"，早在张骞出使西域之前就已经存在。张骞出使西域，了解到蜀身毒道，西汉武帝元封六年（前105），西汉政权进一步打通此道。

天生桥

位于漾濞县的太平铺原址

出天生桥，沿天威径，进入漾濞县境内，经过合江铺、鸡邑铺、驿前铺，到县城，过漾濞江，再经柏木铺、秀岭铺、太平铺[1]，沿九渡河过打牛坪，过顺濞桥进入永平县境，经黄连铺，上叫狗山，经老北斗铺、万松巷、杉松哨、梅花铺、宝丰寺，入永平县城，又经曲硐园铺、石子坡、小花桥、大花桥、博南山，过永国寺梁子，下杉阳镇（杉阳街）、凤鸣桥、江顶寺，过霁虹桥进入保山境内。

因地理位置重要，天生桥所在位置曾设关隘，建有天生关城楼。城楼20世纪30年代尚存城门洞和石牌坊，后因抗日战争期间修滇缅公路占道被拆。[2]

----

1 太平铺位于漾濞县上街镇西南13千米处，是博南古道上著名的驿站，当地传说诸葛亮南征到达永昌郡，曾驻扎在附近的打牛坪。他下令军队不得扰民，并参加百姓的农耕生产，使当地社会安定，景象太平，故名"太平铺"，又称"汉营"。

2 闲大理:《下关听风——天生桥江风寺》，闲大理微信公众号。

天威径

【地理位置】

地理坐标：东经100°9′14″，北纬25°34′19″，海拔1974米。

行政属地：下关镇温泉村。

地理环境：西洱河南哀牢山北坡。山上树木茂密，古道被遮挡。

【保护级别】

2008年，天威径古道及题刻被大理市人民政府公布为县级文物保护单位。

【现状概述】

天威径位于大理市下关镇温泉村公所西洱河畔南哀牢山北坡，西距温泉村约5千米，相传是诸葛亮七擒孟获之处。该段古道有8—10千米保存相对较好，宽1.7—3米。古道用青石板铺筑，石板上保存有大量马蹄印，有的深达几十厘米。沿古道西行约5千米，可到达太邑铁索桥。

"天威径"题刻位于南哀牢山北坡半山腰，刻于宽195厘米、高90厘米的岩石上，阴刻，右行，楷书，字径75厘米。"天威径"三字右刻"壬子年五月"，五字高76厘米，宽30厘米，直行，楷书，字径20厘米；左刻"李根源书"[1]，

天威径古道及题刻文保碑

"天威径"题刻

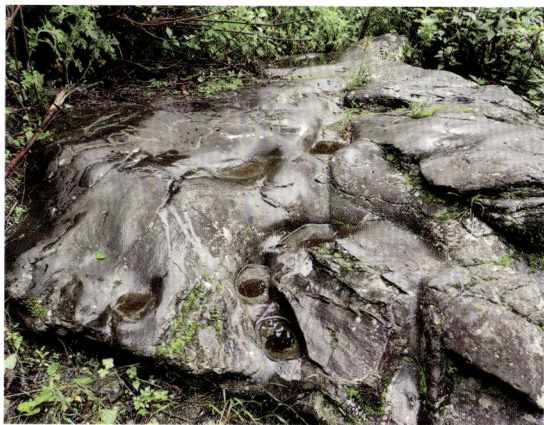
天威径古道上的马蹄印

---

1 李根源，清光绪五年（1879）生于云南腾越（今腾冲县）。1905年留学日本时，加入同盟会。辛亥革命时，参加云南"重九"起义，任云南省军政部总长兼参议长。1917年任陕西省省长。1942年，日军侵占怒江以西地区，李根源主动请缨，奔赴前线，指导滇西抗战，为滇西抗战胜利作出了贡献。中华人民共和国成立后，历任西南军政委员会委员，全国政协第二、三届委员。1956年病逝于北京。

四字通高120厘米，宽32厘米，直行，楷书，字径36厘米×20厘米。

天威径古道废弃多年，许多石板被山体滚落的砂石掩埋，古道上植被茂密，偶有放羊人经过。

【历史渊源】

天威径，为博南古道的重要组成部分，是大理到保山的必经之路，从开通至民国都是我国对外交流的重要通道，相传亦是诸葛亮七擒孟获处。嘉靖《大理府志》记载："天威径，蜀汉南中孟获僭称王，诱扇诸夷，牂牁、越嶲皆应，其人素为夷汉所服，占据昆明、东川、武定，以及乌撒、霑蒙数千里，其众数万，诸葛亮经会川，历三绛(缝)、弄栋、叶榆，西抵永昌，遂生擒孟获，置获军中……四郡遂平。后名龙关，以西曰天威径。"[1]乾隆《大理府志》记载："天威径：在城南三十里。达永昌孔道。武侯七擒纵孟获处。"[2]

天威径古道

天威径古道上的马蹄印

1 （明）李元阳纂：《云南大理文史资料选辑地方志之一·嘉靖大理府志》，1983年4月大理白族自治州文化局翻印，第84页。

2 （清）李斯佺等修，黄元治等纂：《乾隆大理府志》，《中国地方志集成·云南府县志辑⑦》，凤凰出版社，2009，第508页。

宾川县

州城武庙

【地理位置】

地理坐标：东经100°34′54.61″，北纬25°44′24.04″，海拔1499.9米。

行政属地：宾川县州城镇文武学府路。

地理环境：州城镇上，毗邻宾川一中。

【保护级别】

2006年，州城文庙和武庙被国务院公布为全国重点文物保护单位。

【现状概述】

州城武庙占地9000平方米，坐北朝南，面对帽山，与文庙呈"丁"字形布局。武庙为阶梯式三进院式建筑，由照壁、东西便门、山门、东西厢房、武成门、东西庑、武成殿等构成。建筑群整体呈北高南低之势，寓意步步高升。

照壁位于最南端，规模宏大，长40米，高13米，基座高1.8米，由三部分组成：中间为主照壁，两侧叫"耳壁"。主照壁较高，耳壁较矮，呈三叠水式。主照壁中开圆孔，据管理者介绍，为"风生水起"之意。

山门宽9.4米，为重檐歇山顶式建筑，檐下施斗拱，东西两侧山墙呈"八"字形。

武成门，为单檐歇山顶建筑，功能类似过厅，面阔三间11.6米，进深5.3米。

武成殿，是武庙的中心建筑，面阔三间12.1米，进深10米，为单檐歇山顶。木门雕花，

州城武庙武成殿

州城武庙

州城武庙武成门

州城武庙照壁

州城武庙武成殿山面梁架空间

武成殿前廊斗拱

州城武庙西门

州城武庙牌楼式山门

内容为《三国演义》故事，殿内供奉关羽、岳飞的画像。[1]

1998年11月，州城武庙被公布为云南省省级重点文物保护单位。2006年，又被公布为全国重点文物保护单位。

【历史渊源】

宾川武庙所在的州城镇(曾名“大罗城”)，从明代至1956年，一直都是宾川的州治或县城所在。明弘治七年（1494)，宾川置州筑城，州城因长期为州治，故名。州城武庙始建于清康熙初年，雍正《宾川州志》记载：“关圣庙，在南门内。康熙初年，知州张瑞杨建。”[2]乾隆《大理府志》也记载：“关圣庙，在州治西南。康熙初年，知州张瑞杨建。”[3]清光绪九年（1883）武庙重修，奠定了武庙现有的建筑格局。据现在武庙的管理者李绍军先生介绍，武庙所在的区域以前曾供奉过姜尚、白起、岳飞等，到清代开始供奉关羽。

宾川州城武庙和相邻的文庙是云南省现存的建筑规模较大、极具地方特色的古建筑群，对研究明清时期云南的建筑具有重要的价值。

1 根据州城武庙内陈列说明牌上文字整理。

2（清）周钺纂修：《雍正宾川州志》，《中国地方志集成·云南府县志辑⑯》，凤凰出版社，2009，第554页。

3（清）李斯佺等修，黄元治等纂：《乾隆大理府志》，《中国地方志集成·云南府县志辑⑪》，凤凰出版社，2009，第418页。

宾川孟获洞

【 地理位置 】

地理坐标：东经100° 45′ 22.47″，北纬25° 56′ 56.19″，海拔2047米。

行政属地：宾川县平川镇孟获洞村。

地理环境：毗邻孟获洞村，周围高山环绕，植被丰茂

【 保护级别 】

1989年2月，孟获洞石棺墓群被宾川县人民政府公布为县级文物保护单位。

【 现状概述 】

孟获洞位于宾川县城东北50千米的平川镇孟获洞村，当地人称"孟获坟"，是一处天然的溶洞。孟获洞周围的山坡上曾有20多座墓葬暴露于地表，经过考古调查和清理，证实是一处石棺葬墓群。墓群的分布范围是孟获洞村周围的罗九河岸边至西面半山坡一带，面积约3000平方米。墓葬用大石修筑，长2—3米，宽1.5—2米，高约1.5米，出土有铜斧、铜剑、铜矛、铜钺、陶碗、石弹等器物。从墓葬形制和出土器物推测，此墓葬群的年代为战国至西汉中期。

孟获洞石棺墓群文保碑

孟获洞村的石棺墓组图

孟获洞

孟获洞村

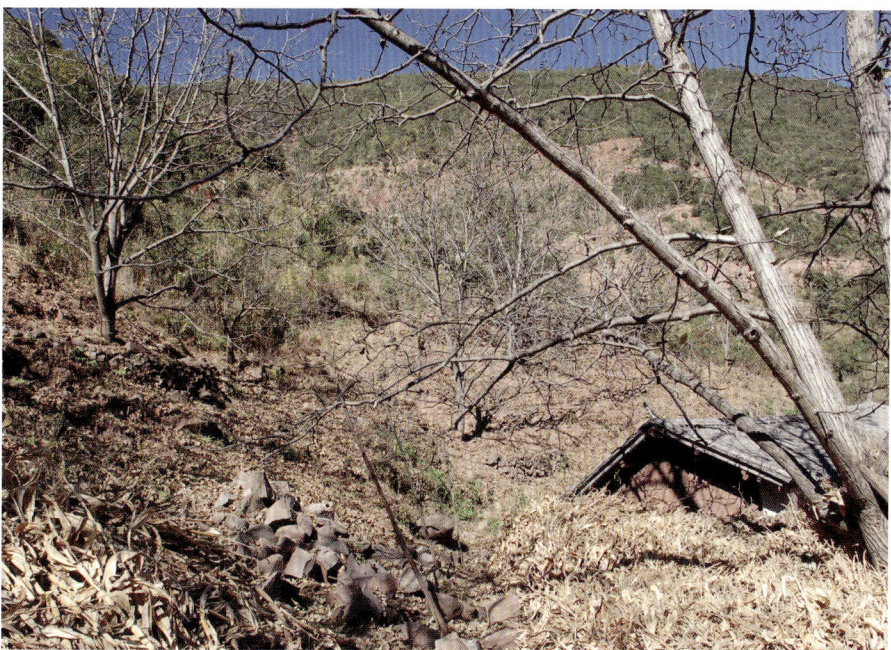

孟获洞石棺墓群

【历史渊源】

平川镇，古地名"赤石崖"，相传是孟获的祖地，《大理古佚书钞·洱河世族》有"乌蛮世分二支，南支即哀牢蒙氏部族，北支居弱水两岸，即汉末孟获部。孟获世居赤石崖为祖地"[1]之说。孟获洞的来历有几种传说：一说是当年诸葛亮南征时曾在宾川县大裂箐一带七擒孟获，孟获洞位于大裂箐北侧，是孟获的山寨；一说是诸葛亮七擒孟获之后，孟获受到兄长孟优的感召，在孟获洞进行了长达3年的修行，从此南中地区诚心归服蜀汉，不再叛乱。[2]

---

1 大理州文联编：《大理古佚书钞》，云南人民出版社，2002，第19页。

2 张旗：《宾川访古》，《大理文化》，2013年第4期。

弥渡县

南诏铁柱

地理坐标：东经100°26′18.74″，北纬25°20′32.67″，海拔1711米。

行政属地：弥渡县太花乡庙前村（古称"铁柱邑"）。

地理环境：位于庙前村的南诏铁柱景区内，四周有群山环绕。

【保护级别】

1988年，被国务院公布为全国重点文物保护单位。

【现状概述】

铁柱庙，又称"铁柱宫""铁柱观"或"南诏铁柱庙"。铁柱庙坐东朝西，由大门、照壁、三拱石桥、砚池、山门、戏台、前院、后院等部分组成，有七殿、五厢，三进院落，占地5800平方米，建筑面积2000平方米。大门为仿唐式牌楼，为改革开放后重建，匾额"南诏铁柱"是人类学家费孝通于1999年题写。照壁宽10米，高4.4米，其西侧绘有"张乐进求祭柱图"。正殿为歇山顶三开间，宽14米，进深15米。因庙内有一根高3.19米（柱身）、直径0.327米、周长1.05米、重2069千克的大铁柱而得名。铁柱立于前院正殿中央的石龛上，柱顶呈三莲瓣，叉口之间各装有一金色龙头，上面覆盖一口铁锅（亦称"铁笠"）。柱身分五节浇铸，铸面粗糙，范口交错衔接，留有

铁柱庙山门

铁柱庙正殿

爱苾老爹、老奶像

1338

铁柱庙正殿后视

铁柱庙照壁

张乐进求祭柱图

合范浇铸痕迹。柱身题记直行楷书阳文："维建极十三年岁次壬辰四月庚子朔十四日癸丑建立"22个字，外刻单凸线边框。

相传诸葛亮南征平定孟获，收缴兵器铸成铁柱纪功。因此，此铁柱民间俗称"孔明铁柱""天尊柱"。后因南诏世隆重铸，又被称为"南诏铁柱"。每年农历正月十五，弥渡西山的彝族人民聚集于铁柱庙，举行祭祀"铁柱老祖"的活动，以求丰收、平安和庇佑。

【历史渊源】

铁柱的铸造来历，有多种说法。[1]

流传最广的一种认为诸葛亮平定南中之后，收缴兵器铸铁柱纪功。

另一种说法认为，铁柱确为诸葛亮所铸，后因岁久损坏，张乐进求思武侯之功重铸。嘉靖《大理府志》记载："赵州孔明铁柱，在州南百里白崖。武侯既擒孟获，回白崖立铁柱纪功，改益州郡曰建宁，即其地也。时为大白子国，今名迷渡。侯子白子国主仁果十七世孙龙佑那，善抚其众，赐姓张氏领之。柱岁久剥泐，至唐懿宗咸通间，龙佑那十五世孙张乐进求思武侯功，重铸铁柱，合酉长九人祭天于柱侧。"[2]乾隆《大理府志》记载："铁柱庙，在州南百里白崖川。昔武侯平孟获，立柱纪功，岁久柱落。世传白国主张乐进求复铸，立之，建庙以祀。"[3]道光《赵州志》记载："铁柱，在城南九十里，一名天尊柱。武侯既擒孟获，立铁柱以纪功，岁久剥落。唐懿宗咸通中，白国张乐进求重铸。土人立庙其上，岁祀之。"[4]

第三种说法认为，铁柱确为诸葛武侯所铸，年久柱坏，南诏王蒙世隆时，于武侯铸柱之地原址另铸天尊柱。《南诏野史》记载："诸葛亮征云南，立铁柱，先为建宁国王张乐进求甫铸后，南诏王蒙世隆复重铸。""咸通壬辰十三年，于白崖诸葛武侯立铁柱之地铸天尊柱，高八尺。"[5]

最后一种说法认为，铁柱乃南诏景庄王蒙世隆所铸，是南诏的祭祀柱。元人郭松年《大理行记》也持此观点："白崖甸……西南有古庙，中有铁柱，

---

1 陈润圆：《南诏铁柱辩正》，《文物》，1982年第6期。

2 （明）李元阳纂：《云南大理文史资料选辑地方志之一·嘉靖大理府志》，1983年4月大理白族自治州文化局翻印，第89页。

3 （清）李斯佺等修，黄元治等纂：《乾隆大理府志》，《中国地方志集成·云南府县志辑⑦》，凤凰出版社，2009，第413页。

4 （清）李其馨纂修：《道光赵州志》，《中国地方志集成·云南府县志辑⑦》，凤凰出版社，2009，第545页。

5 （明）杨慎撰：《南诏野史（上）》，《南诏大理历史文化丛书第1辑》，巴蜀书社，1998，第53页。

南诏铁柱

立于石龛上的铁柱

高七尺五寸，径二尺八寸，乃昔时蒙氏第十一主景庄王所建。……土人岁岁贴金其上，号天尊柱，四时享祀，有祷必应。或以为武侯立，非也。"[1]

铁柱庙，因铁柱而建，至晚郭松年所在的元代已经存在。清康熙四年（1665）铁柱庙重修。乾隆四十九年（1784）又重修了大殿和前后院诸殿、厢房等。同治年间铁柱庙再次重修。1978年，又先后修缮了大殿、三拱石桥及大照壁等。

清乾隆时重修铁柱庙后，祭祀对象从原来的蒙世隆（景庄王）改为诸葛亮。乾隆《赵州志》、道光《赵州志》均有记载。后来，又改为祭祀蒙世隆，并在左右两厢塑蒙世隆夫妇像和爱苤老爹、老奶像。20世纪六七十年代，四尊塑像被毁。

1 （清）李斯佺等修、黄元治等纂：《乾隆大理府志》，《中国地方志集成·云南府县志辑⑦②》，凤凰出版社，2009，第38页。

南涧彝族自治县

公郎石箭

【地理位置】

地理坐标：东经100°18′52.31″，北纬24°50′3.95″，海拔1494米。

行政属地：南涧彝族自治县公郎镇。

地理环境：石碑立于农田中，周围群山环绕。

【保护级别】

1988年，被公布为大理白族自治州重点文物保护单位。

【现状概述】

公郎石箭位于南涧彝族自治县公郎镇北1千米的农田中，周围群山环绕，石箭为砂石质，下宽上窄，宽0.2—0.8米，厚0.2米，目前露出地面的部分高0.96米，略倾斜，倾斜度为10°。

公郎石箭旁立文保碑。碑立于1993年，碑阴刻有公郎石箭简介："石箭位于大理白族自治州南涧彝族自治县浪沧乡公郎镇东面一千米许农田内。石箭出土部分高150厘米，

公郎石箭文保碑

公郎石箭

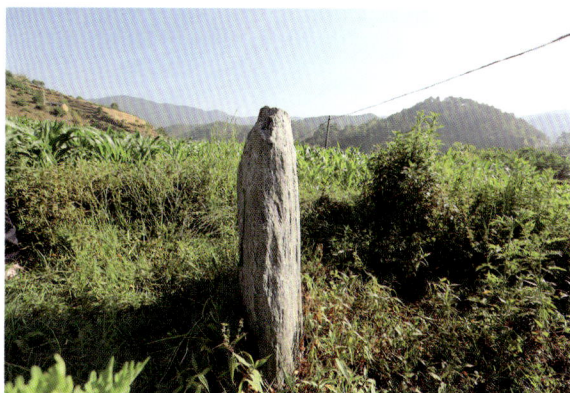
公郎石箭侧立面

宽75厘米，厚约20厘米，上有阴刻文字，大部被土掩埋。出土部分的文字排列三行，每行3至11字不等，正楷，直书右行，可辨者为：ㄅ北入□□直□穿地穴[1]（一行）丰卄此神物□□（二行）□征题□□□□（三行）。石箭既是石刻，亦为古代大石崇拜之物，是具有南涧地方独有民族文化特色，富有神秘色彩的一项文物古迹。"

【历史渊源】

公郎石箭，相传为诸葛亮南征时命令士兵所射而留下的遗物。康熙《云南通志》记载："石箭，在澜沧江巡检司北二里许，有石长七尺，径二尺，上锐如镞，下圆如杆，相

传武侯之遗。"[2]康熙《蒙化府志》记载："石箭，其一在浪沧江巡司北二里许，有石长七尺余，径二尺余，上锐如镞，下圆如杆。屹立田中，耕者误伤之，则有血褰。右有方塔一座，高一丈零，宽八尺，谓系箭筒。其一在司北马房村[3]山上，横卧于地，镞彀昭然，土人致祭。相传诸葛武侯标此镇地，箭有三，隐一见二，有钤记云。"[4]

1 当地人称所刻之字为"此神物穿地穴"。

2 （清）范承勋、王继文修，（清）吴自肃、丁炜纂：《康熙云南通志》卷十九《古迹》。

3 马房村石箭，现已破损为几块，留在原址。

4 （清）蒋旭修、陈金珏纂：《康熙蒙化府志》，《中国地方志集成·云南府县志辑㊾》，凤凰出版社，2009，第43页。

武侯台

地理坐标：东经100°29′38.62″，北纬25°1′44.51″，海拔1649米。

行政属地：南涧彝族自治县西山脚村。

地理环境：山上树木茂密，杂草丛生。

【现状概述】

武侯台位于南涧县西山脚村的后山上，山上树木茂密，遍布怪石，相传这些怪石是诸葛亮布下的石头阵。武侯台所在的山坡小地名"营盘山"，总面积1000多亩，山腰处传说是诸葛亮扎营的地方，叫"诸葛扎营处"；山顶较为平缓，有400多米长，叫"跑马场"，相传是诸葛亮训练骑兵布阵的地方。

距离武侯台三四百米的地方，曾有一处带石洞的石壁，当地人称"诸葛取水处"，洞穴中曾有泉水流出，当地俗称"水洞石"。相传诸葛亮南征扎营于营盘山，军士无水可饮，命令一将到附近找水，将军提剑上山，途中见一怪石，挥剑刺石，剑身入石。拔剑时，泉水随剑流出。由此，解决了军队的饮水问题。直至民国时期，水洞石仍有泉水，后因有人上山祭坟，想扩大水源而掘开洞口，洞口掘开后，泉水反而干涸了。1986年，水洞石被采石者炸毁。[1]目前，只能见到诸葛取水处的位置所在。

跑马场

---

1 董家泽：《南涧文化旅游》，大理董家泽，新浪博客。

诸葛取水处

武侯台

【历史渊源】

武侯台所在区域，古属定边县，康熙《定边县志》记载："诸葛营，县西十里，相传武侯南征至此结营，今有武侯台遗址，详在八景之内。"[1]康熙《云南通志》记载："武侯台遗址，在定边县西五里，刘升村后。"[2]康熙《楚雄府志》记载："武侯台，在县西五里，刘升村后，诸葛武侯南征，屯兵于此。"[3]

武侯台所在地风景秀丽，是古代定边县八景之一，当时人称"夜台晚翠"。康熙《定边县志》记载："夜台晚翠，在县西五里，刘升村后。武侯克服西南，过此屯兵，有夜台遗址。"[4]

1（清）杨书纂、邓承礼标点校注：《云南大理文史资料选辑地方志之七·康熙定边县志》，1985年6月大理白族自治州文化局翻印，第18页。

2（清）范承勋、王继文修，（清）吴自肃、丁炜纂：《康熙云南通志》卷十九《古迹》。

3（清）张嘉颖修：《康熙楚雄府志》，《中国地方志集成·云南府县志辑⑱》，凤凰出版社，2009，第351页。

4（清）杨书纂、邓承礼标点校注：《云南大理文史资料选辑地方志之七·康熙定边县志》，1985年6月大理白族自治州文化局翻印，第20页。

南涧武庙

地理坐标：东经100°31′38.27″，北纬25°3′13.55″，海拔1381米。

行政属地：南涧彝族自治县城东北部向阳坡。

地理环境：周围是民居。

【保护级别】

2013年，毓秀书院清代建筑群被公布为大理白族自治州重点文物保护单位。

【现状概述】

南涧武庙，位于南涧县老城的向阳坡上。仅存大殿，建于清代，坐东北朝西南。武庙大殿为土木抬梁结构，单檐歇山顶、小青瓦，梁架木雕、彩绘。面阔三间12.5米，进深10米。大殿上方悬挂清乾隆丁卯年（1747）蒙化府南涧巡检司试用吏回马弘毅所书匾额"浩气同天"。

因屋面椽橼大多朽坏，墙壁局部脱落，2011年初进行修缮。

南涧武庙大殿

南涧武庙

空置的南殿武庙大殿

南涧武庙梁架空间

【历史渊源】

南涧武庙始建于明代[1]，历史上曾叫"武安王庙"或"关圣庙"。康熙《定边县志》记载："武安王庙，在县治东。"[2] 康熙《楚雄府志》记载："关圣庙，在县治东。"[3] 仅存的武庙大殿，是清代建筑，与毓秀书院（清光绪年间创办）、文庙、南涧巡检司衙署（清代）等都集中坐落在东城门内的向阳坡上，茶马古道穿城门而过。这一区域是清代南涧的政治、经济、文化中心。

南涧武庙和毓秀书院曾被南涧小学借用作图书室和教室，现南涧小学已经搬迁。

1 根据南涧文物管理所提供的相关资料。

2 （清）杨书纂、邓承礼标点校注：《云南大理文史资料选辑地方志之七·康熙定边县志》，1985年6月大理白族自治州文化局翻印，第33页。

3 （清）张嘉颖修：《康熙楚雄府志》，《中国地方志集成·云南府县志辑㊽》，凤凰出版社，2009，第368页。

巍山县

系马庄石碑

【地理位置】

地理坐标：东经100°17′40.55″，北纬25°15′40.32″，海拔1736米。

行政属地：巍山县南诏镇系马庄村。

地理环境：系马庄石碑位于老关巍公路旁，周围有部分民居、商铺。

系马庄石碑所在街道

【现状概述】

系马庄石碑，原立于老关巍公路西侧，修路时移至路东侧。通高0.95米[1]，长0.30米，厚0.16米。石碑镌刻正行书写的三行铭文，共26字，楷书。碑文为："建兴六年春，诸葛孔明征孟获经过蒙郡，前部先锋将军关索系马。"据当地村民郑顺泰老人（67岁）介绍，平时他们会在石碑前插香。

【历史渊源】

系马庄石碑始建年代不详，据当地文管所介绍，该碑为明代所立。系马庄的由来与该石碑有密切关系，传说诸葛亮南征时途经于此，此碑就是当时前部先锋将军关索系马的地方，村庄由此得名。

系马庄石碑

---

1 石碑通高不带底座。

巍宝山文昌宫

【地理位置】

地理坐标：东经100°20′56.33″，北纬25°10′50.83″，海拔2242米。

行政属地：巍山县南诏镇。

地理环境：文昌宫位于巍宝山风景区内，周边为道教宫殿群，植被茂盛。

【保护级别】

1987年，巍宝山古建筑群被云南省人民政府公布为省级文物保护单位。

【现状概述】

巍宝山文昌宫，坐南朝北，由山门、关圣殿、池潭（龙潭）、文龙亭、魁星殿、金甲殿、文昌殿等建筑组成。关圣殿为文昌宫的前殿，面阔三间10.8米，进深五间6.3米，抬梁式砖木结构，硬山顶。殿内中部位置塑有关羽坐像，西侧为紫微大帝，东侧为真武大帝。关羽坐像，左手持《春秋》，右手捻须，身披金甲，高约3.4米。关羽左侧为关平立像，双手捧印，高约2.5米；右侧为周仓立像，左手握拳于腰，右手持刀，高约2.5米。文龙亭西侧为神泉井，平面呈半圆形，长0.8米，宽0.5米，深1.8米。

【历史渊源】

巍宝山文昌宫，又名"龙潭殿"，最早为当地群众祭龙的场所，始建于南诏时期，清代改为文昌宫，现存建筑主体为清初所建，后历经数次重修。文昌宫的正殿脊梁上有题记，前端为1985年重修题记，后端为"康熙

巍宝山文昌宫山门

巍宝山文昌宫大殿

巍宝山文昌宫俯视

巍宝山古建筑群文保碑

巍宝山文昌宫关圣殿

巍宝山文昌宫关圣殿主祀关羽

巍宝山苍翠掩映中的文昌宫

巍宝山文昌宫鸟瞰

二十四年岁次乙丑兴建"题记。关圣殿中脊上有题记，前端为2010年重修题记，后端文字为"乾隆四十九年岁次甲辰（1784）仲冬月上浣兴建"。神泉井，相传孟获之兄孟节曾居于此，诸葛亮因士兵误饮哑泉，故亲往殿内访问孟节以求解药治疗士兵。[1]据53岁的文昌宫管理者张丽华道长讲述，关圣殿内的关羽雕像为2005年重塑，以前关圣殿内无紫微大帝和真武大帝像。关圣帝君在道家神职里比文昌帝君高一级，但因巍山县为南诏发祥地，号称云南四大"文献名邦"之一，所以关圣帝君情愿为文昌帝君护法，手持《春秋》，镇守前殿。至于神泉井，传说为巍宝山恢复道教文化后，追溯其历史所留。

1 孟优、孟节均为《三国演义》里人物，不见于正史记载。《三国演义》第八十九回记载孟节乃南蛮王孟获之兄，而孟优为南蛮王孟获之弟。

巍山明志书院

地理坐标：东经100°18′13.42″，北纬25°13′44.59″，海拔1727米。

行政属地：巍山县巍城西路157号。

地理环境：巍山明志书院位于古城西北处，四周为民居、商铺。

【 保护级别 】

2005年，被巍山县人民政府公布为县级文物保护单位。

【 现状概述 】

明志书院，原名"崇正书院"，俗称"西寺"，为蒙化第一所书院。原建筑有杏坛、大殿、学文斋、修行斋，前有泮池，泮池前有一坊曰"科第"，殿后建屋五间曰"观文楼"，旁建厢房，后多毁。明嘉靖年间，于大殿后建武侯祠、致远堂、尊经阁、乡贤祠、书斋、八腊祠、拱辰馆，大门外凿池，共有屋舍56间。现建筑大多毁损，仅保留大门、中厅、大殿、厢房及楼阁数间，武侯祠已经不存。现由巍山文管所管理，明志书院暂未对外开放。[1]

明志书院大殿

位于大殿后的明志书院武侯祠原址

【 历史渊源 】

明志书院，始建于明弘治十四年（1501），原名"崇正书院"。明嘉靖年间，蒙化府通判吴绍周扩建，于大殿后建武侯祠，后取诸葛武侯"淡泊明志"之意，改崇正书院为"明

---

1 由巍山县文物管理所提供重要资料。

1352

志书院"。乾隆二十三年（1758）、四十六年（1781）又对其进行增修、扩建。咸丰年间毁于兵乱，光绪元年（1875）迁至城外，后改为高等小学。民国时期，名西寺小学。中华人民共和国成立后，仍为小学，后办铁工厂、职业中学。《蒙化县志稿》详细讲述了明志书院的沿革，对研究该书院具有重要意义，遂将原文逐录于下[1]：

　　蒙化书院，置自明宏（弘）治间，时曲靖府同知胡光署蒙篆，始于城外西北隅购旧浮屠地创建，名曰崇正，岁久倾圮，仅存杏坛及左右二斋。嘉靖中，通判吴绍周复修葺之，又建武侯祠及尊经阁讲堂于后，八蜡祠于左，以武侯淡泊明志，因改名"明志"云。明季颓废。清乾隆二十三年，绅士等增修城内东南隅文昌宫大门牌坊、忠孝楼；四十六年，教授卢铎又新建楼房厨库书室；五十一年，同知黄大鹤与郡绅筹集薪资，聘院长，召诸生肄业，按月课试，因就此作院，即名曰"文昌"。咸丰兵燹毁。光绪元年，同知萧培基改建城外东北隅旧玉皇阁故址，以其地在文华山麓，故名曰"文华"。初建藏书楼、魁星阁、两厢大门，内凿泮池，未蒇事而瓜代，夏廷燮继之，续修阁外廊舍，于池后置雁塔坊，复拨逆产田铺各租为薪火资，又改"文昌书院"为"学古"，专课卷折及诗古文词。于南涧则添设"毓秀"，大仓则添设"文明"，漾濞则添设"瓜江"各书院，宏奖人才，不遗余力，士风由是丕变焉。光绪季年改设高等小学。

1 李春曦修，梁友檍辑：《蒙化县志稿》，成文出版社，1974，第298页。

明志书院外门

同时，《巍山金石录》也详细讲述了明志书院的溯源，遂将两块重要的碑文迻录于下[1]：

明志书院记

知府　李元阳（大理）

汉相诸葛忠武侯平定南中，南至产里，西底洋海，大而都邑，小而聚落，其丰功盛烈，在在昭著，崇立而表显之，使人知所向、慕奋发，不亦为民师帅者之职欤？蒙郡故有书院，创于胡倅文光，历岁既久，倾圮殆尽。长沙吴公来为师帅，期月之内，政行惠流，悯书院之黍离，慨

功德之未祀，乃谋诸师生父老，闻于台院司省，出己俸以倡人，一时世守左君。乡绅绅及好义者，亦各以私钱助费，具木陶甓，聚食召工，拓书院之隙地以建武侯祠，因建祠之余材以补书院，为屋以间计者凡五十有六，完旧者曰杏坛殿，曰大门，曰学文斋，曰修行斋；新增者曰忠武祠，曰致远堂，曰尊经阁，曰名宦乡贤祠，曰寝室，曰书斋，曰书舍，曰来薰亭，曰拱宸馆，曰都养庵，曰饩仓，曰半轩，曰居仁门，曰由义门，曰存心门，曰主敬门，曰行恕门。大门之外，凿池导泉为泮。规制既备，合而名之曰明志书院。于是蠲吉肖侯之像而修其俎豆，诸生从者如云，公乃升讲堂，布师席，以平日所闻于师者铺张而扬厉之。诸生抠衣问难，公亦亹亹忘倦，自是盖朝往而夕忘归焉。环桥门而观者，召立堂下，告以孝弟，众日益集，则

1 政协巍山彝族回族自治县委员会、巍山彝族回族自治县文化和旅游局编：《巍山金石录》，云南速盈印刷有限公司印制，2021年12月，第230页。

申乡约以教之。鸣歌钟，咏风雅，顿使四境之内，蔼然兴弦诵之风矣。隆庆己巳，公迁秩而去，士民大失所望，师生谒余于点苍山下，以院记为属。余家距蒙郡一百里而近，谂闻吴公之政之教，其何可辞。昔者孔明之言曰，非淡泊无以明志，非宁静无以致远，先正谓其有儒者气象，千载之下德音在耳。矧此蒙郡侯所经营，顾瞻江山，仪型可想，吴公明志一言揭于院，勒于石，俾出入顾是武侯之所以为教，吴公之所以为学，一举目而自得矣。且夫志也者，心之诚也，心之出入无乡而能制之，使内不出、外不入者，惟志而已。此志一立，则视富贵如倒景浮云，尝穷厄如太羹玄酒，是则所谓淡泊也，淡泊斯宁静矣。吴公者，弱冠游岳麓书院，其于阳明先生之学，目击而心唯，气感而机悟，故其历官所至，以讲学著闻，虽尝以此龃龉于时，然其浩大之气，直方之名，卒以因是而显。于乎，若吴公者，游于淡泊之乡，而休乎宁静之域者欤？二三子以是求之，则吴公虽去，犹不去也。若状内述其及物之政，如造西河之桥，葬无依之骨，缓荒岁之征，祛邪巫之渎，诸如此类，特公之余事耳，乌足为公数哉！公名绍周，字景伯，号天马山人，世家楚长沙。

崇正书院记

佥事　郁容（苏州）

书院之设，其来尚矣，如唐之陆敬舆，宋之朱晦翁，元之许鲁斋皆有之。然其人或抱内圣外王之学，或任著书传道之统，或立用夏变夷之功，后之人思欲聆其謦欬、窥其跬步而不得，乃因其所产宦游之地，各立书院以系向慕。然而守祠者恒扃钥其门户，后学欲一瞻仰，卒莫能入，顾昕夕憩其间耶？若夫事以义起，而垂作之功于百千祀者，逮我皇明得一人焉，今曲靖二守胡君文光是也。君名光，文光其字，徽之绩溪人，与予同登成化甲辰进士第，既而出补广州府节推，坐微眚谪官西蜀，未几迁灌县尹，擢今职。岁己未冬，予拜云南按察佥事，明年庚申春至湖广，会宪副刘世熙，彼予同乡也。尝仕蜀，为予道文光任蜀时善政，亹亹不绝口。过贵州，会宪佥朱象之，彼予同年也，乃蜀产，其道文光善政，较世熙尤详且尽。既入云南境，凡军民道及文光善政，所言者尤卓异。予以是知文光之为人，直吾榜中铮铮者。是年冬，蒙郡以缺官署事请命于巡抚，都宪陈公巡案待御林公成推文光往摄之。文光视篆甫三月，而政通人和，百度克举，乃见学宫湫隘，无以豁诸生心目，慨然欲别为书院处之。顾城中地无相当者，天佑斯文，默弼其鉴，爰得浮屠废寺于附郭西隅，厥位向阳，山川环带，遂称薙芜秽，茸而大之，因其殿肖宣圣燕居之像，又借其田十六亩之入，以充岁时释奠，既诸生束修之需。分旁舍为四斋，曰文学，曰修行，曰存忠，曰存信，以易置诸生，使之观感。后购民居地如寺址之数，上舍左輓，徙别墅故宇为书院之堂，堂之前南北两隅，皆斫石为栏干，以节行者。中甃石为池，以象泮水。池之前又立坊曰科第，堂之后建重屋五间，曰观文楼。翼以两庑，为德行、言语、文学、政事四科，以策课诸生，使之起发。又其左易民地若干，迁射圃于其上，以鼓舞诸生，使之游艺。经始于辛酉岁某月某日，落成于是岁某月某日，工不久妨，财不妄费，而门墙堂宇，巍然焕然，上应奎壁之光矣。文光

明志书院大殿山面梁架

以昔为缁流咒梵之所，兹为逢掖咕哗之区，乃名曰"崇正书院"，志其实也。欤乎！地可变，人讵有不可变者，吾知蒙化之士，自此一变而擢科名，世代不乏人矣，岂终如前弗振也哉！尚在尔为师者知所以教，为弟子者知所以学，斯不负文光今日鼎建立书院之意。或又以文光之在蒙化，特权摄耳，何遽为立书院如此耶？是善由其所学有体有用焉耳。夫士之仕也，有体而无用则为腐儒，有用而无体则为俗吏。惟文光天资峻拔，而所学者全，所见者真，故能以身心所得之理，发而为文章，则为实言；施而为事业，则成实效。在郡可以为文翁，为黄霸，在边可以为韩琦，为仲淹，举而措之，无乎不可，况区区蒙化也哉！虽然，《诗》有曰："岂弟君子，遐不作人。"文光以之，又曰："如切如磋，如琢如磨。"诸生勉焉。蒙之学官董壁，以文光兹举，实古今盛典，恐后人不知所自，有坐视其颓敝而漫不加意者，谨述其梗概，遗诸生陈明、薛儒，踵予求文，愿托贞珉以告来者。予乐文光知所重也，既系其事，又为之歌。歌曰："吴山巃嵸兮茗水瀁泱，宣公书院兮浙西之光。红鹅泛湖兮白鹿眠洞，文公书院兮西江之重。夷风煽俗兮朔漠尘昏，文公书院兮正气攸存。蒙山万叠兮蒙人万户，胡君建此书院兮，岂伊一身一世之故。"

巍宝山长春洞

地理坐标：东经100°20′41.94″，北纬25°10′13.74″，海拔2252米。

行政属地：巍山县南诏镇。

地理环境：长春洞位于巍宝山风景区内，周边为道教宫殿群，植被茂盛。

【保护级别】

2006年，被国务院公布为全国重点文物保护单位。

【现状概述】

巍宝山长春洞，坐东南朝西北，由山门、前殿、正殿、厢房等组成，主要供奉玉皇大帝、雷祖、山神、土地等道教神明。山门上方横披板有三国题材彩画，已辨识故事内容者分别为"战长沙"和"草船借箭"。一幅未能辨识内容的彩画位于正对山门匾额左侧，右侧绘制关平和周仓，关平叉腰，周仓手持青龙偃月刀，中间绘制一人身穿白袍，跪地，貌似在对上方手持令旗的人汇报，下方绘制二人被擒的场景。前殿为雷祖殿，塑雷祖即闻太师像。后廊上方横披板也有三国题材彩画，已辨识故事内容分别为"骂王朗""火烧赤壁""祢衡击鼓骂曹""空城计""三英战吕布""三顾茅庐"。大殿为重檐歇山顶，内有转阁，塑玉皇，藻井为九宫八卦，内雕蟠龙，十分精美。

长春洞前殿

长春洞山门

长春洞正殿

长春洞正殿内部

长春洞山门匾额上方"草船借箭"彩画

长春洞"战长沙"彩画

长春洞"火烧赤壁"彩画

长春洞"三英战吕布"彩画

长春洞"祢衡击鼓骂曹"彩画

长春洞"三顾茅庐"彩画

长春洞"空城计"彩画

长春洞"骂王朗"彩画

长春洞未辨识故事内容彩画

【历史渊源】

巍宝山长春洞，根据《蒙化县志稿》可知，康熙年间，贵州道人李法纪、杨发荫原为青霞观道人，时常往来于望鹤亭，经过此处时见其山环水抱，于是在此建庙。道光咸丰年间，道人杨阳慧改大殿为阁，称"通明天宫"。光绪年间道人杨老七、张乾又重修厢房和花园。[1] 山门前的三国题材画的由来，据长春洞逍遥道长介绍，长春洞的三国故事题材彩画可能与孟获的兄长孟节曾在巍宝山修仙的传说有关系。

1 李春曦修，梁友檍辑：《蒙化县志稿》，成文出版社，1974，第265页。

三國

GUIZHOU

贵州省

贵州省概述

　　贵州省位于我国西南部，云贵高原的东北部。其东连湖南省，西通云南省，北接四川省、重庆市，南邻广西壮族自治区。截至2022年，贵州省下辖贵阳市、六盘水市、遵义市、安顺市、毕节市、铜仁市6个地级市，黔西南布依族苗族自治州、黔东南苗族侗族自治州、黔南布依族苗族自治州3个自治州，共88个县级行政区。

　　根据谭其骧先生《中国历史地图集》第三册"三国时期"的地图所示，以及相关历史文献的记载，在三国时期，今贵州省的大部分地区位于蜀汉益州的南部，分属益州之下的牂牁郡、江阳郡和朱提郡所辖。

　　蜀汉益州的南部，当时被称为"南中"，是丞相诸葛亮全面执政后，准备大举北伐曹魏之前，自率军南下"五月渡泸"，前往建立稳定管理秩序的"战略大后方"，这次南征在这里留下了深远而广泛的影响。贵州省各地区当时所在的牂牁郡、江阳郡和朱提郡，乃是南中的重要组成部分，所以这里的三国文化遗存，很多都与诸葛亮的南征相关，如具有极高历史文化价值的大方县《济火碑》就是如此。

贵阳市

　　贵阳市是贵州省的省会，位于贵州省中部偏北，因在贵山之南而得名。截至2022年，全市下辖清镇市1个县级市，云岩区、南明区、花溪区、乌当区、白云区、观山湖区6个区，修文县、息烽县、开阳县3个县。三国时期，该区域主要为蜀汉益州牂牁郡辖地。

贵阳市三国文化遗存点位分布图

1　铜鼓山

撰稿：陈　芳
摄影：丁　浩
绘图：尚春杰

息烽县

开阳县

修文县

白云区

乌当区

清镇市

观山湖区

云岩区

南明区

花溪区

云岩区

铜鼓山

【地理位置】

地理坐标：东经106°44′18.84″，北纬26°35′45.24″，海拔1200米。

行政属地：云岩区东山。

地理环境：山势陡峭，树木茂密，山上有仙人洞道观。

【保护级别】

1983年，仙人洞道观被贵阳市人民政府公布为市级文物保护单位。

【现状概述】

铜鼓山，当地称为"东山"，山势陡峭，植被丰茂，山上有三个天然的石洞，相传是诸葛亮南征时收藏铜鼓之地。

铜鼓山现今是贵阳重要的道教圣地，山上有一座道观，名为"仙人洞"。仙人洞道观由三清殿和三官殿两部分古建筑组成。三清殿始建于清初，三官殿始建于清康熙十二年（1673）。

【历史渊源】

铜鼓山，因为相传是诸葛亮南征时收藏铜鼓之地而得名，风光秀丽，历史上曾是贵阳八景之一，即"铜鼓遗爱"。《弘治贵州图经新志》记载："铜鼓山，在三司治城东二里，高百余仞，山半崆峒。每阴雨，闻其中有声，如铜鼓。相传为诸葛武侯所藏者。贵阳八景曰'铜鼓遗爱'即此。"[1]

---

1 （明）沈庠修、赵瓒纂：《弘治贵州图经新志》，《中国地方志集成·贵州府县志辑①》，巴蜀书社，2015，第11页。

铜鼓山

铜鼓山《云山万里》摩崖石刻

遵义市

遵义市，位于贵州省北部，南邻贵阳市，北连重庆市。截至2022年，全市下辖红花岗区、汇川区、播州区3个区，仁怀市、赤水市2个县级市，桐梓县、绥阳县、正安县、凤冈县、湄潭县、余庆县、习水县、道真仡佬族苗族自治县、务川仡佬族苗族自治县9个县。三国时期，该区域主要为蜀汉益州牂牁郡辖地。

遵义市三国文化遗存点位分布图

1 三岔河蜀汉崖墓

撰稿：陈　芳
摄影：丁　浩
绘图：尚春杰

习水县

三岔河蜀汉崖墓

【地理位置】

地理坐标：东经 108°26′1.86″，北纬 28°29′1.30″，海拔 803 米。

行政属地：习水县三岔河乡三岔村。

地理环境：毗邻三岔河，岩壁较陡。

【现状概述】

三岔河蜀汉崖墓，位于习水县三岔河乡三岔村，开凿于长约百米、高 3—7 米的白沙岩上，共 5 座，编号 M1—M5。除 M1 未完工，其余各墓均为长方形。[1]

M1，未完工，已凿出的部分长 130 厘米，深 10—30 厘米。

M2，距地面 130 厘米，墓向 145°，回字形双重门框，外框高 125 厘米，内框高 100 厘米，墓室近方形，宽 240 厘米，进深 230 厘米，墓顶后部近两面坡形，前部近卷棚式，类似屋顶。墓口右侧有摩崖石刻题记，37 个字，竖排三列，内容为"章武三年七月十日，姚立从曾意买大父曾孝梁右一门，七十万毕，知者廖诚、杜六，葬姚胡及母"。

M3，墓向 100°，近"回"字形双重门框，外框高 135 厘米，宽 130 厘米，内框高 118 厘米，宽 105 厘米。墓室方形，进深与宽均 233 厘米。

左右卷棚式顶，四角低，中央高。

M4，墓向 77°，近"回"字形双重门框，外框高 108 厘米，宽 162 厘米，进深 10—15 厘米，内框高 90 厘米，宽 138 厘米，进深 77 厘米。墓顶框顶部凿刻略似屋脊的浅槽，墓顶前后有两面坡形。后壁中央饰鱼刺形纹，外侧作波浪形纹。左右两壁作波浪纹，左壁中央浮雕鱼的图案。

M5，墓向 38 度°，近"回"字形双重门框，外框高 100 厘米，宽 133 厘米，内框高 85 厘米，宽 115 厘米，进深 75 厘米，规模相对较小。墓门东侧 50 厘米处有一处摩崖题记，竖刻"麦孟京娄石"。墓门两侧各刻一阙，双重檐，宝顶结构，高 48 厘米。墓门上侧刻有《捕鱼图》。

【历史渊源】

M2 号崖墓题刻中的"章武"，是刘备称帝之后的年号。陈寿《三国志》记载，章武三年（223）四月，刘备病逝于永安宫（今重庆市奉节县），五月后主刘禅继位，改元"建兴"。M2 题记的时间为"章武三年七月十日"，此时刘备已经去世，蜀汉政权已经改元建兴，但因山川阻隔，消息闭塞，当地仍沿用章武年号纪年。

近年来有学者对"章武三年"崖墓题记进行了进一步的释读，认为是一份土地买卖的契约，记录了蜀汉章武三年，姚立从曾意手中购

---

1 黄润亭：《贵州习水县发现的蜀汉崖墓和摩崖题记及岩画》，《四川文物》，1986 年第 1 期；李飞：《崖上阴宅：习水崖墓调查记》，贵州省博物馆主编：《贵博论丛（第一辑）》，广西师范大学出版社，2020，第 84 页。

习水蜀汉崖墓（一）

习水蜀汉崖墓（二）

习水蜀汉崖墓（三）

白村 M1 崖墓题记拓本（摘自《崖上阴宅：习水崖墓调查记》）

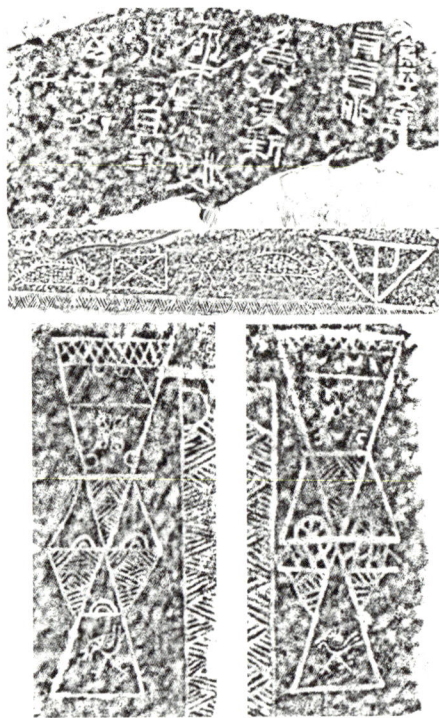

"海鱼 1 号"崖墓题记拓本（摘自《崖上阴宅：习水崖墓调查记》）

M2 右侧的石刻文字

M2 右侧刻有"章武三年"等文字

得曾氏祖茔的一块墓地，墓地位于曾意祖父曾孝墓的右侧，见证人是廖诚和杜六。[1]而M5题记"麦孟京娄石"的意思比较明确，即三岔河M5崖墓是一位名叫"麦孟京"的石匠所开凿。

2016年9月7—8日、2018年9月13—17日，由贵州省博物馆、贵州文物考古研究所、贵州大学、贵州民族大学、习水县文物管理所等组成的联合调查小组，对分布于黔北赤水、习水、桐梓等县市的6处15座崖墓进行了调查和复查。调查组在习水县大坡乡建筑村海鱼组发现了一座崖墓，命名为"海鱼1号"崖墓。该墓呈横长方形，距地面高140厘米，墓向360°，宽185厘米，进深78厘米，外高78厘米，内高56厘米。墓门上端刻相向的双鱼以及禽鸟、长方形与三角形图案。墓门左右两侧阴刻几何形双阙，墓门顶发现有隶书题记"熹平五年（176）二月三日作，广汉新都李元伯（？）镂。□□直钱五千又（？）十……"题记内容包括纪年崖墓建造的年月日、石匠的籍贯与姓名、工价等。[2]

调查组又在程寨镇红旗村白村组即习水河北岸的崖壁上（小地名"牛肚塘"），发现崖墓6座，编号M1—M6。白村M1位于崖壁最西侧，距离地面382厘米，墓向188°，二重门框，第一重高133厘米，宽125厘米；第二重高100厘米，宽88厘米。方形墓室，进深202—215厘米，宽225厘米，后壁略呈弧形。穹窿顶，四角低，中央高，高96—133厘米。墓门上方发现隶书题记："延熙二年（239）[3]三月廿日孙作，以□□七千，米八十石，以五年二月卅日……"题记内容包括纪年年月日、石匠姓氏和工价等。[4]

"章武三年"崖墓，与此后调查中发现的"海鱼1号"崖墓、白村M1崖墓在地理位置、墓葬形制、题记内容等方面都具有极大的相似性，题记中所记载的年月日、工匠籍贯、姓名和工价等内容，为研究以三岔河蜀汉崖墓为代表的黔北地区崖墓的源流、技艺、丧葬习俗、墓穴风格等各个方面提供了新材料。有学者通过对这些题记的深入研究，认为黔北地区的部分崖墓是由蜀中匠人南入黔地所开凿的，这在当时是一种较为普遍的现象，并且历史久远，所以黔北崖墓是以四川盆地为中心分布的四川崖墓的一部分。[5]

1 李飞：《崖上阴宅：习水崖墓调查记》，贵州省博物馆编：《贵博论丛（第一辑）》，广西师范大学出版社，2020，第72—95页。

2 李飞：《石匠和赞助人》，该资料由贵州省博物馆李飞先生提供。

3 因字迹磨泐，调查者认为不排除阳嘉二年（133）或延熹二年（159）的可能性。参见李飞：《崖上阴宅：习水崖墓调查记》，贵州省博物馆主编：《贵博论丛（第一辑）》，广西师范大学出版社，2020，第95页。

4 李飞：《崖上阴宅：习水崖墓调查记》，贵州省博物馆主编：《贵博论丛（第一辑）》，广西师范大学出版社，2020，第88页。

5 李飞：《崖上阴宅：习水崖墓调查记》，贵州省博物馆主编：《贵博论丛（第一辑）》，广西师范大学出版社，2020，第94页。

M5 上方的《捕鱼图》

M5 上方的《捕鱼图》，左右的
阙等图案

M5 右侧的汉阙图案

M5 左侧的汉阙图案

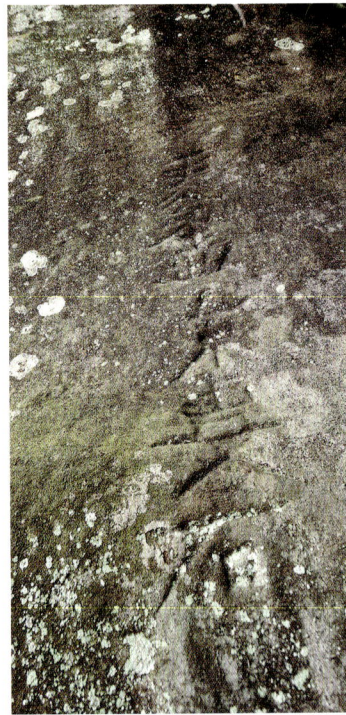
M5 右上方的文字

安顺市

安顺市，位于贵州省中西部，东邻贵阳市。截至2022年，全市下辖西秀区、平坝区2个区，普定县、镇宁布依族苗族自治县、关岭布依族苗族自治县、紫云苗族布依族自治县4个县。三国时期，该区域主要为蜀汉益州牂牁郡辖地。

安顺市三国文化遗存点位分布图

1 清凉洞遗址

2 安顺武庙

3 孔明观星台

4 宁谷遗址

5 藤甲谷

6 镇宁孟获洞

7 关索岭

8 晒甲山、诸葛碑

9 孟获屯

10 扎营关

撰稿：彭 波 吴 娲 陈 芳
摄影：丁 浩 彭 波 蒋 英
绘图：尚春杰

西秀区

清凉洞遗址

【地理位置】

地理坐标：东经106°2′52.86″，北纬26°15′40.26″，海拔1420米。

行政属地：西秀区七眼桥镇。

地理环境：喀斯特地貌。

【保护级别】

1984年，被安顺县人民政府公布为县级文物保护单位。

【现状概述】

清凉洞，又名粮仓洞，位于安顺市西秀区七眼桥镇七眼灶东北面的伏云山中。该洞是天然溶洞，处于伏云山半山腰，离地数十丈，横贯整座山峰，东西各有一个洞口。相传三国时，孟获曾在此屯粮。因是天然溶洞，当地人利用洞内空间修建了庙宇，名清凉寺，由释伦昌师傅主持管理。

清凉洞所在的半山上，有一个寨子（自然村），叫"七眼灶"村，有传是因当年孟获军队运粮经过，在村旁的偏岩上安了七个灶煮饭食用，而得名；也有传是诸葛亮南征七擒七纵孟获时减兵灶而得名。村寨内的房屋为典型的屯堡建筑，由石块和石板砌筑，因为配合当地建设，"七眼灶"村于2005年整体搬迁，改名清凉村。

七眼灶村原村寨中，以及村寨对面的将军岩山上，有两块相对而立的巨石，分别被当地村民称作"石将军公公"（地理坐标：东经106°2′40.38″，北纬26°15′33.41″，海拔1424米）和"石将军婆婆"（地理坐标：东经106°2′39.84″，北纬26°15′28.94″，海拔1407米）。两巨石修长高耸，高约10米，因其顶端侧面似孔明所戴的帽子，犹如诸葛孔明站立遥望远方，故名。

按照当地习俗，每年农历六月初六，附近村民多会携带小孩，到此处洗澡、野炊，保佑小孩平安、健康、听话，这种习俗一直传承，何时起始已无法确认知晓。位于原屯堡村寨中的"石将军公公"，因村寨荒弃，农历六月间野草蔓生，已少人前往祭祀。"石将军婆婆"位于将军岩半山腰，有山间小路可以抵达，石前有一口天然水井。石头上用红绳绑有村民祭祀还愿的"木剑""木弓""木箭"等物，有红纸写有"箭到自福来"等字符。

七眼灶村原村寨

粮仓洞内景

【历史渊源】

　　粮仓洞（清凉洞），早在清代就已经建有寺院，并且其所在的伏云山山麓留存有旧时的城墙。《咸丰安顺府志》记载："清凉洞。《通志》云，在城东二十里，又名粮仓洞。天开一窍，前后通明。相传孟获曾屯粮于此。今在城东三十里夏官屯，洞口通明，中有梵刹，下有内外二城，遗址尚存。"[1] 民国时期，江西僧人昌明，应安顺地方士绅之邀，曾来清凉寺住持修行。

　　相传在南宋时，孟获后人还在洞中修建宫殿式建筑。《清凉洞碑记》记载："此洞（清凉洞）本系汉末荒服，孟获屯兵积粮处也。原名粮仓洞，山麓建有旧城垣，故址存焉……宋南渡后，柴氏大乱黔疆，孟氏殆尽。适有阿达卜寨苗酋朵克，率部乘机追逼孟氏至牂牁江畔，无桥可渡，孟氏急欲投江，遇钱塘江雷峰寺游方二僧（慧光、慧明）相救，遂归原洞。并请田地二百余亩，伐木建造洞中殿陛……时南宋宁宗开禧三年（1207）丁巳云云。"[2]

七眼灶村孔明石

1　（清）常恩修，邹汉勋、吴寅邦纂：《咸丰安顺府志（一）》，《中国地方志集成·贵州府县志辑㊶》，巴蜀书社，2015，第127页。

2　（清）常恩修，邹汉勋、吴寅邦纂：《咸丰安顺府志（一）》，《中国地方志集成·贵州府县志辑㊶》，巴蜀书社，2015，第463页。

安顺武庙

地理坐标：东经105°55′47.35″，北纬26°14′57.26″，海拔1374米。

行政属地：西秀区中华东路1号。

地理环境：安顺古城东北角老大十字街口。

【保护级别】

2013年，被国务院公布为全国重点文物保护单位。

【现状概述】

安顺武庙经多次修复，现存建筑面积约1500余平方米，占地面积约4000平方米。建筑坐北向南，沿中轴线依次分布大门，影壁，泮池，大殿，东庑、西庑，观音楼，东、西厢房等建筑，为三进四合院式石木结构建筑群。大殿面阔五间，单檐歇山顶，前后有两廊，36根落地柱均为整料石柱，高约十米，柱础雕饰精美，有竹节形雕刻装饰柱沿。前廊东山墙嵌有康熙八年《重修关圣庙碑记》，民国八年《安顺改武庙为关岳庙培修碑记》，大殿后为观音楼院落，观音楼面阔三间，为三重四角攒尖顶楼阁式建筑，底层平面为方形，左右及后皆筑石墙。

【历史渊源】

安顺武庙始建于明洪武年间，根据郭子章著《黔记》中记载："寿亭侯祠在城内东，洪武十五年安陆侯吴复建。火，景泰间都指挥郭贵重建"，可知武庙最初由修建安顺城的安陆侯吴复于明洪武十五年修建，初名"寿亭侯祠"，后毁于火，普定卫指挥郭贵于明景泰年间重建。

民国《续修安顺府志》中对武庙的记载："访册云：庙原名慈云寺，后改关帝庙，在大十字东街路北。于巍然矗立之牌楼下分三门，额曰"文武圣神"。门前竖下马碑。门内设泮池，在院之正中；泮池后有宫墙，左右门各一，左曰"礼门"，右曰"义路"。再进为大殿，塑关帝坐像一，行像一。殿之柱皆石，其中柱皆四丈，人立其下，仰视不能见其巅，柱之长实为郡中各庙冠。殿前有天子台，阶左右两庑各三间，供从祀历代有功名将牌位。殿后有楼三层，曰观音楼，祀大士像。阶下厢房各三间。楼与大十字钟鼓楼相近而稍低。光绪三十一年，提督徐印川将泮池后宫墙拆毁，修成厅房五间，作各官岁时祭祀更衣之所。又因门外近市，护以朱栏，以期洁净，壮观瞻。庙建自明季，原属城中居民所有。旧志载道光四年重修，其实提督李本深于康熙五年曾提倡重修一次，乾隆五十七年改建观音楼，又重修一次，皆有碑记及石柱刻字可考者也。"[1]咸丰《安顺府志》记载："武庙，在城内东大街，道光四年重修。"

1 任可澄等纂，安顺市人民政府地方志办公室整理点校，《续修安顺府志辑稿》，贵州人民出版社，2012，第738—739页。

泮池泮桥后为安顺武庙大殿

安顺武庙恢复重建的石牌坊

安顺武庙观音楼

从文献中可知，武庙曾名慈云寺，后改关帝庙，清康熙五年（1666）提督李本深重修扩建，清乾隆五十七年（1792）改建观音楼，清道光四年（1824）再次重修，清光绪三十一年（1905）提督徐印川拆除泮池及后宫墙，改建厅房5间，又于临街处围以朱栏，民国时，以关岳位合祀，民国八年（1919）县知事唐希泽改武庙为关岳庙并予培修，但其后安顺人并未保留关岳庙之名，仍以武庙称之。

【文献资料】

安顺改武庙为关岳庙培修碑记

关帝在清祀有典，庙曰武庙，尊与文庙峙也。岁时，文武官绅向于是举典礼。民国来，议以岳忠武合祀。历任知事主其祭，临春秋仲戌率题关岳位祀之。过此仍其武庙，尚无所谓关岳庙也。嘻！无乃太简乎！

戊午冬，唐君希泽来守是邦，越明年春值祭，睹此谓有失两神圣尊严，非所以尊崇之道。且栋宇墙壁就倾，弗理，神胡式凭？爰倡培修，由地方经费局筹来洋伍

百肆十玖元伍角柒仙，不敷。又由承修绅陈燮春借阳明祠款贰百元、团防局款壹百零柒元，全庙尽修而葺之。以门近市，攘往熙来，更增石栏于外为门限，戒勿渎也。工竣，熏沐，书关壮缪侯、岳忠武王位，暨扁联以木质制金字，自署迎于庙，使妇孺咸知焉吾邑之改武庙为关岳庙，郑重而奉关岳，盖自此始。

呜呼！汉祚微而有关，宋室衰而有岳。一尊统，一攘夷，其功业虽殊，一读《春秋》，一好《左氏》，其宗旨则同，抑知经传之体裁有别而尊攘大义同一律也！假关而在宋，关必为岳，岳而在汉，岳必为关。是岂经生家读圣贤书惟寻章摘句而不本诸躬行也耶？此今国家之所以合祀也。正气凛然，馨香万世，配天地，贯古今，所以作忠义之气，其巍巍之关岳庙乎！贤有司体国家崇报之精意，尊已往以迪将来，俾都人士望而兴起，厥功亦伟矣哉！

兹承修绅陈燮春、监修绅陈凤鸣，出经用款目表示地方合并渤碑，以志不苟。谨撮颠末而为记。

时民国八年巳未阳历九月。

郡绅黄原操谨撰王谨书。

安顺武庙大殿祀关羽

安顺武庙大殿石柱局部

孔明观星台

【 地理位置 】

地理坐标：东经105°55′47.35″，北纬26°15′11.01″，海拔1388米。

行政属地：西秀区。

地理环境：虹山湖畔，毗邻文庙。

【 现状概述 】

当地习称该点位为孔明观星台，为文庙后坡一台地，现建有安顺市第八小学，小学后操场位置原为文庙崇圣祠。

【 历史渊源 】

据《安顺府志》载："诸葛武侯观星处：在府学后坡。《贵州通志》：观风台，在府学后坡，形如台，相传为诸葛武侯观星台"。[1]

文庙后坡现建有安顺第八小学

文庙后为第八小学后操场，原建有文庙崇圣祠

---

1 〔清〕常恩总撰，〔清〕吴寅邦、邹汉勋总修，安顺市地方志编撰委员会点校：《安顺府志》，贵州人民出版社，2007，第252页。

宁谷遗址

【地理位置】

地理坐标：东经106°0′45″，北纬
26°13′18″，海拔1333米。

行政属地：西秀区宁谷镇天落湾村龙潭组

地理环境：距离安顺市区东约6公里，地
势较为平坦、开阔，遗址东、西、南分别有
一条公路贯穿其间。

【文保级别】

2016年，被国务院公布为全国重点文物
保护单位。

【现状概述】

宁谷遗址面积约10万平方米，现遗址多
被农田、村庄所覆盖。1971年，安顺宁谷公
社大寨大队农民在兴修水利时发现了一座坍
塌的石室墓，后经考古勘探，发现这一带有大
量的汉晋时期的墓葬。1976年，贵州省博物
馆在宁谷镇一带调查时，在龙泉寺、瓦窑堡
台地上采集到一些筒瓦、瓦当残片。1990年，
贵州省文物考古研究所复查时，在龙泉寺台地
上发现一处面积约9万平方米的汉代遗址，并
在遗址东南约1公里处的瓦窑堡台地上发现陶
窑1处，周围的自然村落内及农田里发现古墓

宁谷遗址现状

宁谷遗址文保碑

宁谷遗址已发掘的汉墓

葬数百座。此后,贵州省文物考古研究所对该遗址进行了多次发掘[1]调查,基本摸清了遗址的分布范围以及功能分区。遗址出土了大量汉代的绳纹板瓦、筒瓦以及"长乐未央"、云气纹瓦当,墓葬中也出土了铜镜、铜洗、铜壶、铁釜及一些漆器等,其中半两钱、五铢钱的出土为我们判定墓葬年代提供了依据。

【历史渊源】

宁谷遗址一带在秦汉时期为夜郎国地。汉武帝时开西南夷,于元鼎六年(前111)设牂牁郡,宁谷遗址一带为牂牁郡所辖,东汉以及西晋因之。从宁谷遗址内出土文物考证,宁谷遗址应是汉晋时期一处城址,推测极有可能为牂牁郡郡治所在。

1 贵州省文物考古研究所:《贵州安顺市宁谷汉代遗址与墓葬的发掘》,《考古》,2004年第6期。

藤甲谷

【地理位置】

地理坐标：东经105°53′36″，北纬26°10′7″，海拔1318米。

行政属地：西秀区幺铺镇阿歪寨。

地理环境：长江水系乌江和珠江水系北盘江的分水岭地带，南接西秀区龙宫镇，北靠普定县马宫镇，喀斯特地貌特征突出，灌木植被茂密，产刺梨和桑叶。

【现状概述】

现开发有藤甲谷景区，建有城堡、百余尊藤甲兵艺术雕塑等。

【历史渊源】

幺铺镇的居民以布依族为主，当地村民认为自己是蜀汉时期"藤甲军"的后裔。藤甲谷所在之"阿歪寨"，是一座传统的布依族村寨，意思为"山清水秀"的地方。当地一直有供奉藤甲、跳藤甲舞、狩猎穿戴藤甲的习惯。在每年正月十五及六月六日的布依族节日中，当地人会把家中的藤甲供奉于香案之上，祈求神灵和祖先祐护，并且接连数日跳当地的藤甲舞，意在娱神、娱人，展示古代战争场面。农忙之余，他们还会穿上藤甲上山狩猎。藤甲不仅可以抵御虎、豹等猛兽的袭击，还可以有效阻挡荆棘尖刺。[1]在和平年代，村民采集当地藤蔓编制成各种生活器具，广泛使用。2007年，歪寨村重制藤甲，包括头盔、护肩、护胸、护臂、战裙、盾牌组成，用藤蔓浸以桐油烤炙，被命名为"布依族藤甲胄"。近年来，幺铺镇在旅游开发的基础上，恢复了"重生节"，在水中漂流馒头，祭河神祈福。

---

1 吴致远等：《中国古代藤甲制作工艺管窥—基于贵州安顺歪寨村的调查》，《中国科技史杂志》，2020年第1期。

阿歪寨藤甲谷景区

幺铺镇重生节上漂放馒头的藤甲兵和布依族村民

镇宁县

镇宁孟获洞

【地理位置】

地理坐标：东经105°54′24″，北纬29°55′20″，海拔1289米。

行政属地：镇宁县江龙镇竹王村革缀后山。

地理环境：位于竹王村南约1公里的一处山岗脚下，四周为山田、山为石头山，怪石嶙峋、杂草丛生。

【现状概述】

孟获洞，所在山岗名"夷家山"，故当地人又称孟获洞"夷家洞"，其本为一处天然形成的溶洞，进深约85米，面阔约35米，高约8米。洞口前还残存条石砌筑的石朝门，高约1.6米，宽约0.9米，石朝门两侧还凿有方形小洞，用于安置门闩。孟获洞内有石头砌筑的点将台，长约7.7米，宽约4.5米，高约1.2米，传说为苗王出征时点兵之处。

【历史渊源】

当地传说，孟获当年屯兵之处。中华人民共和国成立后，当地公社曾在洞内召开过大会。孟获洞所在地竹王村，传说是夜郎王故里。在竹王村内还有当地村民集资修建的竹王祠，祭祀有竹王、伏羲、女娲、蚩尤、孟获。当地传说，孟获的成人名为"获抄"，尊称名为"尤抄"，乃竹王之后[1]，也是苗族的祖先。

孟获洞所在的夷家山远景

1 据镇宁县退休政协主席杨文金口述。

孟获洞口

孟获洞前残存的石朝门

孟获洞内

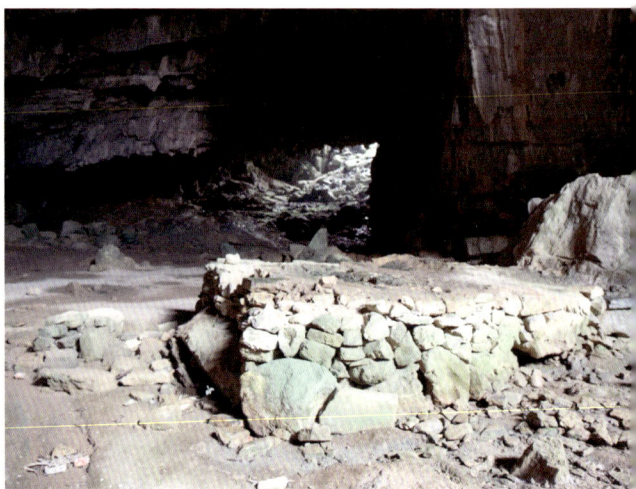

孟获洞内的点将台

关岭布依族苗族自治县

关索岭

地理坐标：东经105°37′23.57″，北纬25°56′59.96″，海拔1105米（测点在关索庙）。

行政属地：关岭布依族苗族自治县城东北。

地理环境：山势陡峭，植被茂密。

【现状概述】

关索岭，位于关岭布依族苗族自治县城东1千米，山势陡峭。相传三国时期，将军关索跟随诸葛亮南征，忠勇爱民，有功于黔，为纪念关索，当地人将他的姓名作为山的名称，因此得名。

关索岭上现今留存有一条古道，被称为"关索岭古驿道"，是古代沟通滇黔的重要通道。该古道东起坝陵桥，西到县城东边街口，长约5千米，由块石铺成，宽1—2米，现仍在使用。

关索岭上过去建有关隘，名"关索岭关"，现留存有城门和墙院碑栏。城门由规整的条石砌筑，门洞保存较好。

关索庙位于关索岭上，当地人为表达对关索的崇敬和怀念而建。关索庙，当地人亦称"顺忠祠"，原先祭祀关索，后来改祀关羽，用条石修筑，由围墙、山门、前殿、两厢、后殿等组成，20世纪50年代被毁，目前仅留存部分山门和围墙。

关索岭

关索岭古驿道

关索庙（又名"顺忠祠"）

关索岭古驿道上的明代坝陵桥断桥

关索岭古驿道上的明代坝陵桥断桥桥洞

向远处延伸的关索岭古驿道

关索岭古驿道路基石

双泉寺遗址

连接关索岭和晒甲山的坝陵河大桥

"跑泉古迹"题刻

关索岭关城门门洞

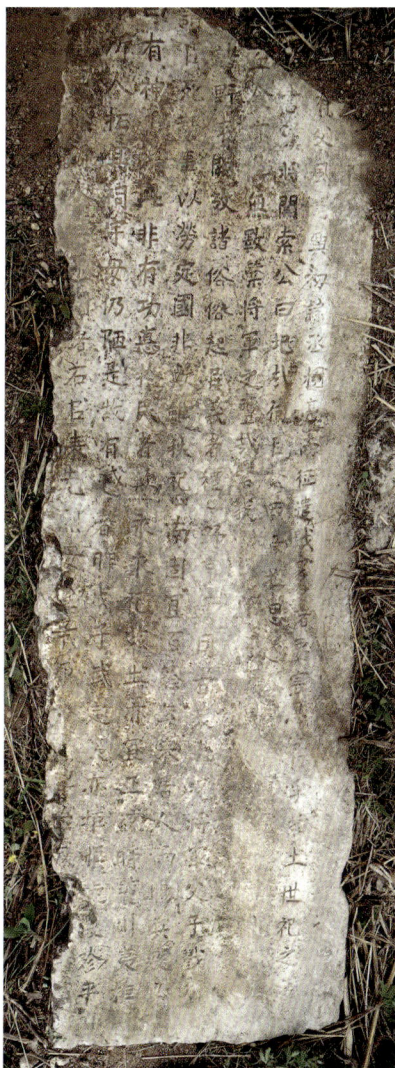

"重修关索庙碑记"石碑

调查小组在关索岭古驿道上发现了一通残碑,由青石刻成,碑文漶漫,少量可辨识:"……有父风,建兴初,隶丞相亮南征,遣戡略诸要害,恩信孚兹土,世祀之……圮哉……",落款为"贵州总兵杨仁千"。从碑文推断,该碑是《重修关索庙碑记》(嘉靖《贵州通志》卷七《祠祀》有碑文的全文记载),年代大约为明代。

关索庙右侧,关索岭东麓古驿道旁,有一座建于明代的寺庙遗址,该寺叫"双泉寺"。马跑泉和哑泉分别位于双泉寺遗址的围墙内、外,相距数米,二泉海拔约840米,地理坐标大致为北纬25°56′57.53″,东经105°37′50.86″。马跑泉,清澈甘洌,相传关索南征至此,口渴难耐,所骑战马刨地出泉,故名。马跑泉位于双泉寺前殿后的石板院落基石下,留存有泉眼,但已干涸,泉眼上端的石板上镌刻有"跑泉古迹"四个行楷大字,落款工匠灵盛、募建人性远。哑泉,位于马跑泉的右侧,双泉寺的围墙外,水量较大,亦较深,水质清澈。

1387

关岭城西南的大岩村村后有座高山，山腰矗立一壁白岩，岩高约50米，宽20余米，岩下有洞，岩上横书阴刻"关索洞"。关索洞石刻现为关岭县县级文物保护单位。

【历史渊源】

关索岭，地处滇黔要道，地理位置十分重要，唐代曾在此置县，《咸丰安顺府志》记载："唐武侯县，明关索岭所在，永宁州东四十五里关索岭。"[1]元代至元年间始设州，明洪武二十五年（1392），置关索岭守御千户所。清代在关索岭上设关索岭关，并修建有关楼，《民国关岭县志访册》记载："关索岭关，在新县东北，上游御书楼一座，楼下为入滇大道。楼中悬康熙御书'滇黔锁钥'四字，年久字淹。"[2]

关索岭，以关索之名名山，山上有许多与关索相关的遗存。《弘治贵州图经新志》记载："关索岭，在顶营司治东，势极高峻，周回百余里。上有关索庙，因名'马跑泉'，在关索岭畔。索，羽之子也，从丞相亮南征，开道过此，渴甚，忽所乘马刨地，泉涌出，军士以济。"[3]《咸丰安顺府志》记载："关索岭，《一统志》云，在顶营长官司治东。势极高峻，周

四百余里，上有关索庙，因名……《通志》云，在城西三十里，山势陡峻，曲折而上，凡四十三盘，顶有关索庙。旧志，索，蜀汉汉寿亭侯子，从武侯南征有功，土人祀之，山半有马跑井，相传索统兵至此，渴甚，马蹄地出泉，故名。又有哑泉，饮之能令人哑，立石以戒行者。《州志》云，在城东四十五里，哑泉水深二寸许，大旱不消，大雨不长，今用磐石覆之。"[4]

关索庙始建于明初，最初供奉的是关索牌位。明胡宝《汉关将军庙碑记》记载："国初通道都督马公踦是岭。见有祠，奉木主，书'汉将关索'。公曰：'圮哉！何以系西南世思?'遂令加葺。"[5]《民国贵州通志》记载："关索庙，在卫治南四十里。昔年关索领兵征南到此，有神应。后人遂立祠庙于山巅之上，祀之，因名。关将军庙一名'显忠庙'，在关岭，洪武初建。汉关忠义有二子，曰平，曰兴，平及临沮之难，兴为汉侍中，有父风，丞相亮爱之，征讨必从，传志可考。"[6]《咸丰安顺府志》记载："关将军庙，一名顺忠庙，在关岭，祀汉将军关索。"[7]

1（清）常恩修，邹汉勋、吴寅邦纂：《咸丰安顺府志（一）》，《中国地方志集成·贵州府县志辑㊶》，巴蜀书社，2015，第161页。

2 陈钟华纂辑：《民国关岭县志访册》，《中国地方志集成·贵州府县志辑㊱》，巴蜀书社，2015，第604页。

3（明）沈庠修、赵瓒纂：《弘治贵州图经新志》，《中国地方志集成·贵州府县志辑①》，巴蜀书社，2015，第102、103页。

4（清）常恩修，邹汉勋、吴寅邦纂：《咸丰安顺府志（一）》，《中国地方志集成·贵州府县志辑㊶》，巴蜀书社，2015，第121—122页。

5（清）常恩修，邹汉勋、吴寅邦纂：《咸丰安顺府志（二）》，《中国地方志集成·贵州府县志辑㊷》，巴蜀书社，2015，第42页。

6 刘显世、谷正伦修，任可澄、杨恩元纂：《民国贵州通志（三）》，《中国地方志集成·贵州府县志辑⑧》，巴蜀书社，2015，第287页。

7（清）常恩修，邹汉勋、吴寅邦纂：《咸丰安顺府志（一）》，《中国地方志集成·贵州府县志辑㊶》，巴蜀书社，2015，第271页。

晒甲山、诸葛碑

【地理位置】

地理坐标：东经105°38′54.20″，北纬25°56′39.66″，海拔1058米（测点在晒甲山半山腰）。

行政属地：关岭布依族苗族自治县断桥乡龙爪村。

地理环境：山上树木较少，半山腰岩壁呈红色。

【现状概述】

晒甲山，又名"红岩山""红崖山"，位于关岭布依族苗族自治县城东约15千米断桥乡龙爪村东南，坝陵河峡谷东岸。相传诸葛亮南征，与孟获交战，在此山安营之后，卸甲晾晒于山坡之上，因此得名。晒甲山的山腰，相传是诸葛亮南征的屯兵之处，被称为"诸葛营"。

诸葛营旁有一组赭红色的神秘符号，被称为"红崖天书"。"红崖天书"有20多个刻画符号，大的一尺三四寸，小的一尺左右，深五六寸，排列不整齐，因晒甲山石质为砂石，风化严重，现今已经无法辨识。红崖天书，相传是诸葛武侯南征留下的遗迹，所以又被当地人称为"诸葛碑"。现今的晒甲山下，以清代"诸葛碑"拓片为蓝本翻刻了一处完整的红崖天书，供游人观赏。

坝陵河上，建起了现代化的坝陵河大桥，东面连接晒甲山，西面连接关索岭，把关岭县的两大自然、人文景观紧密地联系在一起。

【历史渊源】

晒甲山一带流传有许多与诸葛亮南征相关的传说故事。《咸丰安顺府志》记载："晒甲

晒甲山红崖

根据清代拓片翻刻的红崖天书（《诸葛碑》）

红崖天书（《诸葛碑》）原刻处

山，即红岩后一山也。崔巍百丈，山头横亘一字。俗传武侯南征，晒甲于此。"又记载："红岩山，《方舆纪要》云，州西北八十里，四面悬崖，壁立万仞，惟东面一境可登。山畔有洞，宽广若堂，深数十丈，相传诸葛武侯驻兵处，上有诸葛营。《通志》云，在城西北八十里，壁立万仞，岩侧有洞，深广数十丈。或时闻洞中有铜鼓声，岩上见红花如雨，则其年必有瘴痢。夷人或一年，或三年，用乌牛、白马祭之，以祈岁稔。世传武侯南征，曾驻兵于此。"[1]《大清一统志·安顺府》记载："红崖山，在永宁州西北八十里。《名胜志》：山畔有洞，深广数十丈，居民间闻洞中有铜鼓声，世传诸葛驻兵之所东，夷人每祭祀，用乌牛、白马则岁稔。"[2]

红崖天书是由一位明代黔籍诗人邵元善发现的。邵元善，普安州（今贵州省盘县）人，明嘉靖年间，他畅游山水之间，写下一首七言古诗《红崖》："红崖削立一千丈，刻画盘旋非一状。参差时作钟鼎形，腾掷或成飞走象。诸葛曾闻此驻兵，至今铜鼓有遗声。即看壁上纷奇诡，图谱浑疑尚诅盟。"这是关于红崖天书的早期文字记载。

红崖天书非雕非凿，非篆非隶，至今未能破解其准确内容。关于红崖天书的来历，曾有许多种说法，其中历史最悠久也是影响最大的一种认为，红崖天书是诸葛武侯南征时留下的遗迹，所以又被称为"诸葛碑"。《道光永宁州志》对此有如下记载："诸葛碑，在红崖晒甲山悬崖上。约二十余字，大者如斗，小者如升。非篆非隶，不可辨识。字若朱书，并非镌刻，岩石剥落寸许，笔画如新。"[3]《咸丰安顺府志》记载："《黔书》：永宁有诸葛公碑。《永宁州志》：诸葛碑，在红岩晒甲山，悬岩上曰二十余字，大者如斗，小者如升，非篆非隶，不可辨识。字若朱书，并非镌刻，岩原剥寸许，笔画如新。"[4]

1 （清）常恩修，邹汉勋、吴寅邦纂：《咸丰安顺府志（一）》，《中国地方志集成·贵州府县志辑㊶》，巴蜀书社，2015，第122页。

2 刘显世、谷正伦修，任可澄、杨恩元纂：《民国贵州通志（六）》，《中国地方志集成·贵州府县志辑⑪》，巴蜀书社，2015，第176页。

3 （清）黄宅中修、邹汉勋纂：《道光大定府志（一）》，《中国地方志集成·贵州府县志辑㊽》，巴蜀书社，2015，第482页。

4 （清）常恩修，邹汉勋、吴寅邦纂：《咸丰安顺府志（一）》，《中国地方志集成·贵州府县志辑㊶》，巴蜀书社，2015，第163页。

孟获屯

【地理位置】

地理坐标：东经105°44′26″，北纬25°46′56″，海拔1161米。

行政属地：关岭布衣族苗族自治县断桥镇后寨村。

地理环境：地处打邦河北岸，与国画山隔河相望，西面山脚有关岭冰臼自然景观，位于关脚村的孔明塘为其中一处冰臼遗迹。

【现状概述】

孟获屯山顶为开阔平地，残存有石头砌筑的城垣。山北面为峭壁，岩石山，土层浅，山腰东、南、西三面为玉米地，在农地里发现有明清时期瓷片。

【历史渊源】

孟获屯文献记载不详，当地口头传说曾为孟获屯兵处。山下的孔明塘，位于关岭县与镇宁县交界处，关脚电站下游，传说诸葛亮南征时追擒孟获经过此地，因天气炎热，便到塘中洗澡，故该处冰臼遗存被称为孔明塘。

孟获屯

孟获屯山顶近景

紫云县

扎营关

【地理位置】

地理坐标：东经106°10′39″，北纬25°56′27″，海拔1241米。

行政属地：紫云县猫营镇黄鹤营村打扒河组。

地理环境：北临409县道，东北500米处为落马坑，西南约4公里左右即黄鹤营村村落。

【现状概述】

扎营关位于大林木山（东）、小林木山（西）两山山坳处，是两山之间的一处平阔台地，现为农地，种植玉米，东、西二山植被茂盛。

猫营村地戏队的三国人物面具

【历史渊源】

扎营关相传为诸葛亮南征时遣将军黄鹤安营扎寨之处[1]，另一说为诸葛亮令关兴扎营处。[2]扎营关是安顺至紫云要道，自古为兵家所必争。当地传说，明洪武年间"调北征南"，大将沐英、傅友德曾率兵过此。此外，清咸丰、同治年间，石达开部将曾广在此与清军激战，部分红军长征时也从此关经过。

扎营关所在地黄鹤营村的由来，传说也与诸葛亮南征相关。黄鹤本为襄阳名士黄承彦之子，诸葛亮之妻黄月英的胞弟。建兴三年（225），诸葛亮南征时，黄鹤随军在诸葛亮账下听用。后来，黄鹤在战争中受伤，于是就地驻军扎营，并在此定居，村中居民多为"黄"姓。扎营关东北有一大坑，深约80米，四面峭壁。传说黄鹤行军至此，由于草木茂盛、道路狭窄，很多士兵的战马失足落入深坑，故而得名"落马坑"。[3]猫营镇的屯堡文化也十分突出，与黄河营村相邻的猫营镇猫营村，有专跳"三国"的地戏队，队里传下来的剧本，只跳"上三国"的部分，故事情节从黄巾之乱开始，只跳到长坂坡。

---

1 据黄鹤营村支书黄恒平口述。

2 《紫云苗族布依族自治县概况》编写组：《紫云苗族布依族自治县概况》，民族出版社，2007。

3 据黄鹤营村支书黄恒平口述。

扎营关

落马坑

毕节市

　　毕节市，位于贵州省西北部，乌蒙山腹地，西邻云南，北接四川，是乌江、北盘江、赤水河发源地。截至2022年，全市下辖七星关区1个区，黔西市1个县级市，大方县、赫章县、纳雍县、织金县、金沙县、威宁彝族回族苗族自治县6个县。

毕节市三国文化遗存点位分布图

1　七星关
2　济火碑

撰稿：陈　芳
摄影：彭　波　丁　浩
绘图：尚春杰

七星关区

七星关

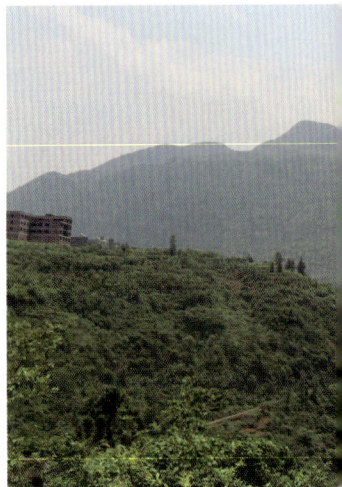

【地理位置】

地理坐标：东经104°56′48.61″，北纬25°51′30.12″，海拔1332米。

行政属地：七星关区杨家湾镇七星村。

地理环境：周围群山环绕，毗邻夏曦同志纪念碑。

【保护级别】

2013年，七星关遗址（七星关摩崖）被国务院公布为全国重点文物保护单位。

【现状概述】

七星关，位于毕节市七星关区杨家湾镇七星村西300米，是贵州古代重要的关隘之一，古代滇蜀黔三省咽喉要道，与娄山关、胜景关并称"贵州三大名关"。七星关群山环绕，附近的七座山峰形如北斗七星，故得名"七星山"。相传诸葛亮南征时经过七星山，在此举行大军停留时的祭神仪式即杩祭后，继续出兵。

七星关下是七星河，河上现存四座桥，一座为钢架桥，民国修建，仅存石质桥墩；一座为石桥，建于1966年；一座为钢筋混凝土大桥，现代修建，属于326国道改造工程；还有一座为新建大桥，属于夹岩水利枢纽及黔西北供水工程库区路桥淹没复建项目之一。1966年修建的石桥为六孔石拱桥，南北向全长60米，宽7.5米，高约30米，每孔跨度12米，桥两侧立石护栏，2011年12月被公布为七星关区文物保护单位。

七星关附近留存有一段古驿道，全长约5千米，宽1.5—3米，由青石铺筑，驿道上至今留存有许多马蹄印，有些深达十多厘米。古驿道旁的崖壁上有一块摩崖石刻《应星桥记》，由青石刻成，宽0.98米，高0.5米，楷书阴刻，共633字，记载的是七星关的形胜，由明代刘子翀撰文，御关武略（将军）朱曷显书丹，毕节指挥佥事秦光刻于明永乐十四年（1416）。

七星山

民国修建的七星桥的桥墩

七星山、七星河与 1966 年修建的七星关桥

七星河上各个时代的七星桥

【历史渊源】

七星山的山势险要，群峰如七星罗列，七星关因山势而建，自古以险要著称，有"道之难者蜀也，蜀道西南关址险者七星也"之说。七星关始建于明代傅友德征南之时，清乾隆二十一年（1756）重修。《乾隆毕节县志》记载："七星山，在城西九十里，形如北斗。相传诸葛武侯南征过此，见群峰如七星罗列，因杩祭焉。后人即以'七星'名山。"又载："七星关，在城西九十里，明洪武十五年建关，外有坊，额曰'黔服雄关'，又曰'汉诸葛武侯祀七星处'。乾隆二十一年知县董朱英重修。"[1]

七星关设关的同时，在关隘附近修建了七星关城，用于戍守。《乾隆毕节县志》记载："七星关城，明洪武十五年建，周围四百五十丈女墙，八百余垛，门二：东曰武宁；北曰大定。明设守御千户一员，军二百名。"[2]清范承勋《七星关桥记》记载："明颍川侯征元梁王时，筑城于上，置兵戍守以为扼要。"[3]

因七星河水流湍急，早在明永乐十四年（1416），七星关御关武略朱昺显就在河两岸铸铁柱，拉铁索做浮桥，后来才建了木桥、石桥，这就是七星桥（亦叫"七星关桥""应星桥"）。清代，七星桥屡毁屡建，至乾隆二十年（1755）知县董朱英捐款修建成为极具规模的廊桥。清咸丰十年（1860），七星桥被毁，清同治八年（1869），知县刘应升重修。

七星关旁古驿道

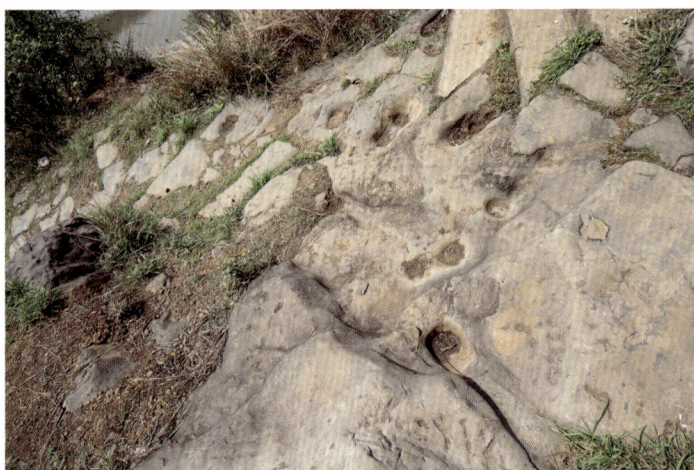
古驿道上的马蹄印

1 （清）董朱英修，路元升纂：《乾隆毕节县志》，《中国地方志集成·贵州府县志辑㊾》，巴蜀书社，2015，第205、211页。

2 （清）董朱英修，路元升纂：《乾隆毕节县志》，《中国地方志集成·贵州府县志辑㊾》，巴蜀书社，2015，第203页。

3 （清）董朱英修，路元升纂：《乾隆毕节县志》，《中国地方志集成·贵州府县志辑㊾》，巴蜀书社，2015，第80页。

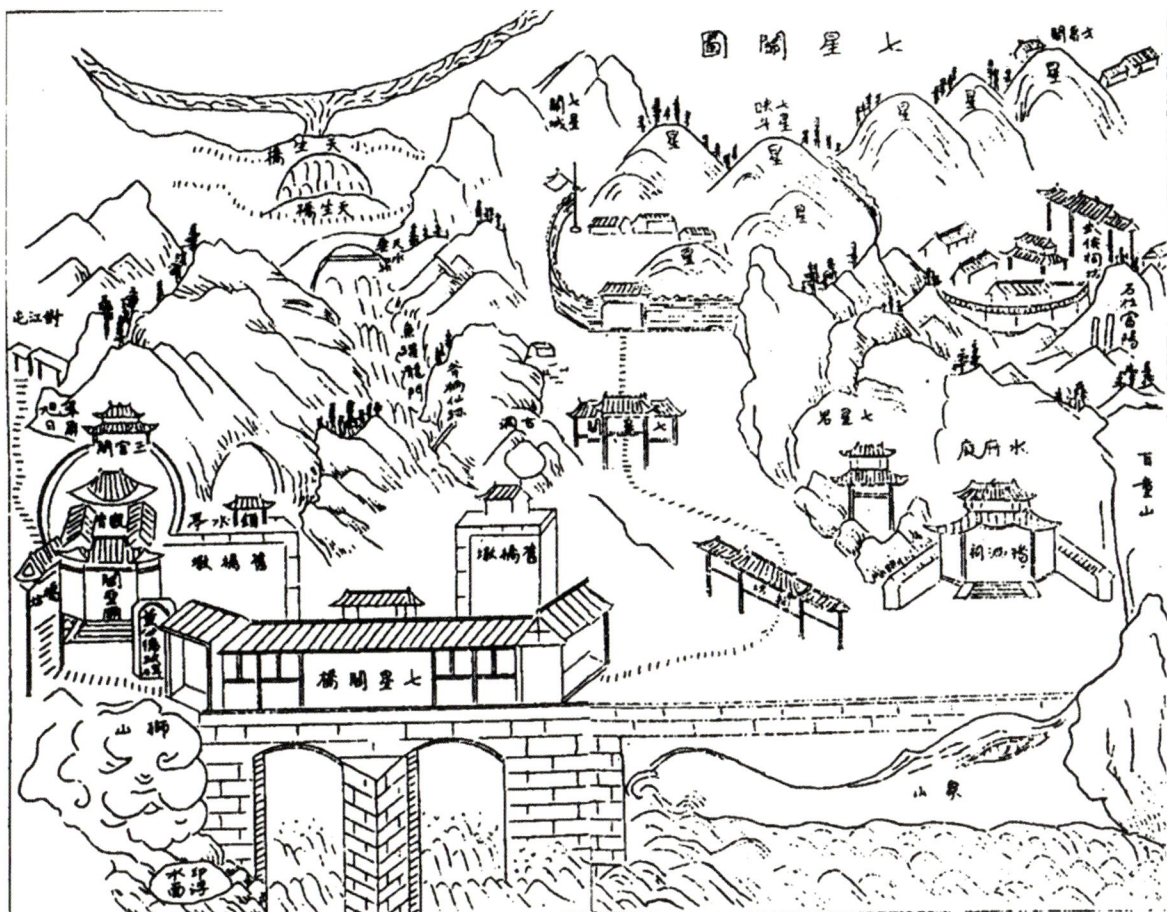

乾隆时期的《七星关图》（摘自《乾隆毕节县志》）

《应星桥记》石刻碑文

大方县

济火碑

地理坐标：东经105°37′6.42″，北纬27°8′49.4″，海拔1290米。

行政属地：大方县响水白族彝族仡佬族乡。

地理环境：藏于奢香博物馆内。

【保护级别】

国家二级文物。

【现状概述】

济火碑，又称"妥阿哲纪功碑"，现藏于大方县奢香博物馆的乌蒙彝文化博物馆内。该碑为横长方形，石质为砂岩，高0.52米，长0.65米，左上角残缺，碑文因风化仅存174字，为阴刻彝文，记述了彝族首领济火与诸葛亮在楚敖山上（今毕节七星关一带）结盟，协助诸葛亮七擒孟获有功，在建兴丙午年，即蜀汉后主刘禅建兴四年（226），受封罗甸国王的事迹。

碑文经毕节市民族事务委员会彝文翻译组翻译，其中最重要的一段话译为汉语如下："长者兴高采烈地决策，在楚敖山[1]上与孔明结盟：'若与帝存叛心，当无善果。'大军出征，如旭日□诸东方，分三路……各自进军，助皇长者征运兵粮，络绎不绝。帝师胜利归来，将彝族君长的功勋记入汉文史册……到了建兴丙午年，

封彝君国爵，以表酬谢，治理慕胯（全称慕胯白扎果，号称'慕俄格'，今大方县城）。"

【历史渊源】

济火碑是大方县文化馆1981年参加第二次全国文物普查过程中，在县城西24千米的响水白族彝族仡佬族乡柯家桥旁发现的，是迄今全国发现记事年代最早的彝文碑，是研究汉夷民族融合的珍贵文物，具有极高的文物和史料价值。

根据地方志记载，济火为水西彝族的远祖，因辅助诸葛亮南征有功，世代被封为罗甸王。《道光大定府志》记载："罗甸王，表忠义也，水西安氏，其先蜀汉时蛮长济火，助诸葛武侯南征，献粮通道有功，命世长其土。……南人不复反，诸葛善用兵，伟哉！……令名血食千余年，世享封爵荣水西祀，名宦六代扬贤声。"[2]清田雯《济火论》："济火者，汉牂牁帅黑卢鹿水西安氏远祖也，深目长身，黧面白齿，以青布为囊笼，发其中，若角状，习战斗，尚信义，善抚其众，诸蛮戴之。闻诸葛武侯南征，积粮通道以迎师，遂佐武侯平西南夷，擒孟获，封罗甸国王，世长其土。"[3]

---

1 当地俗称"楚敖包包"，有学者认为此山就在毕节七星关上。详见宋晓勇：《从毕节七星关宋永高题联说开去》（上），《贵州政协报》，2019年11月28日。

2（清）黄宅中修，邹汉勋纂：《道光大定府志（二）》，《中国地方志集成·贵州府县志辑㊾》，巴蜀书社，2015，第148页。

3（清）黄宅中修，邹汉勋纂：《道光大定府志（二）》，《中国地方志集成·贵州府县志辑㊾》，巴蜀书社，2015，第47页。

大方县《济火碑》

黔西南布依族苗族自治州

　　黔西南布依族苗族自治州，位于贵州省西南部，地处黔滇桂三省（区）的接合部，素有"西南屏障""滇黔锁钥"之称。截至2022年，全州下辖兴义市、兴仁市2个县级市，普安县、晴隆县、贞丰县、安龙县、册亨县、望谟县6个县。三国时期，该区域主要为蜀汉益州牂牁郡辖地，还包含了兴古郡的一部分。

黔西南布依族苗族自治州
三国文化遗存点位分布图

1 者相孔明城
2 孔明坟
3 望谟孔明山
4 蛮王城遗址

撰稿：吴娲 陈芳 谢乾
摄影：彭波 丁浩 吴娲
绘图：尚春杰

贞丰县

者相孔明城

【地理位置】

地理坐标：东经105°38′21.77″，北纬25°31′3.83″，海拔1156米。

行政属地：贞丰县者相镇。

地理环境：地势较为平坦，周围是农田和民居。

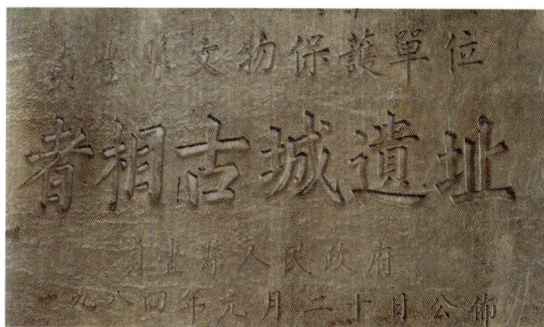

遗址保护碑

【保护级别】

1984年，者相古城遗址被贞丰县人民政府公布为县级文物保护单位。

【现状概述】

者相孔明城位于黔西南布依族苗族自治州贞丰县者相镇，相传是诸葛亮三擒孟获之地。者相孔明城又被称为"者相古城遗址"，遗址面貌保存与前代相差无几，仍可看到部分土埂，土埂中还夹杂有当地用红泥烧制的瓦片，贵州省博物馆、贵州省考古队、贞丰县文管所曾联合进行考察，发现有汉砖、陶器等。

【历史渊源】

"者相"之名，应该是源于"宰相"一词，相传诸葛亮南征在此筑城操练兵马，取名"宰相城"，又称"孔明城"，在清嘉庆年间更名为"者相"。《咸丰兴义府志》记载："汉孔明城，在州北三十里者相。《通志》云孔明城在州北三十里，地名者相。有土埂高数尺，周二百余丈，相传为孔明创营处。"[1]

1（清）张瑛修，邹汉勋、朱逢甲纂：《咸丰兴义府志（一）》，《中国地方志集成·贵州府县志辑㉘》，巴蜀书社，2015，第363页。

贞丰县者相镇

者相孔明城遗址

孔明坟

地理坐标：东经105°47′6.50″，北纬25°26′21.51″，海拔390米。

行政属地：贞丰县鲁容乡孔明村。

地理环境：西临309省道及北盘江，南为孔明桥及贞丰孔明河遗址。

【现状概述】

孔明坟位于路旁一小台地上，残存2块石块，无任何文化痕迹。目前，台地上多为现代墓葬。孔明坟同时为附近区域之小地名。

孔明坟附近有一直以来冠以"孔明"之名的古桥与河流：

孔明桥（地理坐标：东经105°47′5.64″，北纬25°26′17.20″，海拔388米）位于北盘江东侧，为309省道路桥，南北跨孔明河，石拱桥，距孔明坟约500米。另西侧有354国道孔明大桥。

满目葱茏的孔明坟

孔明河（地理坐标：东经105°47′3.22″，北纬25°26′15.28″，海拔386米）向西汇入北盘江，水量极少，为季节性小河，309省道横跨河沟。有贵州省重点文物保护单位贞丰孔明河遗址，是新石器时代中晚期遗址，现为北盘江畔火龙果种植基地。

【历史渊源】

据贞丰县文物管理所罗长平介绍，传说孔明坟为孔明十二疑冢之一，所在地旧时有"诸葛孔明坟"石碑，现已不存。但该遗存点位无具体文献记载。

孔明桥、孔明河、孔明坟远眺，
右侧大树荫下即为孔明坟

孔明桥与孔明河道

贞丰孔明河遗址，远处为北盘江

望谟县

望谟孔明山

【地理位置】

地理坐标：东经106° 25′ 56.35″，北纬25° 12′ 11.34″，海拔1190米（测点在孔明旗杆处）。

行政属地：望谟县桑郎镇。

地理环境：南临桑郎河谷坝子。

【现状概述】

孔明山位于桑郎河谷坝子的北面，山峰高耸，与平阔的桑郎坝有1000多米的海拔高差。曾经位于北山坡山腰处的布依族村寨已搬迁至河谷坝子，如今的孔明山上已无人居住，也几乎无农作物植被，荒草丛生，是座人迹罕至的土山。从山脚攀爬到北山坡的"孔明旗杆"处，来回需要四个多小时。旗杆处有新立的诸葛孔明石雕像，形成一方小小的祭台。每年农历六月初六等布依族传统节日时，桑郎镇的布依族村民依然会前往孔明旗杆处祭祀，在"孔明旗杆"插上黑底白锯齿印的孔明旗。孔明旗周长五米四，象征诸葛孔明五十四岁的最终寿龄。

【历史渊源】

"孔明旗杆"是一块长条形石头，中心有一窝深深的印痕，传说是诸葛亮插过旗子的地方。为了纪念孔明，桑郎寨的布依族村民便把这个石头叫做"孔明旗杆"，把石头所在的高山叫做孔明山。遇到干旱时节，寨子里的村民都会祭祀孔明，把他当作神灵，期待他呼风唤雨，灌溉庄稼。每年农历六月初六，村民们会牵一头大水牛到孔明旗杆处宰杀，祭祀，野炊，表达对诸葛亮的崇敬与怀念。当地曾有古诗描述："如桅如柱雾茫茫，经雨经风久不衰。遥指是谁为此物，诸君答道武侯旗"。[1]

---

1 根据望谟县文旅局提供资料整理。

孔明山半山腰处，可以看到山下的桑郎镇河谷

孔明山上的孔明旗杆处，有诸葛亮雕像，诸葛亮像身后为蛮王城

蛮王城遗址

地理坐标：东经106°26′42.83″，北纬25°13′14.70″，海拔919米（测点在蛮王城中心城堡遗址山峰）。

行政属地：望谟县桑郎镇。

地理环境：东北靠油歪寨，西连红水河支流桑郎河，北靠古龙岭，西南方向与孔明山相对相望，地势险要，红水河南岸便是广西地界。

【保护级别】

1987年，被望谟县人民政府公布为县级文物保护单位。

【现状概述】

蛮王城为一座古代城垣遗址，目前残存一段像防御性的石墙遗址，残垣蜿蜒千余米，大部分砌石无存，残高一米左右。山腰处有一平台遗址，长60米，宽40米，沿"之"字形石台阶往上，可达城门洞遗存。

【历史渊源】

关于蛮王城的口头传说很多，主要流行两种说法。第一种和夜郎有关，根据《兴义府志》记载推测，战国至西汉时期的夜郎国，位于桑郎和渡邑，元代称郎堡，是历史事件庄蹻渡江讨伐夜郎的地方。另一种传说是蜀汉丞相诸葛亮南征时，与孟获大战的古战场，也有说是孟获修筑的城堡。曾有发现铜鼓，现已不存。北宋时，广西土著首领侬智高起兵反宋，其手下"四大寇"被称为东、南、西、北四蛮王。狄青扑灭起义后，留下部分兵力镇守，至南宋时，守军逐渐脱管，形成自给自足的局面，至元代，当年参与平乱的岑氏一族在泗城（今广西百色市凌云县）开设土司府，势力范围逐渐扩展到红水河以北的望谟、贞丰等地区。岑氏旧部，余姚王氏土司，以桑郎为中心，驻守桑郎。作为土司管理的手段之一便是修筑垣墙，这也可能是蛮王城修建的真实起源。[1]

站在中心城堡遗址处眺望对面的孔明山

---

[1] 龙虎、曾丽娜：《黔博文物—第二辑》，第49—51页。

蛮王城遗址上的石块残垣

中心城堡遗址局部

黔东南苗族侗族自治州

　　黔东南苗族侗族自治州，位于贵州省东南部，东与湖南省怀化市毗邻，南与广西壮族自治区接壤。截至2022年，全州下辖凯里市1个县级市，麻江、丹寨、黄平、施秉、镇远、岑巩、三穗、天柱、锦屏、黎平、从江、榕江、雷山、台江、剑河15个县。三国时期，该区域主要为蜀汉益州牂柯郡辖地。

黔东南苗族侗族自治州
三国文化遗存点位分布图

1　施秉诸葛洞
2　锦屏诸葛洞
3　亮寨

4　孔明山
5　榕江诸葛城遗址

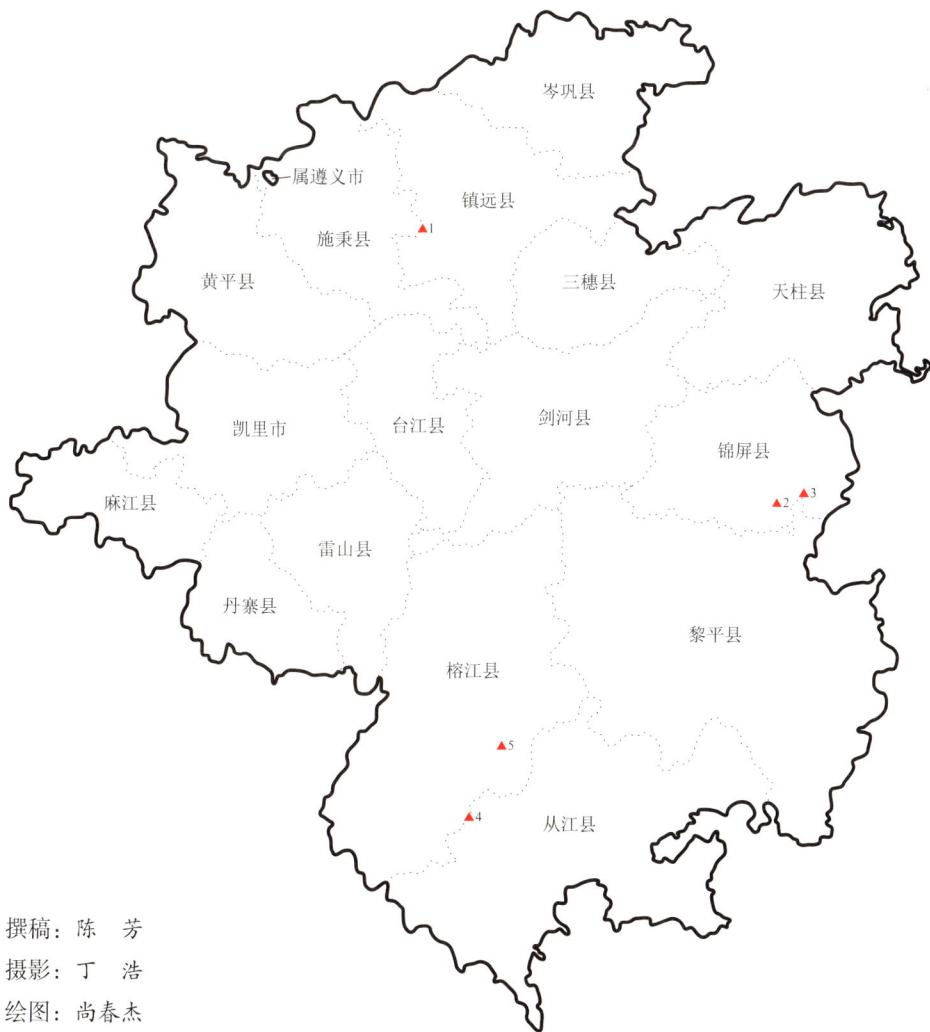

撰稿：陈　芳
摄影：丁　浩
绘图：尚春杰

施秉县

施秉诸葛洞

【地理位置】

地理坐标：东经108°19′10.12″，北纬27°3′11.21″，海拔680米。

行政属地：施秉县望城坡下潕阳河风景区。

地理环境：下临潕阳河，周围山峰高耸，山上植被丰茂。

【现状概述】

诸葛洞，古名"瓮蓬洞"，位于施秉县望城坡麓，下潕阳景区入口处，诸葛洞电站大坝附近。

阳河风景区以施秉县城为界，西段称上潕阳景区，东段称为下潕阳景区，总面积499.2平方千米，在施秉县内占地面积354平方千米，包括云台山、杉木上潕阳河、下潕阳景区，是构成潕阳河风景区的主体。潕阳河经过诸葛洞之后即进入镇远县境内。

诸葛洞并非真正的洞穴，而是一段峡谷，俗称"潕阳三峡第一峡"。峡谷两岸山崖陡立，潕阳河水奔腾湍急，相传诸葛亮南征曾经过此处。由于水急滩多，河内乱石堆积，历代都

进行过艰苦卓绝的开凿，以开通航道。至今，峡谷两岸还保留有古代纤道。

20世纪90年代，潕阳河上修建了诸葛洞电站，潕阳河水经电站大坝拦截变得温和而平静，形成高原出平湖的美景，当地人利用天然的美景，在此开发出下潕阳河风景区，乘着船只顺流而下，就可以游览诸葛洞两岸如画美景。

【历史渊源】

诸葛洞因传说诸葛亮南征经此，开凿通航而得名。明代《弘治贵州图经新志》记载："瓮蓬洞，在偏桥司东十五里，江水经此洞而出，洞为扼五处。相传汉诸葛亮经营南方时，欲漕长沙以西粟，凿此，竟以阨塞而上。"[1]清代，施秉县在诸葛洞附近修建了一座武侯祠。《乾隆镇远府志》记载："武侯祠，……又一在施秉县诸葛洞。"[2]《民国施秉县志》记载："武侯祠，在县城东十二里大江西岸上，前后殿共六间。光绪十年，邑人募捐重修，仅竖正殿三

---

1 （明）沈庠修，赵瓒纂：《弘治贵州图经新志》，《中国地方志集成·贵州府县志辑①》，巴蜀书社，2015，第63页。

2 （清）蔡宗建修，龚传坤等纂：《乾隆镇远府志》，《中国地方志集成·贵州府县志辑⑯》，巴蜀书社，2015，第158页。

俊秀的施秉诸葛洞

施秉诸葛洞峡谷湍急的水流

施秉诸葛洞峡谷

间，基址宽五丈，深十一丈。"[1] 诸葛洞所在的河段自古乱石堆积，水急滩多，但因地处交通咽喉，历代通过艰苦卓绝的开凿得以通航。《乾隆镇远府志》又记："诸葛洞，古名瓮蓬洞，两岸悬崖绝壁，高阔数百丈，其中有滩三层。

明万历年间巡抚郭子章、天启年间总督杨述中，皆委官开凿，船只通行。国朝顺治十六年，总督赵廷臣、巡抚卞三元，因黔民饥馑，军需匮乏，取楚米艰于挽运，乃檄新镇道徐鸿业、副将王可复，就开此洞。"[2]

---

1 朱嗣元修，钱光国等纂：《民国施秉县志》，《中国地方志集成·贵州府县志辑⑲》，巴蜀书社，2015，第529页。

2 （清）蔡宗建修，龚传坤等纂：《乾隆镇远府志》，《中国地方志集成·贵州府县志辑⑯》，巴蜀书社，2015，第68页。

锦屏县

锦屏诸葛洞

【 地理位置 】

地理坐标：东经109° 12′ 23.86″，北纬26° 27′ 44.38″，海拔388米。

行政属地：锦屏县敦寨镇罗丹村田坝头自然寨。

地理环境：诸葛洞所在的山较为低矮，植被茂密，毗邻农田。

【 保护级别 】

1982年，诸葛洞石刻被锦屏县人民政府公布为县级文物保护单位。

【 现状概述 】

锦屏诸葛洞，位于锦屏县敦寨镇罗丹村田坝头自然寨的尽头，人称"犀牛洞"，是一个天然溶洞，洞内冬暖夏凉，可容纳千人，相传是诸葛亮南征的屯兵处。

诸葛洞洞口的右壁上，题刻有南宋景定二年（1261）靖州知府张开国的《戒谕文》。刻写面积1.68平方米，全文26行。

诸葛洞左洞口的右壁上，题刻有明代景泰二年（1451）张汉英的三首诗。刻写面积1.28平方米。

【 历史渊源 】

因为锦屏县相传是诸葛亮南征时的战场，所以留存有许多与南征相关的地名和遗存，诸

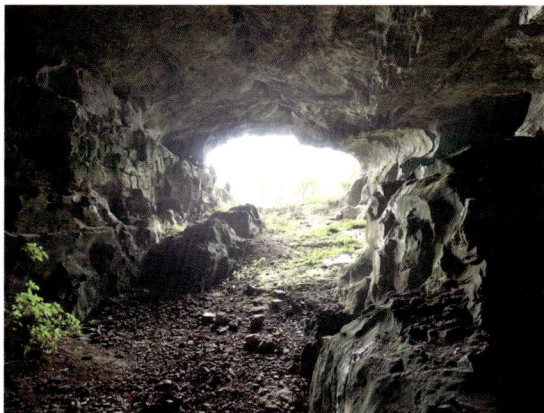
深远宽阔的锦屏诸葛洞

诸葛洞内宋代题刻

葛洞是现今还能找到痕迹的遗存之一。《光绪黎平府志》记载："诸葛硐，亮寨司西十里罗丹右，相传武侯屯兵处，内有《戒谕文》石刻，宋太守张开国书。"[1]

1（清）俞渭修（清）陈瑜纂：《光绪黎平府志（一）》，《中国地方志集成·贵州府县志辑④》，巴蜀书社，2006，第158页。

锦屏诸葛洞

锦屏诸葛洞洞口

锦屏诸葛洞是天然溶洞

亮寨

地理坐标：东经109°16′11.12″，北纬26°28′40.84″，海拔375米。

行政属地：锦屏县敦寨镇亮司村。

地理环境：地势平坦，古建排列有序，亮江河绕村而过。

【现状概述】

亮寨，全称"诸葛亮寨"，大致范围是今锦屏县敦寨镇亮司一村、二村一带，相传诸葛亮南征时曾在此安营扎寨。宋元时期，中央政府在此设蛮夷长官司，又称"亮寨司"和"亮司"。

亮寨居民主要是苗族，以龙姓为主，有"黔东第一苗寨"之称。亮寨内人口稠密，建筑、街道沿亮江河（相传因诸葛亮而得名）绵延分布，长达2.5千米，规划布局合理。亮寨街巷纵横，布局工整，大小、主次分明，街头巷尾建有凉亭门楼。各种建筑密而有序，错落有致，古朴典雅，其中最具代表性的有龙氏宗祠、万元桥、文昌宫等。[1]

【历史渊源】

亮寨、亮江河，相传皆因诸葛亮而得名。《乾隆贵州通志》记载："诸葛寨，在府北一百里亮寨司。"[2]《光绪黎平府志》记载："诸葛寨，城东北七十里，亮寨司。相传武侯南征驻师处。以龙绍纳《诸葛古迹考》，古州、亮寨、平茶屯，皆有诸葛营故址。亮寨则直署其名。"[3]《民国贵州通志》记载："诸葛亮寨，在黎平府城北，亮寨长官司西。相传亮南征屯兵处。亮寨司以此名。"[4] 龙绍纳《诸葛古迹考》记载："古州、亮寨、平茶屯，皆有诸葛营故址，亮寨则直署其名。"[5] 除了亮寨，锦屏的隆里古城相传也是诸葛亮南征的重要军事要塞，历史上曾有多处与诸葛亮、关索相关的遗存，如花营盘、伏龙坪、马蹄泉等。

花营盘，又叫"先锋营"，离亮寨二三千米，相传是关索追击孟获时屯兵的地方。《乾隆开泰县志》记载："伏龙坪，在隆里所，孔明驻兵处。马蹄泉，在隆里所，相传汉关索随孔明征蛮，兵渴马乏，忽半山水出，石池如碗，盛之，清冽甘美……花营盘，在隆里所，一名先锋营，相传汉关索驻兵于此。"[6]

1 龙涛:《亮司苗寨：一幅淡雅的水墨画》，黔东南新闻网，2018年12月12日发布。

2 （清）鄂尔泰等修，（清）靖道谟、杜诠纂:《乾隆贵州通志（一）》，《中国地方志集成·贵州府县志辑④》，巴蜀书社，2006，第130页。

3 （清）俞渭修，（清）陈瑜纂:《光绪黎平府志（一）》，《中国地方志集成·贵州府县志辑④》，巴蜀书社，2006，第158页。

4 刘显世、谷正伦修，任可澄、杨恩元纂:《民国贵州通志（六）》，《中国地方志集成·贵州府县志辑⑪》，巴蜀书社，2015，第189页。

5 黔东南州锦屏县志办编印:《亮川集》，镇远县印刷厂，1993，第94页。

6 （清）郝大成修，（清）王师泰等纂:《乾隆开泰县志》，《中国地方志集成·贵州府县志辑⑲》，巴蜀书社，2006，第17—18页。

锦屏亮寨古建遗存

锦屏亮寨古街巷

锦屏亮寨凉亭式门楼

锦屏亮寨古祠堂

锦屏亮寨旁的花营盘

隆里古城

隆里古城街巷

榕江县

孔明山

【地理位置】

地理坐标：东经108°15′47.93″，北纬27°19′33.76″，海拔1470米（主峰）。

行政属地：孔明山东面属榕江县加宜乡，西面属从江县东朗乡。

地理环境：榕江县与从江县交界处，月亮山东北面，高山峻岭，树木茂密，山泉众多。

【现状概述】

孔明山位于榕江县与从江县的交界处，西南—东北走向，西面属于从江县东朗乡，东面属于榕江县加宜乡，距榕江县城30多千米，距从江县城160多千米。孔明山是月亮山的支脉，总面积约60平方千米，苗语叫"务振"，意为"古林之山"；山顶呈平台状，东西长10千米，南北宽6千米，苗语叫"务祝"，是"森林中的古战场"的意思。

由于山势奇特，山顶有形态相似的山丘百余座，树木茂密，山泉从四面八方流淌而下，极易迷路，又被称为"八卦山"。山中有众多三国历史文化遗存，包括孔明塘、孔明泉、孔明树、孔明碑、孔明寨、孟获石、孟获碑等。

孔明塘，两亩见方，水深2米。

孔明碑，据当地专家朱法智介绍，由青石凿刻，横立，宽1.7米，高1.5米，上刻1500字，讲述的是孔明在此作战的故事，于20世纪50年代被发现，但文字时隐时现，亦被称为"鬼碑"。

孔明寨，又叫"孔明村"，位于孔明山山侧，苗语叫"分摆"，隶属从江县东朗乡。

【历史渊源】

当地苗族传说，孟获是当地苗族的苗王，出生于从江县的秀摆村，孔明山后面的一座山，被当地人尊为"苗王山"。孔明山是诸葛孔明最后一次擒获孟获之地。苗族古歌中有一段描写诸葛亮与孟获作战的歌词，译成汉语是："莫薅（孟获的苗名）十八岁，骑马走远方，喊人和他走，先生（诸葛亮）才追来。"为了报答诸葛亮的不杀之恩，孟获诚心归汉，并把"务振"改名"孔明山"，山上的水塘改名"孔明塘"，山上的泉水改名"孔明泉"。《光绪古州厅志》记载："孔明塘，城南七十里，为生苗蕨菜坪要路，山高约十余里，上平坦，峰峦列如八阵，有泉水泻出数里，皆成沮洳，又有奇树环根，各生质干。虽土人有迷其途径者。相传系孔明驻兵所。"[1]《光绪黎平府志》记载："孔明山，距厅城一百四十里南路滚翠寨，直上十余里，周围五十余里，上有塘，水极清洁。"[2]

---

1 余泽春修，余嵩庆等纂：《光绪古州厅志》，《中国地方志集成·贵州府县志辑⑲》，巴蜀书社，2006，第306页。

2 （清）俞渭修，（清）陈瑜纂：《光绪黎平府志（一）》，《中国地方志集成·贵州府县志辑④》，巴蜀书社，2006，第84页。

孔明山

孔明山远眺

从江县东朗乡孔明村村委会

从江孔明村村屋

从江孔明村街巷

孔明山下的孔明石

孟获老寨秀摆村

孔明山中的村寨与梯田

苗王山

榕江诸葛城遗址

【 地理位置 】

地理坐标：东经 108° 31′ 39.19″，北纬 26° 56′ 15.81″，海拔 250 米。

行政属地：榕江县古州镇古州中路大街。

地理环境：位于榕江县城中心，其原址上留存有清代贵州古州总兵署建筑群，现在是榕江县红七军历史陈列馆。

【 保护级别 】

1985 年，中国工农红军第七军军部旧址被贵州省人民政府公布为省级文物保护单位。

【 现状概述 】

榕江诸葛城遗址，位于榕江县古州镇古州中路大街西侧，相传为诸葛亮南征故垒。清雍正八年（1730），诸葛城所在区域一带修建了清代贵州古州总兵署，又被称为"镇台衙门"。1930 年 4 月，中国工农红军第七军由荔波板寨长途奔袭榕江县城（古州），4 月 30 日取得榕江大捷，将军部设于古州总兵署内。

【 历史渊源 】

榕江诸葛城遗址，方志中有记载，原址在清代贵州古州总兵署，今只留下了一个名称。《光绪古州厅志》记载："诸葛城，在城内，相传诸葛武侯征蛮故垒，方二里八分。苗相戒，不敢入其内。今古州同知左营都司署，即其址。又传云雍正八年冬，古州修建城，于东南角炮台内挖出箭镞数百。"[1]龙绍纳《诸葛古迹考》记载："古州城，旧名诸葛营。相传武侯南征屯兵于此，有方台在今州署中，苗民不敢登，登即头晕。城内有山。"[2]

除诸葛城遗址外，榕江一带历史上还有许多与诸葛亮南征相关的遗存，如卧龙岗、武侯庙、济火祠、诸葛洞等，都已不存，仅留下地名或大概的位置。

卧龙岗、武侯祠、济火祠，都位于榕江县西面，现榕江县民族中学附近。《光绪黎平府志》记载："卧龙岗，城西门内，田陇街，有武侯祠。"[3]《光绪黎平府志》又载："武侯庙，在城内西门坡卧龙岗。乾隆十三年建，左为抱膝亭、鸣琴阁，右为济火祠。相传武侯征孟获，济火为乡导，韦姓，名阿里黑。"[4]龙绍纳《诸葛古迹考》记载："（古州）城内有山，名'卧龙岗'，上有武侯祠，内有抱膝亭。古州苗女所织绒锦，亦以武侯名之，曰'诸葛洞锦'。"[5]

1 余泽春修，余嵩庆等纂：《光绪古州厅志》，《中国地方志集成·贵州府县志辑⑲》，巴蜀书社，2006，第 305 页。

2 黔东南州锦屏县志办编印：《亮川集》，镇远县印刷厂，1993 年，第 95 页。

3 （清）俞渭修，（清）陈瑜纂：《光绪黎平府志（一）》，《中国地方志集成·贵州府县志辑⑰》，巴蜀书社，2006，第 82 页。

4 （清）俞渭修，（清）陈瑜纂：《光绪黎平府志（一）》，《中国地方志集成·贵州府县志辑⑰》，巴蜀书社，2006，第 142 页。

5 黔东南州锦屏县志办编印：《亮川集》，1993，第 95 页。

清代贵州古州总兵署全景

榕江县城全景模型

榕江诸葛洞原址

　　诸葛洞，位于榕江县东滨大道对面的五榕山中，都柳江、车江、榕江合流处，由并列的三个溶洞组成。相传诸葛亮南征时，曾在此保存旗鼓等军用物品。《光绪黎平府志》记载："诸葛硐，在古州城东南隅，为三江聚汇之所，左右悬崖峭壁，游者泛舟而往，硐口仅容一人，俯而入内，即深宽，必须燃炬乃可行。硐内最高，其中藏有孔明所遗旗鼓什物。硐前有方石一块，如书，故曰石书。"[1]由于都柳江改道，诸葛洞已被大量泥沙堵塞，现今无法进入。

榕江济火祠、武侯祠旧址

榕江卧龙岗

1 （清）俞渭修，（清）陈瑜纂：《光绪黎平府志（一）》，《中国地方志集成·贵州府县志辑⑰》，巴蜀书社，2006，第 159 页。

三國

陕西省

陕西省概述

陕西省位于中国西北部，渭河平原和秦岭山脉呈东西走向平行于其间。其地域北接内蒙古自治区，东邻河南省与山西省隔黄河相望，西邻甘肃省、宁夏回族自治区，南通四川省、重庆市、湖北省。截至2022年，陕西省下辖西安、铜川、宝鸡、咸阳、渭南、延安、汉中、榆林、安康、商洛10个地级市，共107个县（市、区）。

根据谭其骧先生《中国历史地图集》第三册"三国时期"的地图所示，以及相关历史文献的记载，在三国时期，陕西省中部的大部分地区，分属曹魏雍州之下的京兆郡、冯翊郡、扶风郡和北地郡管辖；南部今安康市大部分地区，归曹魏荆州之下的魏兴郡、上庸郡管辖；南部今汉中市大部分地区，归蜀汉益州之下的汉中郡管辖。

三国时期的汉中郡，在行政区划上属于益州管辖，是刘备和曹操激烈争夺的战场。刘备最终获得胜利，完全占有汉中，得以在此自称汉中王，建立起蜀汉政权的雏形，从此汉中成为蜀汉北部的军事重镇。刘备病逝后，诸葛亮执政，统领大军进驻汉中，把这里经营成北伐曹魏的前线大本营，直到自己病逝于五丈原前线。因此，汉中市有大量与蜀汉相关的三国文化遗存，如勉县的诸葛亮墓葬。

汉中市

汉中市位于陕西省南部，东接安康市，北连宝鸡市、西安市，西邻甘肃省，南邻四川省，是连通关中平原与成都平原的交通枢纽，素有"秦之咽喉""巴蜀门户"之誉。截至2022年，全市下辖汉台区、南郑区2个区，城固县、洋县、勉县、宁强县、略阳县、西乡县、镇巴县、留坝县、佛坪县9个县。三国时期，该区域主要为蜀汉益州汉中郡辖地。

汉中市三国文化遗存点位分布图

1 张嶷墓遗址
2 古虎头桥
3 东塔
4 天爷庙旧址
5 古山河堰二堰遗址
6 溢水诸葛庙
7 关帝镇关帝庙
8 赤坂遗址
9 傥骆道（赖子崖段、苍耳崖段）
10 张鲁城遗址
11 阳平关遗址
12 张鲁女墓
13 天荡山
14 米仓山
15 定军山
16 刘备称汉中王设坛处
17 马超墓
18 诸葛亮读书台
19 黄沙诸葛城
20 诸葛亮制造木牛流马处
21 诸葛亮督军台
22 武侯墓

23 勉县武侯祠
24 汉丞相诸葛武侯墓指路碑
25 勉县武侯堂
26 褒斜道（留坝段）

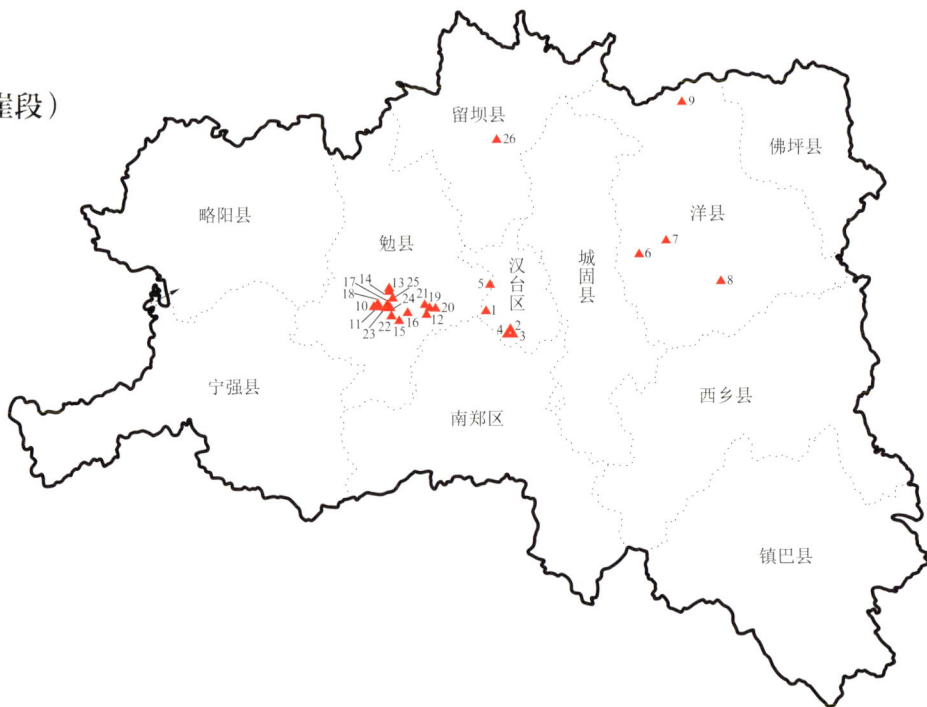

撰稿：彭　波
摄影：苏碧群　罗景玠　樊博琛
绘图：尚春杰

汉台区

张嶷墓遗址

【地理位置】

地理坐标：东经106°56′51.36″，北纬33°7′47.19″，海拔525米。

行政属地：汉台区龙江镇柏花村。

地理环境：位于黄张路北侧，村落房屋围绕。

【保护级别】

1986年，被汉台区人民政府公布为区级文物保护单位。

【现状概述】

墓上原有圆形封土，底径约30米，高约10米[1]，自20世纪60年代开始，当地村民修房取土，平整土地，封土消失殆尽。从当地文管部门保存的老照片可知，原墓葬的南侧有墓碑，现迁移至汉中市博物馆保存。墓碑高约80厘米，宽约57厘米，正中镌刻"汉荡寇将军张嶷之墓"，右侧镌刻"民国十年元月孟春"，左侧落款"调署南郑县知事白河柴守愚立石"。1995年，汉中市人民政府在墓旁立蜀汉荡寇将军张嶷墓遗址碑。

【历史渊源】

陈寿《三国志·张嶷传》记载，蜀汉延熙十七年（254），曹魏狄道县（今甘肃省临洮县）县长李简请降，姜维与张嶷等前去受降。收降李简后，姜维率军进围襄武（今甘肃陇西），与魏将徐质交战，张嶷"临阵陨身"。传说张嶷战死后，被战马驮至褒城驿，葬于此处。

此墓原名"褒德将军墓"，文献记载可追溯至宋代。《舆地纪胜》载："神惠泉，在褒城县十余里。褒德将军庙前十步，元丰八年，人营庙乏水，涌出。"[2]明代《一统志》载："宋元丰中，里人营褒德将军庙，乏水，此泉忽涌出。"[3]及至清代，人们把褒德将军墓与张嶷墓联系起来。康熙《陕西通志》载："褒德将军墓，在县西南一里柏乡街，相传为张嶷冢。"[4]其后，雍正《敕修陕西通志》、道光《褒城县志》、民国《续修南郑县志》等方志文献也采此说。民国十年（1921），南郑县知事柴守愚，在墓前立"汉荡寇将军张嶷之墓"石碑。据当地村民回忆，取土时曾出土过鱼鳞纹汉砖，现已不知去向。1986年被公布为县级文物保护单位。1995年被汉中市人民政府公布为"汉中市人民政府历史文化名城纪念地"。

1 国家文物局主编：《中国文物地图集·陕西分册（下）》，西安地图出版社，1998，第972页。

2 （宋）王象之：《舆地纪胜》卷一百八十三《利州路》，清影宋钞本。

3 （明）李贤：《明一统志》卷三十四《凤翔府》，清文渊阁四库全书本。

4 （清）王功成续纂，（清）韩奕续修：《陕西通志》卷二十八《陵墓》，清康熙五十年（1711）刻本。

汉中张嶷墓遗址现状

张嶷墓遗址的说明碑

汉中市博物馆藏"汉荡寇将军张嶷之墓"碑

古虎头桥

【地理位置】

地理坐标：东经107°1′23.25″，北纬33°4′57.17″，海拔495米。

行政属地：汉台区天汉大道1059号旁。

地理环境：东靠天汉大道辅路，与中心广场相近，西与财富首座大厦相近，北为虎头桥路。

【保护级别】

1986年，被汉中市人民政府公布为市级重点文物保护单位。

【现状概述】

仅存部分桥墩。当地政府在原址修建了一座小型展览馆。展览馆门壁上有楹联："虎桥往事明月知；汉水长流太守名"。展览馆内立有四通石碑。中间一通石碑为民国时期所立，正中镌刻"古虎头桥"，右侧题"汉马岱斩魏延处"，左侧落款"中华民国二十二年重建"。其余三通为现代所立。展览馆左壁还镌刻有《魏延传》。

古虎头桥

古虎头桥遗存陈列

【历史渊源】

古虎头桥，相传为马岱斩魏延之处。清乾隆《南郑县志》载："汉中府北门外里许，有虎头桥，平地列数石。其下并无沟渠。殊不成桥，而流传久远，且立碑焉……询之居人，云是'三国时魏延死处'。"[1]虎头桥始建年代不详，至迟清代乾隆年间便废弃，仅留地名，民国二十二年（1933）立"古虎头桥"碑。

《三国志》载，建兴十二年（234），诸葛亮病逝五丈原，遗命杨仪、费祎总办军务。魏延与杨仪有隙，率所领军队"径先南归"，并沿途"烧绝阁道"，据守南谷口。后魏延遣兵逆击杨仪，被王平叱散。魏延与其子数人逃亡，奔汉中，"杨仪遣马岱追斩之"[2]。古虎头桥传说盖与此相关。

---

1 （清）王行俭修：《南郑县志》卷十六《杂识》，清乾隆五十九年刻本。

2 （晋）陈寿撰：《三国志》，中华书局，1982，第1004页。

东塔

地理坐标：东经107° 2′ 1.70″，北纬33° 4′ 24.67″，海拔525米。

行政属地：汉台区塔儿巷。

地理环境：位于东塔民族小学内。北为塔儿巷街，西为北团结街，南为东关正街，东面紧邻东塔民族小学操场。

【保护级别】

2013年，被国务院公布为全国重点文物保护单位。

【现状概述】

东塔平面呈方形，原为13级密檐式砖塔，现存11级，残高约16.5米，底边长4.5米。塔身底层高约3米，正面有门，内有小室，以上各层皆为实心。从第二层开始，四面中间各辟一个拱形小龛，龛两侧砌单层小方塔。各层之间叠涩出檐，在叠涩檐下还装饰一排菱角牙子，塔身及塔顶长满杂草。

远望东塔

东塔

东塔小学

【历史渊源】

东塔，相传三国时庞德曾在塔中养病。民国《续修南郑县志》云："净明寺古塔，即东湖塔影所照，不知起于何代。相传庞德曾养伤于此中。"[1] 其始建年代不详，1953年当地文物部门对塔进行维修时，在塔顶发现残存的压角铁狮一对，其上镌刻铭文可辨"庆元四年扬州城西街李子昭谨"字样[2]，证明至迟南宋宁宗庆元年间，此塔就已存在。明代洪武八年（1375）[3]及清代康熙五十九年（1720）曾对此塔进行维修[4]。

《三国志》载，建安十八年（213），庞德随马超投奔张鲁，建安二十年（215），曹操攻汉中，张鲁降，庞德亦降曹操。《三国演义》中，阎圃荐庞德于张鲁曰："南安庞德，前随马超投主公，后马超往西川，庞德卧床不曾行。"[5]庞德养病净明寺古塔的传说盖与此相关。

1 蓝培原:《续修南郑县志》卷五《风土志·古迹》，民国十年（1921）刊本。

2 国家文物局主编:《中国文物地图集·陕西分册》（下）》，西安地图出版社，1998，第964页。

3 (明)赵廷瑞纂修:《陕西通志》卷三十六《民物四·仙释》，明嘉靖二十年（1541）刻本。

4 (清)沈青崖纂:《陕西通志》卷二十九《祠祀二》，清文渊阁四库全书本。

5 (明)罗贯中著，(清)毛宗岗评改:《三国演义》第六十七回，1989，第874页。

天爷庙旧址

【地理位置】

地理坐标：东经107°0′57.36″，北纬33°4′28.76″，海拔511米。

行政属地：汉台区益汉巷124号。

地理环境：北侧为益汉路，西为天爷庙巷，周围是现代住房。

【现状概述】

原庙已不存，旧址现为汉中市实验小学。汉中市文博部门留存有天爷庙大门、厢房、天师像等老照片。从照片观察，大门为砖砌结构，面阔三间，砖砌拱形门洞，右侧有耳房；厢房为歇山顶，面阔二间，墙体内为砖砌，后抹黄泥，其外施白灰。还有一张石柱础照片，直径较大。

汉中市实验小学所在街道

【历史渊源】

天爷庙，传为张鲁家祠所在，始建年代不详。民国《续修南郑县志》载："天爷庙行台坊，或云神为张鲁。"[1]

《三国志》载，张鲁据有汉中，以"鬼道教民"，自号"师君"[2]，不置长吏，以祭酒为治，对于犯法者宽恕三次，而后行刑。张鲁治汉中"民夷便乐之"[3]，颇有民望。张爷庙可能是汉中民众为祭祀张鲁而建。

天爷庙旧址现为汉中市实验小学

1 蓝培原：《续修南郑县志》卷二《建置志·庙坛》，民国十年（1921）刊本。

2 （晋）陈寿：《三国志》，中华书局，1982，第263页。

3 同上。

天爷庙旧址大门老照片

天爷庙旧址厢房老照片

古山河堰二堰遗址

地理坐标：东经106° 57′ 32.28″，北纬33° 11′ 49.27″，海拔537米。

行政属地：汉台区河东店镇。

地理环境：位于汉台区北约20千米处，地处褒谷口，褒河右侧，西面为现代鱼塘。

【保护级别】

2008年，古山河堰二堰遗址被陕西省人民政府公布为省级文物保护单位。

【现状概述】

山河堰，现位于南干渠灌区内。史载山河堰原有六堰目前有迹可考者有四堰。首堰名"铁桩堰"，清代时已废，现已不存。1940年，国民政府修建褒惠渠大坝时，曾在坝基址挖出柏木及青冈木木桩千余根，木桩高丈许，围绕木桩，垒以巨石；二堰名"柳边堰"，引水口在今褒河左岸河东店街后，堰长320米，底部贯以木桩，卵石垒砌，至今可见残存木桩；三堰在柳边堰下游约1千米处，左岸引水，渠长近10千米；四堰为民国时修复，右岸引水，渠长15千米。

二堰遗址（柳边堰），渠堤采用黏土夯筑而成，夯土层厚2—3米，分层夯筑，带有一定的坡度，以利于排水。夯窝直径约10厘米，深约2厘米。堰堤临河面坡脚用条石护基，二堰还残存有人工修堰的石条。渠堤基础3.6米，最多13台，高约2米左右，采用顺砌横锁砌法，逐层退台。大部分条石上镌刻有"山"或"→"形符号，表明为专用石料。

【历史渊源】

山河堰，因褒河又名"山河水"而得名。传山河堰为西汉萧何和曹参所开，故亦称之"萧何堰"或"萧曹堰"。三国蜀汉时期，汉中乃"益州咽喉"，为北伐前线及军粮供应地，诸葛亮十分重视汉中农业的恢复与发展，曾多次对山河堰"踵迹增修"。[1]

此后，山河堰一直是汉中的重要水利工程。

《石门十三品》之《重修山河堰》摩崖，刻于南宋光宗绍熙五年（1194），记述了南宋中期，汉中郡守章森等修复山河堰的情况，兼具艺术价值与史学价值，对考证山河堰沿革及宋代山河堰修理情况具有重要意义。

---

1 （清）光朝魁：《褒城县志》卷四《职官表》，清道光十一年（1831）钞本。

山河堰二堰遗址

山河堰二堰遗址夯筑堤坝

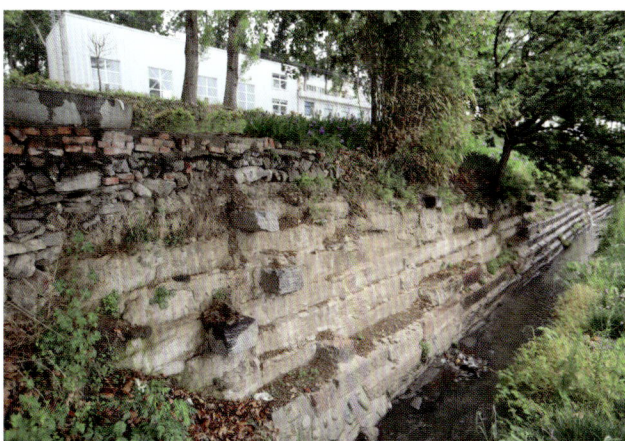

山河堰二堰遗址条石护堤

洋县

溢水诸葛庙

【地理位置】

地理坐标：东经107° 24′ 57.38″，北纬33° 16′ 10.24″，海拔597米。

行政属地：洋县溢水镇大庄坡村。

地理环境：位于诸葛岭北麓，东近孔溪河，处在大庄坡村、西山村等几个自然村庄的中心位置，正门前有一较大广场，东北面有一现代乡村大舞台，是当地村民活动的场所。

【现状概述】

原诸葛庙今已不存。今诸葛庙为20世纪90年代当地百姓筹资新建。今诸葛庙，坐西南朝东北，四合院布局，由山门、正殿、左右厢房组成。

山门楹联为"三人三姓三结义；一君一臣一圣人"，横批"天下归心"。正殿为硬山顶，砖木结构建筑，面阔五间，进深四间，墙体为砖砌，外抹黄泥，室内还在黄泥外施白灰。正殿明间门柱楹联为"万古千秋五丈原；三家英雄会桃园"，横批"忠心保国"。殿内正中供奉诸葛亮坐像，为现代新塑，头戴冠，身穿八卦道袍，坐于木椅之上；诸葛亮塑像两边供奉观音、药王、龙王等。左、右为厢房，形制相近，硬山顶，砖木结构建筑，现空置。

溢水诸葛庙

庙内现存三通石碑，一通为清嘉庆十五年（1810）《重修诸葛庙碑记》；一通为清道光二十三年（1843）《移修诸葛岭武侯丞相、文武夫子各诸神殿竣工碑文》；一通碑文漫灭，难以辨识。

重修诸葛庙碑记（部分）[1]

吾洋县西北三十里有诸葛岭。相传蜀汉孔明丞相曾屯兵于此。后人修庙祀之，理宜然也。由来旧矣，不知创于何时。本朝来屡有明文，古圣贤有功业于民者，地方或创建，或仍旧立祠焉。所以□□恩亦神道设教，使人见庙敬匪僻之心不作也。雍正五年，岭□□士十余人，因旧址重修；乾隆己未岁勒石，迄今现存乃六十余年。庙宇倾圮，不能蔽风雨，目击比伤者久之。庠生史兰馨感施□白舒苟再四□请给理，慨然自任。兰馨前修理丰山，功大费烦，尽心竭力。夫人而知之。兹事十年四月平基，八月动工，甫百一十日而建□，门廊、房六间、大门、石牌坊一座，共费金五百余两。统计历年夏秋募化麦七十余石，包谷杂粮七十余石，输金人等仅收六十等两。除□所□所出他人虑此，未有不半途中止者。兰馨日夜焦老，跪化借贷，功成十分之九，心力亦甚瘁矣。而彩画、油漆之经营，则犹未已也。

【历史渊源】

诸葛庙，始建年代不详。清雍正五年（1727）邑人集资重修，清乾隆四年（1739）又重修。嘉庆十年（1805），庠生史兰馨见庙宇倾圮，筹资重修，新建石牌坊、门廊等。道光二十三年（1843），将诸葛庙进行迁建，增祀孔子、关羽诸神。20世纪60年代左右，诸葛庙毁。20世纪90年代，当地百姓筹资重建。

诸葛庙所在地不远处有一处山丘名"诸葛岭"。清康熙《洋县志》载："诸葛岭，县西北三十里，武侯戍此。"[2]庙内碑文亦云："诸葛岭，相传蜀汉孔明丞相曾屯兵于此。"这应是该地屡次重修诸葛庙的原因。据村人讲，曾在诸葛岭之上挖出箭镞等兵器，现已不知去向。

道光二十三年（1843）"移修诸葛岭武侯丞相、文武夫子各诸神殿竣工碑"

嘉庆十五年（1816）"重修诸葛庙碑记"

----

1 因碑文漫灭，未可全识。
2 （清）邹溶修：《洋县志》卷一《山川》，清康熙三十三年（1694）刻本。

溢水诸葛庙大殿

溢水诸葛庙厢房

溢水诸葛庙院落

溢水诸葛庙神台上供奉的诸葛亮塑像

关帝镇关帝庙

【地理位置】

地理坐标：东经107°29′44.93″，北纬33°18′12.80″，海拔588米。

行政属地：洋县关帝镇安丰村。

地理环境：位于关帝镇西南方安丰村东1.5千米，地处山谷地带，在关帝庙沟与大头沟交汇处，四面为群山环绕，植被茂盛。一条乡村公路从其门前经过，东北与王家台村相邻，南边还有一条小溪。

【现状概述】

关帝庙坐北朝南，四合院布局，由前殿、后殿、左右厢房组成。

前殿，硬山顶，面阔三间，进深两间。门壁张贴楹联为"关圣香烟通三界；帝君神灵贯五洲"，横批"有求必应"。前殿东侧屋顶坍塌。殿内正中塑关羽坐像，头戴绿冠，面如重枣，凤目微合，五缕长髯，身穿战甲，左手拿《春秋》，右手捻长髯，不怒自威。关羽右侧为周仓塑像，头戴盔，满面虬髯，虎目圆睁，身穿战甲，左手叉腰，右手缺失；左侧关平像已经塌毁。塑像背后还残存有壁画，在白色墙壁上，先施黄彩，然后绘画。前殿关羽神台背龛处供奉观音塑像。

后殿与前殿位于一条中轴线上，建在高约2米的台基之上，硬山顶，砖木结构，面阔三间。殿内正中供奉释迦牟尼，左右两侧陪祀道教三清。

两侧厢房，西厢房曾作为厨房使用，现空置。庙内还存有民国十四年（1925）石碑一通。

关帝镇关帝庙前殿供奉的关羽和周仓塑像

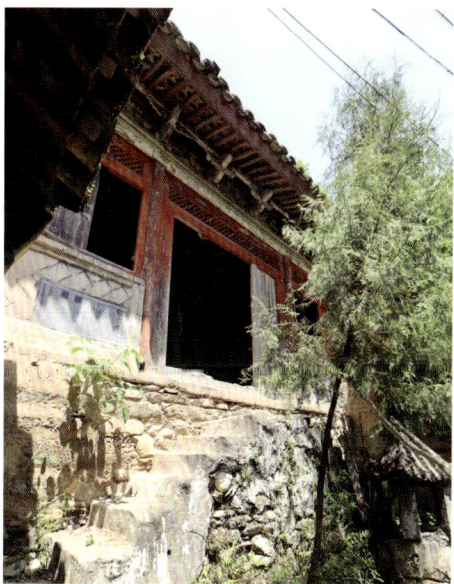

关帝镇关帝庙后殿

【历史渊源】

关帝庙始建于清代末年[1]，关帝镇之名即因此处关帝庙而来。民国十四年，当地村民在此立乡约碑记。[2] 20世纪70年代，关帝庙被征用为小学教室，80年代小学搬出，关帝庙闲置。2002年，安丰村村民见"庙宇破烂，梁断瓦折，壁墙坍塌"，自发筹资重修关帝庙，如今庙宇已废弃。

1 洋县文物管理所同志介绍。

2 庙内民国碑文所述。

1441

关帝镇关帝庙

关帝镇关帝庙西厢房

关帝镇关帝庙后殿神台供奉佛道神像

关帝镇关帝庙前殿背龛观音塑像

关帝镇关帝庙前殿明间大门

赤坂遗址

【地理位置】

地理坐标：东经107°39′42.70″，北纬33°12′12.21″，海拔537米。

行政属地：洋县龙亭镇龙亭山三里沟。

地理环境：位于龙亭镇东南龙亭山之上，南临汉江，北邻西汉高速公路，东为齐家坎村，西与张王村相近。

【现状概述】

赤坂遗址为一处低矮山丘，现为耕地，种植桃树、鱼米、柏树等，植被茂盛，已难寻遗址踪迹。其上有一夯筑烽火台，当地人称为"烟墩子"。土墩原来很大，因长期风吹雨淋，水土流失严重，现存周长约30米，长满杂草。

【历史渊源】

赤坂遗址，相传为诸葛亮抵御曹真伐蜀驻军之处。后主建兴八年（230），曹魏大司马曹真"数道并入"以伐蜀，第一路由司马懿率领由西城溯汉水而上，第二路由张郃率军出子午谷，第三路由曹真亲自率领出斜谷。三路大军分进合击，直指汉中。诸葛亮待之于赤坂。[1]《舆地纪胜》引《洋川志》载："赤坂，在今州东二十里龙亭山。"[2]《方舆胜览》亦载："赤坂，在州东二十里龙亭山，色赪。"[3]赤坂遗址南距汉江1.5千米，地处子午谷南下至石泉西进汉中的交通要冲，控扼水陆要道，地理位置十分重要。据当地村民讲，种地翻土时偶可发现铜、铁箭镞。

赤坂遗址远眺

1 （晋）陈寿：《三国志》，中华书局，1982，第896页。

2 （宋）王象之：《舆地纪胜》卷一百九十《金州》，清影宋钞本。

3 （宋）祝穆：《方舆胜览》卷六十八《蓬州》，清文渊阁四库全书本。

烟墩子

赤坂遗址上的桃树

傥骆道（赖子崖段、苍耳崖段）

【地理位置】

地理坐标：

赖子崖段：东经 107°32′56.16″，北纬 33°38′48.83″，海拔 1310 米。

苍耳崖段：东经 107°33′48.47″，北纬 33°39′31.83″，海拔 1417 米。

行政属地：洋县华阳镇。

地理环境：大部分处在崇山峻岭之中，植被茂密，人迹罕至。

【现状概述】

傥骆道，是古代南北走向翻越秦岭的通道之一。它南起汉中洋县傥谷口（今傥河水库），北至西安市周至县骆谷口，全长约 240 千米。大致路线是，沿傥谷口北上，经茅坪至洋县华阳镇，然后翻越兴隆山至都督门，继续北上越秦岭梁，经厚畛子镇，过老君岭，抵达周至县骆峪镇骆谷口。

洋县境内保留较好的路段有赖子崖、苍耳崖两段。赖子崖段位于洋县长青华阳景区内，栈道地处东河西岸，残留栈道孔 40 余个，分为竖孔、支柱孔两类，二者相距 2.9 米，竖孔有上、中、下三层，形状有马蹄形、方形、圆形三种。马蹄形栈孔内宽外窄，宽约 19 厘米，长约 31 厘米，深 10—27 厘米不等；圆形栈孔直径 7—13 厘米，深 5—17 厘米。苍耳崖段位于洋县长青华阳国家级自然保护区内。苍耳崖，又名"擦耳崖"[1]，该段南北两侧现存栈道孔 17—19 个，栈孔形制有方形、圆形两种，长 15—30 厘米，深 3—20 厘米。

【历史渊源】

傥骆道，因南段是傥谷、北段是骆谷而得名。始通年代不详，至迟秦朝末年即已开通。东汉《石门颂》记载："高祖受命，兴于汉中，道由子午，出散入秦，建定帝位，以汉诋焉。后以子午，途路涩难，更随围谷，复通堂光。"[2]"围谷"道即傥骆道。[3]《读史方舆纪要》载，褒斜道谷长四百七十里（235 千米）；傥骆道谷长四百二十里（210 千米）；子午道谷长六百六十里（330 千米）。[4]相较其他道路而言，傥骆道是关中距汉中最近的一条道路，但因谷内"重岗绝涧，危崖乱石"[5]，故历来主要作为军事通道。

---

1 据洋县文物博物馆工作人员翟清涛口述资料整理。

2 参见东汉《石门颂》铭文。

3 梁中效：《汉魏傥骆道的交通及影响》，《成都大学学报（社科版）》，2011 年第 2 期。

4 （清）顾祖禹：《读史方舆纪要》卷五十六《陕西·汉中府》，清稿本。

5 （宋）王象之：《舆地纪胜》卷一百九十《洋州》，清影宋钞本。

傥骆道苍耳崖

傥骆道赖子崖段河道遗存

傥骆道苍耳崖段局部

傥骆道赖子崖段马蹄形栈道孔

傥骆道赖子崖段古道遗存

傥骆道苍耳崖段方形栈道孔

傥骆道苍耳崖段圆形栈道孔

傥骆道赖子崖方、圆形栈道孔

三国时期，蜀汉与曹魏数次交兵于傥骆道。蜀汉延熙六年（244），大将军曹爽率军六七万人征蜀，"从骆谷入"[1]。蜀汉镇北大将军王平在"兴势围"阻击曹魏大军的进犯。曹军方面因"关中氐、羌转输不能供，牛马骡驴多死，民夷号泣道路"[2]，被迫退军。"兴势围"即兴势山，在洋县北二十里（10千米），今名汉王山，是扼守傥骆道的咽喉，与汉中、白帝并为蜀汉三大重镇。[3]蜀汉延熙二十年（257），曹魏大将诸葛诞据寿春叛乱，姜维乘机北伐，"复率数万人出骆谷，径至沈岭"，在芒水（今西安市周至县南黑水河）依山扎营，与邓艾、司马望对峙。[4]蜀汉炎兴元年（263）五月，征西将军邓艾、雍州刺史诸葛绪、镇西将军钟会分兵三路伐蜀。钟会统军十万，分从"斜谷、骆谷入"[5]合围汉中，一举灭蜀。

1（晋）陈寿：《三国志》，中华书局，1982，第283页。

2（晋）陈寿：《三国志》，中华书局，1982，第283页。

3（唐）李吉甫：《元和郡县志》卷二十二《山南道》，清武英殿聚珍版丛书本。

4（晋）陈寿：《三国志》，中华书局，1982，第1065页。

5（晋）陈寿：《三国志》，中华书局，1982，第787页。

勉县

张鲁城遗址

【地理位置】

【地理位置】

地理坐标：东经106°36′25.50″，北纬33°08′55.42″，海拔564米。

行政属地：勉县武侯镇莲水村。

地理环境：位于勉县城西约7千米，地处走马岭山冈之上，东与阳平关隔咸河而望，南临汉江，山下东为108国道。

【现状概述】

走马岭，亦名"烽燧山"，历来为通蜀要道，金牛道的一个分支即从山上过。山冈已被开发为果园，满山种植石榴树。《成都大学学报》2012年第1期中张东先生《古阳平关考述》一文介绍，近年来，当地文博部门对走马岭进行勘察，基本摸清了张天师堂的形制。张天师堂后名"白马庙"，共有三层台地：第一层为"望台"，第二层之上有"烽火台"，第三层为"天师总庙"。清代时，白马庙仍为道教场所，供奉张天师。19世纪五六十年代，"天师总庙"被焚毁。从遗址保留情况推测，"天师总庙"面积约2000平方米，地势平坦。台基之下残砖断瓦到处可寻，台地断面有烧土层，厚10余厘米，为灰、红两色，与台地表相距约60厘米。

【历史渊源】

张鲁城，因处于浕水（今咸河）西岸，又名"浕口城"。建安二十年（215）三月，曹操率军西征张鲁。张鲁派其弟张卫与部将杨昂等扼守阳平关，"横山筑城十余里"[1]。张鲁城可能建于此时。《水经注》卷二十七不但记载了张鲁城的相对位置，还对张鲁城的地形地势、面积大小有如下记载："（浕）水发武都氐中，南径张鲁城……用远城治，因即崤岭，周回五里，杳然百寻，西北二面，连峰接崖，莫究其极。以南为盘道，登陟二里有余。……其城西带浕水，南面沔川，城侧二水之交，故亦曰浕口城矣。"

张鲁城，传为五斗米教二十四治之"阳平治"所在。城内还建有"张天师堂"。《水经注》同卷又载："浕水又南，径张鲁治东。水西山上，有张天师堂，于今民事之。"[2]。

1（晋）陈寿：《三国志》，中华书局，1982，第45页。

2 同上。

走马岭张鲁城遗址

走马岭附近的马超塑像

走马岭紧邻阳平关遗址

走马岭张鲁城遗址

阳平关遗址

【地理位置】

地理坐标：东经106° 36′ 34.88″，北纬33° 08′ 55.30″，海拔567米。

行政属地：勉县武侯镇莲水村。

地理环境：距离勉县县城西约6千米，地处咸河与汉江交汇处东侧台地上，西与张鲁城隔咸河相望，南临汉江。

【保护级别】

2008年，被陕西省人民政府公布为省级文物保护单位。

【现状概述】

阳平关遗址，旧址周长5千米，平面略呈方形。现开发为古阳平关景区，经维修后的城墙长约300余米，宽约8米，高约8米，重建两层城楼一座，南、北角楼两座。

【历史渊源】

古阳平关，地处汉中盆地西端，西控巴蜀，北拒秦陇，战略位置十分重要，历来为兵家所必争之地。

阳平关遗址鸟瞰

阳平关镇、北子龙山、东马超梁

阳平关遗址

阳平关遗址

阳平关遗址省级文物保护碑

古阳平关及勉县老城市级文物保护碑

阳平关遗址城墙

建安二十年（215）三月，曹操亲自率军西征张鲁，七月兵至阳平关，与张鲁弟张卫、将杨昂对战。[1]建安二十三年（218），刘备驻军阳平关，与魏将夏侯渊相拒。建兴五年（227），诸葛亮屯兵汉中，营沔北阳平、石马。[2]蜀汉末，称阳平关为"阳安关口"或"关城"，是蜀汉防御曹魏的重镇。景耀六年（263），钟会治兵关中，欲窥蜀汉，姜维上疏后主曰"宜并遣张翼、廖化督诸军，分护阳安关口、阴平桥头，以防未然"[3]，但后主未听。同年秋，钟会、邓艾伐蜀，钟会"西出阳安口……使护军胡烈等行前，攻破关城"[4]。

自晋以后，阳平关又名"白马城"。如《水经注》载："沔水又南径张鲁治东……东对白马城，一名阳平关。"[5]

唐宋时，因川陕交通改道，在宁羌州（今宁强县）西北六十里，另设阳平关，古阳平关的重要性逐渐下降。明清之时，古阳平关被称为"东关土城"，为沔县故城西面门户。2001年，陕西省拨款，在明清老县城西城拱汉门遗址上，仿建古阳平关城墙300余米，即我们今天所看见的阳平关遗址。[6]1983年被公布为勉县重点文物保护单位；2000年被公布为汉中市重点文物保护单位；2008年被陕西省人民政府公布为陕西省文物保护单位。

1（晋）陈寿：《三国志》，中华书局，1982，第45页。

2（晋）陈寿：《三国志》，中华书局，1982，第895页。

3（晋）陈寿：《三国志》，中华书局，1982，第1066页。

4（晋）陈寿：《三国志》，中华书局，1982，第787页。

5（北魏）郦道元著，（清）杨守敬疏：《水经注疏》，江苏古籍出版社，1989，第2298页。

6 勉县地方志编纂委员会编：《勉县志（1987—2007）》，陕西人民出版社，2018，第608页。

张鲁女墓

【地理位置】

地理坐标：东经106°46'25.6"，北纬33°07'21.2"，海拔566米。

行政属地：勉县温泉镇光明村观子山。

地理环境：张鲁女墓地处汉江南岸观子山山顶，四周植被茂盛。山下北为汉武路，临汉江，南部有中坝水库，山腰及山麓多为农田。张鲁女墓之北观子山山麓有女郎祠。女郎祠北为灵官殿，东有三宫殿、祖殿等道教建筑。

张鲁女墓（一）

【保护级别】

2008年，被陕西省人民政府公布为省级重点文物保护单位。

【现状概述】

张鲁女墓坐南朝北，封土呈覆斗形，东西长12.3米，南北宽9米，高3米。墓前坟亭，四角攒尖顶，砖木结构，为现代新建。坟亭内立有一通石碑，镌刻"汉五斗米教首张鲁之女琪瑛之墓"，为2001年勉县博物馆立。碑亭之前为神道，长约10米，神道尽头两侧各有一石像生，为汉代圆雕石"兔"或"虎"[1]，风化严重。神道右侧还立有两通石碑，一通为咸丰九年（1859）所立，一通为同治五年（1866）所立，碑文为耕作、用水、乡约之类。

张鲁女墓之北观子山山麓，有女郎祠，为张鲁女墓的墓祠，始建年代不详，现存为20

张鲁女墓（二）

张鲁女墓神道东侧石像

---

1 据勉县武侯祠博物馆提供第三次不可移动文物普查资料。

世纪90年代重建。坐东朝西，歇山顶，面阔五间长约16米，进深12米，高8米。殿前正中两根梁柱上镌刻二条盘龙。殿前廊两端南、北壁上还有青龙太子、黄龙太子彩绘壁画。殿内神台正中供奉张鲁女泥塑坐像，头戴仙冠，身披红袍，慈眉善目。塑像左侧供奉观音、王母娘娘，右侧供奉药王孙思邈、送子娘娘。

张鲁女墓神道西侧石像

【历史渊源】

张鲁之女，相传名为张琪瑛，现今碑文认为她生于东汉兴平二年（195），卒于建安二十二年(217)。[1]张鲁女墓的记载最早见于《水经注》卷二十七："（汉水）南有女郎山，山上有女郎冢。远望山坟，岿岿状高，及即其所，裁有坟形。山上直路下出，不生草木，世人谓之女郎道。下有女郎庙及捣衣石，言张鲁女也。"[2]女郎山现今称为"灌子山"（或"观子山"）[3]，"女郎庙"即女郎祠。唐代大诗人王维《送杨长史赴果州》诗云："官桥祭酒客，山木女郎祠。"[4]清代时女郎祠香火依旧延续。清康熙《陕西通志》载："女郎庙，在女郎山，祀张鲁女。"[5]民国《汉南续修郡志》载："女郎山，（沔）县东四十五里。在黄沙驿南，山上有女郎冢，远望山势岿岿，下有女郎庙及捣衣石。相传为张鲁女也。"[6]民国时期女郎祠规模扩大，鼎盛时曾达到屋宇36间，还有一座五层砖塔。

咸丰九年（1859）石碑

同治五年（1866）石碑

1 据张鲁女墓碑碑文所写。

2 （北魏）郦道元，（清）杨守敬：《水经注疏》，江苏古籍出版社，1989，第2305页。

3 （清）孙铭锺等修，（清）彭龄纂：《沔县志》卷一《山》，清光绪九年（1883）刻本。

4 （唐）王维：《王维全集》，上海古籍出版社，1997，第43页。

5 （清）王功成纂，（清）韩奕修：《陕西通志》卷八《祠祀》，清康熙五十年（1711）刻本。

6 （清）严如熤原本，（民国）杨名飏续纂：《汉南续修郡志》卷五《山川下》，民国十三年（1924）刻本。

女郎祠

女郎祠内张娘娘塑像

女郎祠正殿

1950—20世纪60年代，女郎祠被拆除，祠中碑碣不存。1995年当地民众集资重建。[1] 1983年被公布为勉县重点文物保护单位；2000年被公布为汉中市重点文物保护单位；2008年被公布为陕西省重点文物保护单位。

《三国志》中对张鲁之女记载很少。建安十八年（213），马超奔汉中，张鲁以为都讲祭酒，"欲妻之以女"。有人对张鲁说，马超"不爱其亲，焉能爱人"，张鲁便放弃了这个打算。[2] 建安二十年（215），曹操攻取汉中后，拜张鲁为镇南将军，进封阆中侯，并"为子彭祖取鲁女"[3]。传说，张鲁女执意不肯嫁与曹宇为妻，坚持在汉中布道。宋《太平广记》引《道家杂记》记载了一则神话，说是张鲁女曾浣衣于山下，有白雾濛其身，而孕焉，耻之自裁。将死谓其婢曰："我死后可破腹视之。"婢如其言，得龙子一双，遂送于汉水。既而女殡于山。后数有龙至其墓前成蹊。[4]

现今女郎祠庙中大殿镌刻二条盘龙，以及壁画中青龙太子、黄龙太子，均象征张鲁女所生二子。

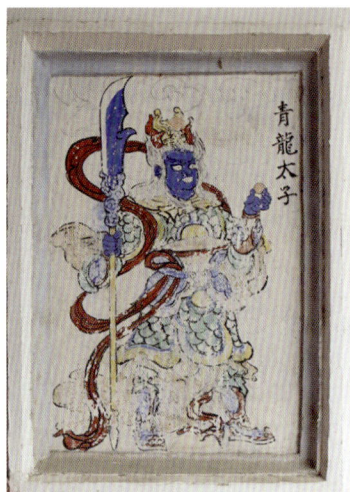

女郎祠前廊青龙太子壁画

女郎祠前廊黄龙太子壁画

1 勉县地方志编纂委员会：《勉县志（1987—2007）》，陕西人民出版社，2018，第615页。

2 （晋）陈寿：《三国志》引《典略》，中华书局，1982，第946页。

3 （晋）陈寿：《三国志》，中华书局，1994，第265页。

4 （宋）李昉等：《太平广记》卷四百一十八引《道家杂记》，民国、嘉靖刻本。

天荡山

【地理位置】

地理坐标：东经 106° 39′ 45.51″，北纬 33° 11′ 33.32″，海拔 960 米。

行政属地：勉县勉阳街道天荡山社区。

地理环境：位于勉县城北约 4 千米处，西接雷公山，东临堰河，南与定军山隔汉江相望。

【现状概述】

现开发为天荡山旅游风景区，有古陈仓道入口、天池、米仓山、鹰嘴崖等景点。

【历史渊源】

天荡山，为勉县北面屏障，与西面阳平关、南面定军山呈鼎足之势，北扼古陈仓道南口，南控川陕要径，为汉中盆地西部门户，战略位置十分重要。

《三国志》中并无天荡山的记载。

天荡山之名可能来源于《三国演义》第七十回"猛张飞智取瓦口隘，老黄忠计夺天荡山"[1]。此后"天荡山"见于地方志文献中。清康熙《沔县志》载："天荡山，在东六十里，为魏武驻兵时屯草之地，与米仓山连。"[2]

天荡山景区内古陈仓道入口

1（明）罗贯中著，（清）毛宗岗评改：《三国演义》，上海古籍出版社，2018，第 909 页。
2（清）钱兆沅纂修：《沔县志》卷二《地理志》，清康熙钞本。

天荡山景区入口牌坊

天荡山景区内的天池景点

米仓山

【地理位置】

地理坐标：东经106°39′34.09″，北纬33°11′8.12″，海拔651米。

行政属地：勉县天荡山景区。

地理环境：位于勉县城北约5千米处。地处天荡山西南侧山腹处，南与定军山隔汉水相望。下临天池，东与天灯寺相近。

【现状概述】

此处的米仓山为一外观呈圆柱形的小山丘，山顶平坦，四周茂林密荆，植被茂密，与现今地理中所说的四川北部米仓山脉，并不是一回事。

【历史渊源】

此米仓山，在天荡山的山腹处，"圆若覆盂"[1]，来源于《三国演义》的故事情节。《三国演义》中，曹操与刘备争夺汉中时，即屯粮于此。"天荡山乃粮草之所，更接米仓山亦屯粮之地。"[2]

当地至今仍流传着"米仓山下有个洞，米水济刘不济曹"的传说。传说刘备率军进攻米仓山，士兵长途跋涉人困马乏，突然在米仓山下发现一处洞穴，从中流出米汤水。士兵们喝了米汤水，战力恢复，一鼓作气拿下米仓山。曹操军队溃不成军，慌乱撤离经过此洞，见有米汤水自洞穴而出，争抢而饮。一士兵觉得洞口太小，米汤水流得过少，用一木棍企图把洞口戳大，结果洞口突然消失。曹军大惊失色，纷纷撤离。

从天池景区远望米仓山

1 （清）孙铭锺等修，（清）彭龄纂：《沔县志》卷一《地理志》，清光绪九年（1883）刻本。

2 （明）罗贯中著，（清）毛宗岗评改：《三国演义》，上海古籍出版社，2018，第916页。

从天荡山金顶鸟瞰米仓山

定军山

【地理位置】

地理坐标：东经 106°39′44.15″，北纬 33°6′55.41″，海拔 817 米。

行政属地：勉县定军山镇武侯坪村。

地理环境：位于勉县城南 5 千米处，地处汉江南岸，北与古阳平关、天荡山隔汉江相望，下临武侯墓，山上植被茂盛。

【现状概述】

定军山，属巴山支脉，东西走向，长约 6 千米，西起旗杆山，东至元山，共有石山子、大山、定军山、中山字等 12 峰，俗称"十二连峰"。两个主峰东西对峙，号称"二龙戏珠"。主峰山最高处有一通石碑，碑阳书"定军山"三个大字，碑阴镌刻有定军山的简介，为 2004 年新立。今立碑之处原有一通清代石碑，亦书"古定军山"等字，后毁。定军山现已开发为景区，有仰天洼、诸葛井、督军台等三国文化景点，游人络绎不绝。

仰天洼，在西侧主峰顶上，平面呈不规则圆形的洼坑，周长约 1.5 千米。夏侯渊、黄忠、诸葛亮驻兵时，中军大帐即设于此，"中容万军"[1]，2000 年后修建成饮马池。

诸葛井，位于仰天洼东南，传说诸葛亮驻军定军山时缺水而开凿。井口平面呈圆形，直径约 0.7 米，井栏高约 1.86 米。井西边有一现代修建的碑亭，碑亭内有一现代石碑，隶书"汉诸葛武侯井"，亭前两侧各有一石羊。

督军台

督军台景点

督军台，传说为诸葛亮屯兵与推演兵法处。《读史方舆纪要》载："（定军山）山下有督军坛，又有八阵图在山之东麓。"[2] 遗迹已不存。现督军台在定军山主峰西侧下，位于仰天洼南部，定军山主峰东侧，为三层高台建筑。第一层平台为八阵图，用卵石摆放而成；第二层平台为回廊，台阶入口处立有云纹华表；第三层平台平面呈八方形，中心有太极图案。

1 （清）孙铭锺等修，（清）彭龄纂：《沔县志》卷一《地理志》，清光绪九年（1883）刻本。

2 （清）顾祖禹：《读史方舆纪要》卷五十六《陕西五》，清稿本。

定军山下

定军山景区鸟瞰

定军山

定军山碑

定军山景区入口牌楼

定军山景区的诸葛井

定军山景区的饮马池

【历史渊源】

定军山与北面阳平关、天荡山呈鼎足之势，是拱卫沔县故城的重要据点，战略位置十分重要，为兵家必争之地。

建安二十年（215）十二月，曹操还邺，拜夏侯渊为征西将军，留守汉中。夏侯渊分兵屯守阳平关、定军山。建安二十四年（219）春，刘备改变与夏侯渊在阳平关相峙的策略，率军偷渡沔水，"缘山稍前，于定军山兴势作营"，一举攻下定军山西侧营寨。夏侯渊引兵与刘备争夺定军山，刘备命黄忠"乘高鼓噪而攻之"，大破魏军，斩杀夏侯渊及益州刺史赵颙。[1]定军山一战奠定了刘备夺取汉中的基础。建兴十二年（234），诸葛亮病逝五丈原军中，遗命"葬汉中定军山"[2]。清光绪《沔县志》载，定军山上还有诸葛岩、兵书、遮箭牌、斩将桥、琉璃井等遗址，现皆已不存。清代时就已经在定军山上或周围出土过铜蒺藜等兵器。[3]在定军山开发为风景区前，当地农民耕地时也会挖出箭簇、蒺藜等兵器。

---

1 （晋）陈寿：《三国志》，中华书局，1982，第884页。

2 （晋）陈寿：《三国志》，中华书局，1982，第927页。

3 （清）孙铭锺等修、（清）彭龄纂：《沔县志》卷一《地理志》，清光绪九年（1883）刻本。

刘备称汉中王设坛处

【地理位置】

地理坐标：东经106°41′10.47″，北纬33°07′38.61″，海拔546米。

行政属地：勉县旧州村。

地理环境：距离勉县城约2.5千米，地处汉水南岸，背靠定军山。周围为勉阳镇旧州社区住宅，南侧有一条乡村公路。

【保护级别】

2008年，刘备设坛遗址被陕西省人民政府公布为省级重点文物保护单位。

【现状概述】

刘备称汉中王设坛处，原址在烈女祠北边，为一处夯筑土台，20世纪50年代，夯筑土台被夷平，现为耕地与民房。留存的一通清代石碑，1984年被迁移至烈女祠内，并筑一台，立之其上。[1]碑高1.8米，宽0.86米，厚0.2米，正中镌刻"先主初为汉中王设坛处"，右上题"光绪癸卯仲春月"，左下落款"署沔县事杨恩锡立石"。石碑外罩碑帽，高约3.2米，宽1.59米，厚0.49米，古朴雄健。

烈女祠，原名节孝贞烈祠，建于嘉庆年间。1981年方氏族人筹资重建，为一座四合院建筑，坐北朝南，青灰砖墙围绕，大门两侧立有两通文物保护单位碑。"先主初为汉中王设坛处"碑在烈女祠庭院正中的方形石台上。石碑之后，便是烈女祠大殿，内供奉有烈女方氏、观音、玉皇、药王等神像。

【历史渊源】

刘备设坛遗址，是刘备称汉中王时建立祭祀诸神的坛场之地。陈寿《三国志·先主传》记载，建安二十四年（219）秋，刘备占据汉中，群臣上《进先主为汉中王表》于汉献帝，"遂于沔阳设坛场"[2]，称汉中王。《水经注》卷二十七载："沔水又东，经沔阳县故城南。城，旧言汉祖在汉中，萧何所筑也。汉建安二十四年，刘备并刘璋，北定汉中，始立坛，即汉中王位于此。"[3]

今勉阳镇旧州村一带，原名"旧州铺"，是两汉、三国时期沔阳县治所在。明洪武四年（1371），沔州知州王昱徙县治于西山谷口（即今勉县县城），将原治改名为"旧州铺"。因刘备在此称汉中王，故又名"兴刘寨"。清光绪《沔县志》云："兴刘寨，汉建安二十四年刘备立为汉中王，设坛陈兵于此，今废。案此，似即旧州铺之别名也。"[4]光绪二十九年（1903），沔县知事杨恩锡在此立碑。20世纪50年代，设坛处的夯筑土台被夷平，仅存清代石碑。1983年被公布为勉县重点文物保护单位；1984年，清碑迁至烈女祠内；2000年公布为汉中市重点文物保护单位；2008年被公布为陕西省重点文物保护单位。

---

1 勉县地方志编纂委员会编：《勉县志（1987—2007）》，陕西人民出版社，2018，第613页。

2 （晋）陈寿：《三国志》，中华书局，1982，第885页。

3 （北魏）郦道元，（清）杨守敬疏：《水经注疏》，江苏古籍出版社，1989，第2301页。

4 （清）孙铭锺等修，（清）彭龄纂：《沔县志》卷一《地理志》，清光绪九年（1883）刻本。

刘备称汉中王设坛处遗址入口

刘备称汉中王设坛处遗址

刘备设坛遗址省级文物保护单位碑

"先主初为汉中王设坛处"碑

马超墓

【地理位置】

地理坐标：东经106°38′9.12″，北纬33°9′19.99″，海拔558米。

行政属地：勉县沔阳镇继光村。

地理环境：距离勉县城区约2千米，其北依雷锋山，南临汉江，与西南武侯祠相距不远，与东南勉县继光小学相近。

【保护级别】

1992年，被陕西省人民政府公布为陕西省重点文物保护单位。

【现状概述】

马超墓现占地约20000平方米，坐西北朝东南，前祠后墓，中轴线布局。汉惠渠横贯其中，将马超墓建筑群分成了祠、墓两部分，中间以风雨桥相连。祠庙部分，有山门、照壁、大殿、东西厢房；茔域部分，有坟亭、墓冢等。

山门：歇山顶，面阔三间，进深两间。门柱悬挂楹联为："兴师仗剑出凉州，气盖风云，三国屡挫老瞒，威平羌乱，名垂竹简神碑，英雄烈烈将门子；敕命封侯归汉土，尘埋古冢，千秋空盟恨誓，难报家仇，魂断秦山沔水，草木萧萧鼓角声。"山门后有照壁，青砖砌筑，其上有"马超渭水败曹操"壁画。

大殿：歇山顶，面阔五间。门柱悬挂楹联为"威震西北，正气弘扬天汉；武比关张，英雄炳焕斗牛"，横批为刘备对马超评价语"信

著北土"[1]。大殿内明间金柱上悬挂楹联为"嚼血盟言，丹心照千秋；捐生取义，英灵笑苍穹"，上方匾额题"威武并昭"四字。神龛内塑马超全身坐像，为明代塑像[2]。头戴高冠，横眉立目，左手放于腿上，右手按剑，身穿战甲，不怒自威。神龛下方塑二武士，头戴兜鍪，身披战甲，手持大刀，叉腰而立。

东、西厢房现为展厅，展示了蜀汉与曹魏汉中之战，以及汉中争夺战中马超的英勇事迹。

风雨桥：为廊桥，横跨汉惠渠。过了风雨桥，主要就是马超墓茔域范围。

坟亭：位于马超墓前，里面立有一通石碑，高2.9米，宽0.98米，正中镌刻"汉征西将军马公超墓"，为清乾隆进士、兵部侍郎兼副都御使陕西巡抚毕沅所书。

墓冢：封土呈覆斗形，冢高8米，底边长22.5米，周长90米，墓侧生一朴树，直径约1米，高30米许，已经有百年历史。如今马超墓封土之上，已满植柏树，封土四周围有矮墙，以供游人凭吊。

马超墓祠内现存古碑三通、碑碣三方，碑文多已漫灭，不可识。其中一通刻于嘉庆四年（1799），保存较好，现镶嵌于马超殿墙壁内，平面呈长方形，长92厘米，宽20厘米；另一通碑刻于嘉庆六年（1801），呈方形，高约55厘米，宽约76厘米。

---

1 章武元年（221），马超迁骠骑将军，领凉州牧，进封斄乡侯，策书曰："以君信著北土，威武并昭，是以委任授君。"

2 左汤泉编著：《汉中文物古迹揽胜》，东方出版社，2002，第67页。

马超墓鸟瞰

马超墓建筑群轴线鸟瞰

马超墓祠山门

马超祠大殿

马超祠大殿内主祀马超

马超祠大殿内的马超塑像

马超墓山门

马超墓坟亭

清乾隆"汉征西将军马公超墓"碑

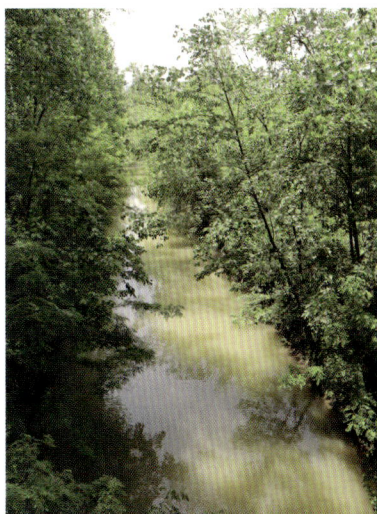

马超祠墓建筑之间的汉惠渠

【历史渊源】

马超墓祠，是蜀汉骠骑将军、凉州牧、嫠乡侯马超的墓冢及祠堂。

正史对马超墓无载，明清地方志对马超墓的记载有三：陕西勉县马超墓、甘肃成县马超墓、成都新都马超墓。勉县马超墓，最早可见于明代文献，时人称为"马场"。《关中陵墓志》载："沔县，东三里有超墓"，并说建兴五年（227），诸葛亮北伐曹魏，率军屯驻沔阳，"亲诣坟所设祭"[1]。《三国演义》第九十七回中写道："孔明率兵前至沔阳，乃令其弟马岱挂孝，诸葛亮亲自祭之。"[2] 清乾隆四十二年（1777），时任陕西巡抚毕沅在马超墓前立"汉征西将军马公超墓"碑。

马超墓祠，又名"马公祠"，始建年代不详，清代重建[3]，民国时，国民政府在马超祠内置办小学。马超祠本与马超墓南北相连。1938年，国民政府修建汉惠渠横贯其中，将马超墓分成了墓和祠两部分，并在汉惠渠之上修建了风雨桥，后风雨桥毁，仅存桥墩及石兽。1999年重建，2012年又重修。

....

1 （明）祁广宗：《关中陵墓志》，清钞本。

2 （明）罗贯中著，（清）毛宗岗评改：《三国演义》，上海古籍出版社，1989，第1194页。

3 （清）孙铭锺等修，（清）彭龄纂：《沔县志》卷一《丘墓》，清光绪九年刻本。

诸葛亮读书台

【地理位置】

地理坐标：东经106°36′46.22″，北纬33°9′02.21″，海拔584米。

行政属地：勉县武侯镇莲水村。

地理环境：位于勉县城西5千米处，卧龙岗之上。东边有一条乡村公路，南邻108国道，四周为农田。

【保护级别】

1983年，被勉县人民政府公布为县级文物保护单位。

【现状概述】

诸葛亮读书台，为一处夯筑的土台，台高6米，周长约30米，顶上平缓，四周开阔。台上有石碑两通。一通为1984年勉县政府拨款维修读书台时，增竖的"汉诸葛武侯读书台"碑；一通为民国二十四年（1935）所立，圆首，高约1.52米，宽约1.19米，厚约0.11米，正面刻书"汉诸葛武侯读书台"，落款"民国二十四年五月段象武等立"，背面刻有碑记。可以辨识的部分文字为：

武侯读书台为勉县八景之一……承之斯邑，愧无建树，发扬古迹，责无旁贷……庶人骚人逸士，一望而知为侯之读书台。瞻先贤之……思古之□情，并特口占芜祠，镌之碑阴，以留鸿爪之云尔：日照阳平四散开，宾朋携手访书台。台旁池沼今犹在，哪有源头活水来？西安绥靖公署军法官、沔县县长桃林杨忻斋敬撰并书。中华民国二十四年七月上浣谷旦。□□□监石。

【历史渊源】

读书台，相传为诸葛亮驻军沔阳军务闲暇之时读书之处。后人为纪念他，在此"建卧龙亭及祠宇三楹"[1]。南宋陆游过读书台时，写下《游诸葛武侯读书台》一诗，诗云："沔阳道中草离离，卧龙往矣空遗祠。当年典午称猾贼，气丧不敢当王师。定军山前寒食路，至今人祠丞相墓。松风想象梁甫吟，尚忆幡然答三顾。出师一表千载无，远比管乐盖有余。世上俗儒宁办此，高台当日读何书。"[2]明嘉靖《陕西通志》载："诸葛武侯卧龙亭，旧基在县北一里，卧龙山上。"[3]但彼时卧龙亭已废。明嘉靖二十一年（1542），在武侯读书台处设立龙冈书院，清康熙年间时废。[4]清康熙《陕西通志》记载："卧龙山，在县北一里。有莲花池，其畔有卧龙亭，即诸葛武侯读书处。"[5]民国二十四年（1935）5月，国民政府将领段象武在此立"汉诸葛武侯读书台"碑；同年7月，沔县县长杨忻斋于此碑碑阴题写碑记。

1 （清）孙铭锺等修，（清）彭龄纂：《沔县志》卷一《山》，清光绪九年（1883）刻本。

2 （宋）陆游：《剑南诗稿》卷九，清文渊阁四库全书补配清文津阁四库全书本。

3 （明）赵廷瑞修，（明）马理等纂：《陕西通志》卷十三《古迹》，明嘉靖二十一年（1542）刻本。

4 （清）钱兆沆纂修：《沔县志》卷二《地理志》，清康熙钞本。

5 （清）王功成纂，（清）韩奕修：《陕西通志》卷三《山川》，清康熙五十年（1711）刻本。

诸葛亮读书台

"汉诸葛武侯读书台"碑背面（1935）

"汉诸葛武侯读书台"碑正面（1935）

黄沙诸葛城

【地理位置】

地理坐标：东经106° 47′ 4.20″，北纬33° 8′ 24.23″，海拔539米。

行政属地：勉县周家山镇前进村。

地理环境：东距黄沙河1.5千米，南距汉江约2千米，北与纪水路相近。

【现状概述】

遗址已难寻踪迹，周围为农田及村舍。20世纪七八十年代时尚可辨城垣，且有东、南、西、北四门。北门外还有城隍庙，后毁。清同治五年（1866），沔县知县莫增奎所立"诸葛亮制造木牛流马处"碑，原址即在诸葛城东门外。

【历史渊源】

黄沙诸葛城，传为诸葛亮北伐屯兵之处。《三国志·后主传》载："建兴十年（232），亮劝士休农于黄沙，作流马、木牛毕，教兵讲武。"[1]

关于诸葛亮所开黄沙的地理位置，文献中记载较为明确。《水经注》卷二十七载："汉水又东，黄沙水左注之。水北出远山，山谷邃险，人际罕交，溪曰五丈溪。水侧有黄沙屯，诸葛亮所开也，其水南注汉水。"[2]今勉县原黄沙镇，东为黄沙河，南为汉江，位于二水交汇之处，古今地势变化不大。

明代时，曾在此设立黄沙驿，清乾隆五十五年（1790）裁撤。[3]清代此处又被称为"黄沙城"或"黄沙戍"。如《关中胜迹图志》载："黄沙城，《一统志》'在沔县东北'，《蜀志》'建兴十年诸葛亮休士劝农于黄沙'，《水经注》'黄沙水侧有黄沙屯，诸葛亮所开也'。"[4]当地学者介绍，曾在黄沙诸葛城周围发现过一些汉代的墓葬。

1 （晋）陈寿：《三国志》，中华书局，1982，第896页。

2 （北魏）郦道元著，（清）杨守敬疏：《水经注疏》，江苏古籍出版社，1989，第2305页。

3 （清）穆彰阿：《大清一统志》卷二百三十八《汉中府》，四部丛刊续编景旧钞本。

4 （清）毕沅：《关中胜迹图志》卷二十二《古迹》，清文渊阁四库全书本。

黄沙诸葛城遗址

黄沙诸葛城遗址局部

诸葛亮制木牛流马处

【 地理位置 】

地理坐标：东经 106° 47′ 46.33″，北纬 33° 8′ 16.74″，海拔 548 米。

行政属地：勉县周家山镇黄沙村。

地理环境：在村东约 100 米处，北临纪水路，东临黄沙河，南与汉江相去不远，周围植被茂盛，郁郁葱葱。

【 保护级别 】

2000 年，被汉中市人民政府公布为市级文物保护单位。

【 现状概述 】

原址在诸葛城东门外，相关建筑遗迹已不存，仅余一通清碑。碑为圭首，方座，高 1.18 米，宽 0.59 米，厚 0.13 米。正中镌刻楷书"汉诸葛武侯制木牛流马处"；右上方刻"同治五年四月吉日"，左下方落款"知沔县事莫增奎重立"。1984 年，勉县政府修建了一座碑亭以及通往碑亭的走廊，碑亭为六角攒尖顶砖木仿古建筑，颇具古韵。

"汉诸葛武侯制木牛流马处"碑

【 历史渊源 】

《三国志·诸葛亮传》载，诸葛亮"长于巧思，损益连弩，木牛流马，皆出其意"[1]。《诸葛亮集》还记述了木牛、流马各部件的尺寸以及制造的方法。诸葛亮作木牛、流马之处，即在黄沙。《三国志·后主传》载"建兴九年（231）春二月，亮复出围祁山，始以木牛运。"又："建兴十年（232），亮休士劝农于黄沙，作流马、木牛毕，教兵讲武。"[2]清同治五年（1866），沔县知县莫增奎立碑一通，碑刻原位于黄沙镇诸葛城东门外，后迁至此处。

1（晋）陈寿：《三国志》，中华书局，1982，第 927 页。

2（晋）陈寿：《三国志》，中华书局，1982，第 896 页。

诸葛亮制木牛流马处

诸葛亮督军台

【地理位置】

地理坐标：东经 106° 46′ 22.18″，北纬 33° 8′ 43.84″，海拔 500 米。

行政属地：勉县周家山镇前进村 6—8 组。

地理环境：东距离黄沙河约 1 千米，南与汉江相距约 2.8 千米，西有一条乡村公路，现四周为农田，种植油菜等农作物。

【现状概述】

督军台，为一夯筑方形土台，土台旁边原有一条南北流向的小溪，后干涸，被填平。20世纪70年代，土台还较高，后因农田开垦及土地平整需要，逐渐被破坏，残存土台长 38 米，宽 6 米，高 1.8 米。

【历史渊源】

督军台，相传为诸葛亮北伐时屯兵储粮的督军台，史料无考。《三国志·诸葛亮传》载："亮每患粮不继，使己志不申，是以分兵屯田，为久驻之基。"[1] 督军台从侧面反映出了诸葛亮对粮食生产的重视。

诸葛亮督军台遗址

---

1 （晋）陈寿：《三国志》，中华书局，1982，第 925 页。

武侯墓

地理坐标：东经106° 38′ 52.17″，北纬33° 7′ 31.04″，海拔645米。

行政属地：勉县定军山。

地理环境：位于定军山西北约1千米处。

【 保护级别 】

1996年，被国务院公布为全国重点文物保护单位。

【 现状概述 】

武侯墓，现已开发为武侯墓景区，占地约21万平方米。形成了以墓冢为中心，祭拜区、接待区、管理区三院并联的格局，布局合理，分区明确。园区中部的玉带溪，将整个园区分成了东、西两部分。东部主要建筑为外山门、戏台等建筑；西部主要由内山门、献殿、大殿、墓冢等构成。

外山门：歇山顶式砖木建筑，面阔三间，长9.2米，进深5米，檐高4.5米，左右与配房相接。外面廊柱楹联为："东联孙吴，北拒曹魏，举世三分鼎；内绝余帛，外无赢财，凌霄一羽毛。"里面廊柱楹联为"赤胆忠心，使天下名臣千秋魄动；军山沔水，招人间雅士万古神驰"，横批"万世师表"。

戏台：位于外山门之后的广场一侧。重檐歇山顶，面阔12米，进深9米，高约4.5米，始建于明代，清代重修，是历代祭祀诸葛亮时唱戏之处。

内山门：位于玉带溪西侧，硬山顶，砖木建筑，面阔三间，进深三间。外面门壁楹联为"水咽波声，一江天汉英雄泪；山无樵采，十里定军草木香"，匾额题"武侯墓"三个大字。内侧廊柱楹联为："大业定三分，伊吕洵堪称伯仲；奇才真十倍，萧曹未许比经纶。"

内山门之后，有一砖砌照壁，之后便是献殿。献殿为卷棚顶，砖木建筑，面阔三间，长约12.5米，进深5米，高4.5米，落地木栅栏式门。明间门柱楹联为"王业不偏安，两表于今悬日月；臣言当尽瘁，六军长此驻风云"，匾额题"三代遗才"；右次间匾额题"名垂宇宙"；左次间悬匾额"经济如生"。

大殿：位于献殿后，与献殿相连，硬山顶，砖木建筑，五架梁，前后檐带单步梁，面阔五间，长20.5米，进深三间，宽9.9米，高约4.2米。明间门楣悬二匾额，上匾题"儒行将略"，下匾书"功盖三分"，下方门壁上有楹联三对，内联为："前书案，后笔峰，看几亩青畴，数千载隆中宛在；襟军山，带沔水，留一抔黄土，四百年汉祚犹新。"中联为："我居白河水东，与南阳原系比邻，知当日避难躬耕，人号卧龙，自况管乐，未出茅庐即名士；公葬定军山下，为汉中留此胜迹，寿终时对众遗命，地卜嘶马，墓勿丘垅，能禁樵牧是佳城。"外联为："数亩疏筠，山光犹拟南阳卧；几林翠柏，鹃血常啼蜀道难。"右侧次间门楣匾题"永沐神庥"；左侧次间门楣匾书"功崇亘古"。

大殿内正中辟神龛。神龛金柱楹联为"汉祚难延，忠魂痛裂三分鼎；军山在望，高冢灵通八阵图"，上悬匾额"万古云霄"。神龛

勉县武侯墓建筑群鸟瞰航拍

勉县武侯墓外山门

之内有诸葛亮坐像，头戴弁冠，几绺长髯飘洒前胸，身披紫色氅衣，外饰团花及云纹，左手持《六韬》书卷，右手按于右腿之上，神态安然，给人以运筹帷幄之感。诸葛亮塑像两侧侍立童子，左童持长剑，右童捧大印。诸葛亮像背后还有一屏风，上绘三国故事。神龛下方有二员小将塑像，头戴兜鍪，身披蓝色战甲，外罩黄色短袍，叉手而立，分别为张苞、关兴，威风凛凛，器宇不凡。五尊造像均为明万历年间所塑。

前坟亭：位于大殿之后，四角攒尖顶，砖木结构，正方形，周长13.5米，高约4.5米。坟亭内匾额题"双桂流芳"，下有石碑两通。一通为明碑，圆首，高2.19米，宽1.08米，厚0.27米，正中楷书"汉丞相诸葛忠武侯之墓"，右题"明万历甲午年秋九月之吉"，落款"陕西按察使金陵赵健立石，沔县知县孙承光、千户张文光仝镌"；一通为清碑，圭平首，高1.95米，宽1.08米，厚0.27米，正中楷书"汉诸葛武侯之墓"，右题"雍正十三年三月初十日"，左侧落款"果亲王题"。

前坟亭之后，为诸葛亮墓冢所在。封土呈覆斗形，底边长12米，高约6米。墓冢外围八卦形矮墙，墓后有古桂两株，称为"护墓双桂"，传为三国时所植。墓冢周围古柏森森，不少树龄达1700年，亭亭如盖，荫蔽墓冢。

墓冢之后，有寝殿，亦称"崇圣祠"，是供奉诸葛亮封位牌之处，为悬山顶式砖木建筑，面阔三间，长7.6米，进深6.35米，高3.4米。门楣上匾题"先生之风"，下方楹联为："生为兴刘尊汉室；死犹护蜀葬军山。"祠内正中内神台上供奉诸葛亮半身像（现代），左右有历代加封诸葛亮的排位。右侧有"晋封武兴王""唐封武宁王"排位；左侧有"宋封忠惠仁济显应王"等。

后坟亭：位于崇圣祠东南处。歇山顶式，砖木结构，面阔三间，长9米，进深4.6米，高约3.7米，建于一座高约0.9米的台基之上，门前正中设台阶。正面及背面均设落地木栅栏。门楣高悬匾额题"君子人也"。门柱楹联为："二表竭忠臣，鞠躬尽瘁不负南阳三顾；一心扶汉祚，拓土开疆卒书正统两朝。"亭内有石碑一通。正中楷书"汉丞相诸葛亮武侯之真墓"，右题"中华民国五年岁在丙辰仲冬月吉日"，落款为"沔县警佐、沔县署第二科主任，安徽桐城倪益三、怀宁王杰三捐金立石"，左侧落款"首事邑人彭锡福监修"。

武侯墓墓园内还保留着二十余通碑碣，如清康熙四十九年（1701）鄂海题《祭文碑》、清嘉庆五年（1800）龚景瀚记《汉丞相诸葛忠武侯墓记》、清嘉庆七年（1802）《重修汉丞相忠武侯墓祠碑记》（后坟亭东侧）、清光绪八年（1882）《重修忠武侯祠墓碑记》等，对研究武侯墓历史、沿革具有重要意义。此外，清康熙《沔县志》中还收录了明正德八年（1513）《武侯祠墓碑铭》全文。现择一、二迻录于下。

武侯祠墓碑铭[1]

（明）彭泽[2] 撰

粤正德八年癸酉夏五月，巡抚陕西都察院右副都御史东莱蓝公章具疏请于朝曰："周公旦、太公望墓在咸阳，汉丞相诸葛亮墓在沔县。周公、太公之功载于经，诸葛丞相之功载于史。顾周公墓祠宇卑陋弗称，太公墓仅存一丘，诸葛丞相墓虽载祀典，祠宇颓坏已甚。夫以圣贤藏骨

1 （清）钱兆沅纂修：《沔县志》卷四《人文志》，清康熙钞本。

2 彭泽，字济物，兰州人。正德八年（1513）以后为右副都御史，总制湖广、四川、陕西等八处。

之所，顾狐兔出没、樵牧凌践，似无以称朝廷褒崇之典，乞举行祀礼于春秋，更为治其祠墓。"事下礼部谓："当如所读，顾蜀寇未平，恐兴作劳民。"两请于朝廷，制曰："准建祠致祭。"蓝公奉行，惟谨檄所司。肇工于四月，毕工于九月。汉丞相诸葛忠武侯祠墓，则专委之按察司分巡副使任丘边公亿。工告成，谓泽："董师讨蜀寇与闻，颠末当铭诸丽牲之碑。"

泽惟圣贤之生，代天理物，唐虞三代，君臣尚矣。周室东迁，惟孔、孟继作，克承统绪，然皆卒老于行。自是圣贤之学，寥寥无闻焉，汉儒惟董子仲舒"正谊明道"之论，得孔子作《春秋》遗意，先儒谓其度越诸子。然在有汉全盛之际，尚未见诸行事。若夫当垂灭之运，驭新附之众，辅孤危之主，伏义履仁，尊汉讨贼，置一身死生祸福于度外，穷天下万物不足以动其心，卒之大纲以正兵威，载扬炎祚复兴，托孤不二，使四海之内英雄黎庶，晓然知昭烈之为帝胄，操权之为汉贼。事虽不竟，而父子咸以死报国焉。先儒谓为"三代遗才"，又曰"礼乐可兴"。有唐工部杜子美亟以诗推崇悼惜之。宋大儒徽国朱文公元晦，大书特书，不一书其出处始末于《通鉴纲目》，采取嘉言善行于小学。华阳伯张先生敬夫极力论辩，而赞其盛良有以哉！至其为邦驭众之才，操存省克之学，正大光明严教精到而一本之忠诚，独相两朝二十余年，人不知其权自己出。虽未考其师友渊源之所自，其厚得于禀赋之异，妙契于言外之传者，讵可涯涘测也哉！自

比管、乐，乃其逊辞，至于晋陈寿及后世横加贬议于侯者，是何不知量也！夫际亨嘉之会，而明良相逢以成大业者，易为力；值草昧之秋，而作相左右以济时艰者，难为功。非言之难，行之难也！况超然违世，独步圣贤之学之业于百世之下，非豪杰之士乎哉！

蓝公疏请于上，不曰"名臣"，而曰"圣贤"，盖以周公为圣，太公、孔明为贤，灼有见矣。夫真知古人之所至，然后吾之学可以为的。而请之蓝公于学，其知所以响往哉！他日以太公、孔明之业，辅我朝廷，以上希周、召之盛。后之学者将仰公如古之圣贤焉！斯固天理人心之公也。为之铭曰：

元黄肇判，卑高以陈。两仪无心，心之者人。安焉曰圣，利焉曰贤。作后作相，代彼化权。运会推移，圣贤不世。千载寥寥，实难乎继！汉业再衰，群雄竞起。权据江东，操挟天子。昭烈帝胄，盖世之雄。徒志恢复，奔播屡穷。惟忠武侯，天赉良弼。藏器待时，鱼水共适。草庐数语，大计确然。取蜀讨魏，祀汉配天。无欺之心，匪躬之节。开济两朝。卓哉伟烈！五月渡泸，孟获屡擒。巨奸如懿，畏侯之心。用法公严，治内攘外，死者诚服，斥者爱戴。萧曹避舍，管乐罔论。伊周之志。惜哉莫伸！汉左沔南，侯兹托体。天日照临，□我人纪。宪臣抗疏，新侯之宫。惟帝曰都，祀典攸崇。定军峨峨，清沔弥弥。侯神莅兹，永锡繁祉！

勉县武侯墓戏台

勉县武侯墓内山门

勉县武侯墓献殿

重修忠武侯墓祠记碑[1]

（清）马允刚[2]撰

汉诸葛丞相忠武侯之墓，在沔阳之定军山。陈氏《三国志》载之明矣，志云："因山为墓，不起坟垅。"所以后世如郭景纯、刘青田诸公，访之再三，终未能定墓之所以在。其揽古迹拜先贤者，不过望定军一峰，松柏茂密之处，徘徊瞻拜，以寄其景仰思慕之情而已。必指山之某处为侯墓，某处非侯墓，恐代远年湮，深识博学之士，无复有过于景纯、青田者矣。然而后学之于先贤也，读其书，未有不想见其为人。故凡古人所登览之区、经过之地，必旁搜博考而志不忘。况武侯之功业在天壤，勋名垂宇庙，而于其埋骨之所，独成恍惚无据，为千古之疑案哉。沔民之于武侯也，饮食必祭，水旱疾疫必祷。坟曰"爷坟"，庙曰"爷庙"。其相传而致其祭扫者，非一代然也。《传》曰："礼失而求诸野。"民之所传，或不诬耳。以故我先王果亲王于雍正十三年，曾就民所致祭之旧址而重修之，不复他考。

垣墉规模，向称宏整，数十年来，旁风上雨，损坏已多。嘉庆己未之冬，刚承乏兹邑，适大宪制府松公督师汉上，命加修葺。当即考从前修葺之年月，具文以详各宪。即一面鸠工治材，卜吉起事。六年冬，陆大夫中丞又为述侯之灵爽，为能阴佑吾民也。闻于朝，皇上敕发帑金九百两以资成功，更为亲濡宸翰，颁赐匾额，以昭敬礼，呜呼盛矣！

刚按侯之一生，初居山左，读书梁父山下；继迁南阳，结庐于卧龙岗上，迨后受昭烈三顾之恩，出仕成都；其卒也，殁于五丈原。迄今到处有祠，凡四牡皇华之使，文人学士之流，争相凭吊，播为题咏。独沔阳为其长眠之区，自不可听其芜秽而不治也。爰拓正祠为五楹，献殿为三间，左为斋室，右为道院，砌墓门以石，设寝宫以位，丹漆黝垩，灿烂辉光，翠竹苍松，交相掩映，用以妥武侯之灵，而申其肃庸之意，即谓侯之俨然在上可矣。墓前后有二，并存之，孰真孰赝，可无深较也。是役也，执其劳而始终不懈者，邑庠生吴宗文、周国昌、李长庚、李润、道人李复心五人之力居多，故并记之，以志不朽云。

诰授文林郎、知沔县事，大名府开州后学马允刚，承修撰文并书。署沔县典史事、山西芮城县监生谢大名，邑庠生吴宗文、李长庚、周国昌、李润、毛岐，主持道人李复心，同监立石。大清嘉庆七年，岁次壬戌，仲夏之月，富平王俊章刻字。

1 （清）嘉庆七年（1802）马允刚：《重修汉丞相忠武侯墓祠碑记》，现藏武侯墓庙中。

2 马允刚，字见一，号雨峰，直隶开州（今河南濮阳）人。乾隆辛卯年（1771）中副车，甲午年（1774）中举人，嘉庆年间，曾任沔县知县，性情刚直不阿，颇有官声。

勉县武侯墓大殿

大殿内主祀诸葛亮的神龛

勉县武侯墓前坟亭

勉县武侯墓墓冢

勉县武侯墓崇圣祠

【历史渊源】

陈寿《三国志·诸葛亮传》记载，后主刘禅建兴十二年（234），诸葛亮最后一次北伐，在渭南与司马懿对峙，终因积劳成疾，将星陨落，病逝于五丈原军中。诸葛亮临终前命："葬汉中定军山，因山为坟，冢足容棺，敛以时服，不需器物。"[1]景耀六年（263）春，步兵校尉习隆、中书郎向充等上表后主，于诸葛亮墓侧立庙，"以时赐祭"[2]。景耀六年秋，钟会伐蜀，"祭亮之庙"[3]，并令部下军士"不得于亮墓所左右刍牧樵采"[4]。

因诸葛亮遗命不起坟垄，后世只知诸葛亮葬于定军山下，北魏之时已难确知其具体位置。《水经注》卷二十七云："诸葛亮之死也，遗令葬于其山（定军山），因即地势，不起坟垄，唯深松茂柏，攒蔚川阜，莫知墓茔所在。"[5]唐代《艺文类聚》引《梁州记》却载："武侯垒东南有定军山，入山十余里有诸葛武侯墓。……今松柏碑铭俨然"[6]。诸葛亮的墓冢应在入定军山"十余里"。

唐代《元和郡县志》又载，诸葛亮墓在西县（即今勉县武侯镇一带）东南八里（4千米）。唐贞观十一年（637）时，政府下令禁止在武侯墓周围采樵[7]，可见到了唐代诸葛亮墓的具体位置似有定说。宋代，汉中百姓每春月之时"男

女行哭，首戴白楮币，上诸葛公墓"[8]，足见彼时墓祭诸葛之风气盛行。明代诸葛亮墓附近"狐兔出没，樵牧凌践"，因而正德八年（1513），巡抚蓝章才奏请朝廷，对诸葛亮墓及祠进行修缮[9]，此时诸葛亮墓前还有石表云"汉丞相诸葛公之墓"[10]及庙碑。万历二十二年（1594），陕西按察使赵健，至武侯墓前刻石。万历二十七年（1599），钦差总督李化龙奉命入蜀，道经沔县，在武侯墓前"陈牲击鼓"以致祭[11]，并立碑刻，至今犹存。

清雍正十三年（1735）三月，果亲王允礼致祭于此，并对武侯墓及祠进行重修。[12]清嘉庆四年（1799），陕甘总督松筠至武侯墓致祭，其幕僚谭炳精通堪舆之术，得古人望气之秘，指"旧墓为赝冢"，并认为半山处（今武侯墓后坟亭处）为"武侯真墓"之所在。[13]按《汉丞相诸葛忠武侯墓记》碑文所述，此处有万历十九年（1591）碑记，且"墓之形迹，略可辨识"，盖"武侯真墓"之说由来已久。[14]嘉庆五年（1800），沔县知县马允刚对武侯墓进行维修，对武侯真墓"加土为封"，同时也对旧墓"筑外垣以卫之"。清嘉庆六年（1801），因

1 （晋）陈寿：《三国志》，中华书局，1982，第927页。

2 （晋）陈寿：《三国志》引《襄阳记》，中华书局，1982，第928页。

3 （晋）陈寿：《三国志》，中华书局，1982，第788页。

4 （晋）陈寿：《三国志》，中华书局，1982，第928页。

5 （北魏）郦道元著，（清）杨守敬疏：《水经注疏》，江苏古籍出版社，1989年，第2301页。

6 （唐）欧阳询：《艺文类聚》，上海古籍出版社，1985年，第731页。

7 （唐）李吉甫：《元和郡县志》卷二十五《山南道三》，清武英殿聚珍版丛书本。

8 （宋）黎靖德编，王兴贤点校：《朱子语类》，中华书局，1985年，第3284页。

9 参见彭泽：《武侯祠墓碑铭》。

10 （明）何景明：《雍大记》卷十三《考迹》，明嘉靖刻本。

11 （明）李化龙：《平播全书》卷十五《祭文》，清徽辅从书本。

12 参见清嘉庆七年（1802）马允刚：《重修汉丞相忠武侯墓祠碑记》，现藏武侯墓庙中。

13 参见清嘉庆五年龚景瀚：《汉丞相诸葛忠武侯记》，现藏武侯墓庙中。

14 据学者研究，武侯真墓之说，首倡之人乃为万历陕西按察使赵健。现武侯墓前明万历二十二年（1594）"汉丞相诸葛忠武侯之墓"碑应在后坟亭处，后人移至前坟亭。参见孔祥光：《话说武侯墓》，《华夏文化》1995年第2期。

勉县武侯墓后坟亭

民国五年（1916）"汉丞相诸葛忠武侯之真墓"碑

明万历"汉丞相诸葛忠武侯之墓"碑

清雍正十三年"汉诸葛武侯之墓"碑

"武侯显灵"吓退南路之贼,沔县知县马允刚等决心重修武侯墓,得到了朝廷上下的一致拥护。嘉庆帝亲赐金九百两,官绅纷纷捐款。共建成"后殿三间、抱厦三间、大门三间、左右两廊十四间,斋宿一所共正配房六间,道院一处共正配房八间,照壁一道,左右旁门各一。内围墙一道、外围墙一道,共成院落四处"[1]。清同治年间,武侯墓及庙惨遭兵燹,武侯墓"南北院蹂躏殆尽,正院、拜殿、戟门、廊房等毁坏无存",仅存"大殿五间及墓前卷棚一所"。[2]同治八年(1869),邑人募款重修"拜殿三间,戟门三间,廊房九间,戏台一座"[3]。清光绪三年(1877),邑人筹资,又"修廊房十一间,筑垣百余丈,修戏楼一座,改修大门二道",并对武侯墓祠资产的管理形式进行了约定。[4]清光绪七年(1881),武侯墓庙前正殿仅存半间,残破不堪。观察张公又拨款重修"改修南北廊房十间、正殿、拜殿、戟门",并"涂以五彩,饰以丹青"[5],武侯墓庙焕然一新,并令每年寒食致祭,远近拜墓者数千,商贾云集,盛况空前。民国五年(1916),沔县警佐倪益三、沔县署第二科主任王杰三在所谓的"武侯真墓"前立碑,更增武侯真、假墓之疑云。民国三十三年(1944),沔县县立中学迁至武侯墓庙内,将之作为学校临时教室与宿舍。

根据墓庙内保存的碑记所述,元代至元六年(1340),明永乐四年(1408)、成化十九年(1483)、成化二十一年(1485)都对墓、庙进行过修缮,但因文献阙如,难以确知具体情况。中华人民共和国成立后,加强了对武侯墓及庙的保护力度,1957年将其公布为陕西省重点文物保护单位。1978年,当地文保部门对山门、大殿及厢房进行了维修,并重建了戏楼及寝殿(崇圣祠),1996年将其公布为全国重点文物保护单位。

1 参见清嘉庆七年,吴崇文等:《重修诸葛亮武侯墓碑记》,现藏武侯墓庙中。

2 参见清光绪八年(1882)《改修武侯墓庙南北廊房碑》,现藏武侯墓庙中。

3 参见清光绪八年《改修武侯墓庙南北廊房碑》,现藏武侯墓庙中。

4 参见清光绪二年(1876),夏鼎:《重修武侯墓庙碑》,现藏武侯墓庙中。

5 参见清光绪八年《改修武侯墓庙南北廊房碑》,现藏武侯墓庙中。

勉县武侯祠

【地理位置】

地理坐标：东经106°37′53.35″，北纬33°9′6.43″，海拔566米。

行政属地：勉县武侯镇。

地理环境：位于勉县城西约2千米处，地处雷公山南麓，北与108国道相邻，南临汉江，与武侯墓隔江相望。

【保护级别】

2013年，被国务院公布为全国重点文物保护单位。

【现状概述】

武侯祠平面呈长方形，南北长约200米，东西宽约120米，占地约2.7公顷，坐南朝北，七进院落，中轴线布局，严谨雅致、结构合理。中轴线上自北而南分别为山门、乐楼、牌楼、琴楼、戟门、拜殿、大殿、寝宫、观江楼等建筑；中轴线两边还有配殿、耳房、厢房等建筑。

山门：重檐歇山顶，砖木结构建筑。门柱楹联为："尹姜堪将不为奢，叹当年禹域三分，致累操劳半世；吴魏未平何用恨，庆今日神州一统，自当称慰千秋。"门前一对石狮。山门两侧各有一耳房。

勉县武侯祠建筑群鸟瞰

1487

乐楼：清嘉庆十四年（1809）重修。重檐歇山顶，面阔三间，长13.75米，进深7.9米，修建于高约1.2米的台基之上[1]，是历代祭祀诸葛亮举行庙会时戏台所在。乐楼前有一广场，广场入口处有一对石质旗杆，旗杆座为明代文物，上部为鼓形，下部为六棱柱，表面浮雕有花草，旗杆为20世纪90年代重修，上镌刻楹联为："至大至刚，有严有翼，将相经纶名世业；"其难其慎，乃武乃文，圣贤学问大儒心。"乐楼左、右两侧还有东、西垂花门。

牌楼：始建于明万历十九年（1591），清雍正十三年（1735）重修。[2]重檐庑殿顶，牌坊式建筑，面阔三间，长14.5米，进深二间，宽3.2米，高6.5米，四柱落地，立柱前后有斜柱支撑，高大雄伟，气势非凡。牌坊正面隶书"汉丞相诸葛武乡忠武侯祠"，右上题"大清同治六年岁次丁卯季冬吉日"，左侧落款"知沔县事莫增奎、典史王鸿翔重修，邑人胡丙□敬书"。牌坊背面匾额楷书"天下第一流"。

琴楼：清嘉庆七年（1802）重修。[3]门楼式建筑，分上、下两层。下部为城墙式建筑，灰砖砌筑，面阔11.5米，进深5.8米，高约4.8米，正中辟券顶拱门，高约3.1米，拱门上方有额，镌刻"汉丞相诸葛武乡侯祠"，右侧题"嘉庆七年五月"，左侧落款"邑令马允刚重修"。城墙东、西两侧有台阶可通门楼之上。上部为门楼，歇山顶，木结构建筑，面阔三间，进深一间。门楣上悬匾额楷书"高山流水"，匾额左右还彩绘"空城计"等三国故事。门楼内有石琴一张，长约1.15米，镌刻有"章武元年"

字样。雍正《陕西通志》载："庙中有石琴一张，无弦，扣之则声清越，传是诸葛君手挥之器。"[4]光绪《沔县志》亦云："琴台在武侯庙中，上横石琴一张，镌刻有'章武元年'字，扣之泠然清越，传是诸葛公手挥之器。"[5]

琴楼南侧不远处有一水井，名曰"诸葛井"，井眼平面呈圆柱形，口径0.6米，深约30米，传说为诸葛亮驻兵时所凿。

戟门：清嘉庆十二年（1807）重修。悬山顶，木结构建筑，面阔三间，长12.45米，进深两间，宽6米。[6]北面匾额题"精忠粹德"，两侧门柱楹联为"日月同悬《出师表》，风云长护定军山"；南面匾额题"名世挺生"，两侧门柱楹联篆书"两汉以来无双士；三代而后第一人"。左、右为落地木栅栏门。

戟门与拜殿之间东、西两侧有厢房，与戟门、拜殿构成四合院格局。厢房为清嘉庆八年（1803）重修。东厢房内供奉有三国蜀汉名将及跟随诸葛亮北伐武将塑像，由南至北分别为赵云、马超、黄忠、魏延、邓芝、姜维、王平、张嶷、马忠、马岱；西厢房内供奉有三国蜀汉名臣及跟随诸葛亮北伐文臣塑像，由南至北分别为刘巴、杨仪、费祎、蒋琬、法正、许靖、董允、李恢、吕乂、李福。

拜殿：又名"献殿"，建于嘉庆九年（1804）。硬山式卷棚结构，面阔三间，长12.45米，进深一间，宽6米。[7]额枋有彩绘。明间门楣悬挂匾额书"大汉一人"，右题"同治癸酉年闰

1 勉县地方志编纂委员会编：《勉县志（1987—2007）》，陕西人民出版社，2018，第641页。

2 勉县地方志编纂委员会编：《勉县志（1987—2007）》，陕西人民出版社，2018，第641页。

3 勉县地方志编纂委员会编：《勉县志（1987—2007）》，陕西人民出版社，2018，第641页。

4（清）沈青峰：《陕西通志》卷二十九《祠祀二》，清文渊阁四库全书本。

5（清）孙铭锺等修、（清）彭龄纂：《沔县志》卷一《地理志》，清光绪九年（1883）刻本。

6 勉县地方志编纂委员会编：《勉县志（1987—2007）》，陕西人民出版社，2018，第641页。

7 勉县地方志编纂委员会编：《勉县志（1987—2007）》，陕西人民出版社，2018，第642页。

勉县武侯祠山门

勉县武侯祠乐楼

勉县武侯祠牌楼背面书"天下第一流"

勉县武侯祠牌楼正面书"汉丞相诸葛武乡忠武侯祠"

六月"，左落款"古滇孙尔炽"。下方门柱上楹联为"品隆三顾业盖三分，自任以天下之重如斯；策定两朝心存两表，知其不可为而为之欤"。右次间上方匾题"代仰清高"；左次间匾题"典垂景耀"。拜殿内还悬有"其犹龙乎""天下奇才"等匾额，大气磅礴、熠熠生辉。拜殿内香案上置一明代铁香炉，外饰浮雕龙纹，造型别致。殿内两侧山墙下及正面檐下石碑林立，是历代维修武侯祠的碑记，或为名家瞻仰诸葛亮留下的诗词，蔚为壮观。

大殿：距离拜殿后不远，始建于明代正德九年（1514），清嘉庆二十一年（1816）重修。歇山顶，砖木结构建筑，面阔五间，长16.4米，进深四间，宽12米[1]，五架梁，前后檐带单步梁，额枋施彩绘。明间门楣匾书"山高水长"，右次间匾题"高风亮节"，左次间匾题"醇臣楷模"。下方门柱内外两联，内联为"扶汉心坚，惟谨慎乃能担当事业；伏龙誉早，必深潜而后腾踔云霄"；外联为"未定中原，此魄何甘归故土；永怀西蜀，饮恨遗命葬军山"。殿内正中辟神龛，神龛上方匾题"忠贯云霄"，为嘉庆八年（1803）皇帝亲笔御书[2]，神龛两侧楹联为"羽扇纶巾天下士；文经武纬后人师"。神龛内塑诸葛亮坐像，头戴弁冠，内衬白色交领长袍，中束以腰带，外罩对襟深蓝色长袍，右手持羽扇，左手放于左腿之上，气定神闲，从容自若。两边侍立二童子，左童持长剑，右童捧印。神龛下方为二员小将塑像，头戴兜鍪，身披战甲，右手持大刀，左手叉腰而立，为张苞、关兴二将，威风凛凛。

崇圣祠：清道光十一年（1831）重修。[3]面阔五间，长16.4米，进深三间，宽6米。前檐廊柱内、外两联：外联为"萃灵爽于一堂，国之重臣，家之孝子；享明烟于亿代，前有列祖，后有慈孙"；内联"兵在攻心，三分聊竭解悬力；鱼如得水，六出诚为尽瘁哀"。门楣高悬"崇圣祠"三个大字。门柱亦有内、外两联，内联为："丹心一片安炎鼎；浩气千秋壮蜀疆。"祠内正中供奉有"诸葛祖宗"牌位，其后还有诸葛氏系谱。

崇圣祠之后还有书房、仿草庐、琴台、观江楼等附属建筑，均为清代重修。武侯祠内除了古建筑外，还保存有古柏、旱莲、银杏等古树。此外，祠内还保存有碑碣70余通，其中唐贞元十一年（795）《蜀丞相诸葛忠武侯新庙碑并序》，简称"唐碑"，圆首、龟趺座，高约2.5米，宽约1.2米，厚约0.3米，沈迥撰文，元锡书，是全国书法名碑；清嘉庆二十二年（1817）《修沔县诸葛忠武侯庙记》，高约1.25米，宽约0.76米，厚约0.15米，严如熤撰文。二碑对考证武侯祠沿革具有重要价值，现迻录于下。

蜀丞相诸葛忠武侯新庙碑铭并序[4]
（唐）沈迥

皇帝御极，贞元三祀。时乘盛秋，府王左仆射冯翊严震，总帅文武将佐，洎蒙轮突归之旅，疆理西鄙，营军沔阳，先声驰于种落，伐谋息其狂狡。于是威武震叠，虏骑收迹，塞垣萧条，烽燧灭焰，士无保障之役，马无服辕之劳，重关弛析，边谷栖野。

---

1 勉县地方志编纂委员会编：《勉县志（1987—2007）》，陕西人民出版社，2018，第642页。

2 勉县地方志编纂委员会编：《勉县志（1987—2007）》，陕西人民出版社，2018，第640页。

3 勉县地方志编纂委员会编：《勉县志（1987—2007）》，陕西人民出版社，2018，第642页。

4 碑文在清代《沔县志》中有著录，部分错讹照拓片核改。

勉县武侯祠内的诸葛井

勉县武侯祠琴楼上的石琴

从勉县武侯祠戟门回望琴楼

勉县武侯祠拜殿

勉县武侯祠拜殿前院落

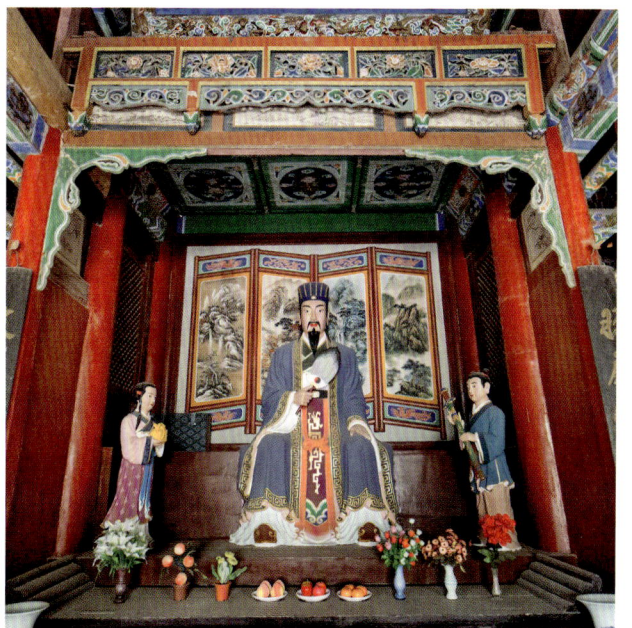
勉县武侯祠大殿神龛主祀诸葛亮

我师惟扬，则有余力。乃升高访古，周览原隰。修敬兹庙，式荐馨香。光灵若存，年祀浸远，虽箫鼓忻奏，邑里祈禳，而风雨飘飘，祠堂落构，土阶莫数尺之崇，庭除无袤丈之隙。登降不能成礼，牲玉不能备陈。颓墙露肩，灌木翳景，樵苏满径，麋鹿走集。冯翊曰："丞相以命世令德，功存季汉。遗风余烈，显赫南方。丘垅南山，实在兹地，荒祠偏倚，庙貌诡制，非所以式先贤崇祀典也。"乃发泉府，征役徒，撤编菅，薙丛薄，是营是葺，众工群至。缭以高墉，隔阂刍牧；增以峻宇，昭示威神。英英昔贤，像设如在；翼翼新庙，日至而毕。顾谓小子，扬榷前烈，铭于庙门曰：

在昔君臣合德，兴造功业，有若伊尹相汤，吕望兴周，夷吾霸齐，乐毅昌燕。是数君子皆风云玄感，垂裕来世。尝以为阿衡则尊立圣主，天下乐推；尚父则止雠独夫，诸侯同举。管氏借强齐之力，宗周无令王；乐生因建国之资，燕昭为奥主。君臣同道，仅能成功。惟武侯遭时昏乱，群雄竞起，高、光之泽已竭，桓、灵之虐在人。遇先主之短促，值曹魏之雄富，能以区区一州，介在山谷，驱羸卒，辅孱主，衡击中原，撑拒强敌。论时则辛癸恶稔，语地则燕齐势胜。迁夏、殷者，未可校功；霸桓、昭者，不足侔力。向使天假之年，理兵渭汭，其将席卷西邑，底绥东周，祀汉配天，不失旧物矣。洪伐彰彰，宜冠今古，倬轶前烈，其谁曰不然？武侯名迹，存乎《国志》，今之群书，姑务统论，大略叙我新意。至于备载爵位，追述史传，非作者至德也，今则不书。其铭曰：

桓灵济虐，云海横流。群雄猖起，毒蠹九州。天既厌汉，人思代刘。沸渭交争，存亡之秋。其谁存之，时惟武侯。伊

昔武侯，跻足南阳。退藏于密，不耀其光。有时有君，将排垢氛。鱼脱溪泉，龙跃风云。先主赞绪，天下三分。馥馥德馨，悠悠清尘。前哲后贤，心迹暗沦。建兹新庙，式是梁岷。

大唐贞元十一年，岁在乙亥，正月庚午朔，十九日戊子建。镌字人彭城□明。

修沔县诸葛忠武侯庙记[1]

（清）严如熤

蜀汉景耀六年，步兵校尉习隆、中书郎向充等，表就侯墓立庙奉祀，以从民愿，诏从之。沔阳有侯庙，自兹始。唐贞元十一年，元至元六年，明永乐六年，成化十九年、二十一年，守臣相继补葺。正德八年，都御史蓝璋（章）立侯庙沔城东，春秋致祭，距侯墓十里，即今庙也。

庙修且三百年，栋宇倾圮，明宫斋庐，上雨旁风。庙地卑洼，夏秋淋雨水，浸渍堂皇，瞻拜者不能成礼。嘉庆十九年，制府长将军庚，会师剿厢匪，大军营沔郭外，谒侯庙，怆然曰："是不足以妥侯灵也。"饬守土亟修治。工甫兴，沔令周君庚调宝鸡去，因属余。会新令范君抡策至，余乃偕范君酿金倡修，庀材鸠工。庙址洼者，垒土坚筑，周高五尺，鳌以巨石，采良材，更梁楹，易楠橡，苍砖雕甍，上覆下环，高大其楔阀，饰以丹漆。缭以垣墙，享堂拜棚，规模宏整，气象一新。周君又于东偏琴台葺斋舍八间，为守庙者栖息之所。

工既竣，庙之道人李复心请于余曰："是不可不详其颠末，且士民之托庇侯庥，历久而不能喧者，当有以志之。"余曰："侯

1（清）严如熤原本，（民国）杨名飏：《汉南续修郡志·卷二十七·艺文下》，民国十三年（1924）刻本。

勉县武侯祠大殿

勉县武侯祠崇圣祠

唐贞元十一年"蜀丞相诸葛忠武侯
新庙碑铭并序"碑

勉县武侯祠鼓楼

勉县武侯祠钟楼

学本醇儒，才为王佐，讵待后之管窥蠡测者词费哉。惟兹庙因侯墓而建，而民之慕侯，亦因侯墓而弥挚，则墓之系兹庙重矣。侯与昭烈，鱼水之契，千古所无。考星陨郿原时，侯灵辅当归蜀依惠陵，而遗命乃葬定军山。后人或言军山有王气，侯塞截其山脉，即羊太尉凿祖垄，裴中令断宅冈也。"又曰："沔，古阳平当三关蜀口，侯身葬此，气壮山河，亦风云护储胥之意也。"二说者未知当侯心否？余尝以意推之，高祖封汉王，都南郑，由故道渡陈仓，还定三秦，是沔阳固两汉帝业所由基。昭烈之兴也，由葭萌、米仓进营定军，戮渊走操，而汉事将成。当时君臣凭军山形势，怅望旧都，慨怀先烈，相与昕夕规为筹兴复之大猷。视永安弥留，相对唏嘘，气象为不侔矣。则军山固侯与昭烈壮志之所存。迨后奖率三军，北定中原，营军山椒麓，申明阵法，筑城峙粮，兴复之志之事，先帝式鉴临之。崎岖襄斜，酸辛呕血，鞠躬尽瘁，赍恨而终，死而已者侯之身，死而未已者侯之心，归骨故垒，丹诚耿耿。依先帝、高祖之灵，告后人以兴复之在汉川者，始终以之。吁可哀已，讵不壮哉？汉南人士于侯，水、旱、兵、疫必祷，岁时伏腊必祭，熏蒿凄怆，如将见之敬爱者，著于人人之心，数千载如一日。而侯之英灵，呵护庇佑，奇迹屡昭，亦若于汉南之吉凶忧乐，注念独殷，则岂以非侯藏魂敛魄，精神常存此地也哉？则人神感应之理，为不爽也已。

庙修于嘉庆丙子年仲春，丁丑年仲夏落成，共费银三千余两。始事者邑令周庚，成之者邑令范抡策。董役者邑少府郜念劭，官吏、商民蹋赀襄事者，皆例得书名。是为记！时嘉庆二十二年春三月，陕安兵备道楚南严如熤撰文。后学柏台书丹，主持道人锦江李复心立石。

【历史渊源】

《三国志·诸葛亮传》记载，诸葛亮死后，蜀汉朝廷因"礼秩"所限而不为诸葛亮立庙于成都。百姓"遂因时节，私祭之于道陌上"[1]。景耀六年（263）春，步兵校尉习隆、中书郎向充等，上表后主"因近其墓"[2]，为诸葛亮立祠于沔阳，得到后主的批准。

沔县武侯祠的原址位于武侯墓旁。《水经注》卷二十七载："山（定军山）东名高平，是亮宿营处，有亮庙。"[3]唐贞元十一年(795)，左冯翊仆射严震带领属官拜谒武侯祠，见"祠堂落构，灌木翳景，樵苏满径，麋鹿走集"，下令重修，"缭以高墉""增以峻宇"[4]。后历宋、元皆有修葺，元至正六年（1346）重修。[5]

明代对武侯祠修葺的记载增多。比较重要的有明成化十九年（1483），大参谢绶、宪副刘瓒拜谒，见"庙貌倾颓"，于是令汉中府同晏延宣"鸠工装饰"，对殿宇、门庑、神像等进行了翻修。[6]正德八年（1513），都御史蓝章见"祠宇颓坏已甚"，奏请朝廷，请"立侯庙沔城东"[7]，此次修建将武侯祠迁建至汉江以北，形成墓、祠分离的格局。

1 （晋）陈寿：《三国志》引《襄阳记》，中华书局，1982，第928页。

2 （晋）陈寿：《三国志》引《襄阳记》，中华书局，1982，第928页。

3 （北魏）郦道元，（清）杨守敬疏：《水经注疏》，江苏古籍出版社，1989，第2302页。

4 参见唐贞元十一年沈迥：《蜀丞相诸葛忠武侯新庙碑铭并序》。

5 （清）严如熤原本，（民国）杨名飏：《汉南续修郡志》卷十四《祀典》，民国十三年（1924）刻本。

6 参见明成化二十一年（1485）范管：《重修汉丞相诸葛忠武侯庙碑》，现藏勉县武侯祠。

7 参见清嘉庆二十二年（1817）严如熤：《修沔县诸葛忠武侯庙记》。

勉县武侯祠观江楼

勉县武侯祠后视俯瞰

万历十九年（1591），赵可怀拜谒武侯祠，嘱郭元柱"撤而新之"。到了清代嘉庆年间武侯祠进行过多次修建，奠定了今天的武侯祠格局。如嘉庆元年（1796），住持路全九补盖大殿；嘉庆六年（1801），马允刚重修琴楼三间、寝殿三间；嘉庆八年（1803），杨遇春修西院四间；嘉庆九年（1804），修献殿、东西配方四间；嘉庆十年（1805），陈祁重修山门、八字墙、牌楼等；嘉庆十一年（1806），修观江楼；嘉庆十二年（1807），修仿草庐；嘉庆十四年（1809），重修乐楼；嘉庆十九年（1814），周庚见"栋宇倾圮"，于是决定重修，后周庚调任宝鸡令，邑令范抢策及知府严如熤、道士李复心继续重修武侯祠，至嘉庆二十二年（1817），建成大殿五间、献殿三间及琴台。[1] 清道光六年，道士李复心请沔县知县任玉田为武侯祠修建后殿，后经多方筹措，终于道光十一年（1831）建成"后殿五楹"[2]。道光十六年（1836），道士陈本禄欲补修祠庙，沔阳都司刘公代为募捐三百余金，建成"庙外牌坊一座、殿后平台一座、读书台一座"[3]。清咸丰二年（1852），道士陈本禄与其徒景合详，对戟门进行了翻建，并对正殿、献殿、寝宫、东西两楹及琴台、望江楼等加以修葺。[4] 清光绪初年武侯祠陈旧破败。清光绪六年（1880），前观察劳文翮倡议各地方官绅共捐巨资，对武侯祠进行大修。对"大殿五间、享堂傧厅各三间、东西厦六间、群房十间、砖门之上琴亭。门外绰楔"进行加固、翻新，并新建"享堂前之厢房，东西各三间，琴亭之外东土神庙、西龙神庙各一座，东钟楼、西鼓楼、前戏楼各一座，东西辕门各三间，东道院上房五间，及东西游廊二十八间"[5]。清宣统二年（1910），为了"保全庙产，永禁提捐事"，沔县知事洪锡寿批明"祠内产业，自应留作三祠香火及每年培修之用"[6]，并刻石立碑。

民国元年（1912），因沔县官署"兵燹之后，元气未复"，武侯祠被征用为政府临时办公场所。傅佐高因见"屋瓦破碎，棹楔凋敝"，于是与道士祝全性利用原张公修庙余款及香火钱，对大殿及寝殿进行翻修，并修补倾圮垣墉。[7] 民国二十四年（1935），工农红军第四方面军徐向前部经过勉县，将司令部设于武侯祠大殿内，琴楼即当时指挥部所在。[8] 中华人民共和国成立后，1956年被陕西省人民政府公布为省级重点文物保护单位，2013年被国务院公布为全国重点文物保护单位。

1 勉县地方志编纂委员会：《勉县志（1987—2007）》，陕西人民出版社，2018，第651页。

2 参见清道光十一年杨名飏：《重修武侯后殿碑》。

3 参见清道光十六年支应昌：《重修武侯祠碑》。

4 参见清咸丰二年粕台：《重修武侯祠戟门碑》。

5 参见清光绪七年（1881）胡丙煊：《重修武侯祠记碑》。

6 参见清宣统二年《保护勉县武侯祠财产告示碑》。

7 参见民国元年《培修汉丞相忠武乡侯祠记》。

8 勉县地方志编纂委员会：《勉县志（1987—2007）》，陕西人民出版社，2018，第640页。

汉丞相诸葛武侯墓指路碑

【地理位置】

地理坐标：东经106°38′18″，北纬33°9′14″，海拔568米。

行政属地：勉县勉阳镇继光村7组。

地理环境：位于勉县县城西约2千米处，向西约1千米即勉县武侯祠所在，北侧为108国道，南约1千米为汉江。周围现为民宅。

指路碑远景

【现状概述】

碑坐南朝北，圆首，方形座，高约3.2米，宽约1.18米，厚约0.34米。碑身正中镌刻楷书"汉丞相诸葛武侯墓"，右侧题"大明万历辛卯孟冬朔日，汉羌兵备太原万自约立"，左侧有落款，碑文漫漶，难以辨识。

【历史渊源】

此碑又被称为"指路碑"，是指示武侯墓方向之碑。因碑身正面有两孔相通，吹之可发出海螺音，当地俗称"海螺碑"。碑为万历十九年（1591），时任汉羌兵备的万自约过沔时所立。原址在今川陕公路33千米处，碑身下承龟趺，迁于此后龟趺座毁，现碑座为现代新凿。[1]

指路碑

---

1 国家文物局主编：《中国文物地图集·陕西分册（下）》，西安地图出版社，1998，第1048页

勉县武侯堂

地理坐标：东经106°40′12.43″，北纬33°10′2.66″，海拔546米。

行政属地：勉县天荡路。

地理环境：位于勉县第二中学内，以武侯堂为中心，周围教学楼、宿舍呈八卦式分布。

【 现状概述 】

今武侯堂为2008年新建，仿民国中西式三层楼阁式建筑，歇山顶，坐北朝南，平面呈正方形，故又有"四方楼"之称，边长约15米，高约13.8米。一、二层有回廊，回廊外有飞檐、滴水。现一楼为教务处办公室，二楼为教师宿舍，三楼为库房。大门门楣上有一匾题"武侯堂"，右题"中华民国三十一年八月□日"，左侧落款"王慕曾题"。武侯堂内保存有民国时期两通石碑，一为《修建沔县县立中学记》，一为《沔县县立初级中学建校记略》。楼内屋脊、房梁上还有与诸葛亮相关的三国故事彩绘，如"隆中对""空城计""白帝城托孤""诫子书"等。

勉县武侯堂

勉县第二中学内通往武侯堂的林荫道

【 历史渊源 】

武侯堂，始建于民国三十一年（1942），由时任沔县县长王慕曾发起修建，为民国时期沔县县立初级中学中心教学楼所在。1938年，教育部第八服务团在今勉县武侯镇城隍庙内筹办两个初中补习班，名"勉县中山初级中学"。到了1941年，时任沔县县长王慕曾见"茅茨土几，屋舍凋敝"，于是组建委员会募集资金，于天荡山下建立新校，改名为"勉县县立初级中学"，即今勉县第二中学前身。是时，新校的设计取"八卦象形"，建侯楼（即武侯堂）为楷模，以"鞠躬尽瘁"作精神。原武侯堂是一栋三层砖木结构正方形，底有磐石，脊似纶巾，青砖红柱，回廊旋梯。2008年，武侯堂"基沉墙倾"，毁于汶川地震。

留坝县

褒斜道（留坝段）

【地理位置】

地理坐标：

姜窝子段：东经106°58′38.37″，北纬33°32′57.52″，海拔773米。

黑杨坝段：东经106°59′5.58″，北纬33°33′51.36″，海拔784米。

江口驿段：东经107°3′1.46″，北纬33°43′39.17″，海拔916米。

猴子岭段：东经107°3′27.20″，北纬33°44′55.78″，海拔947米。

行政属地：留坝县武关驿镇至江口镇。

地理环境：位于留坝县境内，地处褒河两侧崖壁之上。

【保护级别】

2014年，褒斜道被陕西省人民政府公布为省级文物保护单位。

【现状概述】

褒斜道，南起汉中市褒谷口（今汉中市汉台区河东店镇一带），北至宝鸡市眉县斜谷口，全长约235千米，是古代秦蜀交通的主要驿道。大致走向是由汉中市河东店镇入秦岭，溯褒水而上，经留坝县马道镇、武关驿镇、江口镇，再沿红沿河进入今宝鸡市太白县境内，翻越五里坡，顺斜水而下，至宝鸡市眉县斜谷关口。

留坝县境内今保留较好的褒斜古道遗迹，由南而北大致有四段，即姜窝子段、黑杨坝段、江口驿段、猴子岭段。姜窝子段，位于留坝县武关驿镇姜窝子，褒水在此由东向西流过，四面环山，褒水东岸崖壁上可见5个栈孔，其余被树林掩盖；黑杨坝段位于留坝县武关驿镇，褒河在此由北而南流过，褒水西岸崖壁上保留上、下两排栈道孔，上排16个，下排仅见2个（其余部分淹没在水中）；江口驿位于留坝县江口镇，是太白河、红岩河、西河三江交汇之处，驿站已不存；猴子岭段位于留坝县江口镇以北，褒河在此处由东北向西南流过，褒河西侧猴子岭崖壁下，有上、下两层栈道遗迹，下层有栈道孔十余个，长约50米，上层因20世纪50年代修建水渠而被破坏。

【历史渊源】

褒斜道，因贯穿褒、斜二水河谷而得名。始通年代不详，至少在先秦时期就已成道。[1] 楚汉战争时，刘邦用张良之计"烧绝栈道"[2]，褒斜道暂废。汉武帝为解决关中粮食问题，元狩五年（前118），以张印为汉中太守，"发数万人，作褒斜栈道五百里"[3]。东汉明帝永平六年（63），汉中太守鄐君受诏，发"广汉、蜀郡、

---

1 （清）顾祖禹：《读史方舆纪要》卷五十六《陕西·汉中府》："褒斜之道，禹贡发之，而汉始成之。"

2 （汉）司马迁：《史记》，中华书局，1963，第367页。

3 （汉）司马迁：《史记》，中华书局，1963，第1411页。

褒斜道留坝段遗址碑

褒斜道姜窝子段

褒斜道江口驿段

褒斜道姜窝子段残留的栈道孔

巴郡徒二千六百九十人，开通褒斜道"[1]。自东汉安帝永初元年（107）至元初五年（118），阴平、武都羌人数次寇略汉中，致使褒斜道"桥梁断绝"，道路不通。东汉顺帝时，司隶校尉杨孟文奏请朝廷复修褒斜道，至建和二年（148）褒斜道复通。[2]

三国时期，褒斜道成为著名的军事要道。刘焉为益州牧，以张鲁为督义司马前往汉中，"断绝斜谷阁道"[3]。建安二十四年（219）三月，刘备兵发汉中，斩杀夏侯渊。曹操亲率大军"出斜谷，军遮要以临汉中"[4]，传说曹操在深涧之中见"急湍乱石，溃沫若雪"，于是手书"衮雪"二字[5]。蜀汉建兴六年（228），诸葛亮第一次北伐，命赵云、邓芝率军沿褒斜道而北"据箕谷"，充当疑兵，自率大军攻祁山，后因马谡"违亮节度，举动失宜"，兵败街亭，诸葛亮退回汉中，[6]赵云、邓芝只得"敛众固守"，为防止曹真追击，撤退时"烧赤崖以北阁道"[7]。建兴八年（230），曹真、司马懿等伐蜀，分兵四路，其中一路就是"从斜谷道"[8]，后因连日大雨，栈道断绝而退军。建兴十二年（234），诸葛亮最后一次北伐，亲率大军"由斜谷出"，攻占武功五丈原，与司马懿对峙于渭南。同年秋，诸葛亮病逝五丈原，蜀汉军队沿褒斜道南撤，在撤退过程中，魏延与长史杨仪矛盾

激化，率领军队"径先南归，所过烧绝阁道"[9]。炎兴元年（263），钟会统兵十余万，分兵两路，从"斜谷、骆谷入"[10]，命牙门将许仪在前修路，应对褒斜道有所修复。西晋永嘉之乱后，晋室南迁，褒斜道逐渐废弃。

北魏时期褒斜道变化较大。正始元年（504），重开褒斜道，并在原石门北一里，西上凿山为道[11]，作为褒斜道南口的原石门渐废；正始三年（506），龙骧将军羊祉上疏，请"自回车以南开创旧路"[12]；正始四年（507）至永平二年（509），左校令贾三德领"徒一万人，石师百人"重治褒斜道。此次治道一方面对褒斜故道进行扩宽，"阁广四丈，路广六丈"；另一方面改变了褒斜道走向，改由回车至谷口。回车，即回车戍，在今陕西省凤县。[13]即褒斜道南线还是沿汉中至武关，但北线不再经过江口驿，改由武关至留凤关，翻越凤岭到达凤州。再沿原陈仓故道抵达宝鸡。梁太清三年（549），西魏雍州刺史达奚武与行台杨宽，率众七万由陈仓道取回车戍（今凤县南），出白马道。[14]这条道路亦即唐宋之褒斜道，明清时期称作"连云栈道"，因这条道路开阔平坦，沿途经济发达，故隋唐以至明清主要官道均改由此。但原斜谷道依然在使用。唐元和初年，刘辟据西川反叛。高崇文出斜谷，李元奕出骆谷，共趋梓州[15]，就是沿秦汉时期斜谷进军。五代后梁乾化年间，与前蜀大战于斜谷，

1 参见《汉鄐君开通褒斜道摩崖》铭文。

2 参见《石门颂》铭文。

3 （晋）陈寿：《三国志》，中华书局，1982，第867页。

4 （晋）陈寿：《三国志》，中华书局，1982，第52页。

5 （民国）宋伯鲁等：《续修陕西通志》卷一百三十九《金石五》，民国二十三年（1934）铅印本。

6 （晋）陈寿：《三国志》，中华书局，1982，第922页。

7 （三国）诸葛亮著，孙连科校注：《诸葛亮集》，天津古籍出版社，2008，103页。

8 （晋）陈寿：《三国志》，中华书局，1982，第282页。

9 （晋）陈寿：《三国志》，中华书局，1982，第1003页。

10 （晋）陈寿：《三国志》，中华书局，1982，第787页。

11 参见《石门颂》铭文。

12 参见《石门颂》铭文。

13 （宋）乐史：《太平寰宇记》卷一百三十四《梁泉县》，清文渊阁四库全书补配古逸丛书景宋本。

14 （宋）乐史：《太平寰宇记》卷一百三十四《梁泉县》，清文渊阁四库全书补配古逸丛书景宋本。

15 （清）顾祖禹：《读史方舆纪要》卷五十六《陕西·汉中府》，清稿本。

"自此斜谷道废，多以散关为南北之冲"[1]，自此，秦汉时期褒斜道之北线斜谷道逐渐废弃。宋至明清之言"斜谷道"，实为北魏时期所开之褒斜道了。史载褒斜道中宋代时有栈阁2989间，元时有板阁2275间，明时有栈阁2275间。到了清代，从康熙三年（1664）一直到同治六年（1867），清政府至少进行过五次不同程度的增修。中华人民共和国成立后，随着宝成铁路等现代基础设施的建设，褒斜道退出历史舞台。

褒斜道南谷口的石门洞内，及洞外南北数里的险坡、断崖，以及褒河水中、沙滩大石上，有汉至宋代开通、修复褒斜道的摩崖，其中著名的"石门十三品"即在此。1971年修建石门水库时，将石刻全部揭取保存在汉中博物馆内。其中东汉永平九年（66）所刻《鄐君开通褒斜道》摩崖、和东汉建和二年（148）所刻《石门颂》摩崖以及北魏永平二年（509）所刻《石门铭》对考证褒斜道沿革具有重要作用，遂录于下。

鄐君开通褒斜道[2]

永平六年，汉中郡以诏书受广汉、蜀郡、巴郡徒两千六百九十人，开通褒余（斜）道。太守臣鹿鄐君、部掾治级王弘、史荀茂、张宇、韩岑弟典功作，太守丞□□杨显将隐用，始作桥阁六百二十三间，大桥五，为道二百五十八里，邮亭、驿置、徒司空、褒中县官寺并六十四所，凡用功七十六万六千八百余人，瓦三十六万九千八百四器，用钱百四十九万九千四百余斛粟。九年四月成就，益州东至京师去就安稳。

石门颂[3]

惟坤灵定位，川泽股躬。泽有所注，川有所通。余谷之川，其泽南隆。八方所达，益域为充。

高祖受命，兴于汉中。道由子午，出散入秦。建定帝位，以汉诋焉。后以子午，途路涩难。更随围谷，复通堂光。凡此四道。垓鬲尤艰。至于永平，其有四年，诏书开余，凿通石门。中遭元二，西夷虐残，桥梁断绝，子午复循。上则县峻，屈曲流颠；下则人冥，傾写（倾泻）输渊。平阿淖泥，常荫鲜晏。木石相距，利磨确磐，临危枪砀，履尾心寒。空舆轻骑，滞碍弗前。恶虫憋狩，蛇蛭毒蟃。末秋截霜，嫁苗夭残。终年不登，匮餧之患。卑者楚恶，尊者弗安。愁苦之难，焉可具言！于是明知故司隶校尉犍为武阳杨君厥字孟文，深执忠伉，数上奏请。有司仪驳，君遂执争，百僚咸从，帝用是听。废子由斯，得其度经。功饬尔要，敞而晏平。清凉调和，烝烝艾宁。至建和二年，仲冬上旬，汉中太守、犍为武阳王升字稚纪，涉历山道，推序本原，嘉君明知，美其仁贤，勒石颂德，以明厥勋。其辞曰：

君德明明，炳焕弥光。剌过拾遗，历清八荒。奉魁承杓，绥亿衙疆。春宣圣恩，秋贬若霜。无偏荡荡，贞雅以方。宁静丞庶，政与乾通。辅主匡君，循礼有常。咸晓地理，知世纪纲。言必忠义，匪石厥章。恢弘大节，说而益明。揆往卓今，谋合朝情。释艰即安，有勋有荣。禹凿龙门，君其继踪。上顺斗极，下答坤皇。自南自北，四海攸通。君子安乐，庶

1 （清）顾祖禹：《读史方舆纪要》卷五十六《陕西·汉中府》清稿本。

2 毛远明：《汉魏六朝碑刻校注·第一册》，线装书局，2008，第42页。

3 毛远明：《汉魏六朝碑刻校注·第一册》，线装书局，2008，第165页。

褒斜道黑杨坝段

褒斜道黑杨坝段崖上栈孔

褒斜道猴子岭段残留栈道孔

褒斜道猴子岭段

士悦雍。商人咸憘，农夫永同。春秋记异，今而纪功。垂流亿载，世世叹诵。

序曰：明哉仁知，豫识难易。原度天道，安危所归。勤勤竭诚，荣名休丽。

五官掾南郑赵邵，字季南；属襃中晁汉强，字产伯；书佐西成王戒字文宝主。

王府君，闵谷道危难，分置六部道桥，特遣行丞事西城韩朖，字显公；都督掾南郑魏整，字伯玉；后遣赵诵，字公梁；案察中曹，卓行造作石积，万世之基。或解高格，下就平易，行者欣然焉。伯玉即日徙署行丞事，守安阳长。

石门铭[1]

此门盖汉永平中所穿，将五百载，世代绵回，屯夷递作，乍开乍闭，通塞不恒。自晋氏南迁，斯路废矣。其崖岸崩沦，涧阁堙褫。门南北各数里，车马不通者久之。攀萝扪葛，然后可至。皇魏正始元年，汉中献地，襃斜始开。至于门北一里，西上凿山为道，峭岨□迁，九折无以加，经途巨碍，行者苦之。梁秦初附，实仗才贤，朝难其人，襃简良牧。

三年，诏假节龙骧将军、督梁秦诸军事、梁秦二州刺史泰山羊祉，建旟旛漾，抚境绥边，盖有叔子之风焉。以天险难升，转输难阻，表求自回车已难开创旧路。□□□之劳，就方轨之逸。诏遣左校令贾三德，领□□□□□□人，共成其事。三德巧思机发，精解冥会，虽元凯之梁河，德衡之损蹑，未足偶其奇。起四年十月十日，讫永平二年正月毕功。阁广四丈，路广六丈，皆□溪栈壑，□□□□□□，自回车至谷口二百余里，连辀骈辔而进。往哲所不工，前贤所辍思，莫不夷通焉。王升履之，可无临深之叹；葛氏若存，幸息木牛之劳。于是畜产盐铁之利，纨绵罽罽之饶，充□川内，四民富实，百姓息肩。壮矣！自非思埒班尔，筹等张蔡，忠公忘私，何能成其事哉！乃作铭曰：

龙门斯凿，大禹所彰。兹岩乃穴，肇自汉皇。导此中国，□宣四方。其功伊何，既逸且康。去深去阻，匪阁匪梁。西带汧陇，东控樊襄。河山帷险，凭德是强。昔惟畿甸，今则关壃。永怀□□，□在人亡。不逢殊绩，何用再光。水□悠□，□□□长。夕凝晓露，昼含曙霜。秋风夏起，寒鸟春伤。穹隆高阁，有车辚辚。□夷石道，驷牧其骊。千载绝轨，百辆□新。敢刊岩曲，以纪□尘。

魏永平二年，太岁己丑，正月己卯朔卅日戊申。梁秦典签太原郡王远书，石师河南郡洛阳县武阿仁凿字。

---

1 毛远明：《汉魏六朝碑刻校注·第四册》，线装书局，2008，第119页。

全国三国文化遗存
调查报告
（蜀汉故地卷）

三國

GANSU

甘肃省

甘肃省概述

　　甘肃省位于我国西北部，地处黄河上游，青藏高原、黄土高原、内蒙古高原三大高原的交界处。其地域北接内蒙古自治区、宁夏回族自治区，东连陕西省，西通新疆维吾尔自治区，南瞰四川省、青海省，是古丝绸之路的咽喉要道。截至2022年底，甘肃省下辖兰州、嘉峪关、金昌、白银、天水、武威、张掖、平凉、酒泉、庆阳、定西、陇南12个地级市，临夏回族自治州、甘南藏族自治州2个自治州，共86个县（市、区）。

　　根据谭其骧先生《中国历史地图集》第三册"三国时期"的地图所示，以及相关历史文献的记载，在三国时期，甘肃省中部的大部分地区，分属曹魏凉州之下的金城郡、西平郡、武威郡、张掖郡、酒泉郡、敦煌郡、西海郡，曹魏雍州西部之下的天水郡、陇西郡、南安郡、广魏郡、安定郡，以及蜀汉益州之下的武都郡、阴平郡管辖。

　　武都、阴平这两个郡，最初属于曹魏雍州管辖，是直接面对蜀汉的前沿阵地。诸葛亮发动北伐后，迅速攻占了这两个郡，使之成为蜀军进攻祁山方向的主要战场。因此，这里有不少与蜀汉相关的三国文化遗存。

陇南市

　　陇南市位于甘肃省的东南部，北接天水市、定西市，西接甘南藏族自治州，东邻陕西省的宝鸡市和汉中市，南邻四川省的广元市、绵阳市和阿坝藏族羌族自治州。截至 2022 年底，下辖武都区 1 个区，成县、文县、宕昌县、康县、西和县、礼县、徽县、两当县 8 个县。三国时期，该区域主要为蜀汉益州武都郡、阴平郡辖地，以及曹魏雍州天水郡的一部分。

陇南市三国文化遗存点位分布图

1　年家村关帝庙
2　阴平栈道遗址（曹字头村段、周家坝村段）
3　阴平桥
4　玉垒关（郭淮城）
5　阴平郡城
6　邓艾城遗址、姜维城遗址
7　化马三国古栈道
8　邓邓桥
9　上马石
10　点将台、圈马沟
11　观阵堡
12　诸葛亮手植柏树
13　祁山武侯祠
14　九寨古垒
15　卤城
16　盐井祠
17　礼县木门道
18　藏兵湾
19　铁笼山
20　盐官镇关帝庙
21　卧龙桥

撰稿：谢　乾　樊博琛
摄影：苏碧群　罗景玠　樊博琛
绘图：尚春杰

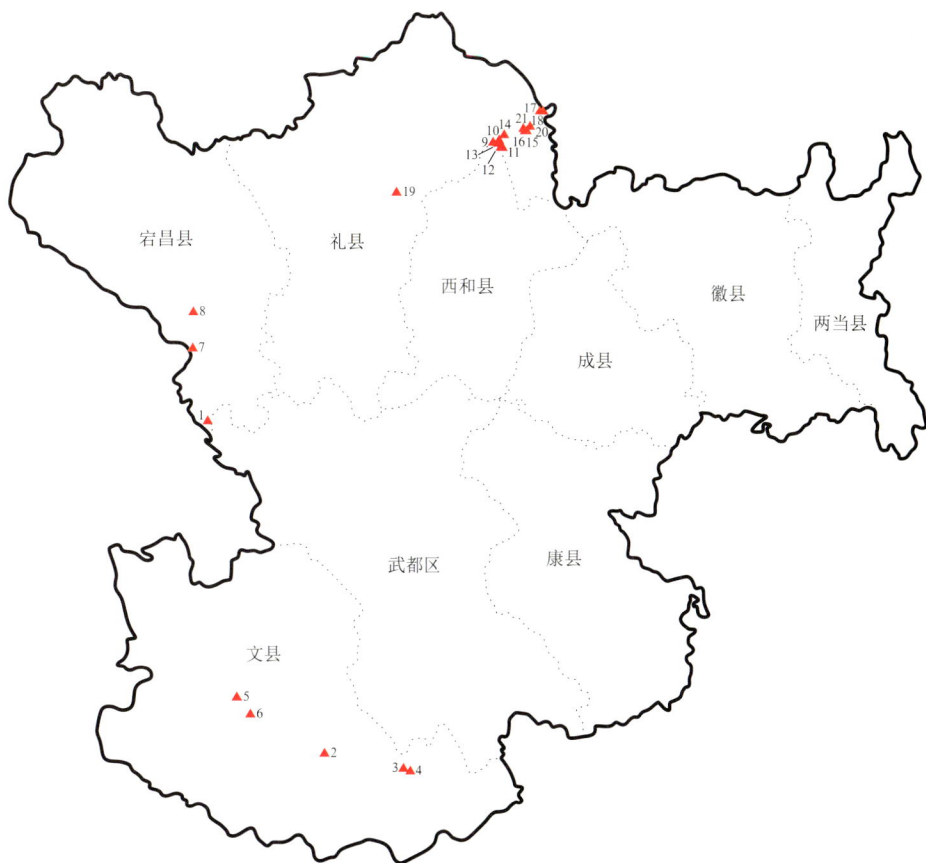

武都区

年家村关帝庙

【地理位置】

地理坐标：东经104°34′40.34″，北纬33°35′56.98″，海拔1173米。

行政属地：武都区角弓镇年家村。

地理环境：角弓镇位于武都区西北部，212国道旁，白龙江流经河谷地，即角弓坝上。境内有唐代石窟朝阳洞。角弓镇南接坪垭藏族乡、石门镇，东邻蒲池乡。北为宕昌县，西与甘南藏族自治州舟曲县相邻。

【现状概述】

整座建筑坐东朝西，四合院形制，庙前有照壁。在庙外有碑2通，分别是现代刻《重建关圣帝君庙碑记》和《功德碑》。院内四周有二十四孝图，南殿为山神殿，供山神之神位，北殿为土地殿。正殿面开五间，进深两间，中间有泥塑关公坐像，座前有"关帝神庙盖天古佛之神位"木牌，两旁有周仓、关平像。南北两侧卷棚壁画为擒庞德、斩颜良、刮骨疗毒、三英战吕布、单刀赴会、桃园结义等。据当地民俗文化工作者介绍，每年农历七月十五日会举办关帝巡游活动。

《重建关圣帝君庙碑记》碑

【历史渊源】

据2015年所立《重建关圣帝君庙碑记》记载，年家村关帝庙相传建于明末清初，已有三四百年历史。庙初建在当沙沟附近，后因白龙江水冲刷等原因而倾颓。乾隆年间重建关帝庙于庄头大枣石前，1958年拆除。2015年由村民筹资重修。

年家村关帝庙正殿

年家村关帝庙山门后视

年家村关帝庙牌坊

年家村关帝庙外景

殿内所塑关羽坐像

文县

阴平栈道遗址（曹字头村段、周家坝村段）

【地理位置】

地理坐标：

曹字头村段：东段东经104°54′46.08″，北纬32°50′37.68″，海拔758米；西段东经104°54′38.51″，北纬32°50′33.40″，海拔784米。

周家坝村段：东段东经104°50′33.24″，北纬：32°51′55.15″，海拔815米；西段东经104°49′57.22″，北纬32°51′58.78″，海拔822米。

行政属地：文县尚德镇。

地理环境：文县地处秦巴山地，与四川交界。尚德镇位于文县东南部，白水江中游。曹字头村段栈道位于白水江南岸，卜河床有部分已干涸成农田；周家坝村段位于曹字头村上游约12千米处，白水江北岸，南至212国道北侧山崖上。

【保护级别】

2017年，阴平栈道遗址被甘肃省人民政府公布为省级文物保护单位。

【现状概述】

曹字头村段栈道东段残存长约12米，目前仍然在使用。栈道以石板铺路，石板宽0.46—0.83米，距地面高约5米。曹字头村段西段有数十个孔洞，单个孔洞宽0.28米，高0.4米，深0.38米，下为白水河。

周家坝村段东段栈道因修建212国道，已被部分破坏，残存路段主要是明清以来汉族移民所修建。西段栈道全长约200米，位于212国道旁，离地面高约3米，南侧为白水江。现可观察到的五处栈道孔宽0.25—0.35米，高0.2—0.4米，深0.45米，两孔间隔1.2—2.1米不等。

阴平栈道遗址曹字头村段

阴平栈道遗址曹字头村段残存的栈道

阴平栈道遗址曹字头村段崖上的栈孔

阴平栈道遗址曹字头村段崖上险要的栈道

紧邻 212 国道的阴平栈道遗址周家坝村段

阴平栈道遗址周家坝村段

阴平栈道遗址周家坝村段的栈道孔

【历史渊源】

文县古称阴平县，西汉时或隶广汉郡或隶武都郡，东汉安帝永初二年（108）别属广汉属国。献帝建安二十年（215），曹操改广汉属国为阴平郡，治所在阴平道，即今文县西北。蜀汉建兴七年（229）。诸葛亮遣陈式攻克阴平郡，纳入蜀汉政权统治区域。

《三国志·邓艾传》记载，炎兴元年（263），邓艾率兵进攻蜀汉时经过阴平，"山高谷深，至为艰险"，"自阴平道行无人之地七百余里，凿山通道，造作桥阁"，"将士皆攀木缘崖，鱼贯而入"，邓艾甚至"以毡自裹，推转而下"，遂得以绕过蜀郡的剑阁防线，直取成都。据西南大学蓝勇先生考证，此道从舟曲至文县，南下摩天岭垭口，过写字岩至青川青溪镇，沿涪江过江油关、龙门山到绵阳、成都。

史书中所说的"凿山通道""造作桥阁"，便是穿越摩天岭时沿山崖修造栈道，现存古栈道或始修于其时。康熙《巩昌府志》记载，文县"左山右江，号称天险，高峰碍日，断栈连云。昔人悬索裹毡，开兹栈道，今时橐弓卧鼓，恃此雄关"。清康熙《文县志》记载，县西八十里（40千米），有一座土城阴平寨，设在半山腰，今已无存。

清乾隆《直隶阶州志》载"（文）县东二十五里"有邓至山，因"魏邓艾间道入蜀，至此山人方觉"而得名。

阴平桥

地理坐标：东经105°7′56.66″，北纬32°48′38.68″，海拔813米。

行政属地：文县玉垒乡玉垒坪村。

地理环境：距白龙江与白水江交汇处约1千米，两岸山崖之间，遗址南岸邻三官庙村的梯田，北岸为212国道，与郭淮城隔一个半岛。

【现状概述】

桥现已无存。20世纪70年代，碧口水库建成后，阴平桥遗址淹没于万顷碧湖之中。

【历史渊源】

阴平桥始建年代不可考，但自古为"钱谷挽输之地"，十分重要。相传三国魏将邓艾伐蜀时经此桥出玉垒关，后桥址多次变迁。清康熙《文县志》记载，因江中有两块巨石，遂以石为基，立柱成桥。桥宽三丈（一丈合3.33米）、长二十余丈，平坦如地，连行人都不知道自己脚下是湍急的江水。清康熙辛巳年（1701）复建，但桥变窄，仅可三四人并行。咸丰六年（1856）重建玉垒关木桥，后经多次维修。20世纪60年代为修建白龙江碧口水电站，桥被拆毁。

又据《文县志》记载，阴平桥头遗址在白水江汇入白龙江的汇合处，即玉垒关桥址，现今均淹没于碧口水库底。

阴平虹桥为文县八景之一，明朝张悌《阴平虹桥》诗有"长桥隐隐势若虹，立号阴平自古同"之句。清康熙《文县志》记载，因桥两岸皆山，朝夕都不得日照，惟中午时分，日悬正南，桥一半得日照，一半不得，故名阴平桥。

阴平桥遗址两岸

阴平桥遗址

玉垒关（郭淮城）

【地理位置】

地理坐标：东经 105°8′44.23″，北纬 32°48′25.18″，海拔 759 米。

行政属地：文县玉垒乡冉家村。

地理环境：玉垒乡位于文县东南部，白水江下游。东邻碧口镇，西接尚德镇，北连口头坝乡，南为范坝镇。多山坡陡崖，多河谷川地。

【现状概述】

玉垒关遗址在关头坝大桥下 1 千米处，两崖均为峭壁。所在地玉垒乡冉家村为甘肃省乡村旅游示范村、"千村美丽"示范村。212 国道沿山而行，在马嘴梁上，有新修三层玉垒关古关楼一座，成为文县玉垒关旅游景区核心景点。

【历史渊源】

相传三国时魏将郭淮曾在此筑城屯兵攻蜀将廖化，后代因此地险要而筑玉垒关。郭淮城遗址在今马嘴梁河谷地带，俗称"城墙坝"。1975 年因碧口水库蓄水，玉垒关遗址、郭淮城遗址均淹没于水库中。据当地人讲述，十多年前还能看见城墙垛口，如今只有枯水期才能看到部分城墙，其余俱已被泥沙覆盖。

玉垒关是文县五大雄关之一，其他为临江关、火烧关、柴门关、悬马关。其关隘险道，明张其亮《玉垒关》诗曾有描写："天开一堑锁咽喉，控制西南二百州。"据清康熙《文县志》记载，玉垒关"上皆巉崖绝壁，下有迅急湍流"，乃"秦蜀咽喉"，入蜀则必由玉垒关，为古今争战所必趋者。

清康熙《巩昌府志》引录王云凤《文县》诗："石磴攀缘上，江流咫尺间。我今行者路，人不到之山。秦蜀阴平道，南北玉垒关。台端布恩德，毡毳总同欢。"

今建玉垒关楼

淹没于湖中的玉垒关和郭淮城遗址

冉家村内的文化展示墙

阴平郡城

【地理位置】

地理坐标：东经 104° 38′ 33.52″ —104° 39′ 52.36″，北纬 32° 58′ 04.74″ —32° 57′ 36.76″，海拔 915—1011 米。

行政属地：文县城关镇鹄衣坝村。

地理环境：城关镇位于文县中部，白水江中游。东接尚德镇，西邻铁楼藏族乡、石坊镇，南靠丹堡镇，北连桥头镇。境内有火烧关栈道遗址。

【现状概述】

已不见旧城的建筑遗存，被鹄衣坝村的现代村庄建筑覆盖。

【历史渊源】

东汉献帝建安二十年（215），曹操改广汉属国为阴平郡，治所在阴平道，即今文县西北，并建阴平郡治所城池。据《文县志》记载，因其地居广汉郡北部，在阴阳的区分上属于阴，同时记录平定疆域之功，故名阴平。[1]另据学者考证，阴平道或始置于秦。[2]

蜀汉建兴七年（229），诸葛亮遣陈式攻克武都、阴平二郡，阴平郡领阴平、平广二县。延熙十一年（248），魏雍州刺史郭淮曾于阴平筑城，即郭淮城，以攻击蜀汉。炎兴元年（263），魏将邓艾、钟会征蜀，姜维曾败退阴平，退守剑阁。蜀亡后，属梁州，后废。

一说阴平郡城遗址位于洋汤河的桥头坝。[3]

阴平郡城遗址鹄衣坝村

1 文县志编纂委员会：《文县志》，甘肃人民出版社，1997，第62页。

2 周振鹤、李晓杰、张莉：《中国行政区划通史·秦汉卷》上，复旦大学出版社，2017，第67页。

3 文县志编纂委员会：《文县志》，甘肃人民出版社，1997，第859页。

邓艾城遗址、姜维城遗址

【地理位置】

地理坐标：东经104°42′17.31″，北纬32°56′5.05″，海拔943米（测点为北岸六柏寺）。

行政属地：文县城关镇园茨头村、贾昌村。

地理环境：城关镇为文县县城驻地，地处白水江中游，两城隔江相望。

【现状概述】

两城隔白水江遥遥相对，北岸为邓艾城，南岸为姜维城。邓艾城位于一高原上，园茨头（一作"元茨头"）村村民基本已搬至河谷居住，现存部分旧房。姜维城位于河谷地带，现为贾昌村现代村落。目前均无遗存。

【历史渊源】

清乾隆《续修文县志》记载："姜维城，在县东河南五里贾昌乡，维筑城于此，与邓艾相持。邓艾城，在县东河北五里园子头高原上，艾由阴平道入蜀，彼时维拒白水以南，艾不得渡，故于此筑城。"[1]蜀汉炎兴元年（263），邓艾率军攻打蜀汉，"追姜维到阴平"[2]，二军相持于此。

一说二城修筑于蜀汉延熙十二年（249）姜维率军伐魏之时。魏将邓艾从征西将军郭淮拒姜维，姜维退却。邓艾谏以"（维）去未远，或能复还"，遂屯兵白水江北岸。果然不过三日，姜维复遣廖化在白水江南岸结营，与邓艾对峙。

邓艾城遗址园茨头村

---

1 凤凰出版社选编：《中国地方志集成·甘肃府县志辑》，凤凰出版社，2008，第90页。

2 （晋）陈寿撰，（南朝宋）裴松之注：《三国志》第三册，中华书局，2011，第789页。

隔白水江遥遥相对的园茨头村和贾昌村

姜维城遗址贾昌村

宕昌县

化马三国古栈道

【地理位置】

地理坐标：东经104°32′24.02″，北纬33°45′50.05″，海拔1315米。

行政属地：宕昌县官亭镇仇家山村。

地理环境：官亭镇地处岷江中下游峡谷地带，北临甘江头乡，东为狮子乡，南接两河口镇，西与甘南藏族自治州舟曲县相连。

【保护级别】

1986年，被宕昌县人民政府公布为县级文物保护单位。

三国古栈道标志碑

【现状概述】

栈道南起岷江与白龙江交汇处的两河口，向北延绵约15千米，现存栈道孔分布在岷江南岸，最高距离地面约7米，最低约0.4米。栈道孔宽0.3米，深0.35米，间距0.6—2.5米不等。有的地方为上下两层栈道孔，可见有20余孔，间距约1.5米。目前可见的栈道孔共有78个。宕昌县于2013年修复三国古栈道70米，对外开放，修建观景台、标志石、停车场等。

【历史渊源】

蜀汉炎兴元年（263），司马昭遣兵分道伐蜀。邓艾率军由武都南下，因四周山势陡峭，岷江波涛汹涌而无法前行。军令如山，为抢占先机，邓艾遂指挥军士上山伐木，同时在江边崖壁上凿孔，以架作凌空栈道及桥梁，得以顺利通行。其中即有后人所称的"邓邓桥"和化马三国栈道。

化马三国古栈道

古栈道栈孔

邓邓桥

地理坐标：东经104° 32′ 27.61″，北纬33° 50′ 43.56″，海拔1516米。

行政属地：宕昌县官亭镇邓桥村。

地理环境：为化马三国古栈道的一部分。

【保护级别】

1986年，被宕昌县人民政府公布为县级文物保护单位。

【现状概述】

邓邓桥横跨岷江，与三国古栈道相连。桥为木结构握臂桥，木板铺筑，围栏为圆木，桥墩由圆木层层铺筑。桥宽2.1米，长19米，围栏高0.68米。与桥所连栈道宽1.5米，高1米，残长83.5米。

【历史渊源】

炎兴元年（263），魏将邓艾携子邓忠南下伐蜀途经此地。据清乾隆《直隶阶州志》，因桥为"二邓"入蜀时所建，故称"邓邓桥"。另外，清福建人陈如冈有《出武都经邓邓桥》诗："束马悬车不易行，崎岖险道出阴平。当年人抗期期诏，此日桥留邓邓名。板屋数家喧虎迹，石崖千尺涌江声。前途听说明朝坦，稳卧篮舆梦不惊。"诗中的"期期"，是用在成语"期期艾艾"中与邓艾并列的西汉名臣周昌口吃的典故，故诗人认为邓邓桥之名来自邓艾口吃。邓邓桥历经多次重修，现桥为重修复原。

邓邓桥段栈道

邓邓桥

邓邓桥局部

邓邓桥附近的三国文化展示墙

邓邓桥桥面

礼县

上马石

【 地理位置 】

地理坐标：东经105°22′41″，北纬34°13′37″海拔1590米。

行政属地：礼县祁山镇川口村。

地理环境：祁山镇位于礼县东部，为西汉水流域川坝河谷平原。西接永兴镇，东临盐官镇，北为永坪镇，南与西和县相邻。

【 现状概述 】

上马石位于西汉水岸边草丛中。

【 历史渊源 】

传说诸葛亮当年在此训练西凉战马时，曾踏着这块石头上马，任凭河水上涨，其都不会被淹没。

1号上马石

2号上马石

点将台、圈马沟

【地理位置】

地理坐标：东经105°23′41.41″，北纬34°14′10.92″，海拔1514米。

行政属地：礼县祁山镇祁山村。

地理环境：距祁山堡北坡约1千米。

【现状概述】

点将台残长32.7米，宽23米，分为三层台地。因台顶曾有庙，故点将台俗称"泰山庙"，现已毁，残存有一圈夯土墙，台中心有一棵古柏树。

点将台右侧为圈马沟，沟长约2千米，现已被农田覆盖。

【历史渊源】

相传点将台是诸葛亮大军出征点兵处。圈马沟内原有6眼泉水，是蜀军驻扎养马之地。

点将台

点将台上的柏树

圈马沟

观阵堡

【地理位置】

地理坐标：东经105° 24′ 06.31″，北纬34° 13′ 08.37″，海拔1627米。

行政属地：礼县祁山镇何台村柏树坡。

【现状概述】

观阵堡与祁山隔西汉水相望，距祁山堡约1.5千米。位于柏树坡顶，平面呈长方形，宽69.5米，长130.2米。城墙内高5.4米，宽2.5米，残存有3个外高11.8米的矩形墩台(马面)。现为荒草地。

【历史渊源】

相传诸葛亮为便于观察祁山堡情况，亲自带人构筑了观阵堡。观阵堡周边山上都有堡子，最早为秦代烽火台，后逐渐扩建为堡。堡内原有建筑毁于20世纪六七十年代。

观阵堡城墙侧视（近景）

观阵堡城墙侧视（远景）

远眺观阵堡

观阵堡

观阵堡城墙被凿出的防御坑洞（外景）

城墙墙体被凿出的防御坑洞（内景）

诸葛亮手植柏树

地理坐标：东经105°23′50.07″，北纬34°13′16.29″，海拔1526米。

行政属地：礼县祁山镇何台村。

【现状概述】

位于观阵堡山腰柏树坡中，现存三棵古柏树，呈品字形分布，1号树周长2.9米，2号树在1号树上方，周长3米。3号树在1号树东50米处，周长4.3米。

【历史渊源】

柏树坡有3株古柏树，相传为诸葛亮首出祁山时手植，俗称"武侯柏"。清光绪年间民间人士出资，在古柏周边广植柏树，逐渐形成今日占地300余亩的柏树林。

诸葛柏

祁山武侯祠

地理坐标：东经 105°23′35.41″，北纬 34°13′49.64″，海拔 1474 米。

行政属地：礼县祁山镇祁山村。

地理环境：祁山堡为四壁近乎垂直的孤峰，仅一条小道可通往山顶，山顶平坦，面积约 2000 平方米。

【保护级别】

1987 年，被礼县人民政府公布为县级文物保护单位。

【现状概述】

祁山武侯祠坐南朝北，现存祠庙建筑主要有武侯祠、关帝殿、大雄宝殿。分为前后三进院落，山门为青砖砌筑的高墙式卷棚顶。一进院落左右两侧有 20 尊跟随诸葛亮北伐的蜀汉文臣武将泥塑人物，正殿是孔明殿，古匾上书"名垂宇宙"，殿中间由透花门窗分为内、外两室，外室两侧墙上绘有《三顾茅庐》和《孔明陪先主登高临远图》。里室诸葛亮贴金坐像塑于明清年间，高约 3 米，头戴纶巾，右手持羽扇。中殿关羽殿，殿内塑关羽、周仓、关平塑像。后殿原为张飞殿，1986 年改为祈佛殿，东西厢有十余间僧侣之舍和展室。殿外有照壁、戏台，存历代名人书写匾额多面、

楹联 5 副、碑石 20 余通，多为对诸葛亮毕生事迹和功绩的概述。祠堂外面，有约 1 米高的围栏绕山顶一周，可供瞭望。

后院墙后西南角有一洞穴，据说与流经堡下的西汉水相通，乃蜀军当年汲水的通道。每年农历四月初一到初四，举办有庙会。

【历史渊源】

《直隶秦州志》记载祁山堡为诸葛亮六出祁山北伐的驻军之地，诸葛亮曾在祁山堡做"中军帐"，《水经注》记载为"亮故垒"。

祁山武侯祠相传始建于南北朝时期，北宋时有祁山庙建于祁山脚下。明万历年间，迁建于祁山堡，明巡按甘肃御史郑存仁《登祁山》诗云："岭下有堡名祁山，堡人尚能为蜀言。"（清乾隆《西和县志》）清道光年间将祠堂朝向改为坐南朝北，现存祠庙建筑主要是清代及民国年间复建。清光绪《礼县新志》载，诸葛武侯祠在同治三年（1864）因战乱毁坏，光绪二年（1876）由知县陈廷桢重修。20 世纪 70 年代因修筑河堤而炸取石材（一说新建祁山公社），戏楼、塑像被拆除。20 世纪 80 年代后，有赖于民间力量而保护较好，20 世纪 90 年代后，政府主持新建山门、长廊、祠门等，后又持续做好交通等基础设施建设，打造为国家 AAA 级旅游景区。

祁山武侯祠轴线鸟瞰

祁山堡山顶的祁山武侯祠

祁山堡入堡门洞

祁山武侯祠山门

祁山武侯祠关羽殿内主祀关羽

祁山武侯祠孔明殿内主祀诸葛亮

祁山武侯祠孔明殿前廊

祁山武侯祠景区牌坊

祁山武侯祠孔明殿

祁山武侯祠关羽殿

九寨古垒

【 地理位置 】

地理坐标：东经105° 24′ 24.19″，北纬34° 14′ 48.58″，海拔1561米。

行政属地：礼县祁山镇。

地理环境：位于西汉水北岸的半山腰，祁山堡东北。

于九寨古垒遗址远眺祁山武侯祠

【 现状概述 】

残存土堆2个，高约4米，直径约12米。目前建有小型景区。

【 历史渊源 】

亦称"九丘""九谷堆""九古垒""九寨故垒"等。其得名说法不一，但都与诸葛亮北伐有关：一说因当年诸葛亮第一次出祁山时，在此扎下九个营寨，以拱卫大营；一说因当时蜀汉军粮匮乏，诸葛亮堆积土堆，并在其上撒上粮食，伪装成粮仓以迷惑魏军；一说因诸葛亮率军从汉中出发，一路长途跋涉，军士鞋中都积满了尘土，在此扎营时便堆积成九垒；一说蜀军因长途出征，诸葛亮担心军士水土不服，于是下令士兵每人带一包蜀地土壤，在祁山驻军时堆积而成。

九寨古垒遗址一号堆遗存

卤城

【 地理位置 】

地理坐标：东经105° 28′ 5.95″，北纬34° 15′ 37.83″，海拔1489米。

行政属地：礼县盐官镇新联村。

地理环境：盐官镇位于礼县东部，西邻祁山镇，南为宽川镇，北接马河乡，东与天水市秦州区相邻。

【 现状概述 】

1999年卤城城墙被拆毁，遗址现残存南城墙和东城墙部分，长10—37米，高2.3—5米，厚1—5米，夯筑，土质较纯。现南城墙靠村道一面墙体下部为水泥浇筑。此地今日仍有"小南门""大南门"地名。

【 历史渊源 】

战国后期，秦曾在此设"西盐"官吏，西汉武帝时改置盐官。三国时期称"卤城"，即今盐官镇，占地面积约48万平方米。从卤城出发，沿祁山道，进可取陇右、天水，退可守汉中、巴蜀，地理位置和食盐资源使得卤城成为战略要地。蜀汉建兴十年（232）诸葛亮第四次北伐期间，与司马懿两军主力曾对垒于此，即卤城之战。

时至今日，当地依然流传着"卤水洗尘"的故事。相传三国时期，诸葛亮亲率大军出师祁山，占据卤城后，发布了三个命令：一是挑选三百名精壮士兵帮助盐工煮盐；二是蜀军轮换进驻卤城休整；三是取卤水烧热，令将士沐浴。一开始，将士均对此不解，但执行军令后，就都领悟到了诸葛亮的睿智。原来蜀军历经长途跋涉和艰苦战事，士兵均已疲惫不堪。沐浴卤水后，体力得以迅速恢复，伤员用烧开的卤水晾冷后清洗伤口换药，杀毒消炎，伤口很快愈合。全军将士精神焕发，对诸葛亮的军令和卤城的井盐称赞不已。

直到20世纪50年代，此地盐井还在产盐并供应周边数县，后因国家食盐工业的发展和提高，此地井盐生产也逐渐退出历史舞台。据村民讲述，原本城墙墙体较厚，后城墙土被多次取用，仅残存目前2处。

卤城东城墙残存

卤城东城墙残存局部

卤城南城墙残存

盐井祠

地理坐标：东经105° 28′ 01.81″，北纬34° 15′ 37.16″，海拔1490米。

行政属地：礼县盐官镇。

【现状概述】

盐井祠为三进院落：第一进为高皇殿（代表盐官的城隍，是地区最高行政长官）；第二进为古盐井，保存完好，口方二尺八寸（约0.93米），深五丈一尺（约17米）；第三进为汉龙阁，供奉盐神，本地百姓祭祀祈求西汉水不发洪水，以免冲淡卤城的盐卤水。保存有明《重修盐官镇盐井碑记》、清《盐泉赋》、民国《甘肃盐法志略》等石碑。

【历史渊源】

据当地人讲述，盐井凿于汉文帝时期。相传诸葛亮北伐时曾在盐井祠内的盐井取盐，供军士食用。也有传说唐贞观年间，尉迟敬德田猎于此，流矢中兔，其兔带矢掘地而成盐井。杜甫入蜀路过此地，曾作《盐井》诗，其中有"卤中草木白，青者官盐烟"之句，可见此地煮盐之盛。宋淳熙年间，盐井曾因暴风雨而毁坏，调临近三县夫役重建并祭祀后，井水再次涌出。据明嘉靖《重修盐官镇盐井碑记》记载，盐官所产井盐，远销汉中、秦陇。清乾隆《西和县志》载，"盐官镇煎水成盐"。目前，盐官镇政府将其打造为盐文化旅游景区景点之一，对外开放。

【文献资料】

重修盐官镇盐井碑记

天不爱道，地不爱宝，亶乎其然。宝藏之兴，固有金玉锡铁铜矿；而济世犹见盐之为物，生民不可一日而乏者。西和治东，古迹汉诸葛祠，祁山堡东盐官镇，古有盐井。我大明编卒工，阮三十家，日支水五百斗，月收盐三百六十五斤有余。不惟有益于一方之生民，抑凡济遐方之用功。不意嘉靖十二年十月初九日戊辰，其井响声如雷，至次日，西南隅塌一角，水涸五日。义官何论并灶户呈其事，知县魏尚质同诸父老设香案虔祷，其水复出，大巡王公绅少，方伯刘公存学，即命秦州同知郎中于光宇督工，散官左宗宽、老人赵奋鼎建如旧，访父老曰，究其井之源头，虽有石碑，因年久碑文脱落大半，命洗涤垢，谨寻摸其一二：谓井之源流肇自后周，有异僧志恭，翼水于地，后为卤城池。至唐贞观间，尉迟敬德田猎于此，流矢中兔，其兔带矢之地，遂掘而成井。唐杜甫有诗，具述其所由来。故至宋淳熙元年，开封刘规，掌其出纳国税。越雨冬，暴风起于西北隅，井随地而大坏。规思，然莫知所以。呈于有司，调长道、天水、大潭三县夫役，仍委知长道县事兼兵马都监宋压重建。井功完，水仍涸。公设香案再拜，而井水涌出，诚意感格之述，其井遂成，世世以至于今。其盐，西南通徽、

盐井祠山门

盐井祠内关羽坐像

明嘉靖"重修盐官镇盐井碑记"碑

成、阶、文、礼县、汉中，东通秦陇，凡舟车所至，人力所通，靡远弗济。又为国助边储有所赖，通商货利无不盐，余旁搜博访，遍考史册，秦之陇西，汉之天水，宋之汉阳，皆此地也。肇启于此，迄今千载余矣。诸父老慨然兴怀，见旧碑脱落颓坏，恐世后盐井源流久而失传。金诸屠今为记，予乃镌磨旧碑之迹，搁管一述之云，仍备录事实磨碑，后之人弈世相传，庶知其所由来矣。则后之视今，非犹今之视昔也哉！固勒石，以志不朽。乡进士知西和县事杨典撰文。嘉靖丁未正月吉旦，立石。

盐井

礼县木门道

【地理位置】

地理坐标：东经 105° 31′ 4.75″，北纬 34° 18′ 10.04″。

行政属地：礼县盐官镇罗家堡村（旧称"木门堡村"）。

【现状概述】

礼县木门道位于卤城东北向约 5 千米。据当地村民介绍，顺治年间的大地震，将二山合为一处，毁为平地，现遗址上为苹果种植园。

【历史渊源】

蜀汉建兴九年（231），诸葛亮第四次北伐，魏司马懿坚壁不战，被部将魏平、贾栩耻笑为"畏蜀如虎"后，出战即大败。蜀汉军也因粮草用尽而撤退到祁山，司马懿强迫部将张郃追击蜀军，至木门道时，被蜀汉伏军以强弩射杀。据清乾隆《西和县志》记载，距祁山约 15 千米处，两山夹峙，中通一道，相传此即古木门道。

礼县木门道俯瞰

藏兵湾

藏兵湾

【地理位置】

地理坐标：东经105°31′4.75″，北纬34°18′10.04″，海拔1753米。

行政属地：礼县盐官镇龙池村。

地理环境：东距盐官镇约5千米，徐礼公路横穿山下。

【现状概述】

藏兵湾在木门道西山的半山腰上，为一处面积约3.5平方千米的平坦台地，现为苹果种植园。

【历史渊源】

相传诸葛亮设伏兵于此，射杀张郃。据当地农民传说，20世纪60年代开荒时曾发现有孔明石枕，但被农犁损坏，今已无存。又说为诸葛亮攻占卤城的屯兵处。

藏兵湾

铁笼山

地理坐标：东经105°6′28.83″，北纬34°6′58.14″，海拔1371米。

行政属地：礼县石桥镇铁笼山。

地理环境：石桥镇位于礼县南15千米处，多梁峁沟壑。

【现状概述】

铁笼山主峰为牛头山，山上有城址、营盘梁等遗址，有红烧土痕迹。此处三面环山，状若鸟笼，仅东北角有一出口。

【历史渊源】

据当地村民介绍，相传姜维和司马昭、陈泰于此大战，将司马昭困在此处。一说蜀汉延熙十二年（249），姜维、郭淮、陈泰大战的牛头山战场应在今甘肃省岷县洮河南岸附近。

清光绪《礼县新志》记载，姜维曾屯兵于铁笼山上，当时尚有营垒遗迹。后村民在此耕地时也陆续发现有"军司马印"印章及箭头、弩机等物件，现存礼县甘肃秦文化博物馆。

一说铁笼山位于天水市武山县境内。

铁笼山

铁笼山

铁笼山远眺

铁笼山远眺

盐官镇关帝庙

地理坐标：东经105°28′33″，北纬34°15′54″。

行政属地：礼县盐官镇。

【历史渊源】

根据庙内清光绪《重修关帝庙等碑记》记载，关帝庙始建年代不可考，清康熙乙酉年（1705）、道光壬辰年（1832）间均曾重建。现存庙宇主体为光绪七年（1881）重建。

【现状概述】

位于盐官古街对面，坐北朝南，为二进院落，前院内坐东朝西有一土地庙，内有2座神像，大殿外侧左右有两块清光绪重修碑。当地百姓每年逢农历初一和十五过来进香祈福。

盐官镇关帝庙一角

盐官镇关帝庙牌坊

盐官镇关帝庙牌坊后视

盐官镇关帝庙钟楼

盐官镇关帝庙山面

卧龙桥

【地理位置】

地理坐标：东经105°27′44.50″，北纬34°15′45.96″，海拔1498米。

行政属地：礼县盐官镇新联村。

地理环境：位于礼县东部西汉水西北侧。

【现状概述】

即盐官镇西门小桥。文献记载出卤城西门为卧龙桥，现附近依然有"卧龙桥"名称保留下来，但桥已不存。

【历史渊源】

相传诸葛亮北伐失败后退军，曾从此路过，因而得名。一说因北宋赵匡胤曾在桥下避难或暂住过而得名。又有说清乾隆皇帝路过盐官，曾于卧龙桥处小憩而得名。

卧龙桥原址

三国大事年表

公元184年

东汉灵帝光和七年、中平元年

二　月　张角自称"黄天泰平"，黄巾起义爆发。东汉朝廷号召州郡各
　　　　地组织武装力量，协助朝廷镇压黄巾军，由此产生大量地方军
　　　　阀，导致后来群雄割据局面。三国时期正式开始之前的酝酿阶
　　　　段，自此开始。

七　月　巴郡张修自号"五斗米师"，聚众举兵。
　　　　议郎曹操拜骑都尉，征讨颍川黄巾军，因功迁济南相。
　　　　刘备起兵涿县，讨黄巾军，以功除中山郡安喜县尉。
　　　　下邳丞孙坚随中郎将朱儁征讨黄巾军，因功拜别部司马。

十一月　黄巾军主力败亡。

十二月　改元中平。

公元187年

东汉灵帝中平四年

十　月　以议郎孙坚为长沙太守，平定长沙郡区星、零陵郡观鹄、桂阳
　　　　郡郭石叛乱，封乌程侯。

十一月　以大司农曹嵩为太尉。

公元188年

东汉灵帝中平五年

四　月　太尉曹嵩免职。

五　月　益州马相、赵祇起兵绵竹，自号黄巾，杀刺史郤俭，攻袭巴郡、
　　　　犍为郡，马相自称天子。为州从事贾龙破，迎益州牧刘焉，徙
　　　　治绵竹。

八　月　初置西园八校尉，袁绍为中军校尉，曹操为典军校尉。

十一月　公孙瓒大破张纯于石门山。
　　　　是岁改刺史置州牧，以刘虞为幽州牧，刘焉为益州牧。州任之重，
　　　　自此而始。

公元189年

东汉灵帝中平六年

东汉献帝永汉元年

四　月　灵帝崩。皇子辩即位，年十四，改元光熹，是为少帝。何太后临朝，大将军何进秉政。

八　月　宦官张让等杀大将军何进。司隶校尉袁绍尽诛宦官。

并州牧董卓进京，使执金吾丁原部将吕布杀原，并其众，自任司空。

九　月　董卓废少帝为弘农王，立陈留王刘协为帝，年九岁，改元永汉，是为献帝；董卓杀何太后。

十一月　董卓自任相国，专朝政。

司隶校尉袁绍出奔冀州，获授渤海太守，封邟乡侯。袁术获授后将军，出奔南阳。

曹操获授骁骑校尉，东归陈留，准备起兵讨董卓。

公元190年

东汉献帝初平元年

正　月　山东州郡起兵讨董卓，推袁绍为盟主，绍自号车骑将军，曹操为奋武将军。高唐令刘备、长沙太守孙坚参与讨董之役。袁术表孙坚行破虏将军，领豫州刺史。董卓鸩杀弘农王。

二　月　董卓使献帝迁都长安，驱洛阳百姓迁徙关中，自留屯洛阳。

三　月　董卓焚烧洛阳宫庙及人家。

曹操兵败荥阳。

孙坚杀荆州刺史王叡，刘表任荆州刺史，徙治襄阳，据荆州。

辽东太守公孙度自为平州牧。

公元191年

东汉献帝初平二年

二　月　董卓自任太师。孙坚破董卓军，董卓使吕布发掘洛阳诸帝陵。

四　月　董卓入长安。

七　月　袁绍夺冀州，韩馥不敌避位，绍自领冀州牧。

曹操击溃黑山军，袁绍表其为东郡太守，治东武阳。

高唐县破，刘备往依中郎将公孙瓒，任别部司马。因拒袁绍军有功，先后任平原令、平原相。以关羽、张飞为别部司马，赵云往附公孙瓒，为刘备掌管骑兵。

益州牧刘焉遣张鲁为督义司马，进驻汉中，断绝秦蜀通道。

十一月　公孙瓒破青州黄巾于东光。

公元192年

东汉献帝初平三年

正　月　袁术使孙坚攻刘表，被刘表部将黄祖麾下射杀于襄阳岘山。

袁绍大败公孙瓒于界桥。

四　月　司徒王允与吕布诛董卓。王允录尚书事，总朝政；吕布为奋武
将军，封温侯。

青州黄巾军攻杀兖州刺史刘岱，曹操领兖州牧，击破黄巾军，
得青州兵。

六　月　董卓部将李傕、郭汜等攻入长安，杀王允，吕布出逃关东，李、
郭专政。

十　月　荆州刺史刘表遣使朝贡，获授镇南将军、荆州牧，封成武侯。

公元193年

东汉献帝初平四年

三　月　袁术据淮南。

徐州牧陶谦部将杀曹操父曹嵩。曹操攻陶谦，拔十余城，大肆
屠戮民众。刘繇为扬州刺史，治曲阿。

十　月　公孙瓒杀幽州刺史刘虞。

公元194年

东汉献帝兴平元年

春　　　刘备救陶谦，谦表备为豫州刺史，屯小沛。

夏　　　曹操再攻陶谦，击破刘备部。陈留太守张邈与陈宫叛操迎吕布，
郡县皆应，操乃退兵。

十二月　刘焉徙治成都，未几而卒，子璋领益州牧。

陶谦卒，部属遵其遗嘱，迎接刘备代领徐州牧。

孙策从袁术，为怀义校尉。

扬州刺史刘繇与袁术将孙策战于曲阿，繇军败绩，孙策遂据江东。

公元195年

东汉献帝兴平二年

正　月　袁绍拜右将军。

二　月　李傕与郭汜相攻。

三　月　李傕劫持献帝，郭汜拘执公卿。

七　月　献帝出长安东归，李傕、郭汜追之。

曹操大败吕布，吕布投奔刘备。

十　月　曹操拜兖州牧，重新在兖州站稳脚跟。

1548

袁术表孙策为折冲校尉，行殄寇将军。得到周瑜大力赞助，南渡长江，攻占江东。

公元196年

东汉献帝建安元年

正　月　改元建安。

刘备与袁术争夺徐州，吕布乘虚攻占刘备后方的重镇下邳。备向布求和，屯小沛。

七　月　献帝回到洛阳，洛阳残破，君臣饥饿困顿不堪。

八　月　曹操赶到洛阳；下旬迎接献帝迁都许县，在此建立朝廷。曹操任大将军，封武平侯，摄朝政；始兴屯田。

袁术部将纪灵攻刘备，吕布为破袁术包围而救备，以营门射戟调解双方成功。

吕布攻刘备，备投奔曹操，操表备为豫州牧，使其东御吕布。

公元197年

东汉献帝建安二年

正　月　曹操攻张绣于宛城。绣降，旋袭败操军，操长子曹昂被杀。

二　月　袁术称帝于寿春，自称仲家。

孙策致书袁术，责其僭号，并与之断绝关系。

三　月　曹操将大将军职务让给袁绍，自任司空，行车骑将军。

五　月　袁术攻吕布，大败。

曹操奉诏拜孙策为明汉将军，袭爵乌程侯，领会稽太守，以讨袁术。

九　月　曹操攻袁术，术军大败。

公元198年

东汉献帝建安三年

三　月　曹操攻张绣于穰，因刘表救援不克，退兵时设计击败张绣、刘表军。

九　月　吕布攻破小沛，刘备逃奔曹操。曹操东征徐州，围困吕布于下邳，决水灌城，至十二月擒杀布，布将张辽等降；表刘备为左将军。

曹操表孙策为讨逆将军，封吴侯。

孙策授周瑜建威中郎将。

公元199年

东汉献帝建安四年

三 月　袁绍攻杀公孙瓒于易京，据有冀、青、幽、并四州。

　　　　刘备与车骑将军董承等谋诛曹操，未发，自请率兵截击袁术，
　　　　至下邳。

六 月　袁术病死。

　　　　袁绍出兵，将攻许。

八 月　曹操进军黎阳；九月还许，分兵守官渡。

十一月　张绣降曹操。

　　　　刘备杀徐州刺史车胄，留关羽守下邳，自还小沛。曹操遣将攻
　　　　刘备，不克。

　　　　孙策袭破庐江太守刘勋，据有会稽、吴、丹阳、豫章、庐陵、
　　　　庐江六郡。

公元200年

东汉献帝建安五年

正 月　董承谋诛曹操事泄，被杀。

　　　　曹操征徐州，刘备大败，奔袁绍。关羽降操，拜偏将军。

二 月　袁绍遣大将颜良攻白马。

四 月　曹操救白马，关羽斩颜良，封汉寿亭侯。

　　　　曹操击斩袁绍大将文丑。

　　　　关羽逃归刘备。

　　　　孙策谋袭许都，未发，遇刺而死。弟孙权领其众。曹操表权为
　　　　讨虏将军，领会稽太守。鲁肃、诸葛瑾等投孙权。

十 月　曹操夜袭乌巢，烧袁军粮草辎重，大败袁绍军。

　　　　荆州牧刘表攻占零陵、桂阳二郡，拥兵自重，割据一方。

　　　　张鲁叛刘璋，据汉中。刘璋麾下东州兵与益州人有隙，赵韪趁
　　　　机作乱，蜀郡、广汉郡、犍为郡皆响应之。

　　　　扬州刺史严象被孙策所属庐江太守李术攻杀。

　　　　曹操以刘馥为扬州刺史，筑合肥城，为军事重镇。

公元201年

东汉献帝建安六年

四 月　曹操破袁绍军于仓亭。

九 月　曹操至汝南击刘备。备败，投奔荆州牧刘表，表使备屯新野。

　　　　赵韪围刘璋于成都，璋部下的东州兵力战，韪败逃至江州被杀。

1550

公元202年

东汉献帝建安七年

五　月　袁绍卒。少子尚嗣位。长子谭自称车骑将军，屯黎阳。

九　月　曹操渡河攻袁谭，袁尚救谭，屡败。

刘表使刘备北伐，击败夏侯惇。

曹操下令孙权送交儿子作为人质，孙权采纳周瑜建议，拒绝曹操。

公元203年

东汉献帝建安八年

三　月　曹操攻黎阳，袁谭、袁尚败走邺县。

袁谭、袁尚争冀州，自相攻击。谭败，守平原，为尚所围，求救于曹操。曹操至黎阳，而尚退还邺。

孙权攻刘表江夏太守黄祖，破其水军。还军平定鄱阳、乐安等地山越。

公元204年

东汉献帝建安九年

二　月　曹操围邺城，至八月攻克。

九　月　曹操兼任冀州牧，让还兖州。

十　月　袁绍甥高干以并州降曹操。

袁谭攻袁尚，尚败，投其兄幽州刺史袁熙。

曹操击袁谭，入平原，谭退守南皮。

公元205年

东汉献帝建安十年

正　月　曹操破南皮，杀袁谭。

袁熙部将焦触、张南叛熙，袁熙、袁尚奔辽西乌桓。焦触以幽州降曹操。

四　月　黑山军张燕率众降曹操。

十　月　高干复叛。

公元206年

东汉献帝建安十一年

正　月　曹操攻高干。三月，干败逃，被杀，并州平定。

八　月　曹操东讨海贼管承。

辽西乌桓首领蹋顿欲助袁尚兄弟，屡入塞侵扰。

孙权击溃麻、保二屯山贼。

公元207年

东汉献帝建安十二年

夏　　曹操北征乌桓，八月大破之，斩蹋顿。袁熙、尚奔辽东。

十一月　辽东太守公孙康斩袁熙、袁尚，献首级于曹操。

　　　　刘备三顾草庐，诸葛亮作"隆中对"，出山辅佐刘备。

　　　　孙权出击黄祖，虏其民众。

公元208年

东汉献帝建安十三年

正　月　曹操废除三公官职，设置丞相。又在邺县作玄武池，以操练
　　　　水师。

春　　　孙权复征黄祖，斩之。刘表以长子琦为江夏太守。

六　月　曹操自任丞相。司马懿任丞相府的文学掾。

　　　　马腾入京为卫尉，子超为偏将军，统领其部下。

七　月　曹操南征刘表。

八　月　刘表卒，少子琮继位。

九　月　曹操至新野，刘琮降曹操。刘备自樊城南走，败于当阳长坂，
　　　　乃弃众渡汉水，与刘琦会合，同至夏口。

　　　　刘备驻樊口，诸葛亮出使江东。孙权决计联刘抗曹，命周瑜、
　　　　程普为左右督，拒曹军于赤壁。

冬　　　吴军火烧赤壁，大破曹军。曹操自华容道北归，留曹仁、徐晃
　　　　守江陵，乐进守襄阳。

　　　　周瑜、程普攻江陵，与曹仁相持。

　　　　刘备表刘琦为荆州刺史，据武陵、长沙、桂阳、零陵四郡。任
　　　　诸葛亮为军师中郎将。

　　　　别驾张松力劝益州牧刘璋与刘备交好。

公元209年

东汉献帝建安十四年

三　月　孙权围合肥，久攻不下而退。

七　月　曹操水军驻合肥，开芍陂屯田。

　　　　周瑜攻占江陵，孙权以其领南郡太守。

　　　　刘备表孙权行车骑将军，领徐州牧。荆州刺史刘琦卒。孙权推
　　　　举刘备领荆州牧，以妹嫁刘备，周瑜分南郡之南岸地给刘备，
　　　　刘备立营于油江口，改名为公安。

　　　　曹操遣蒋干劝说周瑜归顺，瑜不为所动。

公元210年

东汉献帝建安十五年

冬　曹操在邺县修建铜雀台。

周瑜卒于巴丘，孙权以鲁肃为奋武校尉，代周瑜领兵。鲁肃劝孙权以南郡与刘备，以便共抗曹操，权从之。从长沙郡分出一部分地域，新设汉昌郡，以鲁肃为太守。

孙权以步骘为交州刺史，交趾太守士燮臣服，岭南开始归属孙权。

公元211年

东汉献帝建安十六年

正　月　曹丕为五官中郎将，设置官属，为丞相曹操的副手。

三　月　关中马超、韩遂等十部起兵反曹，屯潼关。

七　月　曹操率军西征马超等，至八月大破之，马超、韩遂西奔凉州。

刘璋遣法正迎刘备入蜀，为其攻汉中张鲁。诸葛亮、关羽留守荆州，赵云领留营司马。

刘璋至涪城会见刘备。璋还成都，备北上屯兵葭萌。

孙权闻刘备西征，遣舟迎孙夫人归吴，并带走年幼的刘禅。张飞、赵云赶到长江上堵截，从孙夫人手中夺回刘禅。

孙权将行政中心迁移到长江南岸的秣陵县。

公元212年

东汉献帝建安十七年

五　月　曹操杀马腾及其三族。

孙权在秣陵修建石头城，改秣陵为建业。

十　月　曹操南征孙权。

十二月　刘备在葭萌，庞统进献取蜀之上中下三计，刘备选其中计，擒斩刘璋白水军督将杨怀、高沛，向南进攻成都，攻占涪县。

公元213年

东汉献帝建安十八年

正　月　曹操进军濡须口，与孙权相持月余而还。

五　月　曹操并十四州为九州，封魏公，加九锡，依然以丞相兼任冀州牧。

刘璋遣将退守绵竹县，刘备击败绵竹守军，攻占附近诸县，进军围攻雒县。

九　月　马超攻占陇上的冀县，旋为杨阜、姜叙等所败，投奔张鲁，张鲁任其为都讲祭酒。

| 十一月 | 曹操受封的魏国，开始设置尚书、侍中、六卿，奠定曹魏政权 |
| | 雏形。 |

公元214年

东汉献帝建安十九年

春	夏侯渊破马超、韩遂部。
	刘备围攻雒县城池将近一年，督战的庞统中箭而死。
	刘备留关羽镇荆州，召诸葛亮、张飞、赵云引兵入蜀，分定郡县。
夏	刘备攻破雒城，进围成都。
	马超入蜀降刘备。
	刘璋出降，刘备进入成都，领益州牧，迁璋于公安，以诸葛亮
	为军师将军，董和为掌军中郎将，马超为平西将军，法正为蜀
	郡太守。
七 月	曹操南征孙权。
十 月	夏侯渊平定陇右。
十一月	伏皇后谋诛曹操，事泄被杀，灭其家族及二位皇子。

公元215年

东汉献帝建安二十年

三 月	曹操攻汉中，至十一月张鲁降，拜镇南将军，封阆中侯。
	孙权向刘备索还南郡，未果，乃发兵强取。刘备率军至公安相拒，
	旋因曹操攻汉中，与权议和。双方以湘水为界，分荆州而治：湘
	水以东归孙权，以西归刘备。期间关羽曾与鲁肃单刀相会。
八 月	孙权围攻合肥，被张辽等击败而还。
九 月	巴、賨夷帅朴胡、杜濩、任约，举众归附曹操，遂分巴郡，新
	置巴东、巴西郡。
	刘备部将黄权击破三巴，曹操命张郃进兵宕渠，被巴西太守张
	飞击败。
十二月	曹操自南郑还，留夏侯渊屯汉中。

公元216年

东汉献帝建安二十一年

二 月	曹操回到邺县。
五 月	曹操进爵为魏王。
十 月	曹操南征孙权。

公元217年

东汉献帝建安二十二年

二　月　曹操攻濡须口。孙权遣使求和。三月，曹操退军。

四　月　献帝下诏魏王曹操设置天子旌旗，出入称"警跸"。

十　月　曹丕为魏王太子。

刘备采用法正建议，进兵攻汉中，遣张飞、马超、吴兰等屯下辨，曹操遣都护将军曹洪拒之。

鲁肃卒，孙权以吕蒙代之。孙权委派陆逊平定山越叛乱，从中取得精兵数万。

公元218年

东汉献帝建安二十三年

正　月　少府耿纪、太医令吉本等于许都起事反曹，失败被杀。

三　月　曹洪击败吴兰，张飞、马超退走。

夏　　刘备屯兵阳平关，与夏侯渊、张郃、徐晃等相持，诸葛亮在后方征调军队驰援。

七　月　曹操西征刘备，九月至长安。

公元219年

东汉献帝建安二十四年

正　月　刘备进兵定军山，黄忠斩夏侯渊，张郃替补为曹军主将。

三　月　曹操由褒斜道至汉中，刘备凭险拒守，相持月余。翊军将军赵云重创魏军。

五　月　曹操引军退还长安，刘备占领汉中，据有益州全境。

七　月　刘备于沔阳自称汉中王，立子禅为王太子。魏延为镇远将军，领汉中太守，留镇汉中。刘备回成都后，以法正为尚书令，关羽为前将军，张飞为右将军，马超为左将军，黄忠为后将军。

孙权再攻合肥，关羽趁机北上攻曹仁于樊城，曹魏左将军于禁、立义将军庞德屯驻樊城之北。

八　月　大霖雨，汉水暴涨，平地数丈，于禁等七军尽没，关羽擒于禁，斩庞德，围樊城。曹操命徐晃救樊城，与关羽相持。

十　月　曹操还军洛阳，欲解樊城之围，未至而徐晃击破关羽，遂驻军摩陂。

闰十月　孙权暗中与曹操约讨关羽，命吕蒙袭取荆州，糜芳、士仁献南郡降，吕蒙在江陵优待关羽及其将士家属。孙权以吕蒙为南郡太守，封孱陵侯。

十一月　陆逊攻城略地，斩获甚众，守峡口，关羽退保麦城。

十二月　关羽与子关平撤退至临沮被潘璋部将马忠擒杀。孙权据有荆州。吕蒙病卒。

曹操表孙权为骠骑将军，假节，兼荆州牧，封南昌侯。

公元220年

东汉献帝延康元年

魏文帝黄初元年

正　月　曹操病卒于洛阳，曹丕嗣位为丞相、魏王，领冀州牧。

二　月　曹操葬于高陵。

尚书陈群设九品官人之法，州郡设置中正以选拔官员。

七　月　上庸蜀将孟达与刘备养子刘封不合，遂降曹，领新城郡太守。

曹丕遣夏侯尚、徐晃、孟达攻刘封，刘封败逃成都，赐死。

十　月　曹丕代汉，改元黄初，是为魏文帝。东汉灭亡。三国时期酝酿阶段结束，正式阶段自此开始。曹丕封东汉献帝为山阳公。追尊曹操为武皇帝。

十二月　营造洛阳皇宫，迁都洛阳，以长安、谯县、许昌、邺县为陪都。

公元221年

魏文帝黄初二年

汉昭烈帝章武元年

四　月　刘备称帝于成都武担山之南，改元章武，国号汉，史称蜀汉。以诸葛亮为丞相；张飞为车骑将军，封西乡侯；马超为骠骑将军，封斄乡侯。

孙权迁都鄂县，改名武昌。

五　月　刘备立皇后吴氏，立子禅为皇太子，娶张飞之女为太子妃。

六　月　刘备将伐孙权，张飞被部将杀害于阆中。

七　月　刘备率军东征，进军秭归。孙权命陆逊为大都督，率军抵御。

八　月　孙权向魏称臣。曹丕封孙权为吴王。

公元222年

魏文帝黄初三年

汉昭烈帝章武二年

吴王黄武元年

闰六月　陆逊在夷陵之战中以火攻大败蜀军，刘备败退永安白帝城。

将军黄权降魏。

九　月　魏军分三路攻洞口、濡须、南郡，吴军拒之。

十二月　孙权与刘备相互遣使通好。

蜀汉汉嘉太守黄元叛乱。

公元223年

魏文帝黄初四年

汉昭烈帝章武三年、蜀汉后主建兴元年

吴王黄武二年

二　月　吴将朱桓守濡须，朱然守江陵，分拒魏军。

　　　　诸葛亮应召至永安，拜见刘备。

三　月　蜀汉益州汉嘉太守黄元，进兵攻临邛县，益州治中从事杨洪报

　　　　告皇太子刘禅后，派兵阻击，后在南安峡口擒之。

四　月　刘备托孤于诸葛亮，病卒于永安行宫。诸葛亮护送灵柩回返成都。

五　月　刘备灵柩到达成都，谥为昭烈皇帝。太子刘禅即位，改元建兴。

　　　　封丞相诸葛亮为武乡侯，开府治事，兼益州牧，政事无巨细，

　　　　咸决于亮。

夏　　　蜀汉南中地区之越嶲郡叟帅高定、益州郡大姓雍闿、牂牁郡郡

　　　　丞朱褒，先后发动叛乱。诸葛亮暂抚而不讨。

十　月　诸葛亮遣邓芝至吴修好，孙权乃绝魏联蜀。

公元224年

魏文帝黄初五年

蜀汉后主建兴二年

吴王黄武三年

春　　　诸葛亮施行务农殖谷、闭关息民政策，休养生息。

夏　　　孙权遣张温使蜀汉通好，诸葛亮复遣邓芝使吴。

八　月　曹丕率军由水路攻吴，九月至广陵，临江而还。

公元225年

魏文帝黄初六年

蜀汉后主建兴三年

吴王黄武四年

三　月　诸葛亮率军南征，平定南中四郡。

七　月　诸葛亮率主力与李恢、马忠汇合，多次擒获孟获，益州、永昌、

　　　　牂牁、越嶲四郡皆平，蜀汉后方得到稳定，获得大量优质兵源

　　　　和军用物资，为此后北伐打下基础。

八　月　曹丕再度由水路攻吴，十月至广陵。因天寒水道结冰，船队无

　　　　法进入长江，曹丕再度还军。

公元 226 年

魏文帝黄初七年

蜀汉后主建兴四年

吴王黄武五年

五　月　曹丕卒。子曹叡继位，是为魏明帝。中军大将军曹真、镇军大将军陈群、征东大将军曹休、抚军大将军司马懿并受遗诏辅政。

七　月　孙权趁机率军攻魏江夏郡，不克而还。

吴将诸葛瑾等攻襄阳，被魏将司马懿、曹真击退。

十二月　魏以司马懿为骠骑将军。

吴交趾太守士燮卒，交州刺史吕岱请分出交州之地，新设置广州。蜀汉都护李严自永安还驻江州。

公元 227 年

魏明帝太和元年

蜀汉后主建兴五年

吴王黄武六年

三　月　诸葛亮上《出师表》，北驻汉中，伺机伐魏。

六　月　魏以司马懿都督荆、豫二州诸军事，驻屯在宛县。

十二月　魏新城太守孟达谋归蜀汉，司马懿闻之急行军，进围孟达。

公元 228 年

魏明帝太和二年

蜀汉后主建兴六年

吴王黄武七年

正　月　司马懿攻破新城，斩孟达。

春　　诸葛亮首次北伐，兵出祁山。天水、南安、安定三郡叛魏应亮。魏大将军曹真、右将军张郃拒蜀汉军。

蜀汉军先锋马谡败于张郃，失守街亭。诸葛亮退还汉中，斩马谡。魏天水郡参军姜维降亮。

九　月　曹魏大将曹休中计攻吴，至石亭，被陆逊击败，从此曹魏在淮南采取守势，孙吴压力减轻，导致孙权在下一年称帝。

十二月　诸葛亮第二次伐魏，出散关，围陈仓，粮尽而还。

是岁，公孙渊自领辽东太守，与孙权通。

公元229年

魏明帝太和三年

蜀汉后主建兴七年

吴大帝黄龙元年

春　诸葛亮第三次伐魏，攻取武都、阴平二郡。

四　月　孙权在武昌称帝，改元黄龙，是为吴大帝。

六　月　蜀汉遣卫尉陈震使吴，庆贺孙权称帝，吴、蜀约盟，共分天下，以豫、青、徐、幽四州属孙吴，兖、冀、并、凉四州属蜀汉，司州所辖土地以函谷关为界，分属两国。

九　月　孙权从武昌迁都建业。

十　月　魏明帝设置律博士，又命司空陈群、散骑常侍刘劭制定《新律》《州郡令》《尚书官令》《军中令》等法律规章。

十二月　诸葛亮在汉中平原修建汉城、乐城，加固汉中大本营的防御。

公元230年

魏明帝太和四年

蜀汉后主建兴八年

吴大帝黄龙二年

春　曹魏修建合肥新城。

吴遣将军卫温、诸葛直率甲士万人，航海求夷洲、亶洲，欲取其民以增加人丁。

秋　魏大司马曹真、大将军司马懿率军分别由子午道、汉水攻蜀地汉中，其他诸路并发，遇大雨，九月退。

十二月　孙权攻合肥，不克而还。

是年，蜀将魏延破曹魏雍州刺史郭淮于阳谿。

公元231年

魏明帝太和五年

蜀汉后主建兴九年

吴大帝黄龙三年

二　月　诸葛亮第四次伐魏，开始用木牛运输，围攻祁山。司马懿率张郃等拒之。

卫温、诸葛直仅获夷洲数千人还，以无功为孙权诛杀。

六　月　蜀汉军粮尽退兵。张郃追击至木门遇伏，中箭而死。

八　月　蜀汉都护李严（李平）因运粮不力被免职，复以其子丰为中郎将、参军事。

公元232年

魏明帝太和六年

蜀汉后主建兴十年

吴大帝嘉禾元年

　　　　　　诸葛亮在黄沙休兵劝农，作流马、木牛，练兵讲武。

十　月　魏辽东太守公孙渊，遣使向吴称臣。吴遣将军周贺至辽东。

十一月　魏陈王曹植卒，谥为思，后世称"陈思王"。

　　　　　　吴陆逊引兵欲攻庐江，不得而退。

公元233年

魏明帝青龙元年

蜀汉后主建兴十一年

吴大帝嘉禾二年

正　月　孙权遣使航海至辽东，封公孙渊为燕王。

六　月　公孙渊斩吴使，送其首至魏。

十二月　魏拜公孙渊为大司马，封乐浪公。孙权大怒，欲兴兵进攻辽东，
　　　　　群臣苦谏而止。

　　　　　　孙权攻合肥新城，遣将军全琮攻六安，皆不克而还。

公元234年

魏明帝青龙二年

蜀汉后主建兴十二年

吴大帝嘉禾三年

二　月　诸葛亮第五次伐魏，由斜谷出兵十万，约同孙吴大举攻魏。

三　月　山阳公刘协卒。四月，追谥为"汉孝献皇帝"。

四　月　诸葛亮出斜谷，屯兵谷口的五丈原，与司马懿相持于渭水之滨。

五　月　吴出动三路大军，进攻魏合肥新城、襄阳、广陵淮阴。

七　月　魏明帝率军救合肥新城，吴军退走。

八　月　诸葛亮病逝于五丈原。长史杨仪遵遗命率军撤退。征西大将军
　　　　　魏延与杨仪不和，举兵攻之，被杀。

　　　　　　蜀以蒋琬为尚书令，总统国事；吴懿为车骑将军，督汉中。谥
　　　　　诸葛亮曰忠武侯。蜀人私祀诸葛亮于成都街巷。

　　　　　　吴平定武陵五溪乱。诸葛恪为抚越将军，领丹杨太守，平定山
　　　　　越，获取兵员。

公元235年

魏明帝青龙三年

蜀汉后主建兴十三年

吴大帝嘉禾四年

正 月　魏以司马懿为太尉。

　　　蜀汉中军师杨仪被废黜，徙汉嘉郡，后自杀。

四 月　蜀以蒋琬为大将军、录尚书事，费祎替代蒋琬为尚书令。

公元236年

魏明帝青龙四年

蜀汉后主建兴十四年

吴大帝嘉禾五年

四 月　武都氐王苻健率众降蜀汉，安置于广都。

五 月　曹魏司徒董昭去世。十二月，司空陈群去世。

是 年　辅吴将军张昭去世。

公元237年

魏明帝景初元年

蜀汉后主建兴十五年

吴大帝嘉禾六年

秋　　魏使幽州刺史毌丘俭讨辽东公孙渊，渊自称燕王，改元绍汉，发兵拒魏。

冬　　吴诸葛恪平定丹杨郡山越，得甲士数万人，拜威北将军，封都乡侯，屯庐江之皖口。

公元238年

魏明帝景初二年

蜀汉后主延熙元年

吴大帝赤乌元年

正 月　魏明帝令司马懿率兵四万讨辽东，公孙渊求救于吴。八月斩公孙渊，辽东等四郡平定。

十一月　蜀汉大将军蒋琬出屯汉中。

十二月　魏明帝病重，以曹爽为大将军，召司马懿入朝。

公元239年

魏明帝景初三年

蜀汉后主延熙二年

吴大帝赤乌二年

正　月	魏明帝卒。齐王曹芳即位，年八岁，由曹爽、司马懿辅政。
二　月	曹爽以司马懿为太傅，削其实权，提拔亲信。
三　月	蜀汉蒋琬进位为大司马。蒋琬以姜维为司马。
十二月	吴将廖式自称平南将军，攻零陵、桂阳二郡，影响交州稳定，孙权遣吕岱攻讨一年而平定。

公元240年

魏齐王正始元年

蜀汉后主延熙三年

吴大帝赤乌三年

| 春 | 越嶲郡出现叛乱、叛军杀太守。蜀汉朝廷以张嶷为越嶲太守讨之，悉平。 |

公元241年

魏齐王正始二年

蜀汉后主延熙四年

吴大帝赤乌四年

四　月	吴四路出兵攻魏，至六月司马懿率军救樊城，吴军退回。
五　月	吴太子孙登卒。
闰六月	吴大将军诸葛瑾卒。曹魏邓艾屯田淮南，开广漕渠。

公元242年

魏齐王正始三年

蜀汉后主延熙五年

吴大帝赤乌五年

| 正　月 | 孙权立三子孙和为太子。
蜀汉将姜维率偏军自汉中还屯涪县。 |
| 八　月 | 孙权封四子孙霸为鲁王。 |

公元243年

魏齐王正始四年

蜀汉后主延熙六年

吴大帝赤乌六年

正　月　吴诸葛恪袭魏六安，掠其民而还。

十　月　蜀汉大司马蒋琬因病自汉中还，驻涪县。以汉中太守王平为前
　　　　监军、镇北大将军，督汉中。

十一月　蜀汉以尚书令费祎为大将军，录尚书事。

　　　　蜀汉以姜维为镇西大将军，领凉州刺史。

公元244年

魏齐王正始五年

蜀汉后主延熙七年

吴大帝赤乌七年

正　月　吴以上大将军陆逊为丞相，仍兼荆州牧、右都护，领武昌事
　　　　如故。

二　月　魏帝下诏令大将军曹爽大举攻蜀。

三　月　曹爽到长安，进入秦岭山道后因大雨受阻而退，亡失甚众，至
　　　　五月还。

　　　　蜀汉以侍中董允守尚书令，为大将军、益州刺史费祎副贰。

公元245年

魏齐王正始六年

蜀汉后主延熙八年

吴大帝赤乌八年

　　　　孙权宠爱鲁王孙霸，霸与太子孙和不睦。丞相陆逊一心维护太
　　　　子地位，屡遭孙权责备。

二　月　陆逊愤恚而死。

七　月　吴将马茂谋刺孙权及大臣以降魏，事泄被诛。

　　　　孙权遣校尉陈勋凿句容中道，联通秦淮水及江南水道，即破
　　　　冈渎。

公元246年

魏齐王正始七年

蜀汉后主延熙九年

吴大帝赤乌九年

二　月　吴车骑将军朱然攻魏柤中。

魏幽州刺史毌丘俭讨高句骊、濊貊，皆破之。

九　月　吴以骠骑将军步骘为丞相，车骑将军朱然为左大司马，卫将军全琮为右大司马。分荆州为二部：以镇南将军吕岱为上大将军，督右部，自武昌以西至蒲圻；以威北将军诸葛恪为大将军，督左部，代陆逊镇武昌。

十一月　蜀汉大司马蒋琬卒。尚书令董允亦卒。后主刘禅自摄国事，宦官黄皓始预朝政。

公元247年

魏齐王正始八年

蜀汉后主延熙十年

吴大帝赤乌十年

五　月　魏大将军曹爽专擅朝政，司马懿与之生隙，称疾不问政事。
蜀汉镇西大将军姜维迁卫将军，与费祎共录尚书事。汶山平康夷反，姜维讨定之。
魏雍、凉羌胡降蜀汉，姜维将兵出陇右以应之，与魏雍州刺史郭淮、讨蜀护军夏侯霸战于洮西。

公元248年

魏齐王正始九年

蜀汉后主延熙十一年

吴大帝赤乌十一年

五　月　蜀大将军费祎出屯汉中。

秋　　蜀汉车骑将军邓芝讨平涪陵属国叛乱。

公元249年

魏齐王正始十年、嘉平元年

蜀汉后主延熙十二年

吴大帝赤乌十二年

正　月　司马懿趁魏帝曹芳与曹爽祭扫高平陵之机，发动政变，杀曹爽兄弟及尚书何晏等党羽，均夷三族，控制朝政。右将军夏侯霸自陇西奔蜀。

四　月　魏改元嘉平。吴以骠骑将军朱据领丞相。

秋　　蜀汉姜维攻魏雍州，依麴山筑二城为据点。魏征西将军郭淮、雍州刺史陈泰并力御之。姜维不克而还，此为其一伐曹魏。

公元250年

魏齐王嘉平二年

蜀汉后主延熙十三年

吴大帝赤乌十三年

八　月　孙权废黜太子孙和，鲁王孙霸赐死。

十一月　孙权立少子孙亮为太子。

蜀汉姜维攻魏西平，不克而还，此为其二伐曹魏。

曹魏征南大将军王昶渡江袭吴，破之。

十二月　魏将王昶围东吴南郡，王基攻西陵，吴遣将军戴烈、陆凯拒之，曹军退。

公元251年

魏齐王嘉平三年

蜀汉后主延熙十四年

吴大帝太元元年

四　月　魏太尉王凌谋立曹操之子楚王曹彪。司马懿讨王凌，至五月凌自杀，六月赐死曹彪。

五　月　魏以扬州刺史诸葛诞为镇东将军，都督扬州诸军事。

八　月　司马懿卒。长子司马师为抚军大将军，录尚书事，专国政。

冬　　蜀汉大将军费祎北屯汉寿。

十二月　吴以大将军诸葛恪领太子太傅，诸事一统于恪。

公元252年

魏齐王嘉平四年

蜀汉后主延熙十五年

吴大帝神凤元年、会稽王建兴元年

正　月　魏以司马师为大将军。二月，吴改元神凤。

四　月　孙权卒，谥曰大皇帝。太子孙亮即位，年十岁，以太傅诸葛恪辅政。

十　月　诸葛恪率军在东兴筑大堤以遏巢湖，又在其左右筑二城。

十一月　魏三路攻吴，诸葛恪率丁奉等救东兴，大破魏军。

公元253年

魏齐王嘉平五年

蜀汉后主延熙十六年

吴会稽王建兴二年

正　月　蜀大将军费祎被刺身亡。

三	月	吴诸葛恪大举伐魏，士卒多染疾疫而死，至七月失利而退。
四	月	姜维攻魏陇西，粮尽而退。此为其三伐曹魏。
十	月	吴武卫将军孙峻杀诸葛恪，任丞相，专国政。

公元254年

魏齐王嘉平六年、高贵乡公正元元年

蜀汉后主延熙十七年

吴会稽王五凤元年

二	月	魏中书令李丰与皇后父张缉等谋诛司马师，以太常夏侯玄代之，事泄被杀。
六	月	蜀汉姜维复出陇西，拔河关、狄道、临洮三县民而还。此为其四伐曹魏。
九	月	司马师废曹芳为齐王，立高贵乡公曹髦为帝，髦时年十四，改元正元。

公元255年

魏高贵乡公正元二年

蜀汉后主延熙十八年

吴会稽王五凤二年

正	月	魏镇东将军毌丘俭、扬州刺史文钦起兵讨司马师。司马师率兵攻之，俭兵败被杀，钦奔吴。 司马师病卒于许昌。弟司马昭为大将军，录尚书事，专国政。
二	月	吴孙峻率军攻寿春，不克而还。
夏		蜀汉姜维与车骑将军夏侯霸出狄道，于洮西大破魏雍州刺史王经。魏征西将军陈泰等救狄道，维退至钟题，此为其五伐曹魏。
七	月	吴将军孙仪等谋诛孙峻，不克。

公元256年

魏高贵乡公甘露元年

蜀汉后主延熙十九年

吴会稽王太平元年

正	月	蜀汉姜维进位大将军，出上邽，至七月被魏将邓艾击破于段谷，维退还成都，贬为后将军，代行大将军职务。此为其六伐曹魏。
九	月	吴孙峻病死，以从弟孙綝为侍中、武卫将军，都督中外诸军事。 骠骑将军吕据等表荐滕胤为丞相，孙綝杀胤，据自杀。改元太平。
十一	月	孙綝迁大将军，假节，封永宁侯，专国政。

公元257年

魏高贵乡公甘露二年

蜀汉后主延熙二十年

吴会稽王太平二年

四 月 魏以征东大将军诸葛诞为司空，诏赴京师。诞据寿春反，称臣于吴。司马昭挟持魏帝及太后，率大军往攻。

吴孙綝遣文钦、全怿、朱异等将兵救诸葛诞。朱异以乏食退兵，至九月被孙綝斩杀，至十二月全怿等降魏。

姜维乘机率众出骆谷，为魏司马望、邓艾所阻，僵持不下。此为其七伐曹魏。

公元258年

魏高贵乡公甘露三年

蜀汉后主景耀元年

吴会稽王太平三年、景帝永安元年

二 月 司马昭攻破寿春城，斩杀诸葛诞。

蜀汉姜维闻诸葛诞败，退还成都，复拜大将军。

九 月 吴主孙亮与太常全尚、将军刘丞谋诛孙綝，事泄，綝攻杀尚、丞，废亮为会稽王，立琅邪王孙休为帝，是为吴景帝。

十 月 孙休即位，封孙和之子皓为乌程侯。

十二月 吴景帝与张布、丁奉杀孙綝。

蜀宦官黄皓开始专政。

公元259年

魏高贵乡公甘露四年

蜀汉后主景耀二年

吴景帝永安二年

六 月 蜀汉后主刘禅封子刘谌为北地王。

八 月 蜀汉以董厥为尚书令，诸葛瞻为尚书仆射。

公元260年

魏高贵乡公甘露五年、元帝景元元年

蜀汉后主景耀三年

吴景帝永安三年

四 月 魏司马昭进位为相国，封晋公，加九锡。

五 月 魏帝曹髦率殿中宿卫僮仆出宫讨司马昭。司马昭亲信贾充率兵迎战，命成济杀曹髦于皇宫东门外，而后诿罪于成济，灭其三族。

六	月	司马昭立常道乡公曹奂为帝，年十五，是为魏元帝。
秋		吴景帝贬会稽王孙亮为候官侯，亮于赴封地途中自杀。
九	月	蜀汉追谥关羽为壮缪侯、张飞为桓侯、马超为威侯、庞统为靖侯、黄忠为刚侯。

公元261年

魏元帝景元二年

蜀汉后主景耀四年

吴景帝永安四年

| 三 | 月 | 蜀追谥赵云为顺平侯。 |
| | | 蜀汉后主以董厥为辅国大将军，诸葛瞻为行都护、卫将军，共平尚书事，以樊建为尚书令。 |

公元262年

魏元帝景元三年

蜀汉后主景耀五年

吴景帝永安五年

十	月	姜维出侯和攻魏，为邓艾所败，退屯沓中。此为其八伐曹魏。
		吴景帝以卫将军濮阳兴为丞相，委国政于兴及左将军张布。
冬		魏以钟会为镇西将军，都督关中。

公元263年

魏元帝景元四年

蜀汉后主景耀六年、炎兴元年

吴景帝永安六年

夏		魏使征西将军邓艾、雍州刺史诸葛绪、镇西将军钟会，率大军分多路攻蜀。邓艾自狄道趋甘松、沓中，诸葛绪自祁山趋武街、桥头，截断姜维后路，钟会从斜谷、骆谷、子午谷趋汉中。廷尉卫瓘为监军。
八	月	蜀汉后主改元炎兴。
		姜维先后退至阴平、白水，与廖化、张翼、董厥合兵保剑阁，抵御钟会。
十	月	吴遣大将军丁奉等攻魏以救蜀汉。
		邓艾偷度阴平道，于绵竹击破诸葛瞻军，进逼成都。后主降，蜀汉亡。
		姜维等率军降钟会。
十二月		魏分益州为梁州。以邓艾为太尉，钟会为司徒。

公元264年

魏元帝咸熙元年

吴景帝永安七年、末帝元兴元年

正　月　钟会诬邓艾谋反。司马昭亲率大军赴长安，命钟会进军成都，以槛车囚送邓艾到洛阳治罪。

钟会接管邓艾军队，欲据蜀反，与姜维谋诛魏军诸将。诸将攻杀钟会、姜维。监军卫瓘遣田续追杀邓艾父子于绵竹县西。

三　月　司马昭晋爵为晋王。

刘禅至洛阳，被封安乐公。魏改元咸熙。

七　月　吴景帝孙休卒。丞相濮阳兴、左将军张布定策迎立乌程侯孙皓，是为吴末帝。改元元兴。

十　月　司马昭立长子炎为世子。

十一月　孙皓杀濮阳兴、张布，夷三族。以滕牧为卫将军，录尚书事。

公元265年

魏元帝咸熙二年

晋武帝泰始元年

吴末帝甘露元年

八　月　司马昭卒。司马炎嗣为相国、晋王。

九　月　吴末帝迁都武昌。

十二月　司马炎逼魏主曹奂禅位，改元泰始，建立西晋皇朝，是为晋武帝。封曹奂为陈留王，魏亡。

公元266年

晋武帝泰始二年

吴末帝宝鼎元年

八　月　吴改元宝鼎，以陆凯为左丞相，万彧为右丞相。

吴扬州诸郡之民溯流供给武昌，劳役繁重，怨声载道。

十二月　吴主孙皓还都建业。

公元269年

晋武帝泰始五年

吴末帝宝鼎四年、建衡元年

正　月　吴以陆抗镇乐乡，吴将丁奉击晋，入涡口，被扬州刺史章弘击退。

二　月　晋武帝有灭吴之志，预先作出部署：以尚书左仆射、卫将军羊祜都督荆州诸军事，镇襄阳；征东大将军卫瓘都督青州诸军事，镇临菑；镇东大将军司马伷都督徐州诸军事，镇下邳。

十一月　吴左丞相陆凯卒。

公元271年
晋武帝泰始七年

吴末帝建衡三年

八　月　晋分益州南中四郡置宁州。

刘禅卒于洛阳，谥曰思公。

是　年　吴破交阯，杀晋守将，交州还属吴。

公元272年
晋武帝泰始八年

吴末帝凤皇元年

夏　　　益州刺史皇甫晏讨汶山白马胡，途中为部将刺杀，广汉太守王
濬平定之，迁益州刺史、封关内侯。王濬大作舟舰，以备攻吴。

八　月　吴主征召西陵督步阐，阐惧而献城降晋。吴陆抗围讨西陵，晋
荆州刺史杨肇、车骑将军羊祜、巴东监军徐胤三路救阐。至
十二月，吴军攻破西陵，杀步阐。

公元279年
晋武帝咸宁五年

吴末帝天纪三年

十一月　晋遣琅邪王司马伷、安东将军王浑、建威将军王戎、平南将军
胡奋、镇南大将军杜预、龙骧将军王濬、巴东监军唐彬，分从
涂中、江西、武昌、夏口、江陵、巴蜀六路大举伐吴，以太尉
贾充为大都督，屯襄阳，节度诸军。

公元280年
晋武帝咸宁六年、太康元年

吴末帝天纪四年

二　月　晋王濬克西陵、荆门、夷道、乐乡，斩吴将留宪、陆晏、陆景
等；杜预军克江陵，斩吴将伍延；胡奋军克江安。

三　月　王浑军击斩吴丞相张悌等，吴军溃败。王濬兵临建业。孙皓出
降，吴亡。至此，三国时期正式结束，天下重新归于一统。

制表人：谢乾

《全国三国文化遗存调查报告（蜀汉故地卷）》
古今行政区划对照表

　　本表主要参考谭其骧先生《中国历史地图集》中的"三国时期全图"[1]，即蜀汉景耀五年（262）时，蜀汉的疆域范围和行政建置，以蜀汉时期郡、县的核心地带（即郡治或县治）作为与现今中华人民共和国行政区划对应的参照。

1 谭其骧主编：《中国历史地图集·第三册》，中国地图出版社，1982，第3~4页。

今行政区划			蜀汉时期所属州郡			备注
省/直辖市/自治区	市/自治州	区/县	州（含州一级建置）	郡（含郡一级建置）	县（含县一级建置）	
四川省	成都市（12区，3县，5市）	锦江区	益州	蜀郡[1]	成都县	郡治
		青羊区				
		金牛区				
		武侯区				
		成华区				
		龙泉驿区				
		双流区			广都县	
		温江区			郫县	
		郫都区			繁县	
		彭州市			临邛县	
		邛崃市				
		蒲江县				
		大邑县			江原县	
		崇州市				
		新都区		广汉郡[2]	新都县	
		青白江区				
		金堂县				
		新津区		犍为郡[3]	武阳县	
		简阳市			牛鞞县	
		都江堰市		汶山郡[4]	都安县	

1 《华阳国志·蜀志》："周赧王元年，秦惠王封子通国蜀侯，以陈壮为相，置巴、蜀郡。"蜀汉因袭。

2 《华阳国志·蜀志》："广汉郡，高帝六年置"。蜀汉因袭。

3 《华阳国志·蜀志》："犍为郡，孝武建元六年置。"蜀汉因袭。

4 《华阳国志·蜀志》："汶山郡，本蜀郡北部舟䑠都尉，孝武元丰四年置……先主定蜀，陈震为都尉，因易郡名为汶山太守"。

今行政区划			蜀汉时期所属州郡			备注
省/直辖市/自治区	市/自治州	区/县	州（含州一级建置）	郡（含郡一级建置）	县（含县一级建置）	
四川省	自贡市（4区，2县）	自流井区	益州	江阳郡[1]	江阳县	
		贡井区				
		大安区				
		沿滩区				
		富顺县				
		荣县		犍为郡	南安县	
	攀枝花市（3区，2县）	东区	庲降都督区[2]	越巂郡[3]	会无县	
		西区				
		仁和区				
		米易县				
		盐边县				
	泸州市（3区，4县）	江阳区	益州	江阳郡	江阳县	郡治
		纳溪区				
		龙马潭区				
		泸县				
		叙永县				
		古蔺县				
		合江县			符节县	

....

1 《华阳国志·蜀志》："江阳郡，本犍为枝江都尉，建安十八年置郡。"蜀汉因袭。

2 《华阳国志·南中志》："建安十九年，刘先主定蜀，遣安远将军南郡邓方为朱提太守，庲降都督治南昌县"。终蜀汉一朝，均设庲降都督。

3 《华阳国志·蜀志》："越巂郡，故邛都夷国也。……元鼎六年，汉兵诛邛君，以为越巂郡。"蜀汉因袭。

今行政区划			蜀汉时期所属州郡			备注
省/直辖市/自治区	市/自治州	区/县	州（含州一级建置）	郡（含郡一级建置）	县（含县一级建置）	
四川省	德阳市（2区，1县，3市）	广汉市	益州	广汉郡	雒县	郡治
		旌阳区			绵竹县	
		罗江区				
		什邡市			什邡县	
		绵竹市			阳泉县	
		中江县		东广汉郡[1]	五城县	
	绵阳市（3区，5县，1市）	梓潼县		梓潼郡[2]	梓潼县	郡治
		涪城区			涪县	
		游仙区				
		安州区				
		江油市				
		三台县		东广汉郡	郪县	郡治
		平武县		阴平郡[3]	广武县	
		盐亭县		东广汉郡	广汉县	
		北川县		汶山郡	汶江县	
	广元市（3区，4县）	利州区		梓潼郡	汉寿县	
		昭化区				
		朝天区				
		剑阁县			汉德县	
		青川县			白水县	
		苍溪县		巴西郡[4]	阆中县	
		旺苍县			汉昌县	

1 《华阳国志·蜀志》："刘氏延熙中，分广汉四县置东广汉郡。"

2 《华阳国志·蜀志》："梓潼郡，蜀置，统县八，户一万二百。"

3 《华阳国志·蜀志》："阴平郡，本广汉北部都尉。永平后，羌虏数反，遂置为郡。"蜀汉因袭。

4 《华阳国志·巴志》："（建安六年）璋乃改永宁为巴郡，以固陵为巴东，徙义为巴西太守，是为三巴。"

今行政区划			蜀汉时期所属州郡			备注
省/直辖市/自治区	市/自治州	区/县	州（含州一级建置）	郡（含郡一级建置）	县（含县一级建置）	
四川省	遂宁市（2区，2县，1市）	船山区	益州	东广汉郡	德阳县	
		安居区				
		蓬溪县			广汉县	
		大英县				
		射洪市				
	内江市（2区，2县，1市）	市中区		江阳郡	汉安县	
		东兴区				
		隆昌市				
		资中县		犍为郡	资中县	
		威远县			南安县	
	乐山市（4区，6县，1市）	市中区		犍为郡	南安县	
		沙湾区				
		五通桥区				
		金口河区				
		犍为县				
		井研县				
		夹江县				
		沐川县				
		峨边县				
		峨眉山市				
		马边县	庲降都督区	越嶲郡	新道县	

今行政区划			蜀汉时期所属州郡			备注
省/直辖市/自治区	市/自治州	区/县	州（含州一级建置）	郡（含郡一级建置）	县（含县一级建置）	
四川省	南充市（3区，5县，1市）	阆中市	益州	巴西郡	阆中县	郡治
		仪陇县			安汉县	
		顺庆区				
		高坪区				
		嘉陵区				
		西充县				
		蓬安县				
		南部县			南充国县	
		营山县			宕渠县	
	眉山市（2区，4县）	东坡区		犍为郡	武阳县	郡治
		彭山区				
		仁寿县				
		洪雅县			南安县	
		丹棱县				
		青神县				
	宜宾市（3区，7县）	翠屏区		犍为郡	僰道县	
		南溪区				
		叙州区				
		长宁县		江阳郡	江阳县	
		江安县				
		高县	庲降都督区	朱提郡[1]	南广县	
		珙县				
		筠连县				
		兴文县				
		屏山县		越巂郡	安上县	

1《华阳国志·南中志》："朱提郡，本文犍为南部，孝武帝元封二年置，属县四。建武后省为犍为属国。至建安二十年，邓方为都尉，先主因易名太守。"

今行政区划			蜀汉时期所属州郡			备注
省/直辖市/自治区	市/自治州	区/县	州（含州一级建置）	郡（含郡一级建置）	县（含县一级建置）	
四川省	广安市（2区，4县）	广安区	益州	巴西郡	安汉县	
		前锋区				
		岳池县				
		武胜县			垫江县	
		邻水县			宕渠县	
		华蓥市				
	达州市（2区，4县，1市）	通川区			宣汉县	
		达川区				
		宣汉县				
		开江县				
		大竹县			宕渠县	
		渠县				
		万源市				
	雅安市（2区，6县）	芦山县		汉嘉郡[1]	汉嘉县	郡治
		宝兴县			严道县	
		名山区				
		雨城区				
		荥经县			牦牛县	
		汉源县				
		石棉县				
		天全县			徙县	

1《华阳国志·蜀志》："汉嘉郡，本筰都夷也……建武十九年以为汉嘉郡……灵帝时，复以蜀郡属国为汉嘉郡。"

今行政区划			蜀汉时期所属州郡			备注
省/直辖市/自治区	市/自治州	区/县	州（含州一级建置）	郡（含郡一级建置）	县（含县一级建置）	
四川省	巴中市（2区，3县）	巴州区	益州	巴西郡	汉昌县	
		恩阳区				
		通江县				
		南江县				
		平昌县				
	资阳市（1区，2县）	雁江区		犍为郡	资中县	
		乐至县				
		安岳县				
	阿坝藏族羌族自治州（1市，12县）	汶川县		汶山郡	绵虒县	郡治
		理县			广柔县	
		茂县			汶江县	
		松潘县			湔氐	
		九寨沟县				
		黑水县			平康县	
		马尔康市	徼外[1]	徼外	徼外	
		金川县				
		小金县				
		壤塘县				
		阿坝县				
		若尔盖县				
		红原县				

---

1 蜀汉外疆域。

今行政区划			蜀汉时期所属州郡			备注
省/直辖市/自治区	市/自治州	区/县	州（含州一级建置）	郡（含郡一级建置）	县（含县一级建置）	
四川省	甘孜藏族自治州（1市，17县）	泸定县	益州	汉嘉郡	旄牛县	
		九龙县				
		康定市	徼外	徼外	徼外	
		丹巴县				
		雅江县				
		道孚县				
		炉霍县				
		甘孜县				
		新龙县				
		德格县				
		白玉县				
		石渠县				
		色达县				
		理塘县				
		巴塘县				
		乡城县				
		稻城县				
		得荣县				
	凉山彝族自治州（1市，16县）	西昌市	庲降都督区	越巂郡	邛都县	郡治
		德昌县				
		普格县				
		木里县			定筰县	
		盐源县				
		会理县				
		会东县			会无县	
		宁南县				

今行政区划			蜀汉时期所属州郡			备注
省/直辖市/自治区	市/自治州	区/县	州（含州一级建置）	郡（含郡一级建置）	县（含县一级建置）	
四川省	凉山彝族自治州（1市，16县）	昭觉县	庲降都督区	越巂郡	卑水县	
		美姑县				
		金阳县				
		布拖县				
		喜德县			苏祁县	
		冕宁县			台登县	
		越西县			阐县	
		甘洛县			潜街县	
		雷波县			马湖县	
重庆市	重庆市（直辖市，26区，12县）	渝中区	江州都督区	巴郡	江州县	郡治
		大渡口区				
		江北区				
		沙坪坝区				
		九龙坡区				
		南岸区				
		渝北区				
		巴南区				
		璧山区				
		綦江区				
		北碚区			垫江县	
		合川区				
		铜梁区				
		大足区				
		涪陵区			枳县	
		南川区				
		长寿区			常安县	

今行政区划			蜀汉时期所属州郡			备注
省/直辖市/自治区	市/自治州	区/县	州（含州一级建置）	郡（含郡一级建置）	县（含县一级建置）	
重庆市	重庆市（直辖市，26区，12县）	江津区	江州都督区	巴郡	乐城县	
		永川区				
		忠县			临江县	
		梁平区				
		垫江县				
		丰都县	江州都督区	巴西郡	平都县	
		奉节县	巴东都督区[1]	巴东郡[2]	永安县	郡治
		开州区			汉丰县	
		万州区			羊渠县	
		云阳县			朐忍县	
		巫山县			北井县	
		巫溪县				
		彭水县	江州都督区	涪陵郡[3]	涪陵县	郡治
		石柱县				
		武隆区			汉平县	
		黔江区			丹兴县	
		酉阳县			汉复县	
		秀山县				
		潼南区	益州	东广汉郡	德阳县	
		荣昌区		江阳郡	汉安县	
		城口县		巴西郡	宣汉县	

1 建兴三年（223），李严督永安。后因袭。

2 《华阳国志·巴志》："巴东郡，先主入益州，改为江关都尉……章武元年，朐忍徐虑、鱼复蹇机，以失巴名，上表自诉。先主听复为巴东。"

3 《华阳国志·巴志》："（建安六年）涪陵谢本白璋，求以丹兴、汉发二县为郡，初以为巴东属国，后遂为涪陵郡。"

今行政区划			蜀汉时期所属州郡			备注
省/直辖市/自治区	市/自治州	区/县	州（含州一级建置）	郡（含郡一级建置）	县（含县一级建置）	
云南省	昆明市（7区，6县，1市）	五华区	庲降都督区	建宁郡[1]	谷昌县	
		盘龙区				
		官渡区				
		西山区				
		嵩明县				
		呈贡区			滇池县	
		晋宁区			建伶县	
		富民县			秦臧县	
		宜良县			昆泽县	
		石林县			同并县	
		禄劝县			牧麻县	
		寻甸县				
		安宁市			连然县	
		东川区		朱提郡	堂琅县	
	曲靖市（3区，5县，1市）	麒麟区	庲降都督区	建宁郡	味县	郡治
		沾益区				
		富源县			同濑县	
		马龙区			同劳县	
		陆良县			存䣕县	
		宣威市				
		会泽县		朱提郡	堂琅县	
		罗平县		兴古郡[2]	漏卧县	
		师宗县				

1《华阳国志·南中志》："（建兴）三年秋，遂平四郡。改益州为建宁。"

2《三国志》："（建兴）三年春三月，丞相亮南征四郡，四郡皆平。改益州郡为建宁郡……又分建宁、牂柯为兴古郡。"

今行政区划			蜀汉时期所属州郡			备注
省/直辖市/自治区	市/自治州	区/县	州（含州一级建置）	郡（含郡一级建置）	县（含县一级建置）	
云南省	玉溪市（2区，6县，1市）	红塔区	庲降都督区	建宁郡	胜休县	
		江川区			双柏县	
		易门县				
		新平县				
		元江县				
		峨山县			俞元县	
		澄江市		兴古郡	西丰县	
		通海县				
		华宁县				
	保山市（1区，3县，1市）	隆阳区		永昌郡[1]	不韦县	郡治
		施甸县				
		龙陵县				
		昌宁县			哀牢县	
		腾冲市				
	昭通市（1区，9县，1市）	昭阳区		朱提郡	朱提县	郡治
		鲁甸县				
		大关县				
		永善县			堂琅县	
		巧家县				
		盐津县			南广县	
		绥江县			新道县	
		水富市				
		镇雄县				
		彝良县			南昌县	
		威信县				

1《华阳国志·南中郡》："永昌郡，古哀牢国……孝明帝永平十二年，哀牢柳狼遣子奉献。明帝乃置郡"。

今行政区划			蜀汉时期所属州郡			备注
省/直辖市/自治区	市/自治州	区/县	州（含州一级建置）	郡（含郡一级建置）	县（含县一级建置）	
云南省	丽江市（1区，4县）	古城区	庲降都督区	云南郡[1]	遂久县	
		玉龙县				
		宁蒗县				
		永胜县			姑复县	
		华坪县				
	普洱市（1区，9县）	思茅区		永昌郡		
		宁洱县			不详	
		墨江县			不详	
		景东县			不详	
		景谷县			不详	
		镇沅县			不详	
		江城县			不详	
		孟连县			不详	
		澜沧县			不详	
		西盟县			不详	
	临沧市（1区，7县）	临翔区				
		凤庆县			雍乡县	
		云县				
		双江县				
		永德县				
		镇康县			永寿县	
		耿马县				
		沧源县				

1《晋书·地理志》："云南郡，蜀置。统县九，户九千二百：云平、云南、梇栋、青蛉、姑复、邪龙、叶榆、遂久、永宁。"

今行政区划			蜀汉时期所属州郡			备注
省/直辖市/自治区	市/自治州	区/县	州（含州一级建置）	郡（含郡一级建置）	县（含县一级建置）	
云南省	楚雄彝族自治州（1市，9县）	姚安县	庲降都督区	云南郡	梇栋县	郡治
		楚雄市				
		南华县				
		牟定县				
		大姚县			青蛉县	
		永仁县				
		禄丰市		建宁郡	秦臧县	
		双柏县			双柏县	
		武定县			不详	
		元谋县		越巂郡	三缝县	
	红河哈尼族彝族自治州（4市，9县）	个旧市		兴古郡	贲古县	
		开远市				
		蒙自市				
		建水县				
		屏边县			进乘县	
		河口县				
		石屏县			胜休县	
		金平县			西随县	
		绿春县			不详	
		元阳县			不详	
		红河县			不详	
		弥勒市		建宁郡	同并县	
		泸西县				

今行政区划			蜀汉时期所属州郡			备注
省/直辖市/自治区	市/自治州	区/县	州（含州一级建置）	郡（含郡一级建置）	县（含县一级建置）	
云南省	文山壮族苗族自治州（1市,7县）	文山市	庲降都督区	兴古郡	宛温县	郡治
		砚山县				
		西畴县			进乘县	
		马关县				
		丘北县			镡封县	
		广南县			句町县	
		富宁县				
	西双版纳傣族自治州（1市,2县）	景洪市		永昌郡	南涪县	
		勐海县				
		勐腊县				
	大理白族自治州（1市,11县）	大理市		云南郡	叶榆县	
		漾濞县				
		洱源县				
		剑川县				
		鹤庆县				
		祥云县			云南县	
		宾川县				
		弥渡县				
		南涧县			邪龙县	
		巍山县				
		永平县		永昌郡	博南县	
		云龙县			比苏县	
	德宏傣族景颇族自治州（2市,2县）	瑞丽市		永昌郡	哀牢县	
		芒市				
		梁河县				
		盈江县				
		陇川县				

今行政区划			蜀汉时期所属州郡			备注
省/直辖市/自治区	市/自治州	区/县	州（含州一级建置）	郡（含郡一级建置）	县（含县一级建置）	
云南省	怒江傈僳族自治州（1市，3县）	泸水市	庲降都督区	永昌郡	不详	
		福贡县			不详	
		贡山县			不详	
		兰坪县			不详	
	迪庆藏族自治州(1市，2县)	香格里拉市			不详	
		德钦县			不详	
		维西县			不详	
贵州省	贵阳市（6区，3县，1市）	南明区	庲降都督区	牂牁郡[1]	不详	部分属且兰县，部分为夜郎县所辖
		云岩区			不详	
		花溪区			不详	
		乌当区			不详	
		白云区			不详	
		观山湖区			不详	
		开阳县			不详	
		息烽县			不详	
		修文县			不详	
		清镇市			广谈县	
	六盘水市（3区，1市）	钟山区		朱提郡	不详	
		六枝特区			不详	
		水城区			不详	
		盘州市			不详	

1《华阳国志·南中志》："牂牁郡，汉武帝元鼎六年开。"

今行政区划			蜀汉时期所属州郡			备注
省/直辖市/自治区	市/自治州	区/县	州（含州一级建置）	郡（含郡一级建置）	县（含县一级建置）	
贵州省	遵义市（3区，9县，2市）	红花岗区	庲降都督区	牂牁郡	鳖县	
		汇川区				
		播州区				
		绥阳县				
		凤冈县				
		湄潭县				
		余庆县				
		仁怀市				
		习水县	益州	江阳郡	符节县	
		赤水市				
		桐梓县	江州都督区	巴郡	不详	
		正安县			不详	
		道真县			不详	
	安顺市（2区，4县）	平坝区	庲降都督区	牂牁郡	夜郎县	
		西秀区				
		普定县				
		镇宁县				
		关岭县				
		紫云县				
	毕节市（1区，7县）	七星关区	庲降都督区	牂牁郡	平夷县	郡治
		大方县				
		黔西市				
		织金县				
		纳雍县				
		赫章县				
		金沙县			鳖县	
		威宁县		朱提郡	汉阳县	

今行政区划			蜀汉时期所属州郡			备注
省/直辖市/自治区	市/自治州	区/县	州（含州一级建置）	郡（含郡一级建置）	县（含县一级建置）	
贵州省	黔西南布依族苗族自治州（2市，6县）	兴义市	庲降都督区	兴古郡	汉兴县	
		兴仁市				
		安龙县				
		普安县		建宁郡	不详	
		晴隆县				
		贞丰县		牂牁郡	谈指县	
		望谟县				
		册亨县				
	黔东南苗族侗族自治州（1市，15县）	凯里市	庲降都督区	牂牁郡	且兰县	
		黄平县				
		雷山县				
		麻江县				
		丹寨县				
贵州省	黔南布依族苗族自治州（2市，10县）	都匀市	庲降都督区	牂牁郡	毋敛县	
		独山县				
		平塘县				
		三都县				
		荔波县				
		福泉市			不详	
		贵定县			不详	
		瓮安县	庲降都督区	牂牁郡	不详	
		罗甸县			不详	
		长顺县			不详	
		龙里县			不详	
		惠水县			不详	

今行政区划			蜀汉时期所属州郡			备注
省/直辖市/自治区	市/自治州	区/县	州（含州一级建置）	郡（含郡一级建置）	县（含县一级建置）	
陕西省	汉中市（2区，9县）	汉台区	汉中都督区	汉中郡[1]	南郑县	郡治
		南郑区				
		城固县			成固县	
		洋县				
		佛坪县			南乡	
		西乡县				
		镇巴县			沔阳县	
		勉县				
		留坝县				
		略阳县		武都郡[2]	沮县	
		宁强县	益州	梓潼郡	白水县	
甘肃省	陇南市（1区，8县）	成县	汉中都督区	武都郡	下辨县	郡治
		武都区				
		康县				
		宕昌县			羌道县	
		徽县			河池县	
		西和县			武都县	
		礼县				
		两当县			故道县	
		文县	益州	阴平郡	阴平县	郡治

---

1 《华阳国志》:"周赧王三年，分巴、蜀置汉中郡。"蜀汉因袭。

2 《华阳国志·汉中志》:"武都郡，本广汉西部都尉治也。元鼎六年，别为郡……建兴七年，诸葛亮遣护军陈戒伐之，遂平武都、阴平二郡，还属益州。"

今行政区划			蜀汉时期所属州郡			备注
省/直辖市/自治区	市/自治州	区/县	州（含州一级建置）	郡（含郡一级建置）	县（含县一级建置）	
甘肃省	甘南藏族自治州（1市，7县）	迭部县	益州	阴平郡	不详	
		舟曲县	汉中都督区	武都郡	不详	
		临潭县	雍州	陇西郡	不详	
		卓尼县				
		合作市	不详	不详	不详	
		夏河县	不详	不详	不详	
		玛曲县	不详	不详	不详	
		碌曲县	不详	不详	不详	
广西壮族自治区	百色市（2区，8县，2市）	田林县	庲降都督区	兴古郡	不详	
		那坡县			不详	
		隆林县			不详	
		西林县			不详	

制表人：彭波、谢乾

蜀汉故地三国文化遗存点位统计表

蜀汉故地三国文化遗存点位统计表

四川省三国文化遗存调查点位表

序号	所属地区	点位名称	位置	保护级别
1		赵云洗马池	锦江区竹林巷62号和平街小学内	
2		武担山	青羊区江汉路	市级文物保护单位
3		娘娘庙	青羊区西马道街50号	
4		黄忠祠墓旧址	金牛区星河街40号金沙美邻丽雅苑内	
5		九里堤	金牛区群星路与九里堤中路丁字路口东侧	市级文物保护单位
6		成都武侯祠	武侯区武侯祠大街231号	全国重点文保单位
7		万里桥	武侯区浆洗街	
8		洗面桥	武侯区洗面桥街（瓦子堰）附近	
9		衣冠庙	武侯区衣冠庙立交桥附近	
10		桓侯巷	武侯区华西医院附近，西接浆洗中街南门	
11		桓侯墓（成汉墓）	武侯区四川大学华西医院内	市级文物保护单位
12	成都市	石经寺	龙泉驿区茶店乡石经村	省级文物保护单位
13		八角井	龙泉驿区洛带古镇八角井街	
14		弥牟三国八阵图遗址	青白江区弥牟镇商贸街	市级文物保护单位
15		城厢武庙	青白江区城厢镇槐树街社区大东街	省级文物保护单位
16		新都马超墓	新都区马超西路入口处	
17		《征西将军马超墓》碑	新都区桂湖公园碑林内	
18		《汉骠骑将军领凉州牧廮乡侯谥威侯马公墓志》碑	新都区桂湖公园碑林内	
19		《新都八阵图记》碑	新都区桂湖公园碑林内	
20		葛陌	双流区星空路南五段，今双流金花乡	
21		牧马山（诸葛亮屯兵处）	双流区胜利镇	

序号	所属地区	点位名称	位置	保护级别
22		黄龙溪	双流区黄龙溪镇	
23		九倒拐崖墓群	双流区胜利镇白塔村	
24		先主寺	新津区兴义镇先寺村	
25		慈云寺	金堂县云顶山	
26		《汉后帝读书处》碑刻	金堂县境云顶山慈云寺内	
27		火烧坡古战场遗址	金堂县福兴镇三王庙村21组	
28		五凤关圣宫	金堂县五凤镇五凤溪社区84号	省级文物保护单位
29		双河关帝庙	大邑县董场镇双河村9组10号	
30		赵子龙祠墓	大邑县子龙街34号	省级文物保护单位
31		子龙祠	大邑县静惠山公园	
32	成都市	望羌台	大邑县静惠山公园	
33		古石山冶铁遗址	蒲江县西来镇马湖村16组三角堰	县级文物保护单位
34		石象寺	蒲江县朝阳湖镇	
35		蒲江武庙	蒲江县鹤山街道大北街59号	市级文物保护单位
36		甘溪箭塔	蒲江县甘溪镇箭塔村6组	市级文物保护单位
37		西来文风塔	蒲江县西来古镇西来广场，文风街25号旁	市级文物保护单位
38		灵官堂摩崖造像	蒲江县鹤山街道红合村6组	省级文物保护单位
39		都江堰	都江堰市灌口镇公园路	全国重点文保单位
40		马超坪	都江堰市紫坪铺镇白沙村	
41		白虎夷王城遗址	彭州市致和镇复兴村1组	
42		白虎夷王墓	彭州市致和镇中平村2组	县级文物保护单位
43		张松墓	彭州市丹景山镇双松村4组	
44		张松故里	彭州市桂花镇三圣村6组	

序号	所属地区	点位名称	位置	保护级别
45	成都市	孔明乡与马刨井	邛崃市孔明街道	
46		骑龙山古驿道遗址	邛崃市平乐镇骑龙山城隍岗	
47		汉代古火井遗址	邛崃市状元路与邛芦路交叉口东南50米	
48		崇州诸葛亮点将台	崇州市隆兴镇顺江村23组	
49		崇州武庙旧址	崇州市小东街246号	
50		马岱墓	崇州市怀远镇泉水村7组与前锋村8组交界处太平山	
51		丹景山阿斗读书处	简阳市丹景街道	
52		张飞营	简阳市武庙镇烂田村	县级文物保护单位
53		石桥陕西会馆	简阳市石桥街道陕西街100号旁	市级文物保护单位
54		养马河	简阳市养马街道铁东社区4组	
55	自贡市	自贡桓侯宫	自流井区公园路7号	全国重点文保单位
56		西秦会馆	自流井区解放路173号	全国重点文保单位
57		凉高山关帝庙	大安区凉高山支巷21号	
58		铁炉嘴冶铁遗址	荣县铁场镇岗村8组曹家坪村	市级文物保护单位
59		铁山古道（荣县段）	荣县旭阳镇	
60	攀枝花市	营盘山得胜营遗址	仁和区啊喇彝族乡	省级文物保护单位
61		拉鲊古渡	仁和区大龙潭乡拉鲊村	区级文物保护单位
62		官房客栈	仁和区啊喇彝族乡官房村官房组	区级文物保护单位
63		打箭岩	盐边县永兴镇富阳村	

序号	所属地区	点位名称	位置	保护级别
64	泸州市	龙透关	江阳区大山坪街道龙透关社区	省级文物保护单位
65		忠山武侯祠旧址	江阳区四川医科大学	
66		董允墓	江阳区分水岭乡董允坝村9社和大悲村1社交界处	县级文物保护单位
67		董允故里摩崖石刻	泸县嘉明镇秀水社区	县级文物保护单位
68		董允广场	泸县嘉明镇狮子村1组	
69		福宝张爷庙	合江县福宝古镇回龙街15号	全国重点文保单位
70		合江武侯祠旧址	合江县终南山广场路1026号	
71		春秋祠	叙永县西大街41号	全国重点文保单位
72	德阳市	绵竹城遗址	旌阳区黄许镇江林村、新龙村	全国重点文保单位
73		秦宓墓、秦祖殿	旌阳区德新镇长江村	
74		三国文化长廊（秦宓广场）	旌阳区城北街道秦宓村	
75		白马关	罗江区白马关镇	全国重点文保单位
76		庞统祠墓	罗江区白马关镇	全国重点文保单位
77		落凤坡	罗江区白马关镇	
78		血坟	罗江区白马关镇	县级文物保护单位
79		罗江诸葛点将台	罗江区白马关镇凤雏村8组	
80		罗江张任墓	罗江区云盖山	县级文物保护单位
81		罗江金雁桥	罗江区云盖山	
82		换马沟	罗江区白马关镇换马村	
83		雒城遗址	广汉市雒城镇九江路社区	全国重点文保单位

序号	所属地区	点位名称	位置	保护级别
84	德阳市	广汉金雁桥	广汉市沱水路	
85		广汉张任墓	广汉市北外乡桅杆村1社	县级文物保护单位
86		赵家营	广汉市南兴镇白果村	
87		邓芝墓	广汉市向阳镇胜利村1社、2社交界处	
88		马岱墓	广汉市向阳镇	
89		诸葛双忠祠	绵竹城西茶盘街	省级文物保护单位
90		诸葛瞻父子墓	绵竹城西茶盘街	省级文物保护单位
91		绵竹关帝庙	绵竹市剑南老街90号	省级文物保护单位
92	绵阳市	涪水诸葛营	涪城区南山街道	
93		张飞饮马渡	涪城区	
94		富乐山	游仙区富乐山	
95		平阳府君阙（李福阙）	游仙区仙人桥西	全国重点文保单位
96		营盘嘴	游仙区西山风景区	
97		蒋琬墓	游仙区西山公园	省级文物保护单位
98		龙吟寺	三台县中太镇宝盒村核桃街	
99		五层山	三台县建设镇长远村	
100		老马渠	三台县老马乡老马街	
101		涪城坝	三台县花园镇营成村古琴山	
102		刘家营	三台县刘营镇	
103		郪江崖墓群	三台县郪江镇、安居镇	全国重点文保单位
104		古郪道	三台县观桥镇方井村	
105		游兵坝	梓潼县东石乡油坪村	
106		李严故居	梓潼县南桥村	
107		三堆子	梓潼县文昌镇5社仇家坝	
108		御马岗	梓潼县马鸣乡御马村	
109		邓芝阙	梓潼县中和街西段89号	县级文物保护单位

序号	所属地区	点位名称	位置	保护级别
110	绵阳市	杨修阙	梓潼县北门外文昌花园	县级文物保护单位
111		七曲山关圣庙	梓潼县七曲村1社	全国重点文保单位
112		七星山、演武铺	梓潼县演武乡七星山	
113		瓦口关	梓潼县文昌镇长岭村1队	
114		蹁脚石	梓潼县文昌镇长岭村1队	
115		送险亭	梓潼县文昌镇长岭村1队	
116		卧龙山	梓潼县五一村、南河村、响水村	
117		诸葛神垭庙	梓潼县卧龙镇青春村1队1街	
118		景福院（诸葛堂）	梓潼县卧龙镇九柏村5社	
119		魏延祠	梓潼县卧龙镇三泉乡2队	
120		古蜀道（绵阳境内）	梓潼县演武乡红岩村、文昌镇长岭村	
121		江油关城楼	平武县南坝镇	
122		江油关遗址	平武县南坝镇古龙村桐子梁	
123		《汉守将马邈忠义妻李氏故里》碑	平武县南坝镇古龙村黄莲树崖	
124		汉王坪遗址	江油市太平镇	
125		汉王坪墓群	江油市太平镇	
126		东山崖墓群	江油市三合镇羊河村4组	县级文物保护单位
127		养马峡	江油市文胜乡	
128	广元市	鲍三娘墓	昭化区鸭浮村	省级文物保护单位
129		敬侯祠	昭化区昭化古城西门	省级文物保护单位
130		天雄关	昭化区战胜村6社	市级文物保护单位

序号	所属地区	点位名称	位置	保护级别
131		姜维井	昭化区战胜村6社	
132		苟家坪遗址	昭化区城关村	
133		高庙铺遗址	昭化区大朝乡松宁村7社	
134		松宁桥	昭化区大朝乡孟江村1社	
135		明月峡古栈道遗址	朝天区朝天镇	全国重点文保单位
136		筹笔驿遗址	朝天区军师村1组	市级文物保护单位
137		阴平古道（高桥寺至土地垭段）	青川县青溪镇金桥村	
138		写字岩	青川县青溪镇唐家河国家级自然保护区	
139		阴平古道（摩天岭段）	青川县境青溪镇唐家河国家级自然保护区	
140	广元市	点将台山	青川县青溪镇落衣沟村3组	
141		落衣沟	青川县青溪镇落衣沟村2组	
142		邓艾祠墓	剑阁县北庙乡孤玉街2号	县级文物保护单位
143		普安武侯桥	剑阁县普安镇	
144		抄手铺	剑阁县抄手乡飞凤2队	
145		汉源驿	剑阁县汉阳镇上街	
146		翠云廊	剑阁县108国道旁，距剑门关7千米的大柏树湾	全国重点文保单位
147		青树子汉德县故城	剑阁县剑门镇青树村	
148		剑门关	剑阁县剑门镇	全国重点文保单位
149		剑阁姜维墓	剑阁县剑门镇	市级文物保护单位

序号	所属地区	点位名称	位置	保护级别
150	广元市	拦马墙（凉山铺段）	剑阁县凉山乡	全国重点文保单位
151		柳沟武侯桥	剑阁县柳沟镇迎宾街	
		剑阁张飞庙	剑阁县垂泉乡	
152		张飞井	剑阁县垂泉乡	县级文物保护单位
153		武功桥	剑阁县武连镇	
154		武连南桥	剑阁县武连镇新绵街	
155	遂宁市	过军渡遗址	船山区仁里镇（松林村）东兴村1社	
156		明月关庙	蓬溪县明月镇望月街社区222号	省级文物保护单位
157	内江市	资中武庙	资中县重龙镇文庙社区公园路1号	全国重点文保单位
158		罗汉洞武圣殿	资中县重龙镇罗汉洞村8组	
159		迎祥街武侯祠旧址	隆昌市迎祥镇	
160	乐山市	《昔诸葛武侯炼铁于兹碑》遗址	犍为县罗城镇铁山村6组	
161		犍为铜鼓顶	犍为县玉津镇铜高村16组	
162		庞坡洞	夹江县木城镇太平村12组	县级文物保护单位
163		夹江关帝庙	夹江县青衣街道千佛社区东风堰—千佛岩景区	县级文物保护单位
164		千佛岩关公摩崖浮雕	夹江县青衣街道千佛社区东风堰—千佛岩景区	全国重点文保单位
165		千佛岩铁石关古栈道	夹江县青衣街道千佛社区东风堰—千佛岩景区	县级文物保护单位
166		诸葛亮点将台	夹江县漹城街道千佛村	
167		石丈空石刻	马边彝族自治县苏坝镇石丈空村1组	市级文物保护单位

序号	所属地区	点位名称	位置	保护级别
168	南充市	万卷楼	顺庆区玉屏路6号西山风景区内	
169		谯公祠墓	顺庆区玉屏路6号西山风景区内	
170		王平墓	高坪区都京街道（原永安镇临江村）	市级文物保护单位
171		汉桓侯祠	阆中市保宁街道古城西街59号	全国重点文保单位
172		瓦口隘	阆中市沙溪街道瓦口隘村	
173	眉山市	眉州武庙	东坡区多悦镇寨子山寨子城内	省级文物保护单位
174		孔坝武侯祠	洪雅县花溪镇孔坝村2组	
175		千秋坪	洪雅县东岳镇团结村3组	
176		文武庙	丹棱县文庙街12号	县级文物保护单位
177		熊耳古道（青神县段）	青神县汉阳镇文新村	市级文物保护单位
178	宜宾市	丞相祠	翠屏区安阜街道	
179		流杯池关帝庙	翠屏区安阜街道	
180		流杯池孔明井	翠屏区安阜街道	
181		流杯池点将台	翠屏区安阜街道	
182		观斗山	翠屏区象鼻街道观斗村	
183		李庄桓侯宫	翠屏区李庄镇	
184		中山武庙	翠屏区中山社区武庙街14号	市级文物保护单位
185		井口武侯祠	江安井口镇井安社区武侯街	市级文物保护单位
186		安远寨、孟获坟	江安县夕佳山镇安远村青年组	
187		古校场	江安县夕佳山镇安远村青年组	
188		大营盘、二营盘、三营盘	江安县夕佳山镇安远村	
189		留耕场	江安县留耕镇	
190		周家咀墓	江安县留耕镇人民村周家咀组	市级文物保护单位

序号	所属地区	点位名称	位置	保护级别
191	宜宾市	诸葛古榕	长宁县梅硐镇龙尾村太平山	
192		武侯塔遗址	长宁县竹海镇金河湾塔沙村	
193		雌雄盐井遗址	长宁县双河镇笔架村	
194		流米寺关羽摩崖	高县胜天镇	县级文物保护单位
195		石门栈道	高县庆符镇	县级文物保护单位
196		五尺道（筠连段）	筠连县筠连镇	省级文物保护单位
197		土官寨孟获洞	珙县孟获村4组	
198		龙华古镇	屏山县龙华镇	
199		安上	屏山县新市镇	
200		清平乡老营盘	屏山县清平彝族乡岩平村	
201	广安市	姜山	岳池县九龙街道姜山寺村	
202		中心武庙	武胜县中心镇西街	省级文物保护单位
203		飞龙武庙	武胜县飞龙镇老街48号	省级文物保护单位
204		沿口关庙	武胜县沿口镇滨江路3号	县级文物保护单位
205		袁市镇关帝庙	邻水县袁市镇袁庙社区3组	
206		卧龙坡	邻水县袁市镇卧龙坡村1组	
207	达州市	真佛山金刚殿	达川区福善镇清河村13组	全国重点文保单位
208		柏树镇关岳庙	宣汉县柏树镇观月街34号	县级文物保护单位
209		马渡关	宣汉县马渡关镇	
210		八濛山古战场遗址	渠县天星街道八濛村9组	县级文物保护单位
211		城坝遗址	渠县土溪镇城坝村	全国重点文保单位

序号	所属地区	点位名称	位置	保护级别
212	达州市	贵福镇关帝庙	渠县贵福镇贵福社区桂园街430号	
213		花萼山	万源市官渡镇项家坪村	
214		驮山徐庶寺	万源市东关街道	
215		石窝镇张爷庙	万源市石窝镇番坝村1社	
216	雅安市	周公山、周公庙	雨城区周公山镇	市级文物保护单位
217		高颐墓阙及石刻	雨城区姚桥镇	全国重点文保单位
218		斗胆村	雨城区北郊镇	
219		平羌渡	雨城区	
220		双河乡	名山区红星镇	
221		永兴寺	名山区蒙山村4社	省级文物保护单位
222		水月村关帝庙	名山区车岭镇水月村关帝巷	
223		卫继故里碑	名山区马岭镇邓坪村3组	县级文物保护单位
224		五花山	名山区车岭镇五花村2社	
225		大相岭古道	起点荥经县安靖乡凰仪堡，终点汉源县清溪镇新黎村	省级文物保护单位
226		古城坪遗址	荥经县新添乡上坝村6组	
227		孟渡	荥经县庙岗乡、大田乡	
228		龙苍沟孟获城	荥经县龙苍沟乡发展村金船组	
229		汉源武侯祠	汉源县清溪镇新黎村3组	
230		清溪故城	汉源县清溪镇富民村	全国重点文保单位
231		白马祠	汉源县九襄镇白挑村	
232		太保庙	汉源县双溪乡柴坪村1组	

序号	所属地区	点位名称	位置	保护级别
233	雅安市	清溪孟获城（黎州城址）	汉源县清溪镇新黎村5组	市级文物保护单位
234		姜城遗址	芦山县芦阳镇	市级文物保护单位
235		姜侯祠牌坊	芦山县芦阳镇	全国重点文保单位
236		姜公庙大殿	芦山县芦阳镇	全国重点文保单位
237		平襄楼	芦山县芦阳镇	全国重点文保单位
238		芦山武庙大殿	芦山县芦阳镇	省级文物保护单位
239		樊敏阙及石刻	芦山县芦阳镇黎明村余坎组	全国重点文保单位
240		姜维墓	芦山县芦阳镇东风村	省级文物保护单位
241		镇西山	芦山县宝盛乡玉溪村	
242		铜鼓庙	芦山县龙门乡红星村	
243		王晖石棺及石刻	芦山县芦阳镇先锋居委会石羊组	省级文物保护单位
244		禁门关关隘遗址	天全县城厢镇西城村	省级文物保护单位
245		怀葛楼	天全县城厢镇	
246	巴中市	巴中严颜墓遗址	巴州区严公庙街	市级文物保护单位
247		阴灵山关帝庙	巴州区枣林镇	市级文物保护单位
248		严公台（平梁城遗址）	巴州区平梁乡炮台村	省级文物保护单位
249		凌云桓侯庙	恩阳区鱼溪镇凌云村大同寨	
250		铜城寨关帝庙	恩阳区柳林镇铜城寨村	
251		上八庙文武宫	恩阳区上八庙镇文庙街81号	
252		朝阳洞关羽摩崖	恩阳区下八庙镇乐丰社区1组	省级文物保护单位
253		写字岩石刻	通江县板桥口乡石院子村	市级文物保护单位
254		皇柏古道	南江县东榆镇	
255		二洞桥遗址	南江县东榆镇	省级文物保护单位
256		牟阳城遗址	南江县光雾山镇	

序号	所属地区	点位名称	位置	保护级别
257	巴中市	和平乡关帝庙	南江县和平乡	
258		五峰林场张爷庙	平昌县镇龙镇五峰林场	
259		黑水关帝庙	平昌县黑水乡青松村	
260		汉中路	平昌县江口镇	
261		小宁城遗址	平昌县江口街道荔枝社区	省级文物保护单位
262		八台山	平昌县兰草镇五枝村	
263		灵山张爷庙旧址	平昌县灵山镇金星村	
264		落箭坡	平昌县涵水镇花桥村	
265		仙人下棋	平昌县西兴镇皇家山村	
266		斗阵坡	平昌县青云镇	
267	资阳市	忠义镇飞来石	雁江区忠义镇长沙村3社	
268		关公湖	安岳县横庙乡芭蕉村12组	
269		中天镇三圣寺	乐至县中天镇桂林社区三圣街106号	省级文物保护单位
270		中和场镇老君观	乐至县中和场镇中和社区老君山上	
271	阿坝藏族羌族自治州	威州姜维城	汶川县威州镇	全国重点文保单位
272		威州"玉垒山"题刻	汶川威州镇	阿坝州文保单位
273		水磨僚泽关遗址	汶川水磨镇	
274		威州姜射坝	汶川威州镇	
275		威州堡子关姜维藏兵洞	汶川威州镇	
276		克枯栈道	汶川县灞州镇克枯村	全国重点文保单位
277		杂谷脑维州城（姜堆）遗址	理县杂谷脑镇兴隆村	阿坝州文保单位
278		桃坪镇佳山姜维城	理县桃坪镇	

序号	所属地区	点位名称	位置	保护级别
279	阿坝藏族羌族自治州	杂谷脑维关遗址	理县杂谷脑镇兴隆村	
280		杂谷脑百丈房栈道	理县杂谷脑镇	全国重点文保单位
281		朴头山隋唐石刻题记	理县杂谷脑镇	全国重点文保单位
282		太平普安武圣宫	茂县叠溪镇胡尔村	
283		赤不苏镇维城遗址	茂县赤不苏镇	阿坝州文保单位
284		南新周仓坪	茂县南新镇	
285		关庙沟关公石肖像	茂县南新镇	
286		黄龙胡羌关帝庙旧址	松潘县黄龙乡大湾村	
287		小河峰岩堡关帝庙旧址	松潘县小河镇丰岩堡村	
288		小河关帝庙旧址	松潘县小河镇政府驻地丰河村	
289		黄龙三舍驿关帝庙旧址	松潘县黄龙乡三舍驿村	
290		安宏德胜堡关帝庙旧址	松潘县安宏乡德胜堡村	
291		岷江北定关关帝庙旧址	松潘县岷江乡北定关村	
292		岷江龙潭堡关帝庙旧址	松潘县岷江乡龙谭堡村	
293		岷江新塘关帝庙旧址	松潘县岷江乡新塘村	
294		镇坪金瓶岩武庙旧址	松潘县镇坪乡金瓶岩村	
295		安乐武圣楼观音阁	九寨沟县安乐乡中安乐村	
296		黑河镇碧历村关公楼子	九寨沟县黑河镇碧历村	
297		九寨沟城关武圣宫旧址	九寨沟县城关	
298		双河下马岩栈道及阴窝子栈道	九寨沟县双河镇	阿坝州文保单位

序号	所属地区	点位名称	位置	保护级别
299	阿坝藏族羌族自治州	郭元柴门关栈道	九寨沟县郭元乡	阿坝州文保单位
300		南坪邓至山	九寨沟县南坪镇双龙村	
301		武圣大楼旧址	九寨沟县永乐镇清平二村戏院路	
302		马尔邦武庙（雷音寺）	金川县马奈镇八角塘村	
303		安宁关帝庙旧址	金川县安宁镇安宁村	
304		绥靖武庙旧址	金川县勒乌镇新街	
305		八角武圣宫	小金县八角乡农光村	
306		达维滴水关帝庙	小金县达维镇滴水村3组	
307		抚边文武庙	小金县抚边乡粮台村	
308		结斯关帝庙	小金县结斯乡大坝村	
309		高店子关帝庙	小金县美兴镇下马厂村	
310		老营关帝庙	小金县美兴镇老营村1组	
311		两河口关帝庙	小金县两河口镇	全国重点文保单位
312		美兴营盘关帝庙	小金县美兴镇营盘街村	阿坝州文保单位
313		木坡关帝庙	小金县木坡乡木坡村	
314		日尔关帝庙	小金县日尔乡日尔村	
315		沙坝关帝庙	小金县四姑娘山镇沙坝村	
316	甘孜藏族自治州	郭达山	康定市市区	
317		将军庙	康定市市区西大街	
318		观音阁西方三圣殿	康定市跑马山东路123号	
319		泸定三圣宫	泸定县兴隆镇兴隆村	县级文物保护单位
320		甘露寺关爷殿	泸定县冷碛镇甘露寺村	
321		道孚关帝庙	道孚县泰宁镇街村	
322		德贡波	甘孜县德巴村	甘孜州文保单位
323		巴塘关帝庙	巴塘县夏邛镇平安村茶马古道72号	省级文物保护单位

序号	所属地区	点位名称	位置	保护级别
324	凉山彝族自治州	诸葛城遗址	西昌市经久乡经久村	
325		高枧孟获城遗址	西昌市高枧乡中所村3组	省级文物保护单位
326		会理孔明山	前山属会理市白果湾乡前马村，后山属会理县白果湾乡苏家坪子	
327		鱼鲊渡口	会理市黎溪镇鱼鲊乡鱼鲊村	
328		四开蜀汉军屯遗址	昭觉县四开镇日历村	县级文物保护单位
329		小相岭	喜德县、越西县、冕宁县	省级文物保护单位
330		登相营	喜德县冕山镇小山村	全国重点文保单位
331		关索城遗址	冕宁县泸沽镇东北社区3组	
332		梳妆台遗址	冕宁县泸沽镇	
333		孙水关遗址	冕宁县泸沽镇东南社区	县级文物保护单位
334		孙水关哑泉	冕宁县泸沽镇东南社区	县级文物保护单位
335		越西武侯祠	越西县越城镇外南街182号	
336		孟获殿	雷波县黄琅镇马湖风景区	省级文物保护单位
337		龙湖雄关	雷波县黄琅镇中田村	
338		雷波诸葛亮点将台遗址	雷波县黄琅镇荆竹村	

重庆市三国文化遗存调查点位表

序号	所属地区	点位名称	位置	文保级别
1	万州区	天生城遗址	万州区周家坝街道天生城社区	全国重点文保单位
2		万州甘宁墓	万州区甘宁镇甘宁村1组	
3	涪陵区	铁柜山	涪陵区江北街道北山公园	
4		诸葛山	涪陵区江北街道葛亮山邓字村6组	
5	渝中区	佛图关	渝中区长江一路鹅颈巷8号	
6		渝中关岳庙	渝中区李子坝坡137号	
7	九龙坡区	走马镇关武庙	九龙坡区走马镇关武庙社区走马街36、37号	重庆市文保单位
8	北碚区	张飞古道	北碚区东阳街道西山坪大沱口	
9		温泉寺关圣殿	北碚区北温泉街道北温泉公园	重庆市文保单位
10	綦江区	中峰镇东汉崖墓遗址	綦江区中峰镇鸳鸯村	重庆市文保单位
11		东溪古道（綦江段）	綦江区中溪镇	
12		吹角坝遗址	綦江区打通镇吹角村3组	綦江区文保单位
13	大足区	明月寺关羽殿	大足区中敖镇明月村4组	
14		麻杨村关羽摩崖造像	大足区中敖镇麻杨村2组	大足区文保单位
15		光明殿关羽摩崖造像	大足区高坪镇冒咕村7组	大足区文保单位
16	长寿区	长寿桓侯宫	长寿区凤城街道复元村詹家沱	重庆市文保单位
17		桓侯不语滩	长寿区凤城街道詹家沱	
18		黄草峡	长寿区凤城街道	
19		赤甲山	长寿区江南街道	
20		阳关	长寿区凤城街道永丰村	
21		滨江路武庙	长寿区凤城街道滨江路社区	长寿区文保单位

序号	所属地区	点位名称	位置	文保级别
22	江津区	白沙镇张爷庙	江津区白沙镇聚福街12号	重庆市文保单位
23	合川区	龙多山关羽摩崖造像	合川区龙多镇龙多村7组	重庆市文保单位
24	永川区	板桥镇张王庙	永川区板桥镇板桥社区幸福街14号	永川区文保单位
25	铜梁区	半边寺关羽摩崖造像	铜梁区华兴镇三塘村3组	铜梁区文保单位
26		盘龙寺	铜梁区巴川街道盘龙村1组	铜梁区文保单位
27		铜梁武庙	铜梁区巴川街道民生路2号	重庆市文保单位
28	潼南区	大佛寺关刀石	潼南区大佛街道大佛寺景区	全国重点文保单位
29		双江镇关帝庙	潼南区双江镇正街33号、35号	重庆市文保单位
30		双江镇张飞庙	潼南区双江镇医院背后	重庆市文保单位
31	梁平区	双桂堂关圣殿	梁平区双桂街道	全国重点文保单位
32		蟠龙洞	梁平区蟠龙镇蟠龙村	梁平区文保单位
33	城口县	葛城遗址	城口县葛城街道土城社区	城口县文保单位
34		诸葛寨	城口县葛城街道东方红村	
35	忠县	忠县关帝庙	忠县忠州镇白公路24号	重庆市文保单位
36		姜维井	忠县东溪镇翠屏村2组	忠县文保单位
37		忠县严颜墓	忠县乌杨镇朱河社区将军村	
38	云阳县	张桓侯庙	云阳县盘龙街道南滨路15号	全国重点文保单位
39	奉节县	白帝城	奉节县白帝镇紫阳村	全国重点文保单位
40		白帝庙	奉节县白帝镇白帝村	全国重点文保单位
41		永安宫大殿	奉节县永安镇窑湾村夔州古城文物复建区内	重庆市文保单位
42	奉节县	水八阵	奉节县永安街道	
43		旱八阵	奉节县白帝镇坪山村	
44		汉昭烈甘皇后墓	奉节县鱼复街道茶店社区	奉节县文物保护单位

序号	所属地区	点位名称	位置	文保级别
45	巫山县	大昌镇关帝庙	巫山县大昌镇西包岭社区解放街	重庆市文保单位
46	石柱土家族自治县	西沱桓侯宫	石柱土家族自治县西沱镇沿江社区老云梯街144号	重庆市文保单位
47		西沱关庙	石柱土家族自治县西沱镇月台社区老云梯街	重庆市文保单位
48		西沱二圣宫	石柱土家族自治县西沱镇云梯社区独门嘴	重庆市文保单位
49	秀山土家族苗族自治县	拥军街武庙	秀山土家族苗族自治县中和街道东风社区拥军街59号	秀山县文物保护单位
50		平凯街道桓侯庙	秀山土家族苗族自治县平凯镇平马寺村	
51		龙凤坝镇诸葛洞	秀山土家族苗族自治县龙凤镇龙凤村沙坝组	
52	酉阳土家族苗族自治县	龚滩武庙	酉阳土家族苗族自治县龚滩镇新华社区纤夫路60号	重庆市文保单位
53	彭水苗族土家族自治县	郁山飞水盐井	彭水苗族土家族自治县郁山镇南京社区2组	重庆市文保单位
54		庞吏坝	彭水苗族土家族自治县郁山镇天星社区1组	
55		庞宏墓	彭水苗族土家族自治县鹿角镇鹿角社区3组庞滩	
56		张飞岈石刻	彭水苗族土家族自治县太原镇花园村9组	彭水县文物保护单位

云南省三国文化遗存调查点位表

序号	所属地区	点位名称	位置	文保级别
1	昆明市	文明阁关圣殿	官渡区官渡街道	省级文物保护单位
2		矣六关圣宫	官渡区矣六街道矣六社区1组	
3		达天阁关帝摩崖	西山区西山风景区内达天阁	省级文物保护单位
4		关索庙	晋宁区二街镇关索庙村	
5		石林武庙	石林县鹿阜街道环城东路40号附2号	县级文物保护单位
6		古盟台、武侯祠	嵩明县盟台路	县级文物保护单位
7		嵩明哑泉	嵩明县牛栏江镇	
8		嵩明关索庙	嵩明县杨林镇马坊村委会马坊上村	
9		寻甸关索岭	寻甸县仁德镇易隆村	
10		八街关圣宫	安宁市八街街道办事处锦绣路西隅	县级文物保护单位
11		温水关圣宫	安宁市八街镇八街街道办事处	县级文物保护单位
12		草铺关圣宫	安宁市草铺街道草铺镇草铺老街	县级文物保护单位
13		兴街关圣宫	安宁市八街镇兴街	县级文物保护单位
14	曲靖市	曲靖八塔	麒麟区珠街乡三元村委会董家村	全国重点文保单位
15		石堡山	麒麟区三宝街道温泉社区	
16		毒水石刻	沾益区西平街道彩云社区	市级文物保护单位
17		马龙诸葛山	马龙区旧县街道袜度社区四旗田村与白塔社区红军哨村之间	
18		会泽武侯祠	会泽县钟屏路167号	全国重点文保单位
19		会泽武庙	会泽县古城街道126号	市级文物保护单位
20		会泽张飞庙	会泽县古城街道灵璧路51号	县级文物保护单位
21		会泽陕西会馆	会泽县西直街186号	全国重点文保单位
22		可渡关驿道	宣威市杨柳镇可渡村	全国重点文保单位
23		可渡诸葛大营遗址	宣威市杨柳镇可渡村	市级文物保护单位

序号	所属地区	点位名称	位置	文保级别
24		玉溪关索庙	红塔区凤凰路街道	
25		秀山武侯祠	通海县城南隅秀山公园	全国重点文保单位
26		杨广镇三圣宫	通海县杨广镇小新村	省级文物保护单位
27		古城关圣宫	通海县杨广镇古城村5组	
28		黄龙关圣宫	通海县秀山街道黄龙社区5组	
29		李家营关圣宫	通海县秀山街道黄龙社区2组	
30		碧溪关圣宫	通海县九龙街道碧溪社区2组	
31		螺髻关圣宫	通海县九龙街道螺髻社区2组	
32		曲陀关关圣宫	通海县河西镇曲陀关村委会关上村	
33	玉溪市	官营关圣宫	通海县河西镇曲陀关村委会官营村6组60号	县级文物保护单位
34		解家营关圣宫	通海县河西镇解家营3组	
35		石山嘴关圣宫	通海县河西镇石山嘴村委会10组营头上	
36		甸高村关圣宫	通海县河西镇石山嘴村委会甸高村	县级文物保护单位
37		海东村关圣宫	通海县四街镇海东村1组	
38		汉邑村三义殿	通海县河西镇汉邑村	
39		李恢祠	澄江市旧城村委会3组	
40		关三小姐墓	澄江市旧城村委会3组	市级文物保护单位
41		澄江武庙	澄江市文庙街南段	县级文物保护单位
42		右所镇关圣宫	澄江市右所镇右所街124号	
43		洋潦关圣宫	澄江市右所镇吉花村委会洋潦营下组	
44		先锋营	澄江市阳宗镇小屯村	

序号	所属地区	点位名称	位置	文保级别
45	保山市	兰津古渡、霁虹桥	隆阳区水寨乡平坡村	省级文物保护单位
46		汉庄城址（保山诸葛营）	隆阳区兰城街道汉营村委会汉营	全国重点文保单位
47		保山蜀汉墓	隆阳区汉庄镇小汉庄村、汪官营村	
48		太保山武侯祠	保山市西太保山顶	市级文物保护单位
49		保山诸葛堰	隆阳区汉庄镇彭海村	市级文物保护单位
50		吕凯故里	隆阳区金鸡乡一带	
51		盘蛇谷	隆阳区蒲缥镇马街村打板箐自然村	全国重点文保单位
52		腾阳会馆	隆阳区兰城街道龙泉社区	省级文物保护单位
53	昭通市	湾子粮堆	昭阳区守望乡甘河村	
54		昭通诸葛营城址（朱提故城遗址）	昭阳区太平办事处永乐社区	全国重点文保单位
55		杨柳古渡	巧家县白鹤滩镇裤着办事处一村	县级文物保护单位
56		堂狼山毒泉	巧家县新华镇蒙姑乡茶棚子村	
57		石门关（豆沙关）	盐津县豆沙镇	省级文物保护单位
58		石门关僰人悬棺	盐津县豆沙镇	市级文物保护单位
59		藏银洞	镇雄县牛场镇和平村关口1组	
60		渡船坝	镇雄县五德镇渡船坝社区杨柳湾组	
61		城墙沟	镇雄县五德镇大营村下沟组	
62	丽江市	丽江武庙	古城区大研街道金虹路北门街社区	县级文物保护单位
63		石鼓	玉龙县石鼓镇	
64		石鼓点将台	玉龙县石鼓镇大同村	
65		巨甸武侯村	玉龙县巨甸镇武侯村	
66		武侯村武侯祠	玉龙县巨甸镇武侯村桥边4组	
67		古渡关帝庙	玉龙县巨甸镇古渡村	
68		祭锋台	永胜县期纳镇谷宇村	
69		猫猫山	永胜县期纳镇谷宇村	
70	临沧市	鲁史镇	凤庆县鲁史镇鲁史村	
71		凤庆哑泉	凤庆县鲁史镇鲁史村	

序号	所属地区	点位名称	位置	文保级别
72	楚雄彝族自治州	牟定武侯祠	牟定县共和镇光法寺村	
73		姚安武侯祠	姚安县黄莲箐村	
74		方山诸葛营遗址	永仁县永定镇方山诸葛营村	楚雄州文保单位
75		姜驿古道	元谋县姜驿乡	
76	红河哈尼族彝族自治州	蒙自龙门洞石窟关羽摩崖	老寨乡老营盘村连云山	县级文物保护单位
77		建水诸葛庙	建水县临安镇北正街	省级文物保护单位
78		建水诸葛井	建水县临安镇北正街63号文庙社区	县级文物保护单位
79	文山壮族苗族自治州	文山诸葛山	砚山县江那镇路德村委会脚侧竜村	
80		砚山诸葛庙	砚山县江那镇路德村龙树脚	
81	西双版纳傣族自治州	勐腊孔明山	勐腊县象明乡	
82	大理白族自治州	大理古城区武庙	古城区博爱路53号	县级文物保护单位
83		天生桥	下关镇	
84		天威径	下关镇温泉村	县级文物保护单位
85		州城武庙	宾川县州城镇文武学府路	全国重点文保单位
86		宾川孟获洞	宾川县平川镇孟获洞村	县级文物保护单位
87		南诏铁柱	弥渡县太花乡庙前村（古称铁柱邑）	全国重点文保单位
88		公郎石箭	南涧彝族自治县公郎镇	市级文物保护单位
89		武侯台	南涧彝族自治县西山脚村	
90		南涧武庙	南涧彝族自治县城东北部向阳坡	市级文物保护单位
91		系马庄石碑	南诏镇系马庄村，老关巍公路旁	
92		巍宝山文昌宫	巍山县南诏镇	省级文物保护单位
93		巍山明志书院	巍山县巍城西路157号	县级文物保护单位
94		巍宝山长春洞	巍山县南诏镇	全国重点文保单位

贵州省三国文化遗存调查点位表

序号	所属地区	点位名称	位置	文保级别
1	贵阳市	铜鼓山	云岩区东山	市级文物保护单位
2	遵义市	三岔河蜀汉崖墓	习水县三岔河乡三岔村	
3	安顺市	清凉洞遗址	西秀区七眼桥镇	县级文物保护单位
4		安顺武庙	西秀区中华东路1号	全国重点文保单位
5		孔明观星台	西秀区	
6		宁谷遗址	西秀区宁谷镇天落湾村龙潭组	全国重点文保单位
7		藤甲谷	西秀区幺铺镇阿歪寨	
8		镇宁孟获洞	镇宁县江龙镇竹王村革缀后山	
9		关索岭	关岭布依族苗族自治县城东北	
10		晒甲山、诸葛碑	关岭布依族苗族自治县断桥乡龙爪村	
11		孟获屯	关岭布依族苗族自治县断桥镇后寨村	
12		扎营关	紫云县猫营镇黄鹤营村打扒河组	
13	毕节市	七星关	七星关区杨家湾镇七星村	全国重点文保单位
14		济火碑	大方县响水白族彝族仡佬族乡	
15	黔西南布依族苗族自治州	者相孔明城	贞丰县者相镇	县级文物保护单位
16		孔明坟	贞丰县鲁容乡孔明村	
17		望谟孔明山	望谟县桑郎镇	
18		蛮王城遗址	望谟县桑郎镇	县级文物保护单位
19	黔东南侗族苗族自治州	施秉诸葛洞	施秉县望城坡下㵲阳河风景区	
20		锦屏诸葛洞	锦屏县敦寨镇罗丹村田坝头自然寨	县级文物保护单位
21		亮寨	锦屏县敦寨镇亮司村	
22		孔明山	东面属榕江县加宜乡，西面属从江县东朗乡	
23		榕江诸葛城遗址	榕江县古州镇古州中路大街	省级文物保护单位

陕西省（汉中市）三国文化遗存调查点位表

序号	所属地区	点位名称	位置	文保级别
1	汉中市	张嶷墓遗址	汉台区龙江镇柏花村	县级文物保护单位
2		古虎头桥	汉台区天汉大道1059号旁	市级文物保护单位
3		东塔	汉台区塔儿巷	全国重点文保单位
4		天爷庙旧址	汉台区益汉巷124号	
5		古山河堰二堰遗址	汉台区河东店镇	省级文物保护单位
6		溢水诸葛庙	洋县溢水镇大庄坡村	
7		关帝镇关帝庙	洋县关帝镇安丰村	
8		赤坂遗址	洋县龙亭镇龙亭山三里沟	
9		傥骆道（赖子崖段、苍耳崖段）	洋县华阳镇	
10		张鲁城遗址	勉县武侯镇莲水村	
11		阳平关遗址	勉县武侯镇莲水村	省级文物保护单位
12		张鲁女墓	勉县温泉镇光明村观子山	省级文物保护单位
13		天荡山	勉县勉阳街道天荡山社区	
14		米仓山	勉县天荡山景区	
15		定军山	勉县定军山镇武侯坪村	
16		刘备称汉中王设坛处	勉县旧州村	省级文物保护单位
17		马超墓	勉县沔阳镇继光村	省级文物保护单位
18		诸葛亮读书台	勉县武侯镇莲水村	县级文物保护单位
19		黄沙诸葛城	勉县周家山镇前进村	
20		诸葛亮制木牛流马处	勉县周家山镇黄沙村	市级文物保护单位
21		诸葛亮督军台	勉县周家山镇前进村6—8组	
22		武侯墓	勉县定军山	全国重点文保单位
23		勉县武侯祠	勉县武侯镇	全国重点文保单位
24		汉丞相诸葛武侯墓指路碑	勉县勉阳镇继光村7组	
25		勉县武侯堂	勉县天荡路	
26		褒斜道（留坝段）	留坝县武关驿镇至江口镇	省级文物保护单位

甘肃省（陇南市）三国文化遗存调查点位表

序号	所属地区	点位名称	位置	文保级别
1		年家村关帝庙	武都区角弓镇年家村	
2		阴平栈道遗址（曹字头村段、周家坝村段）	文县尚德镇	省级文物保护单位
3		阴平桥	文县玉垒乡玉垒坪	
4		玉垒关（郭淮城）	文县玉垒乡冉家村	
5		阴平郡城	文县城关镇鹄衣坝村	
6		邓艾城遗址、姜维城遗址	文县城关镇园茨头村、贾昌村	
7		化马三国古栈道	宕昌县官亭镇仇家山村	县级文物保护单位
8		邓邓桥	宕昌县官亭镇邓桥村	县级文物保护单位
9		上马石	礼县祁山镇川口村	
10	陇南市	点将台、圈马沟	礼县祁山镇祁山村	
11		观阵堡	礼县祁山镇何台村柏树坡	
12		诸葛亮手植柏树	礼县祁山镇何台村	
13		祁山武侯祠	礼县祁山镇祁山村	县级文物保护单位
14		九寨古垒	礼县祁山镇	
15		卤城	礼县盐官镇新联村	
16		盐井祠	礼县盐官镇	
17		礼县木门道	礼县盐官镇罗家堡村（旧称"木门堡村"）	
18		藏兵湾	礼县盐官镇龙池村	
19		铁笼山	礼县石桥镇铁笼山村	
20		盐官镇关帝庙	礼县盐官镇	
21		卧龙桥	礼县盐官镇新联村	

制表人：申雷、尚春杰

后记

吴娲

2016年9月18日，国家文物局授牌成都武侯祠博物馆为"全国三国文化研究中心"，全面推进三国文化的调查、保护、研究、传承和发展工作，不断探索三国文化遗产在理论上有创新、在实践上可操作、在影响上可持续的保护利用新模式，实现研究成果的有效输出和文化遗产的活化。

我们对全国三国文化遗存的调查，是从南中地区开始的。

2011年6月至2013年6月，成都武侯祠博物馆与凉山彝族自治州博物馆开展合作，分四次深入云南、贵州、四川凉山彝族自治州等地，对现存的诸葛亮南征相关遗址、遗迹进行了实地调查。四次调查共调查点位近100处，成都武侯祠博物馆执行领队为调研员罗开玉，先后参加成员包括丁浩、梅铮铮、赵彬、陈芳、符丽平、蒋英及义务调查员廖承正；凉山彝族自治州博物馆执行领队为副馆长唐亮，先后参加成员包括：黄云松、补琦、王昊、孙策。四次调查得到了宜宾市博物馆、雷波县文物管理所、雷波县海孟协会、昭觉县文体局、昭觉县文物管理所、会理县文物管理所、永仁县方山诸葛营村村委、保山市博物馆、昭通市博物馆、昭通市文物管理所、曲靖市文物管理所、宣威市文物管理所、会泽县文物管理所、沾益县文物管理所（沾益区文物管理所）、贵州省文物局、贵州省考古队、大方县

奢香古城管理所、毕节市文物局、毕节市七星关区文物管理所、安顺市西秀区文物管理所、安顺文庙、关岭县文广旅局、赫章县文物局、锦屏县文物局、榕江县文物管理所、习水县文物局、习水县文物管理所的大力支持。四次调查也取得了一些阶段性成果，2014年1月26日至5月3日，成都武侯祠博物馆与凉山彝族自治州博物馆联合举办《南中寻珍：诸葛亮南征路线出土文物汇报展》，2014年3月，出版学术专著《三国南中与诸葛亮》；2014年3月，出版大型图册《图说诸葛南征》。

2014年7月2日，成都武侯祠博物馆组成了以本馆专业人员为主的调查小组，以大成都地区为调查项目首站，正式开启"全国三国文化遗存调查"项目。

2014年7月2日至9月11日，调查小组对大成都地区的三国文化遗存进行了实地调查，共记录三国文化遗存点位46处。本次调查的点位中，有体现后人对三国人物纪念的遗迹，如成都武侯祠、子龙祠、先主寺；有人文及历史意义皆重的三国历史人物墓葬，如张松墓、崇州马岱墓、子龙墓、马超墓、关帝庙；有南方丝绸之路重要通道，如骑龙山古驿道遗址；有三国文化民间传说的点位，如黄龙溪、牧马山；有人文及历史意义皆重的遗址，如弥牟三国八阵图遗址、"汉代古火井"遗址。主要调查成员有李加锋、梅铮铮、丁浩、安剑华、陈

2013年调查贵州习水县蜀汉崖墓

2015年5月12日调查小组在江油市汉王坪

2015年5月25日调查小组在德阳市换马沟

芳、曹静、申雷、童思思、黄琦、刘斌、尹恒、陈颖、苏婷、李娇、王旭晨、王晓乔、罗景玠、张祎、李鑫智、程庆、周梦蒂。本次调查，得到了金牛区文管所、新都区文管所、新都杨升庵博物馆、龙泉驿区文管所、青白江区文管所、双流县文管所、蒲江县文管所、大邑县文管所、金堂县文管所、新津县文管所、彭州市文管所、彭州市博物馆、邛崃市文化体育广播电视和新闻出版局、崇州市文管所、都江堰市文物局的大力支持。

2015年5月12日至5月21日，成都武侯祠博物馆分两组对德阳市、绵阳市、广元市的三国文化遗存展开调查。

第一小组由何红英带队，对德阳市旌阳区、绵竹市、广汉市、罗江区和绵阳市涪城区、游仙区、梓潼县、三台县进行了实地调查，共记录三国文化遗存点位68处。本次调查的点位中，有具备重要历史及考古意义的城址遗迹，如绵竹城遗址，雒城遗址；有人文及历史意义皆重的三国历史人物墓葬，如蒋琬墓；有受百姓崇敬且具地区特色的三国人物祠庙，如双忠祠、七曲山关帝庙、庞统祠。主要调查成员有李加锋、何红英、丁浩、陈芳、吴娲、申雷、吕凯、李鑫智、吴云霞、白铁勇。本次调查得到了成都市文物考古研究院、四川大学历史文化学院、德阳市文物局、旌阳区文物管理所、广汉市文物管理所、庞统祠博物馆、绵竹市文物管理所、绵阳市社科联、绵阳市《三国演义》学会、绵阳市博物馆、富乐山风景区管理中心、西山公园管理处、梓潼县宣传部、梓潼县《三国演义》学会、三台县宣传部、三台县社科联、三台县《三国演义》学会的大力支持。

第二小组由卫永锋带队，对绵阳市平武县、江油市和广元市昭化区、朝天区、青川县、剑阁县进行了实地调查。共记录三国文化遗存点位43处。本次调查的点位中，有具备重要历史及考古意义的城址遗迹、关口遗迹，如剑门关；有自然与历史遗存兼具且保留较完整的古道段落，如广元市青川县青溪镇阴平古道、广元市朝天区明月峡古栈道；有人文及历史意义皆重的三国历史人物墓葬，如费祎墓、姜维祠墓、邓艾墓。主要调查成员有卫永锋、梅铮铮、刘斌、李娇、曹静、范凌、程庆、陈古孝、何洪强、周梦蒂、胡佳林。本次调查得到了江油市文物保护办公室、平武县南坝镇政府党办、平武县文物保护管理所、青川县文广新局、青川县清溪镇、青川县清溪乡金桥村村长、朝天区文广新局、朝天区文管所、利州区千佛崖、昭化区文管所、昭化古城、剑阁县文管所的大力支持。

2015年7月28日至8月6日，成都武侯祠博物馆分两组，开展了第三期三国文化遗存调查工作。

第一小组由李加锋带队，对乐山市夹江县、宜宾市翠屏区、江安县、高县、泸州市江阳区、叙永县、合江县、泸县以及内江市隆昌市进行了实地调查。共记录三国文化遗存点位近26处。本次调查的点位中，有反映诸葛亮南征军事行动的遗迹和传说，如点将台、安远寨；有具备重要历史及考古意义的三国遗迹，如李公阙；有人文及历史意义皆重的东汉到西晋时期的墓葬，如周家咀墓；有体现后人对三国人物纪念的遗迹，如丞相祠、春秋祠；有珍贵的可展示性实物，如泸州地区汉代石棺等。主要调查人员有：李加锋、安剑华、郭的非、申雷、李鑫智、刘宇。本次调查得到了夹江县文物管理所、泸州市博物馆、合江汉馆博物馆、宜宾市文物局、宜宾翠屏区文管所、夕佳山博物馆、龙华镇综合文化站、合江中学的大

力支持。

第二小组由梅铮铮带队，对南充市顺庆区、高坪区、阆中市、达州市渠县以及巴中市南江县、恩阳区、巴州区、通江县的三国文化遗存进行了实地调查。共记录三国文化遗存点位25处。本次调查的点位中，有人文及历史意义皆重的三国历史人物墓葬，如张飞墓、王平墓、谯周墓和严颜墓；有具备重要历史及考古意义的城址遗迹、关口遗迹，如牟阳故城、瓦口关；有自然与历史遗存兼具且保留较完整的古道段落，如米仓道皇柏道段；有受百姓崇敬且具地区特色的三国人物祠庙，如桓侯庙、谯公祠、关帝庙；有具备重要历史、建筑意义的汉阙遗址，如达州渠县汉阙群。主要调查人员有：梅铮铮、丁浩、刘斌、樊博琛、李思檬、苏婷。本次调查得到了巴中市文物局、巴中市文化广播影视新闻出版局、巴州区文物局、恩阳区文物局、通江县文物局、南江县文物局、阆中博物馆、阆中汉桓侯祠、阆中古城景区管理局、南充市西山风景区管理局、南充市文化广电新闻出版局、渠县文管所、渠县汉阙文化博物馆、平昌县文物局的大力支持。

2016年12月，成都武侯祠博物馆将全国三国文化遗存调查工作取得的阶段性成果进行整理编辑，出版《全国三国文化遗存调查报告（成都地区）》。

2017年8月20日至24日，成都武侯祠博物馆派出李加锋、梅铮铮、郭的非、申雷、李思檬、王旭晨6人组成调查小组，对攀枝花市仁和区、盐边县进行了实地调查，共记录三国文化遗存点位6处。本次调查的点位中，有反映诸葛亮南征军事行动的遗迹和传说，如打箭岩；有具备重要历史及考古意义的遗迹，如营盘山古军营、拉鲊古渡。调查期间，调查组分别在云南永仁方山诸葛村和攀枝花市文物局召

2017 年 9 月 16 日调查小组在姜驿乡显宁寺

2018 年 10 月 12 日调查小组在重庆市区鹅岭

开了 2 次座谈，与当地同行共同讨论三国文化遗存研究、保护和利用的相关问题，就三国文化遗存的定义和类型、特定类型遗存的调查方式、攀枝花地区"营盘文化"类型遗址遗迹、"让文化遗产活起来"措施手段等问题进行交流。本次调查，得到了攀枝花市文广新局、攀枝花市文物局、攀枝花市政协、盐边县文官所、仁和区文管所、啊喇乡村政府、永仁县文物管理所、永仁县文体旅游局的大力支持。

2017 年 9 月 11 日至 22 日，成都武侯祠博物馆派出陈芳、刘斌、曾穷石、樊博琛、童思思 5 人组成调查小组，对凉山彝族自治州西昌市、冕宁县、会理县、雷波县、甘洛县、德昌县和宜宾市屏山县进行了实地调查，共记录三国文化遗存点位 20 多处。本次调查的点位中，有反映诸葛亮南征军事行动的遗迹和传说，如诸葛亮观景台、孔明山、冕宁县哑泉；有具备重要历史及考古意义的遗址、题刻，如经久诸葛城（俗称后古城）、高枧汉晋古城、宜宾市屏山县延熹七年石刻；有体现后人对三国人物纪念的遗迹，如海龙寺等。本次调查得到了凉山彝族自治州博物馆、西昌市文物管理所、冕

宁县文物管理所、会理县文物管理所、雷波县文物管理所、雷波县马湖风景区管理局、雷波县海孟协会、屏山县中都镇人民政府的大力支持。

2018 年 4 月 10 日至 5 月 4 日，成都武侯祠博物馆派出陈芳、刘斌、樊博琛、曾穷石、罗景玠 5 人组成调查小组，对甘肃省陇南市、天水市和陕西省宝鸡市、汉中市等 16 个市（县）进行了实地调查，共记录三国文化遗存点位 104 处。本次调查的点位中，有三国蜀汉政权重要军政人物的墓葬，如武侯墓、马超墓、姜维墓；有历史学和考古学意义并重的城址、关隘遗址，如张鲁城、诸葛城、大散关、柴门关；有自然与历史遗存兼具且保留较完整的古道段落，如阴平道、陈仓道、褒斜道黑杨坝段、傥骆道赖子崖段；有受当地百姓崇敬和祭祀的三国人物祠庙，如武侯祠、关帝庙、张鲁庙；有历经千年而不朽的古（战场）遗址，如天水秦安街亭遗址、邓邓桥古栈道、刘备立汉中王设坛处。本次调查得到了甘肃省文物考古研究所、文县文化馆、文县文体广局、祁山武侯祠、礼县旅游局、甘肃秦文化研究会、天水市

博物馆、宝鸡青铜器博物馆、汉中市博物馆、洋县博物馆、勉县武侯墓、勉县博物馆、留坝县博物馆的大力支持。

2018年10月11日至11月15日，成都武侯祠博物馆派出郭的非、刘斌、樊博琛、王明亮4人组成调查小组，对重庆市渝中区、北碚区、长寿区、彭水县、忠县、万州区、云阳县、奉节县和湖北省恩施土家族苗族自治州、宜昌市、荆州市、荆门市、十堰市等27个市（县）进行了实地调查，共记录三国文化遗存点位147处。本次调查的点位中，有三国人物的墓葬，如马良冢、庞宏墓、刘璋墓、甘宁墓；有历史学和考古学意义并重的城址和关隘遗址，如永安宫、麦城遗址、偃月城遗址、糜城遗址、荆州古城、虎牙关；有曹操赤壁败走的重要古道华容道；有受当地百姓崇敬和祭祀的三国人物祠庙，如关帝庙、关羽祠、当阳关陵、张飞庙、白帝庙、吴王庙、曹公祠；有历经千年而不朽的古（战场）遗址，如猇亭古战场、乌林寨、回马坡遗址。本次调查得到了重庆市文化遗产研究院、彭水县文物管理所、彭水县旅游局、彭水县文化馆、长寿区文管所、忠县文物局、万州区文管所、万州区博物馆、云阳博物馆、夔州博物馆、北碚区博物馆、巴东博物馆、恩施市文物局、宜昌博物馆、荆州博物馆、公安县博物馆、走马岭考古遗址公园、石首市新闻中心、监利县博物馆、洪湖革命历史博物馆、荆州市博物馆、荆门市博物馆、掇刀区文体新广局、掇刀区文保所、襄阳市考古所、钟祥博物馆、保康县博物馆、谷城县博物馆的大力支持。

2018年11月1日至11月4日，成都武侯祠博物馆联合四川省阿坝藏族羌族自治州文物管理所开展州内三国文化遗存调查工作，对阿坝藏族羌族自治州汶川县、理县的三国文化遗存

2018年12月25日调查小组在昭通市梁堆

2019年5月23日调查小组在牟定县诸葛祠

2019年5月调查小组在攀枝花展开调查座谈会

2019年9月22日调查小组在雅安市博物馆座谈

2019年9月26日调查小组在芦山县姜城

进行了实地调查。主要调查人员有：李加锋、梅铮铮、陈学志、李勤学、申雷、李思樉，共记录三国文化遗存点位10余处。阿坝地区保存着大量的三国文化遗存，并有着突出的文化地域特色。古道、古城等遗存与三国历史时期联系紧密、传说故事丰富多样，如姜维城、点将台、玉垒山"摩崖石刻"、雁门关、姜维古道、百丈房古栈道、姜堆、维关、姜维城遗址。

2018年12月24日至2019年1月4日，成都武侯祠博物馆派出陈芳、刘斌、曾穷石、樊博琛4人组成调查小组，对云南省昭通市、曲靖市、玉溪市、昆明市等9个市（县）的三国文化遗存进行了实地调查，共记录三国文化遗存点位30处。本次调查的点位中，有体现后人对三国人物纪念的遗迹，如武侯祠、关崧庙（关索庙）、晋宁县关索庙、昆明武侯祠、孔明庙、李恢祠、武庙、关圣宫、关羽庙、会泽江南会馆武侯祠、会泽张飞庙；有反映诸葛亮南征军事行动的遗迹和传说，如昭通诸葛营遗址、哑泉、澄江县将台山、关索岭；有人文及历史意义皆重的三国历史人物墓葬，如关三小姐墓；有具备重要历史及考古意义的遗迹，如诸葛"梁堆"、盐津僰人悬棺。本次调查得到了昭通市博物馆、昭通市文物管理所、昭通市昭阳区博物馆、嵩明县文物管理所、寻甸县文物管理所、澄江县文物管理所、会泽县文物管理所、巧家县文物管理所的大力支持。

2019年5月22日至6月8日，成都武侯祠博物馆派出陈芳、曾穷石、彭波、申雷4人组成调查小组，对云南省红河哈尼族彝族自治州、保山市、大理白族自治州、文山壮族苗族自治州、楚雄彝族自治州和贵州省毕节市、黔西南布依族苗族自治州等14个市（县）进行了实地调查，共记录三国文化遗存点位32处。本次调查的点位中，有反映诸葛亮南征军事行

动的遗迹和传说，如保山诸葛营遗址、南涧石箭、诸葛堰、砚山诸葛山；有体现后人对三国人物纪念的遗迹，如宾川武庙、砚山诸葛庙；有人文及历史意义皆重的遗迹，如吕凯故里。本次调查得到曲靖市博物馆、宣威市文物管理所、宣威县杨柳乡文化站、牟定县文物管理所、保山市博物馆、建水县文物管理所、大理白族自治州文物管理所、大理市文物保护管理所、南涧县文化馆（南涧彝族自治县文物管理所）、贵州省博物馆的大力支持。

2019年9月22至9月31日，成都武侯祠博物馆派出吴娲、彭波、吕凯、罗倩情4人组成调查小组，对雅安市雨城区、名山区、芦山县、汉源县、荥经县、天全县、石棉县、宝兴县8个市（县）进行了实地调查，共记录三国文化遗存点位39处。本次调查的点位中，有体现后人对三国人物纪念的遗迹，如周公庙、水月村关帝庙、姜侯祠牌坊、姜公庙大殿、平襄楼；有具备重要历史及考古意义的遗迹，如高颐墓阙及石刻、卫继故里碑；有反映诸葛亮南征军事行动的遗迹和传说，如五花山、安远寨；有珍贵的可展示性实物，如王晖石棺。本次调查，得到了雅安市博物馆、芦山县文旅局、芦山县博物馆、汉源县文管所、荥经县文管所、天全县文管所、石棉县文旅局、宝兴县文管所、名山区文管所的大力支持。

2020年9月20日至9月28日，成都武侯祠博物馆派出吴娲、彭波、尚春杰、谢乾、罗倩情5人组成调查小组，对甘孜藏族自治州康定市、雅江县、巴塘县、甘孜县、道孚县、泸定县6个市（县）进行实地调查，共记录三国文化遗存点位11处。甘孜州三国文化风貌独特，茶马古道促进了汉族移民和汉藏交流，表现出浓厚的汉藏文化融合特点。本次调查的点位中，打箭炉（康定）及铸箭将军郭达的文化遗

2020 年 9 月 26 日调查小组在道孚县关帝庙

2020 年 9 月 27 日调查小组在泸定三圣宫

存较多，如郭达山，传说为诸葛亮南征时令郭达将军"铸箭"之处；调查走访的雅江县汉藏通婚家庭中，仍有以郭达将军为"家神"与"先祖"并祀的习俗；康定的一些藏传佛教寺院里，右手持铁棍，左手持吹火筒，乘青羊坐骑的郭达将军，被尊为"护法神"塑像供奉；调查中发现甘孜地区的遗存有汉藏融合的文化特征，如巴塘关帝庙、甘孜县汉人寺三国题材的木雕画、道孚县泰宁古城关帝庙遗址。本次调查，得到了甘孜文广旅局、甘孜藏族自治州博物馆、康定市文广旅局、泸定县文广旅局、巴塘县文广旅局、甘孜县文广旅局、雅江县文广旅局、道孚县文体旅局的大力支持。

2020 年 11 月 9 日至 11 月 16 日，成都武侯祠博物馆派出吴娲、彭波、谢乾、尚春杰、罗景珌 5 人组成调查小组，对眉山市东坡区、仁寿县、青神县、洪雅县、丹棱县、乐山市夹江县、犍为县、自贡市自流井区、荣县、内江市资中县、遂宁市船山区、蓬溪县以及成都市金堂县进行了实地调查，共记录三国文化遗存 25 处。本次调查的点位中，有涉及蜀汉南征及东征路线的古道、栈道遗址，如青神熊耳古道岷江段、铁石关古栈道、东征路线上的遂宁过军

渡、张飞梁、简阳丹景山的张飞营、养马河渡口；有三国文化民间传说的点位，如洪雅诸葛亮雍闿会盟处、诸葛亮点将台，犍为诸葛亮炼铁、屯兵、藏兵、开会、丢失战鼓以及"一箭之地"划分夷汉边界等传说所在地；有体现后人对三国人物纪念的遗迹，如洪雅花溪武侯祠建筑、蓬溪明月关庙塑像；有具备重要历史、建筑、艺术意义的三国文化遗存，如眉山东坡区武庙、夹江千佛岩关公摩崖造像、自贡桓侯宫、西秦会馆等。本次调查得到了蒲江县文管所、简阳市文管所、金堂县文保中心、东坡区文管所、丹棱县文管所、洪雅县文保中心、仁寿县文管所、青神县文保中心、犍为县文物保护管理所、夹江县文管所、荣县文管所、资中县文保中心、遂宁市船山区文管所、蓬溪县文保中心的大力支持。

2021 年 1 月 18 日至 1 月 28 日，成都武侯祠博物馆派出吴娲、彭波、谢乾、尚春杰 4 名研究人员，并邀请西南交通大学建筑学院张宇副教授参与，对资阳、自贡、内江、广安、达州、巴中及重庆市潼南区 7 个地市（区）进行实地调查，共记录三国文化遗存 27 处。本次调查的点位中，不发许多新发现，一是诸多蜀

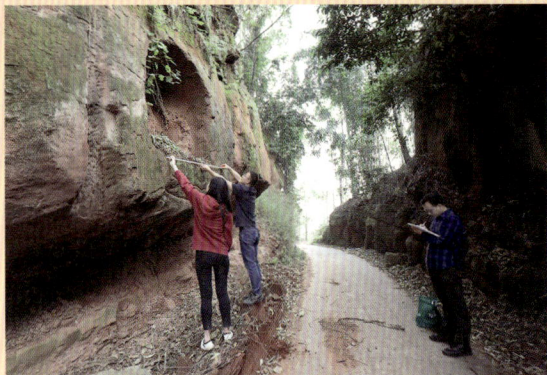
2020 年 11 月 10 日调查小组在青神县熊耳古道

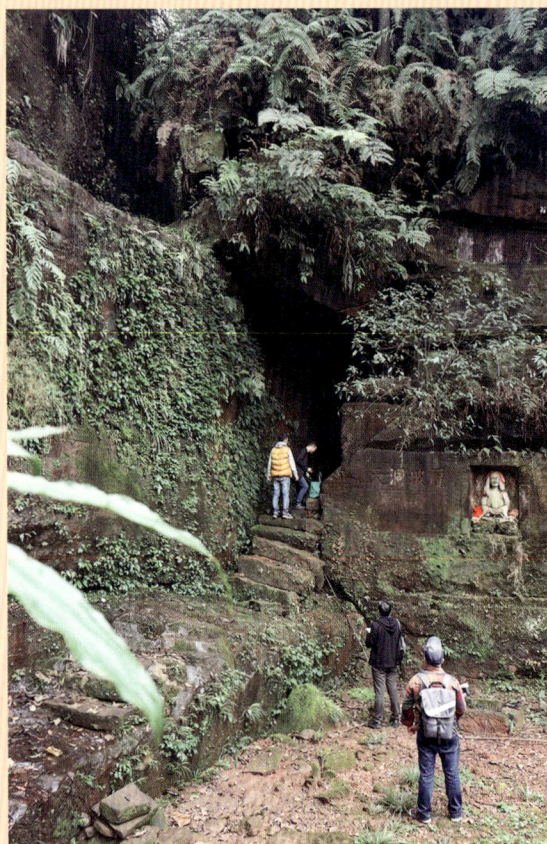
2020 年 11 月 12 日调查小组在乐山市夹江庞统洞

汉历史人物的纪念场所。如岳池县姜山寺、万源市徐庶寺、或深处大巴山脉的万源市石窝镇张爷庙和平昌县五峰林场张爷庙，则不同于闹市里气势恢宏，却因根植于乡土而韧性十足。二是三国文化遗存中的古建筑，如武胜县飞龙武庙、沿口关庙、中心武庙、达州达川区真佛山金刚殿、宣汉县柏树镇关岳庙、重庆潼南区双江镇关帝庙等，调查组结合无人机拍摄及现场测绘数据，对这些古建筑遗存进行系统梳理和平面图、剖面图绘制。三是古道依然是三国文化遗存调查中的重点内容。本次调查中主要涉及到荔枝古道达州和巴中段，如宣汉县马渡关、万源市石窝镇张爷庙、平昌县五峰林场张爷庙，均因传说张飞率军横渡并驻扎于此一带而流传并形成民间信仰，三个点位与荔枝古道重合，则强化了传说的可信度。在前期及近期国家开展的石窟寺专项调查中，万源市境内不断发现唐宋摩崖造像和石刻，佐证着古道之走向。本次调查也得到了安岳县文广旅局、安岳县文保中心、乐至县文管所、重庆市潼南区文管所、武胜县文管所、岳池县文管所、邻水县文管所、渠县历史博物馆（渠县文物管理所）、达州市达川区文管所、宣汉县文管所、万源市文物管理所、巴中市恩阳区文物管理局的大力支持。

2021 年 4 月 7 日至 2021 年 4 月 22 日，成都武侯祠博物馆派出研究人员吴娲、彭波、谢乾、尚春杰 4 人组成调查小组，赴云南省昆明、曲靖、玉溪、保山、楚雄、红河、大理、丽江、临沧等 9 个市（州）进行实地调查，共记录三国文化遗存点位 42 处。本次调查的点位中，一是关圣宫保存较好且功能发生转变。如昆明官渡区矣六关圣宫，安宁草铺、温水、八街、兴街关圣宫，玉溪通海古城、黄龙五组、黄龙二组、碧溪、螺髻、曲陀关、官营、解家营、石山嘴、甸高村、海东村关圣宫，16 座关圣宫

2021年1月26日调查小组在达州市万源花萼山
探寻徐庶寺石像

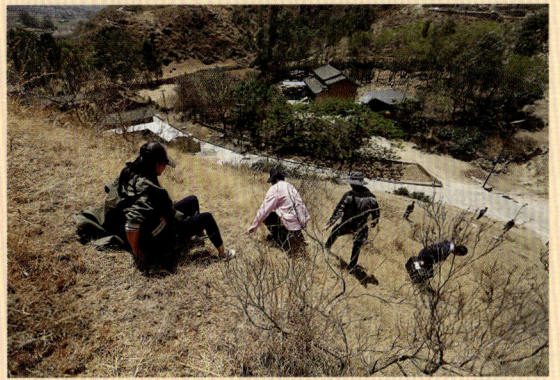

2021年4月21日调查小组在丽江市永胜县点将台

中多为清代建筑且保存较好。关圣宫大多作为村组或老年协会办公场所使用，且因其自身开阔空间，或围绕建设健身小广场等，又成为村组文化活动场所，神圣、娱乐功能并存，或许是这些关圣宫得以存续的原因之一。二是三国题材雕画精美且数量较多。如昆明安宁草铺关圣宫正殿檐廊槅子门上方横披板绘有"孙坚背约匿玉玺""董卓行凶""曹公发矫诏，诸侯应曹公"3幅壁画。温水关圣宫正殿横披板绘有"玄德荆州依刘表""青梅煮酒论英雄""曹操宛城战张绣""桃园三结义"等15幅壁画。玉溪通海杨广镇三圣宫后殿槅子门上有"横矛长坂桥""马跃檀溪""温酒斩华雄""三顾茅庐""张任劝刘璋""金雁桥收张任"等三国题材木雕。大理巍山长春洞前殿后廊横披板上有"骂王朗""三英战吕布""火烧赤壁"等6幅壁画。另有曲靖会泽江西会馆内石质柱础刻"空城计""江东娶亲"等8幅浮雕。三是诸葛亮南征传说故事丰富且分布广泛。如丽江永胜流传着诸葛亮于此金江古渡口"五月渡泸"，并在今永胜境内二擒孟获，又有诸葛遗弓、祭锋台、诸葛寨、猫猫山等传说相关地点。丽江玉龙巨甸镇武侯村有诸葛亮带兵征战途经传

说，遗留下武侯村、点将台、诸葛岭、武侯坡、箭倒落、雾露顶等地名，村里旧亦有关帝庙。又如曲靖沾益区五尺道和临沧凤庆鲁史镇茶马古道上均有南征士卒误饮"哑泉"传说，分别有清代"毒水"石刻及"此水哑毒"告示石碑。大理巍山文昌宫内有神泉井，则传说为孟优助诸葛亮士卒解哑毒取水处，境内系马庄有关索于此拴马的传说，巍山城内旧有武侯祠。本次调查得到了大理市考古研究所、巍山县南诏博物馆、昆明市官渡区博物馆、昆明市西山区文物局、昆明市石林县文物管理所、昆明市安宁市博物馆、蒙自市文物管理所、通海县文物管理所、姚安县博物馆、保山市博物馆、曲靖市文物管理所、会泽县文物管理所、曲靖市沾益区文物管理所、丽江市古城区文物局、玉龙县文物管理所、永胜县文物管理所、凤庆县文物管理所的大力支持。

2021年7月10日至2021年7月16日，成都武侯祠博物馆研究人员吴娲、彭波、方陌凉、尚春杰组成4人工作小组赴四川省宜宾市、云南省昭通市、贵州省毕节市等地市进行实地调查，共记录三国文化遗存点位19处。本次调

查的点位中，一是诸葛亮南征传说故事丰富且分布广泛。如屏山县新市镇老营盘山流传着诸葛亮在此屯兵的传说。珙县洛亥镇孟获村的孟获传说较为独特，且当地遗留下孟获出生洞、孟获土官寨、九沟十八洞、鸡心石、孟获坟等地名，村里亦有孟获庙，当地村民至今仍在供奉。长宁县双河镇有武侯塔、雌雄盐井、诸葛古榕等南征传说点位。云南省昭通市镇雄县牛场镇和平村广德关，当地人流传诸葛亮南征于此凿洞存银的传说，洞称之为"藏银洞"；镇雄县五德镇有城墙沟遗址，据说诸葛亮南征时，当地彝族首领用巨石在此垒起兵营，凭借天险抵抗蜀兵。二是古道依然是三国文化遗存调查中的重点内容。本次调查中主要涉及到五尺道筠连段，五尺道留有凌云关和隐豹关遗存。该古道东路起于翠屏南广镇，沿南广河至经筠连腾达，转陆路经巡司、武德到云南彝良；西路从翠屏赵场、高县经筠连县城、塘坝到盐津；中路经古楼、巡司、武德、蒿坝到云南彝良，三条古道最终汇于云南曲靖。三是三国人物纪念性遗存文化信息较为丰富。如宜宾翠屏区武庙，现存前殿、大殿和左右厢房，较为完整的反映出清代武庙的建筑风格和特点。位于高县流米寺牛鼻洞石窟的关公摩崖造像，保存较为完整。江安县井口镇武侯祠现存正殿和左右厢房，该祠始建于清代，正殿为抬梁式砖木结构，单檐歇山顶，面阔三间，庙宇环境清幽，气韵深远。本次调查得到了宜宾市博物院、屏山县文管所、筠连县文管所、镇雄县文化馆、长宁县文广旅局、长宁县地方志办、高县文管所、珙县文广旅局的大力支持。

2022年6月23日至2022年7月15日，成都武侯祠博物馆研究人员吴娲、彭波、尚春杰、谢乾及摄影师李耀赴重庆市大足、永川、江津、綦江、涪陵、彭水、酉阳、秀山、石柱、忠县、万州、云阳、奉节、巫山、城口、梁平、长寿、高新、渝中、北碚、合川、铜梁22个区（县）开展三国文化遗存补充调查，共记录三国文化遗存点位52处。本次调查的点位中，一是关羽文化遗存较为亮眼。在大足麻柳村、光明殿摩崖，铜梁半边寺摩崖、合川龙多山摩崖四处摩崖中开凿有关羽造像龛。这些以关羽为题材的摩崖大多开凿于清代，关羽一般以武圣帝君的身份与文昌帝君并祀。同时也有一些摩崖表现出民间多神信仰特征，如铜梁半边寺摩崖，与关羽同龛者有牛王、川主、二郎神。在一些佛教寺院中仍保留着将关羽作为佛教护法的传统。如梁平双桂堂关圣殿、北碚温泉寺关圣殿，即以关羽作为佛教伽蓝护法而供奉于山门前殿。此外，重庆市至今还保存有9处武庙（关帝庙），渝中区关岳庙曾是抗战时期激发国人抗战勇气、凝聚国人抗战力量的场所。二是张飞祠庙类型多样。目前重庆市仍保存有六处张飞祠庙。其中既有官方修建祭祀空间以褒扬张飞"忠勇"，如云阳张桓侯庙、长寿桓侯宫，也有民间自发捐资修建的神灵庙宇，如秀山桓侯寺，还有由当地屠沽帮会集资修建的行业会馆，如白沙张爷庙、板桥张王庙、西沱桓侯宫，这类张飞祠庙往往修建在商贸或交通方便的集散地，与清代川盐贸易、转运密切相关。三是一些遗存与三国重大历史事件相关。重庆是江汉平原至成都平原的交通廊道，战略位置十分重要，亦是蜀汉集团重要的统治区域。三国历史上一些重大历史事件的发生地。章武二年（222），刘备兵败猇亭，退守白帝城，即今奉节白帝城。后刘备病笃于永安宫托孤诸葛亮，今奉节夔州古建筑群内保存的明清学宫，自清代以来就被冠以永安宫的称号，三国文化的历史记忆得以延续。此外，还有李严镇守江州欲凿山通水渝中佛图关等。四是结合独特的地形地貌，与诸葛亮有关的传说遗存在民间深入人心。如綦江打通镇孔明洞，当地传

说是孔明南征时的屯兵处，推测是将东路前往
牂牁郡平叛的马忠军的故事附会到了诸葛亮身
上。秀山孔明洞，《方舆纪要》云："在（平茶）
司治南，石崖屹立，旁有石洞数丈。相传武
侯征九溪蛮时留宿于此。"《大明一统志》云：
"侯……留宿洞中，设一床，以粟一握秣马，
后遂化为石粟，至今犹存。"两处孔明洞为喀
斯特溶洞，现洞中均塑有诸葛亮塑像。虽然是
传说类遗存，但可见诸葛孔明的影响深远，独
特的溶洞景观，也为研学线路提供了新的思路
和线索。此次调查还在綦江中峰镇发现了3座
带有纪年题记的崖墓，分别有"熹平年间""光
和六年""建安十五年"，为厘清川东地区崖墓
形制的变化与三国时期崖墓形制提供了资料。
本次调查得到了大足石刻研究院、永川区文管
所、江津区博物馆、江津区白沙镇文化站、綦
江区博物馆、涪陵区博物馆、彭水县文管所、
彭水县太原镇政府、酉阳县文旅委、酉阳县文
管所、秀山县博物馆、石柱县文管所、重庆西
界沱文旅公司、忠州博物馆、重庆三峡移民纪
念馆（万州区博物馆）、云阳县博物馆、夔州
博物馆、奉节县草堂镇政府、奉节县白帝镇政
府、巫山县博物馆、城口县文旅委、梁平区文
旅委、梁平区博物馆、长寿区博物馆、重庆市
高新区公共服务局文化服务科、重庆市高新区
走马镇政府、渝中区文管所、重庆市鹅岭公园
管理中心佛图关公园管理科、重庆中国三峡博
物馆、北碚区博物馆、合川区文管所、铜梁区
博物馆的大力支持。

2023年8月6日至2023年8月22日，成都
武侯祠博物馆研究人员吴娲、彭波、谢乾、尹
绵文赴泸州市江阳区、泸县、合江县、叙永
县，贵州毕节市七星区、大关县，安顺市西秀
区、经开区、紫云县、关岭县、紫云县，黔西
南州兴义市、望谟县、贞丰县，云南曲靖市麒
麟区、昭通昭阳区、盐津县等17个区（市）县

2022年6月26日调查小组在重庆市綦江区
中峰镇东汉崖墓遗址

2022年6月27日调查小组与当地文博工作人员
在重庆市涪陵区邓字村诸葛山

2022年6月29日调查小组在重庆市彭水县探寻庞宏墓

2023年8月15日，调查小组在贵州省紫云县猫营镇采访三国地戏队村民

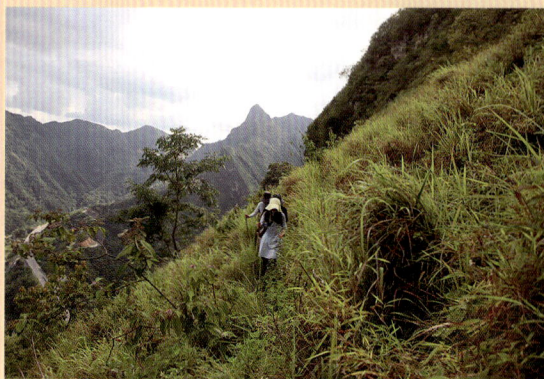

2023年8月16日，调查小组在贵州省望谟县攀登孔明山

开展三国文化遗存补充调查，共记录三国文化遗存点位28处。本次调查的点位中，对诸葛亮南征路线中的一些点位进行了进一步考证梳理，深入了解点位在地文化信息，同时对三国地戏等非遗项目给予更多关注。本次调查得到了泸州市文广旅局、泸县宋代石刻博物馆、泸县嘉明镇文化站、合江县文旅局、合江汉代画像石棺博物馆、合江县福宝镇人民政府、江阳区分水岭镇董允坝村村委会、泸州市文化遗产保护中心、泸州市江阳区文化综合服务中心、叙永县博物馆、毕节市博物馆、大方县奢香博物馆、安顺市文体广电旅游局、安顺市文庙管理处、安顺市西秀区文管所、镇宁县文管所、关岭县文管所、紫云县文管所、紫云县猫营镇黄鹤营村村委会、紫云县猫营镇猫营村村委会、黔西南州文体广电旅游局、黔西南州博物馆、望谟县文旅局、望谟县文化馆、贞丰县文旅局、曲靖市文管所、昭通市文管所、盐津县文管所的大力支持。

一路以来，我们经历了长途跋涉的艰辛，克服了酷暑严寒、翻山越岭的危险与考验，也遇到了形形色色、讲着不同方言、亲切朴实的村民，更结识了许许多多在当地默默无闻、辛苦付出的文博工作者，他们对文物工作的认真与执着，让我们深受触动，而文化遗存的保护与利用，也正是因为有了这些可爱的人，才得以在中华大地上延续、传承，绽放出新时代美丽的花语。